谨以此书献给我挚爱的家人和太太王静新

谢谢他们在学术之路上一直的支持

本课题研究得到以下项目支持：

复旦大学"985工程"三期人文学科整体推进重大项目
"中古中国的知识、信仰与制度的整合研究"

唐宋之间的国家与祠祀

以国家和南方祀神之风互动为焦点

杨俊峰 著

The State and CiSi between the Tang and Song Dynasties

on the Interaction between the State and the Custom of
Worshiping the Gods in the South

Yang Junfeng

上海古籍出版社

书 系 缘 起

余 欣

在学术出版过度繁荣的当下,各种"大典"、"巨制"俯拾皆是,"标志性成果"风起云涌,我们推出这套丛刊,究竟意义何在? 我不断扪心自问。

我总想起,当初激励我投身"不古不今之学"的唐代大史学家刘知幾的一段话。子玄撰成《史通》后,惧其不传于世,喟曰:"夫以《史通》方诸《太玄》,今之君山,即徐、朱等数君是也。后来张、陆,则未之知耳。嗟乎! 倘使平子不出,公纪不生,将恐此书与粪土同捐,烟烬俱灭,后之识者,无得而观。此予所以抚卷涟洏,泪尽而继之以血也。"是知古人不轻言著述,凡有所作,必殚精竭虑,巧构精思,冀藏之名山,垂为后世之轨则。非我辈后生,斐然狂狷,读书未遍,率尔操觚可比。

我又记起,在京都大学人文科学研究所访学之时,高田时雄教授跟我讲过一则轶事:第一任所长狩野直喜先生认为,初学者理当埋头读书,而不应急于发表成果。因此,当时有一条不成文的规矩,新进研究者三年内不许写论文。我深深地为这个故事所蕴含的学问之真精神所感动。在量化原则下,今之学者沦为计件民工,每日为炮制"速朽之作",完成指标而苦斗。若有人天真地提起"千秋事业"之说,恐怕会沦为同行笑柄。然而,我们真的要沿着这条道路一直走下去吗? 我常常寻思,一个真正的学者,起点和终极到底在何方? 也许有人会讲,既是"无涯之旅",则无所谓起止。那么,立场呢? 学者治学的基本立场在哪里? 古人曰"文章千古事",今人云"在学术上应该发扬比慢的精神",我们是否仍可作为信念而坚守? 在"美丽人生"与"追求学术之彻底性"之间,我们应该如何抉择？

这些纠结，想必也是我的这些志同道合的学侣们的忧思。于是我们向往建立一个乌托邦，期盼在这个"艰难时世"努力生存的同时，有一泓荒漠甘泉，可以给我们枯槁的心灵带来慰藉；有一方文明的沃土，可以让思想的莠草惬意地生长；有一片无垠的天地，可以让我们信马由缰。由此，有了"中古中国共同研究班"的成立。

所谓的研究班，只是一个没有建制的民间同仁团体，却代表了我们的学术理想。两年前，一群研究中古时代历史、语言、文学与艺术的年轻人聚集在一起，商讨在学术日益泡沫化的今天，我们如何安身立命，是否能为中国学术做点什么。随后研究班悄然成立，致力于在互相砥砺中提升自我学术境界，并探索共同研究模式在中国学术生态中生发的可能性。研究班是一个开放的学术共同体，而不是党同伐异的山头。核心成员来自复旦历史系、文史研究院、汉唐文献工作室、出土文献与古文字研究中心、中文系等五个单位，共十二位学者。此外，还有许多研究生、访问学者、校外和海外研究者，作为"观察员"和通讯成员加入。每两周组织一次workshop，主要安排为新作发表与讨论、史料会读、学术信息交流与评论，至今已连续举行 36 次。如切如磋，如琢如磨的氛围，让我们怡然自得，乐以忘忧。理解当今学术生态下"青椒"处境的贤达，想必不难体会，这样完全依赖学问自身魅力而运作的"非营利性社团"，坚持到今日，是多么的不易！

我们的活动，逐渐引起相关院系和学校的关注，对我们深表"同情的了解"，施予各种援手，鼓励我们将实验继续下去，并从"211 三期"和"985三期"项目中拨给专项经费予以资助，希望能将我们的苦心孤诣，呈现在世人面前。因之，我受命策划这套丛书，作为见证梦想与现实张力之间的"试金石"。虽然不免有些俗套，我们仍想借此对所有给予包容和支持的人们，尤其是章清教授、金光耀教授、邹振环教授、杨志刚教授、葛兆光教授和陈尚君教授，表达由衷感激之情。

书系以"中古中国知识·信仰·制度"为名，收录研究班主要成员的作品，表明了我们共同研究旨趣之所在。第一辑付梓的，除了我自己的那本不过是往日杂稿的拼盘，其余大都是博士论文经数年打磨而写定的心力交"萃"之佳作。第二辑将要刊行的，则是研究班成立后历次往复匡谬正俗之结晶。尽管立意和方法不尽相同，但都代表了新一代学人对"基底性命题"的求索与回应。古人有云："登山始见天高，临壑方觉地厚。不闻先圣之道，无以知学者之大。"况乃天道幽邃，安可斐然。同道乐学，博采经纬（研究班集体会读之《天地瑞祥志》，中多祯祥灾异、纬候星占之言），思接千载（诸君治学范围，上启秦汉，下探宋元，绵历千年），今略有所成，裒为一编。虽不敢"期以述者以自命"，然吾深信，绝不至于"粪土同捐，烟烬俱灭"。

在一次讲演中，我曾吟咏艾略特（Thomas Stearns Eliot）的《烧毁的诺顿》（*Burnt Norton*，中译参汤永宽译本，略有改动），以表达对人类历史之深邃与荒诞的敬畏和感动。现在，我想再度征引这首诗，作为对我们研究班的祝福，也作为这篇缘起的"论曰"：

Time present and time past	现在的时间和过去的时间
Are both perhaps present in time future,	也许都存在于未来的时间，
And time future contained in time past.	而未来的时间又包容于过去的时间。
If all time is eternally present	假若全部时间永远存在
All time is unredeemable.	全部时间就再也都无法挽回。
What might have been is an abstraction	过去可能存在的是一种抽象
Remaining a perpetual possibility	只是在一个猜测的世界中
Only in a world of speculation.	保持着一种恒久的可能性。
What might have been and what has been	过去可能存在和已经存在的
Point to one end, which is always present.	都指向一个始终存在的终点。
Footfalls echo in the memory	足音在记忆中回响
Down the passage which we did not take	沿着那条我们未曾走过的甬道
Towards the door we never opened	飘向那重我们从未开启的门
Into the rose-garden. My words echo	进入玫瑰园。我的话就这样

Thus，in your mind.	在你的心中回响。
But to what purpose	但是为了什么
Disturbing the dust on a bowl of rose-leaves	更在一钵玫瑰花瓣上搅起尘埃
I do not know.	我却不知道。
Other echoes	还有一些回声
Inhabit the garden. Shall we follow?	栖身在花园里。我们要不要去
	追寻?

2011 年 12 月 19 日

目　录

绪　论

第一节　问题的提出

传统中国社会中，信仰世界相当复杂，除了我们熟知的释、道二教之外，还有大量分布于各地的原生宗教。宋代以后的地方志，通常设立"祠庙""神祠"或"祠祀"一门，记载这些佛、道教以外的信仰。这类信仰对象以祠庙和祠庙奉祀的神祇为主体，它们和释、道等组织性宗教最大的差异，在于欠缺有系统的经典支持，也缺少有体系的宗教人士的组织。然而，上述地方志的记载，反映出传统中国官方对宗教分类的概念里，这些释、道以外的中国原生宗教，是一个独立的类别。

在很长的一段时间里，学界对这些原生宗教的研究相当沉寂。一直到 1980 年代以后，美国与欧洲学界在关怀中国通俗文化的热潮下，才开始推动此一研究领域。迈入 1990 年代，相关的研究已从附庸转为热门研究领域，个别学者的论著相继问世，也出版了两部论文集。[①] 近年来，汉学界迭有新书出版，中文学界关于唐宋时期祠祀信仰的论著也日益受

---

① 有关 1980 年以后至 1990 年代末期，日、美汉学界对祠祀信仰的研究概况，蒋竹山曾以国家与祠祀信仰的关系为题，做过详细的研究回顾。参见蒋竹山《宋至清代的国家与祠神信仰研究的回顾与讨论》，《新史学》第 8 卷 2 期，第 187—219 页。

到注目,①且迄今热度不减。整体而言,研究成果主要集中于宋代以后,而且主要关注对宋代或后世影响较大的信仰,如城隍、五通、妈祖、梓潼、张王等信仰。

最初推动此一研究领域的国外学者,实欲以此为题,从精英文化以外的层面寻求对中国史的不同理解,他们往往称这类信仰为民间宗教。② 在概念上,此一用语有强调其信众和价值观念"下层"的意味,因此,随着研究的推进,学者试图改以其他概念加以概括,如"地方祠祀""祠祀信仰""大众宗教""神祠宗教""神祠信仰""祠神信仰"与"民众祠神信仰"等,反映不同学者在研究理论和研究方法上的差异。③

这类原生宗教,既是一般人信仰之所系,亦可能是官府祭祀的对象,而且,官府也会主动通过建祠立祀的活动,来纪念、表彰特定人物。这些带有纪念性质的立祀活动不一定具有信仰的成分,但是建祠立祀的形式和民众信仰基本上是相同的。本书使用"祠祀"一词进行讨论,除了指称分布各地的祠祀信仰,也包含国家和士大夫官僚群体建祠祭祀的活动(例如旌忠庙与贤人祠),希冀对官方和祠祀信仰这类原生宗教的关系,带来更丰富的考察视角。

长期以来,国家与祠祀信仰的关系一直是学者注目的焦点。以本书关注的唐宋时期而言,学者从历史的角度考察祠祀信仰和国家权力与社

---

① 仅以本论文讨论的唐宋时期,近十余年来,中文学界关于唐宋祠祀信仰的研究颇为丰富,迭有重要作品问世。唐代的部分,参见雷闻《郊庙之外:隋唐国家祭祀与宗教》,北京:三联书店,2009 年。此书讨论国家祭祀的活动,亦兼及佛、道二教。宋代方面,参见皮庆生《宋代民众祠神信仰研究》,上海:上海古籍出版社,2008 年。此书则是近年来讨论宋代祠祀信仰与社会变迁的新作。王章伟的论著则为专门讨论宋代巫觋信仰的代表性著作,参见王章伟《在国家与社会之间——宋代巫觋信仰研究》,香港:中华书局,2005 年。余欣利用敦煌的文献,尝试提出"民生宗教"的概念,探讨此一课题,氏著《神道人心:唐宋之际民生宗教社会史研究》,北京:中华书局,2006 年。另外,朱溢的一系列文章聚焦于唐宋国家礼制与祭祀问题,研究成果亦相当丰硕。
② 关于民间宗教(popular religion)的内涵与定义,亦是一个争论不断的问题,参见 Stephen F. Teiser, "Chinese Religions: Popular Religion", *Journal of Asian Studies*, Vol.54, No.2 (1995), pp.378-390。
③ 雷闻:《郊庙之外:隋唐国家祭祀与宗教》,第 220 页;皮庆生:《宋代民众祠神信仰研究》,第 1—4 页。

会生活的关系,已经累积了相当的成果,①其中,国家权力和这些信仰的关系,始终是学者关注的焦点。根据学者的考察,在唐宋两代两者的关系发生了很大的变化,宋代较以往朝代更关注这些祠祀信仰活动,国家发展出许多具体的控制措施。②

从比较的观点来看,相较中古时期的政权,宋朝确实更注意对民间信仰的控制。何以宋朝更重视对各地祠祀信仰的控制? 一种普遍的看法是,宋代祠祀信仰大盛,统治者必须正视此一现实,由此发展出更多控制措施。于此,个人想尝试提出另一种考虑的可能性:所谓宋代祠祀信仰"大盛",是指那些基层社会的信仰大量涌现于历史文献的记载,而有"兴盛繁荣之貌"。宋代大量赐封神祇的记载即是明显的例证,而且国家的赐封之制,显然对此一涌现有推波助澜的效果。

诚然,中国历代王朝都留心控制各种信仰,但是不同时期,有时关注的重点不同。中国中古时期,为人熟悉的佛教史上的三武之祸,即是国家打击佛教信仰的事例。此时,国家更挂虑佛教等组织性宗教可能带来的威胁。在讨论中古国家与祠祀信仰的关系,也要考虑这一点。

宋代大量涌现的祠祀信仰的记载,至少说明宋代分散各地的祠祀信仰,更受到统治者的注意,但是何以如此? 个人认为,讨论上述问题,仍须回归到国家实际的治理经验。于此,本书在既有的研究基础上,将进一步聚焦于唐宋之间国家面对南方祠神风气的作为。南方自古有好祀之风,但是以往讨论国家和祠祀信仰的关系,较少考虑此地神风气对帝国祠祀措施可能的影响。特别是唐宋之间南方整体力量的崛起后,帝国和统治阶层必须正视此地的治理,他们如何处置南方祠神风气? 又,此一风气

---

① 大体上,由于受到材料的限制,唐代祠祀信仰的研究成果较少。宋代方面,研究的角度和课题比较多元,包括祠祀信仰的流变、释道和祠祀信仰的关系、对祠祀信仰作地区的综合性研究与国家权力对祠祀信仰的作为等等,都是学者讨论的焦点。雷闻和皮庆生二人的论著对唐宋祠祀信仰的研究概况进行比较详细的回顾,参见雷闻《郊庙之外:隋唐国家祭祀与宗教》,第15—16、23—27页;皮庆生:《宋代民众祠神信仰研究》,第7—14页。为免与上述二书重复,本书不再进行详细的学术史回顾。

② 近年来出版的两本论著也强调这种观点,皮庆生:《宋代民众祠神信仰研究》,第273页;雷闻:《郊庙之外:隋唐国家祭祀与宗教》,第273—276页。

对他们的祠祀措施又产生哪些影响？本书将说明，正视国家处理南方祀神风气的经验，将会对宋廷和士大夫官僚何以更关注祠祀信仰这一问题，有不同的考虑和理解。

在探讨此一问题时，本书将采取跨代的研究。讨论宋廷更注意各地的祠祀信仰，不能只着眼于宋代，个人将试图梳理唐宋之间国家对地方祠祀作为的变化。以往学者讨论这些变化，主要是以一种历史比较的视野加以讨论，很少真正从唐宋之间重大历史转变的背景，动态地考察国家对地方祠祀作为的变化。以下各章的讨论，将试图勾勒此一变化的历史面貌。

最后，对国家与祠祀信仰的关系，本书提出一种双向考察的视角。中国历代不乏贤人祠与忠臣庙，但是宋世以下，兴立大量的旌忠庙与贤人祠，确实是令人注目的历史变化。何以国家和士大夫官僚开始兴起、推动建立这两种祠庙的风气？既有的研究对国家与祠祀的关系只存在着单向的考虑，主要讨论国家控制祠祀信仰的措施，因此，很难解释上述这一醒目的历史变化。本书尝试说明国家和统治阶层大幅介入之后，其自身的政治行动也可能受到基层祠祀文化的影响。此一变化，有助于理解宋世以降何以出现大量的旌忠庙和贤人祠。

第二节　研　究　回　顾

研究唐代祠祀信仰的学者，主要从礼制与礼典的规范探讨国家对地方祠祀的控制措施。此一研究领域起步较晚，大约在 1995 年以后才逐渐展开。西方研究唐代的学者原本就不多，近年来，研究人才更少，而关注"民间宗教"的西方汉学家往往因此时相关史料零散而裹足不前。故关于唐代祠祀的研究主要由唐史学者所推动，其研究取径较少受到西方汉学界的影响，而主要受中古史学界自身的影响。他们主要讨论祠祀信仰与国家权力、祭典和礼制的关系，反映出中古史研究关注于国家与礼制的学术氛围。在这方面，金相范与雷闻的研究颇具代表性。

　　金相范和雷闻二人皆从国家礼制、礼典考察国家的祠祀措施。金相范的博士论文最早强调国家礼制对祠祀信仰的制约与规范，他颇受以礼探察皇帝支配制度的取径所影响，认为唐代皇权强化之后，政府企图独占人神之间的交流管道，因此，在地方上以社为基础推行正祀。最后，在官社无法制约乡村信仰生活时，政府又对神界实行赐额封号的礼仪措施，试图以礼控制人们的精神世界。① 雷闻则以国家成文礼典所规范的制度框架，来考察地方祠祀运作的实际情况。他认为《大唐开元礼》已将州县诸神祠列入小祀，赋予其合法的地位，祠庙的合法与否，则交由地方政府认定，并认为是国家制度上巧妙的安排。上述两人的观点略有不同，雷闻亦指出，唐代国家意识形态对地方的信仰文化传统，采取妥协与引导的立场。②

　　至于研究宋代祠祀的学者，讨论的视角和上述研究有较大的差异，他们往往强调宋代国家以建立正祀与打击淫祀的两面手法积极管理地方祠祀，展现出不同于以往朝代的态度。所谓建立正祀，是指朝廷通过大量封爵赐额的措施，赋予地方祠祀合法的地位，③而打击淫祀则是指朝廷不断

① 金相范：《唐代礼制对于民间信仰观形成的制约与作用——以祠庙信仰为考察的中心》，台湾师范大学历史研究所博士学位论文，2001 年。
② 雷闻：《郊庙之外：隋唐国家祭祀与宗教》，第 220—276、322—342 页。
③ 对于封赐制度的性质，多数学者认为是朝廷赋予祠庙合法化地位的依据。松本浩一最早提出，封赐的祠庙是正祠，与淫祠有所不同，封赐和打击是宋廷统制神祠的两面手法。参见松本浩一《宋代の賜額・賜号について——主として〈宋会要輯稿〉にみえて史料から》，野口铁郎编：《中国史における中央政治と地方社会》，1985 年度科研费报告，第 286 页。这种看法几乎为后来多数的学者所接受，参见须江隆《唐宋期における祠廟の廟額・封号の下賜について》，《中国——社会と文化》1994 年第 9 期，第 110—113 页；水越知：《宋代社会と祠廟信仰の展開——として地域の祠廟》，《东洋史研究》2002 年第 60 期 4 册，第 10—14 页；皮庆生：《宋代民众祠神信仰研究》，第 296 页。此外，对于封赐制度的性质，还有两种观点，第一种观点认为，盛唐以后的封神措施是王权介入神界的表现。朱溢：《论唐代的山川封爵现象》，《新史学》2007 年第 18 卷 4 期，第 71—124 页。另外，雷闻也指出，北宋中期以后封赐措施的大盛，反映宋代欲建立一个由皇权支配新的神界信仰体系。雷闻：《郊庙之外：隋唐国家祭祀与宗教》，第 276 页。第二种观点认为，封赐措施是国家创造神祇标准化的象征，可以有效整合各地的祠祀信仰。James Watson 以妈祖信仰为例，从中国帝国晚期社会文化整合的问题出发，提出此一观点。James Watson, "Standardizing the Gods: The Promoting of T'ien Hou ('Empress of Heaven') Along the South China Coast", in David Johnson, Andrew J. Nathan, and Evelyn S. Rawski eds., *Popular Culture in Late Imperial China*, Berkeley: University of California Press, 1985, pp.292-324.

下令扼制非法的祠赛活动。① 学者强调这是宋廷对地方祠祀作为的一体两面。

前述学者讨论唐宋两代国家对地方祠祀的措施已取得相当丰厚的研究成果。但是,并观唐宋相关的研究便会发现,目前所勾勒的唐宋之间国家祠祀措施变化的面貌仍有若干基本的问题,有待进一步探讨。

依据既有的研究,唐宋之间国家控制地方祠祀的方法,似有从礼制规范到对祠祀建立正祀、淫祀之别具体依据的变化,但是学者考察的视角局限于各自的朝代,此一变化的内涵及其成因,较少成为学者关注的焦点。由此导致唐、宋两代祠祀的研究成果较少进行实质的对话,也很难据以厘清这一长时间变迁的具体面貌。

单一朝代分析框架的限制,比较不利于我们认识宋代国家的祠祀措施。前文已指出,学者认为建立正祀、淫祀之别的依据,是宋廷祠祀政策的一体两面。然而论其内涵,前者主要是对祠宇赐予庙额,对神祇赐予爵号,所重在祠庙及其奉祀的神祇;后者则是对祠赛社会的活动建立制度规范,所重在信仰的行为活动,两者的侧重之处明显不同。② 事实上,宋廷很少下诏进行大规模打击淫祠的活动,③ 而且,宋廷大行封赐活动和大规模打击淫祠的措施之间并无相对应的关系。

唐宋两代祠祀措施最受瞩目的变化,莫过于封赐活动的大盛,但是学者对此一变化出现的时间点,也存在难以调和的分歧。限于朝代的分析

---

① 学者关注宋代打击淫祠的活动,相关研究颇多,请参见皮庆生《宋代民众祠神信仰研究》第六章《正祀与淫祀——宋代祠神信仰的合法性研究》,第 272—317 页;黄纯怡:《国家政策与左道禁令——宋代政府对民间宗教的控制》,《兴大历史学报》第 16 期,第 171—198 页;杨建宏:《略论宋代淫祀政策》,《贵州社会科学》第 195 期,第 149—152 页。另外,沈宗宪则全面讨论宋代的信仰政策,参见沈宗宪《国家祀典与左道妖异——宋代信仰与政治关系之研究》,台湾师范大学历史研究所博士学位论文,2000 年。
② 皮庆生先生已论及官方打击淫祠时,侧重于信仰活动,而非信仰的对象与主体。皮庆生:《宋代民众祠神信仰研究》,第 284—285 页。
③ 北宋时期,只有宋徽宗大观三年(1109)曾经下诏大规模禁毁开封地区的淫祠:"在京淫祀不在祀典者,其假托鬼神以妖言惑众之人,令开封府迹捕科罪,送邻州编管,情重者奏裁。"最后禁毁神祠一千三十八区,其中,只有"五通、石将军、妲己三庙以淫祀废",其余的神像"迁其像入寺观及本庙"。可见这次禁毁的重点是祭祀场所,而非祭祀对象。《宋会要辑稿》刑法二之五〇,总第 6506 页;《宋会要辑稿》礼二〇之一四——一五,总第 757—758 页。

框架,同样面对唐、宋封赐活动兴起的现象,研究宋代祠祀的学者以为,这是北宋中期以后国家面对民间信仰的大盛,欲以封赐手段加以管制的结果。① 然而,研究唐代祠祀信仰的学者,亦试图以此解释中晚唐以后封神活动增多的现象。② 两者俱以中央朝廷如何面对民间信仰兴盛的现象来解释封赐措施的兴起,但是很少人考虑唐宋两代赐封活动之间可能存在的联系。

上述的讨论显示,学者欲以祠祀信仰大兴的现象解释唐、宋国家对祠祀信仰作为的变化,确实面临一定的瓶颈。事实上,我们也很难辨明上述现象究竟是反映了信仰兴盛发展的现象,抑或是社会底层的祠祀信仰因赐封而浮现于历史文献记载的结果。但是要了解唐宋赐封措施的关系,意味着这两个领域有必要展开进一步的对话。

同样的,探讨唐宋两朝打击淫祀的活动,须将这些作为和封赐措施脱钩处理。笔者认为,长远来看,二者本来有各自发展的历史脉络。可以从更宽广的历史视野进一步考虑这些措施出现的历史意义,亦即唐宋之间,国家为何开始对地方祠祀建立具体制度规范。③ 此一时期,国家究竟在何种历史情境下,正面处置常民祠祀信仰的活动并建立相关的规范。

第三节 研 究 取 径

前面的回顾指出,唐宋之间国家对地方祠祀的作为,确实出现较大的历史变化,但是目前对此一变化的面貌的了解还很有限。为了了解此一历史变化的面貌,必须开启唐宋祠祀研究的对话,而且,最好的对话方式,

① 松本浩一:《宋代の賜額・賜号について——主として〈宋会要輯稿〉にみえて史料から》,野口铁郎编:《中国史における中央政治と地方社会》,第 286 页;须江隆:《唐宋期における祠廟の廟額・封号の下賜について》,《中国——社会と文化》1994 年第 9 期,第 110—113 页。
② 金相范:《唐代祠庙政策的变化——以赐号赐额的运用为中心》,收入姜锡东、李华瑞主编《宋史研究论丛》第七辑,保定:河北大学出版社,2006 年,第 1—20 页。
③ 皮庆生:《宋代民众祠神信仰研究》,第 297—301 页。他主要从宋代中原文明的外扩与向南推进,讨论这些打击淫祀的活动。

就是真正落实跨代的研究，以摆脱目前单一朝代分析框架可能带来的限制。

以往学者对唐宋两代国家祠祀措施的研究，基本上是在肯定两代各有祠祀政策的前提下进行讨论，很少从事跨代的研究。偶有学者涉及，仍然是站在唐宋对比的角度，指陈两代祠祀政策的变化。① 因此，研究者即使在唐宋变革的框架下立论，②基本上还是以历史比较的视野来讨论此一课题，而且，主要是以宋代自身的历史因素，解释唐、宋祠祀政策的差异。③ 此一研究取径，有两点值得进一步讨论：一、假定每个朝代自始即有明确的地方祠祀"政策"，排除跨代之间国家祠祀措施任何动态发展的可能性；二、先验地排除唐、宋两代中间的五代十国时期各政权祠祀措施可能的影响。

然而，本书讨论唐宋之间国家对地方祠祀措施的变化，之所以采取跨代研究的取径，还有一个更重要的理由：唐宋之间，国家的组成形态和实质内涵发生了很大的变化，但是，既有研究较少考虑此一变化对国家祠祀措施可能的影响。此一变化主要有两方面：

一、中唐以后，国家的组成形态发生重大的转变，地方势力开始崛起，演变为藩镇割据的政治局面。唐末五代，又形成中国历史上特殊的政治形态：一个领土较大的中原王朝和几个较小的地方王国并存的局面，直至北宋太宗始恢复统一。这些剧烈的政治变动使得国家的组成形态出现了相当大的变化，甚至发展出特殊的国家形态（地方王国）。在这个过程中，地方势力崛起自立为国的历史背景，对我们认识国家何以开始重视基层

---

① 例如，须江隆先生曾将封赐的研究上移至唐代，也说明唐末五代有不少封神的措施，并加以绘表统计，但他的讨论重点旨在分析北宋中期以后封赐活动的大盛所造成的影响。须江隆：《唐宋期における祠廟の廟額・封号の下賜について》，《中国——社会と文化》1994 年第 9 期，第 96—119 页。

② 内藤湖南最早提出的唐宋变革说及其影响，参见张广达《内藤湖南的唐宋变革说及其影响》，《唐研究》第十一卷，北京：北京大学出版社，2005 年，第 5—71 页。

③ 另外，唐代祠祀的研究者亦试图从唐代本身的因素，解释盛唐以后封赐措施出现的历史意义。这方面，朱溢先生曾详加考论，他指出这些措施是王权有意扩张在神明世界的影响力，朱溢：《论唐代的山川封爵现象》，《新史学》18 卷 4 期，第 71—124 页。金相范则指出，唐代后期国家为了管制日益蓬勃的民间信仰而发展封赐制度。金相范：《唐代祠庙政策的变化——以赐号赐额的运用为中心》，收入姜锡东、李华瑞主编《宋史研究论丛》第七辑，第 15—20 页。

的祠祀信仰文化是很重要的。

二、唐宋之间国家内部南北力量的消长。唐宋之间南方整体力量的崛起是很显著的历史现象。[①] 学者已指出,中唐至五代以后,南方经济与文化力量的抬头,于五代末期已成不可逆转之势,[②]至北宋中期,南方人在科举和政治上已取得优势地位。[③] 上述唐宋帝国内部南北之间各种社会与经济力量的重组,使得宋代作为新的一统帝国,必须重新看待南方在帝国内部的地位,不仅造成两代之间国家统治南方的视野发生转变,而且也预示着南方人主宰政治局面的到来。

南方自古以来即以好祀著称,祀神风俗是南方文化的显著特征,南方整体力量的崛起,不仅牵动国家如何重新看待南方的统治,也意味着国家与南方祠祀文化有了更多的互动机会。因此,本书将在上述历史环境下,以国家与南方祀神风俗的互动为主轴,考察唐宋之间基层的祠祀信仰文化如何开始受到朝廷和统治阶层的重视。而且,一如题目所点出的"唐宋之间",欲探索包含五代十国时期在内的可能的变化。

然而,考察国家与祠祀的关系,亦须考虑国家组织和行为的复杂性。

---

① 最早注意唐宋之间南方力量的崛起,应是钱穆的《国史大纲》。他首先讨论北宋新旧党争其中隐含的南北之争,以及安史之乱前后南北经济文化地位的转移。钱穆:《国史大纲》,台北:台湾商务印书馆,1991年,第435—450、532—595页。

② 严耕望很早便指出,安史之乱前后全国户口分布剧烈变动,北方和南方人口一消一长的现象,严耕望撰写"五代十国篇《户口》",收入石璋如等著《中国历史地理》(二),"现代国民基本知识丛书"第二,台北:中华文化出版事业社,1954年,第19页。他同时指出,五代十国时期,北方动乱不安、南方相安的局面,遂使五代末期经济文化中心的南移成为定局。(同前引书,第1页)另外,全汉昇很早便指出隋唐帝国与秦汉帝国立国的客观形势有所不同,即必须将北方的军事政治重心和南方的经济重心联系起来,而运河的开凿扮演了这样的角色。全汉昇:《唐宋帝国与运河》,上海:商务印书馆,1946年,第125页。郑学檬则指出,中国古代经济重心的南移始于唐代安史之乱以后,但是重心的转移一直要到北宋后期接近完成。郑学檬:《中国古代经济重心南移和唐代江南经济研究》,长沙:岳麓书社,2004年,第1—63页。

③ 关于北宋时期南方人逐渐在科举与政治上取得优势的地位,参见贾志扬《宋代科举》,台北:东大图书公司,1995年,第198—199页;周藤吉之:《宋代官僚制と大土地所有》,东京:日本评论社,1950年,第9—19、29—30页;Robert M. Hartwell, "Demographic, Political, and Social Transformations of China, 750‐1550", *Harvard Journal of Asiatic Studies* 42, No.2 (1982), pp.414‐415。另外,黄玫茵的博士论文则讨论中唐至五代,长江中下游人文快速发展,新兴官僚崛起的现象。黄玫茵:《唐宋间长江中下游新兴官僚研究(755—960)》,台湾大学历史研究所博士学位论文,2006年。

以往的中古史研究中,国家往往被视为社会的对立面,而且是单元的存在,①这种观点本是近代西方政治思想与历史经验的产物。自秦汉郡县制成立后,中国政府体系便存在中央朝廷与地方政府的二元统治结构,地方政府的施政往往具有很大的自主性。② 因此,本书考察国家的祠祀措施,将区分出中央朝廷和地方官府不同层级的官府组织对祠祀的作为。进而言之,个人考察国家对祠祀的作为,也将纳入官僚阶层的行动。在传统中国社会中,官吏本来就扮演文化传播和整合的角色,他们既是祠祀制度的建立者,也是第一线的执行者。因此,本书在中央朝廷、地方政府的二元统治结构下,亦将考察士大夫官僚群体对祠祀的态度和作为,并指出他们可能扮演的角色,以期更全面地认识国家对祠祀所采取的措施。

本书试图说明适当地将国家对祠祀的措施区分为中央朝廷、地方官府和官僚群体作为三个层面,除了可以观察国家与祠祀两者关系的复杂面貌,同时也能深入掌握唐宋之间两者关系开始发生变化时,上述三种国家行为对祠祀的措施发生了哪些改变,以及这些变化发生时彼此之间的关系。不过,为了避免国家的通行概念所可能产生的误解,在正文实际讨论的时候,个人将尽量使用具体的指称,例如朝廷、州县官府、官僚阶层等,或是以官方一词代称,以免产生不必要的困扰。

前文的回顾已点出,本研究的出发点,是跟随既有研究观察唐、宋国家对地方祠祀措施的变化而来,旨在梳理唐宋之间国家对地方祠祀措施"变化"的

---

① 邓正来在一篇评论有关中国的乡土社会的研究的文章中,检讨国家与社会二元研究框架的适用性,并指出国家通常的用法里,很少被视为异质的存在。邓正来:《国家与社会研究框架的建构与限度——对中国乡土社会研究的评论》,收入王铭铭、王斯福主编《乡土社会的秩序、公正与权威》,北京:中国政法大学出版社,1997年,第608—613页。另外,有关国家与社会二元分析框架的检讨,亦可参见梁治平《导言》,《清代习惯法:社会与国家》,北京:中国政法大学出版社,1999年,第1—29页。
② 20世纪中叶以降,新多元政治论的学者提醒我们,国家组织内部分化与国家行为多元化的现象。这种对国家组织和行为抱持多元异质的观点,对于考察传统中国的国家行为值得重视。Patrick Dunleavy, Brendan O'Leary 著,罗慎平译:《国家论:自由民主政治学》,台北:五南图书公司,1994年,第335—341页。另外,侯旭东对北朝村民世界的研究,试图从朝廷、州县和村里三层互动形成的帝国结构,修订传统国家与社会二极关系的讨论。侯旭东:《北朝村民的生活世界——朝廷、州县与村里》,北京:商务印书馆,2005年,第369页。

层面,而非在唐宋国家祠祀政策的框架下,综论各种不同性质的祠祀措施。具体而言,即在唐宋之间,在国家组成形态和实质内涵发生变化的历史背景下,梳理、解释朝廷为何开始大行赐封行动,并且建立地方祠祀的规范。

　　本书考察唐宋之间国家与祠祀信仰关系的变化,还有一点和既有研究不同。笔者认为,此时两者的关系涉及国家对祠祀活动的态度和作为根本性的变化。就在宋代,我们也看到另一种令人瞩目的历史变化:朝廷和士大夫官僚阶层开始主动通过大量的祠祀活动进行政治操作。这方面最具代表性的例子,就是宋代开始大量出现的旌忠庙和贤人祠。前者是通过建祠赐额的方式表彰为国死事的忠臣,后者则是以建祠的方式表彰儒家理想的贤人典范。以往这两种祠祀因官方色彩浓厚,很少进入学者讨论国家与祠祀关系的视野,然而,如果稍微鸟瞰宋世以后旌忠庙①与贤人祠②的发展便会

①　以旌忠庙而言,宋代在"生封爵,死褒赠"的旧措施外,开启建祠旌忠的新传统。南宋高宗绍兴七年(1137)二月,朝廷下诏州郡于通衢普建"褒忠庙",地方官府朔望、春秋依时祭祀忠义之士。(李心传:《建炎以来系年要录》卷一〇九,绍兴七年二月乙卯条,北京:中华书局,1988 年,第 1769 页)此为中国历史上国家首度通过赐额立祠的方式,大量建立具有劝忠用意的特定类型的祠庙。即使到了清代,自雍正朝起,国家仍然持续大量建立"昭忠祠",奖劝各种忠臣烈士的事迹。赵尔巽等:《清史稿》卷八七《礼六·昭忠祠》,北京:中华书局,1977 年,第 2595—2600 页。事实上,南宋以降至清代之间,地方志记载大量具有劝忠作用的旌忠庙,它们共同体现宋世以降国家以祠祀旌忠的新传统。

②　另一类较旌忠庙更受到学者关注的祠祀是贤人祠,但是,主要被置于学校教育和儒学发展的脉络下讨论,而不是从国家与祠祀的关系加以考察。关于宋代贤人祠的研究,Ellen Neskar 有开创之功,参见 Ellen G. Neskar, "*The Cult of Worthies: A Study of Shrines Honoring Local Confucian Worthies in the Sung Dynasty（960 - 1279）*", PhD diss., Columbia University, 1993;有关宋、明先贤祠的研究概况,参见林丽月《俎豆宫墙:乡贤祠与明清的基层社会》,收录黄宽重主编《中国史新论:基层社会分册》,台北:联经出版公司,2009 年,第 328—331 页。宋代贤人之祀,主要由士大夫官僚群体主导和推动,到了明清两代,中央朝廷介入日深,明太祖洪武四年(1371)下诏学校普建乡贤祠与名宦祠。丘浚等监修:《山东通志》卷一四,《景印文渊阁四库全书》第五三九册,台北:台湾商务印书馆,1983 年,第 5 页(总第 879 页)。明代一直要到成化、嘉靖年间,州县学宫修建乡贤、名宦二祠,才成为地方庙学规制的一部分,至于对乡贤的祠祀也逐渐形成制度,基本上是由地方推举核勘决定。参见前引林丽月文章,第 65、68 页。另外,对于名宦祠的研究比较少,参见刘祥光《明代徽州名宦祠研究》,收入高明士编《东亚传统教育与学礼学规》,台北:"国立"台湾大学出版中心,2005 年,第 101—175 页。清顺治元年(1644),更进一步命令学校建立忠义孝弟与节孝妇女二祠。稽璜等奉敕撰:《清朝文献通考》卷六九《学校七》,台北:新兴书局,1958 年,第 5485 页。而且,时代越往后,中央朝廷展现更多介入祀贤活动的企图。雍正六年,乡贤名宦的入祠认可由原本提学御史覆勘改由中央的礼部掌控。《清实录·世宗宪皇帝实录》卷七三,北京:中华书局,1986 年,第 1 页(总第 1084 页)。

发现,祠祀在近世政治文化领域扮演着日益重要的角色。

宋代以后,官方大规模以祠祀操作政治,有三种现象说明此一历史变化:一、出现承载特定政治价值和政治理念的祠祀类型,例如旌忠庙、群贤祠;二、涌现出大量从无到有的创祠旌忠、祀贤之举;三、官方开始积极操作祠祀,对地方社会传播政治价值和理念。

宋代以后,朝廷不仅大规模涉入祠祀信仰,同时也出现积极以建祠立祀操作政治行动的变化,这意味着此时统治阶层对祠祀的态度和作为,已经发生重大的变化。明白此点,我们是否应该考虑重新审视唐宋之间国家开始大量涉入地方祠祀的历史意义。

第四节　本书章节架构

本书除了绪论和结论以外,正文分为四章。

如何阐述唐宋之间国家与祠祀关系的重大变化,关于这一问题,本书首先将从唐代地方官府的祭祀活动着手,勾勒出两者关系原来的历史面貌。由于唐代中央朝廷鲜少涉入各地祠祀信仰,此时国家和祠祀信仰的关系主要系于地方官府层级的祠祀活动。因此,第二章首先勾勒出此时地方官府祠祀活动的梗概,并试图说明这些活动是各地"惯习"的表现,以之作为第三、四章进一步阐述唐宋之间中央朝廷开始大幅涉入祠祀信仰变化的背景。以往学者讨论地方官府的祠祀活动,主要从国家礼典规范的制度架构入手,此章则从各地惯习的特性理解这类活动的性质,并说明它们具有高度的自主性;同时亦试图指出长吏实践官府的祠祀活动,开始出现官神共理思维的文化内涵。

从唐末至北宋前期,国家(特别是中央朝廷)越来越多地涉入地方祠祀,一方面出现了大量的封神措施,另一方面开始建立有关地方祠祀的规范。这些作为以往主要被视为宋代的新变化,但是唐宋之间朝廷开始关注地方祠祀的变化,根源于唐宋之际国家重组的历史背景。此一背景促成朝廷大幅以封神措施介入社会,并开始正面处理常民祠祀信仰活动,这分别是正文第三、四章处理的课题。

首先,唐宋之间国家为何能够建立地方祠祀规范? 这一点和此时中央朝廷开始正面处理南方祀神风气有关。第三章通过长时段考察,分析唐宋之间国家如何对常民的祠祀活动建立起相关的制度规范。对此,本章重视唐宋两代之间,南方力量的崛起促成国家统治南方视野的改变所带来的影响。具体而言,笔者试图在南方如何从唐代官方认知的边陲转为宋初国政焦点此一历史脉络下,探讨唐宋两代官方对南方祀神风气作为的差异。同时说明正是在北宋前期朝廷指挥处置南方祀神之风衍生的问题的过程中,最终于仁宗朝确立了相关的制度规范。

其次,唐宋之间国家开始采取大量封神措施,与此时国家重组过程中出现的特殊的国家形态——地方王国有关。第四章探讨唐末五代南方王国立国过程中展开的封神运动的新变化。这些兼具地方与国家双重性格的南方王国开始推行大量的封神活动,将原本只属于少数功在皇帝、国家的神祇的荣耀大量赋予各地的神祇,遂形成封神制度的传统。与此同时,本章通过考察南方王国大幅对神祇赐赠名位,欲达到援神为用以图自立的目的,重新认识赐封措施的作用与性质。最后,前代南方王国确立的封神传统,随着北宋中期南方官僚集团的崛起而被推衍为全国性的制度,从而重新认识宋代封赐活动大盛的本质。

唐宋之际国家大幅涉入地方祠祀后,其对祠祀的态度和作为也开始受到影响,本书第五章进一步探讨北宋中期以后兴立旌忠庙与贤人祠之风气。笔者认为,唐宋之间国家大行封赐神祇,持续处置南方祀神风气,开启官方建祠旌忠、祀贤的风气,俾重新梳理宋代官方新的祠祀措施出现的历史脉络。

简言之,本书以国家和南方祀神风俗的互动为焦点,探讨国家与祠祀关系变化的两个层面:一、唐宋之际国家大幅涉入地方祠祀,使其从原本在唐代国政议题中处于相对边缘的地位转而逐渐获得统治者的重视,成为政治关怀的焦点;二、基层的祠祀文化成为朝廷和统治阶层运用的政治文化。国家涉入地方祠祀并受其牵引,大幅以祠祀作为政治载具成为宋代政治文化的基本元素之一。

　　宋代以降大量出现旌忠庙与贤人祠不是历史的偶然,它们源于本书所论唐宋之间国家与祠祀的重大变化。笔者聚焦于国家和南方祀神风气之互动,欲以此重新梳理这段历史,以此为唐宋变革期提供一个值得观察的历史面相。① 由于这场变化深刻地改变了国家和士大夫官僚对祠祀的态度和作为,本书希望对唐宋之间祠祀开始在政治、社会领域扮演的重要角色,勾勒出一幅完整的历史图景,以加深认识中国历史上国家与祠祀信仰关系长期演变的历史。

　　另一方面,唐宋之间国家与祠祀关系发生的重大转变,从来不是孤立存在的历史现象,而是与唐宋变革期另一个令人瞩目的重大变化(南方的崛起)有关。本书不直接探讨南方力量的崛起和国家祠祀措施转变之间的关系,但是,各章探讨祠祀措施的变化时,也一并讨论了不少南方因素所产生的影响。本书或许可从国家与祠祀关系的重大转变,揭示唐宋之间南方力量崛起的独特历史面貌,并加深认识南方祠祀文化对近世祠祀措施的作用。

① 柳立言先生撰文厘清唐宋变革说的原始内涵,并且反省此一学说后来在援用时出现的问题。他总结唐宋变革有六大主线:一、政治体制;二、统治阶级的构成,权力的取得和分配;三、社会组织和阶级的构成和流动;四、经济的自由化、商业化,新的生产关系和交换方式;五、文化特性和价值观念;六、国际关系等。参见柳立言《何谓"唐宋变革"》,《中华文史论丛》2006 年第 1 辑,上海:上海古籍出版社,2006 年,第 125—171 页。

第一章　地方官府祭祀与
官神共理思维

传统中国存在中央朝廷与地方政府的二元统治结构，但是在中古史研究里，因材料的限制，我们较少关注地方官府的运作，祭祀活动亦是如此。然而，学者已从国家礼典规范的制度架构，讨论唐廷下放权力，赋予各地政府认定辖境祠祀的权力，[①]也让人了解到各地官府祠祀运作制度相对自主的历史环境。

本书首先考察唐、五代地方官府的三种祭祀活动：到任谒神、春秋常祀与水旱祈祭活动。以往学界对这些祭祀活动讨论较少，但它们是国家与各地祠祀信仰常态性的互动。国家祭祀各地神祇的活动，实际由地方官府负责其事，以维系国家和基层社会祠祀信仰的关系。本书采取这样的研究策略，旨在先勾勒出两者之间关系的大体面貌。

笔者倾向于从"惯习"的角度，来认识地方官府之祀。采取此一研究视角，主要着眼于这些地方官府祭祀的运作跨朝越代，有着深远的历史传统。以下将从惯习的角度阐述此一运作的梗概，理解此一传统。同时，从官吏实践此一祠祀传统的角度出发，重新讨论这些祭祀活动，并论及其文化内涵的新发展。最后，在上述讨论的基础上，评估此时朝廷对各地祠祀信仰的基本态度。

---

① 这方面，雷闻的观点值得考虑。他认为，《大唐开元礼》将地方祠祀纳入国家礼典中的小祀，这是国家礼典中首次公开承认地方祠祀的合法地位，并纳入国家祭祀的整体系统。他特别指出，因礼文中"诸神祠"一语没有具体指涉，朝廷实际上将对地方祠祀的认定权力下放到地方政府。雷闻：《郊庙之外：隋唐国家祭祀与宗教》，第223页。

第一节 "入境随俗"：长吏到
任谒神的传统

　　已有学者指出，唐代到任谒庙的行为，系外来长吏为了治政需要，主动表现出尊重本地文化传统的态度所形成的惯例。① 此处将进而说明这些活动实际上延续了汉代以来官府的祠祀传统，探讨唐代地方官如何继续修习这门新官上任后"入境随俗"的必修课。

　　到任礼谒境内的重要神祇，是唐代地方官的普遍作为。载籍中，北至雁门，②南至潮州，③东南及于宣州、④润州，⑤皆有官吏谒神的身影。那么，该如何理解这种普遍存在于地方的仪式活动呢？

　　通常唐代地方官上任的第三天，先遍祭境内的山川神祇。根据令狐楚《白杨神新庙碑》记载，贞元十二年（795），代州刺史元韶上任之初的理政情形如下：第一天认识本州的僚属；第二天接见当地父老，询问风俗民情；第三天遍祭境内的山川神祇，⑥这是长吏就任后首先进行的祭祀活动。

　　辖境的神祠远近不一，元韶如何能于一天内遍祭境内山川神祇？笔者推测，元氏可能是在治所所在的百神庙从事相关的仪式活动。唐五代时地方设有百神庙，⑦岁时会聚境内诸神于此飨祀。⑧ 这类祠宇对各地官

---

① 雷闻：《郊庙之外：隋唐国家祭祀与宗教》，第 247—250 页。
② 令狐楚：《白杨神新庙碑》，《文苑英华》卷八七六，北京：中华书局，2003 年，第 4623—4624 页。
③ 《韩昌黎全集》卷二二《潮州祭神文五首》，北京：中国书店，1994 年，第 317 页。
④ 崔龟从：《宣州昭亭山梓华君神祠记》，《全唐文》卷七二九，台北：大化书局，1987 年重编本，第 373 页。
⑤ 孙处元：《重修顺佑王庙碑》，《全唐文》卷二六六，第 1208 页。
⑥ 令狐楚：《白杨神新庙碑》，《文苑英华》卷八七六，第 4623—4624 页；官吏上任第三天，遍祭山川的记载，又见于许筹《晋东莱太守刘将军庙记》，《全唐文》卷七九〇，第 3711 页。
⑦ 前蜀王建于武成元年（908），"诏：重建百神庙于梓橦县。先是，唐大将军吴行鲁塑百神之庙于路侧，已而毁于火，及帝登极，梦神大求祠宇，遂有是命"。吴任臣：《十国春秋》卷三六，傅璇琮等主编：《五代史书汇编》第七册，杭州：杭州出版社，2004 年，第 3883 页。
⑧ 宋敏求《长安志》记载："都神庙，在县城内，会县境诸神，岁时飨于此。"宋敏求：《长安志》卷一六，《宋元地方丛书》第一册，台北：大化书局，1980 年，总第 97 页。

府的祭祀活动相当重要,据杜牧《黄州准赦祭百神文》记载,会昌二年(842),唐武宗接受尊号,大赦天下,命令天下刺史祭祀境内神祇之有益于人者。文章在叙述他祭祀百神的情景时,提到他"衣冠待晓,坐以假寐,步及神宇"后进行祭祀。[①]　文章篇名说是"祭百神文",则杜氏步及的"神宇",应是当地的百神庙。黄州为东南地区的偏僻小郡,或可佐证这类百神庙普遍存在的现象。

长吏遍祭山川神祇的同时,也会先行拜谒治所所在的重要神祇,这些神祇是当地官府平日祭祀的对象。例如,唐宣宗大中十一年(856),许筹暂代温州刺史一职,第三天僚吏请求"历祠群望",许氏立刻祭祀东晋太守刘将军庙。庙记提到,此神"飨用春秋,祷灾徼祜",应是当地官府春秋常祀和水旱祈祷的对象。[②]　对于某些不在治所附近的重神,官吏则会择期前往礼谒。[③]

地方官"到任谒神"现象的普遍存在,很容易让人联想到此举只是顺应国家制度的要求。然而,唐代国家礼典和律令并未对此加以规范,[④]即使朝廷重视的全国通祀的社稷与孔庙,也不在官员谒拜之列。凡此皆说明,这项仪式是各地普遍存在的惯习。

官吏就任之初谒拜的神祇,除了少数国家的岳渎重神,如华岳神、北岳神、长江神等,[⑤]多为当地历史悠久的重要信仰。由于此一仪式依循本地原有的传统,礼谒的对象也会随着地方信仰的发展变动而有所调整。例如,袁州的仰山神信仰肇始于汉代,但是一直到中唐,神祠仍位于仰山山上,地势"既险且阻",由此推测此时信仰可能不兴盛。根据传闻,唐代

①　《樊川文集》卷一四《黄州准赦祭百神文》,台北:汉京文化事业有限公司,1983 年,第201 页。
②　许筹:《晋东莱太守刘将军庙记》,《全唐文》卷七九〇,第 3711 页。
③　崔龟从:《宣州昭亭山梓华君神祠记》,《全唐文》卷七二九,第 3373 页。
④　唐代地方官到任谒神的祭文中,都未明言谒神是依国家制度的要求。韩愈上任潮州刺史时,未能亲自礼谒潮州当地的大湖神,在遣使礼谒的祭文中,特别向神祇解释为何不能亲谒之缘由。《韩昌黎全集》卷二二《潮州祭神文五首》,第 317 页。
⑤　卢朝彻:《谒岳庙文》,《金石萃编》卷九九,国家图书馆善本金石组编:《历代石刻史料汇编》"隋唐五代部"二编,北京:北京图书馆出版社,2000 年,第三册,第 655 页;李景让:《南渎大江广源公庙记》,《全唐文》卷七六三,第 3557 页;康杰:《安天王碑阴》,《全唐文》卷四〇八,第 1877 页。

宗时因神祇托梦太守,始于山下立祠,至迟于唐宪宗元和年间,仰山神已是当地刺史最重要的祷祝对象。[①] 唐末五代,仰山神的地位不断提升,屡受朝廷赠官封爵。南唐后期,朱恂便直指仰山神为袁州"望祀之最",且为当时官员就任之初谒拜的对象。[②] 仰山神成为袁州刺史到任礼谒的对象,和中唐之后此一信仰的逐渐兴盛有关。

谒神的成例,有时通过方志得以保存,形塑历史记忆,成为无形的约束。有些地方文献提醒官吏,如果对当地重神慢黩不虔,会立刻遭遇横祸:

> 州城西北塘上神祠,案孙处元《润州图经》云:本汉荆王之庙也。《汉书》:高帝族兄,汉兴为将军,有功封为荆王,王于此地。与黥布战薨,人为立庙。历吴晋宋齐梁陈,俗皆享祀。……前后二千石及上佐下车,辄先祭而始莅职。如慢黩不虔,应时致祸。[③]

孙处元是润州当地的士子,从本地人的角度写下汉荆王刘贾神长期备受崇奉的神威和地位,图经的作者欲向外来的地方官传达神威不容轻忽的信息。图经是官吏治政的凭借,这些记载有助于维系润州地方官莅职之初必须亲自前往谒拜的传统。

地方谒神的传统对于官吏的约束力不容轻忽,即使是他们眼中的"淫祠",通常也循例举行仪式。段成式提到唐宣宗大中九年(855),他出任处州刺史之初礼谒好道庙的过程:

> 大凡非境之望,及吏无著绩,冒配于社,皆曰淫祠。然肸蚃感通,无方不测,神有所庐,鬼有所归,苟不乏主,亦不为厉。或降而观祸,

---

① 《韩昌黎全集》卷二三《袁州祭神文三首》,第 318 页。
② 朱恂:《仰山庙记》,《全唐文》卷八七一,第 4094 页。
③ 《重修顺佑王庙记》,《全唐文》卷九八七,第 4585 页。唐玄宗先天二年(713),孙处元的《重修顺佑王庙碑》则提到,汉荆王刘贾神,"遗灵宅此,历代攸钦。自昔二千石临郡,未尝不先致飨而后莅职",《全唐文》卷二六六,第 1208 页。可见到任礼谒此神的传统由来已久,不限于唐代。

格而飨德，能为云雷，诛殛奸凶，……可以尸祝者，何必著诸祀典乎？缙云郡之东南十五里，抵古祠曰好道。……予大中九年到郡，越月方谒。……予学儒外，游心释老，每远神订鬼，初无所信。常希命不付于管辂，性不劳于郭璞。[1]

根据庙记所载，好道庙奉祀的神祇陈氏，南朝时曾经担任永嘉郡长史，在任满北归的途中卒于此地[隋亦沿置永嘉郡，唐初置括州，天宝一度改名为缙云郡，唐肃宗乾元元年(758)复为括州，唐代宗大历十四年(779)后更名为处州]。他生前对当地并无任何贡献，死后始因一连串的威灵事迹被人立祠奉祀，成为阖境事奉的重神。段成式自言，研习三教，远神订鬼，不相信鬼神的存在，但他仍然择期前往亲谒被他视为"淫祠"的好道庙。说明地方官就任之初，通常会"入境随俗"，循例祭祀当地的重神。

此一谒神传统究竟如何发展出来的？笔者曾考论唐以前的传世文献，未能得到明确的答案。以下仅援引数例，略述唐以前官吏到任拜谒境内神祇的现象，仍试图说明这也许是存在已久的地方传统。

根据史书的记载，西汉前期诸侯卿相到山东地区任官，都会先礼谒曲阜的孔子祠。[2] 东汉孝明帝时，王乔担任叶县县令，死后百姓为其立庙，号为叶君祠，"牧守每班录，皆先谒拜之"。[3] 可见郡县制建立后，地方官早有上任礼谒曲阜孔庙与神祇的成例。

下逮魏晋南北朝，情况依旧。南朝时吴兴太守上任，依例礼谒甚至必须以个人的坐骑(牛)享祀当地的项羽神，以示对神祇的恭敬。[4] 根据当时

---

① 段成式：《好道庙记》，《全唐文》卷七八七，第 3696 页。此处的"祀典"所指应是《祭法》，而不是具体的地方祠祀文书，由于好道庙所奉者，在世无功绩，属于死后展现灵迹的厉鬼，不符合《祭法》所言的立祠原则，故段氏有此语。

② 《史记》卷四七《孔子世家第十七》，北京：中华书局，1987 年，第 1946 页。

③ 《后汉书》卷八二《王乔传》，北京：中华书局，1973 年，第 2712 页。另外，《后汉书》引《皇览》曰："范增冢在郭东。又庭中亚父井，吏民皆祭亚父于居巢庭上，长吏初视事，皆祭而后从政，后更造祠于东。"同前引书《志第二十二·郡国四》，第 3488 页。

④ 《南齐书》卷二七《李安民传》，北京：中华书局，1997 年，第 508 页。

的传言,项羽神占据官厅视事,①太守到任时,通常先在郡厅谒拜项羽神,之后便"避居他室",不敢与神争位。梁朝萧琛任吴兴太守时,土民仍然在官厅上安施神座,作为公私请祷的处所。最后萧氏决定徙神还庙,以脯代肉,禁断杀牛祭祀之俗,②这才改变了此前的做法。吴兴当地的传说里,项羽神俨然已经是治理一方的官吏。

南朝吴兴太守面对境内威灵显赫的项羽神,上任谒神时杀牛献祭,实与地方官禁止杀牛祀神的通常做法相抵牾,③至于让出治政厅所以供项羽神"听事",实已屈服于境内最具威望的神祇。这段吴兴太守长期屈服于项羽神的历史,提醒我们唐代长吏到任谒神的仪式,自有其历史渊源。

前文试图说明唐代官吏循"例"谒神的事例,实有汉代以降的历史渊源,接续将进一步指出,各地僚吏在维系官吏到任谒神的传统中扮演重要的引导角色。

唐穆宗长庆四年(824),崔龟从就任宣州刺史,僚吏提醒他历来刺史到任,皆谒拜当地的昭亭神:

> 吏告曰:昭亭神实州人所严奉,每岁无贵贱必一祠焉。其他祈祷报谢无虚日。以故廉使至,辄备礼祠谒。余时方痔病,疡发于尻,不便于跪起,至秋疾愈,因祇谒庙下。④

宣州的僚吏提醒崔氏,昭亭神为"州人所严奉"云云,即点出昭亭神是当地的重神,兼且提醒长吏须赓续往例("廉使至,辄备礼祠谒")。崔氏当时因病不便行事,病愈后仍然依例前往,说明当地僚吏有效地维系了此一

---

① 根据传言,当地的项羽神占据郡厅听事,孔季恭担任太守,不依前例回避项羽神,任内平安无事,事见《宋书》卷五四《孔季恭传》,北京:中华书局,2003 年,第 1532 页。后来萧思明效法孔氏的作为,却死于任上。《南史》的记载便将死因归诸萧氏执意在郡厅视事,遭到项羽神的报复,事见《南史》卷一八《萧惠明传》,北京:中华书局,1995 年,第 499 页。萧、孔二人不循前例,故史书特别记载。
② 《梁书》卷二六《萧琛传》,北京:中华书局,2003 年,第 397 页。
③ 例如,东汉第五伦任会稽太守时,禁止部内百姓杀牛祭神的风俗。《后汉书》卷四一《第五伦传》,第 1397 页。
④ 崔龟从:《宣州昭亭山梓华君神祠记》,《全唐文》卷七二九,第 3373 页。

传统。此处笔者试图指出,讨论唐代官吏就任谒神之举必须聚焦于地方官府的层级,才能掌握这是各地官府祭祀惯习的表现。

值得注意的是,地方官到任谒神的活动,有时也带有私人祷祝的色彩。官、神初遇的仪式活动,是长吏实践地方官府祠祀传统之举,在此一仪式里,官吏有时也会吐露个人心声。例如,唐代宗大历九年(774),华阴县令卢朝彻谒拜华山神的祝文说道:

> 唐大历九年甲寅季春,月哉生明。华阴令卢朝彻下车,散齐浃日,精意选择元辰,吉蠲饎饎,靡爱斯牲。敬修祀事,端笏祠宇,缙绅莫馈,敬告金天王。粤山岳配天,聪明正直,岂直祸淫,实真祚德。朝彻不佞,获领兹县。职监洒埽,躬备陈荐。顾嗟菲薄,性受愚蒙。清是家风所遗,方乃天诱其衷。与众难合,于时不容。向老厉志,如何遭逢。抱拙恬澹,委运穷通。倘力于政,王降百禄;稍私其身,王肆厥毒。福谦害盈,则仰岳灵。不识不知,何敬神为?①

这类祝文通常是公开宣读,而闻见于在场的人士。② 卢朝彻向神祷祝的通篇内容却感慨自己仕途不顺,遭人排挤,希望华山神能够赐福于他,个人的得失穷通反而成为祝文的重点。③ 官员间或吐露私人祈福的心声,凸显这种仪式活动有时掺杂了官神之间私的互动。

事实上,与官员到任谒神的行为相呼应,唐人笔记小说载有神祇迎接刺史上任的情节。《开元天宝遗事》中的一则故事记载张说(原文作张开,应即张说之误)出任荆州刺史,境内主神相迎于路:

> (神:)某荆州内外所主之神,久仰使君令名,故相率迎引。(说)

---

① 卢朝彻:《谒岳庙文》,《金石萃编》卷九九,国家图书馆善本金石组编:《历代石刻史料汇编》"隋唐五代部"二编,第三册,第655页。

② 董侹:《修阳山庙碑》,《全唐文》卷六八四,第3143页。

③ 同样的,张九龄于开元十八年(730)由洪州刺史贬谪边地的桂州刺史,在拜谒舜庙时的祭文中,也留下了私人祈福的文字,内容除了希望大舜神能"俯垂冥佑","输力明时"之外,也希望神能明鉴他是"悉心在公",当福则应福之。熊飞校注:《张九龄集校注》卷一七《祭舜庙》,北京:中华书局,2008年,第912页。

到任谒庙后,各致祭谢及建饰庙貌。①

在唐代士人的认知世界里,"迎官"与"谒神"显然是同时存在的。此例中神祇迎接官员到任,却也得到修建祠庙的回报。由于神祇于立祠血食有求于地方官,笔记小说甚至记载神祇先行通报县令即将履职之处,托以修祠之事。② 官员和辖境神祇最初的交流,伴有若干私的互动。

值得留意的是,唐代官员谒拜的对象,只限于当地重要的神祇,而不及于同为民众信仰所系的寺观。这些被礼谒的神祇对官吏上任后的施政,显然是有特殊意义的。笔者认为,长吏谒神之举本质上是一种仪式,要理解这些礼神活动,不仅需要留心外来官员治政的功利性考虑,更要从谒"庙"回归到谒"神"文化的内缘因素,亦即在官吏理政的活动中,境内的山川神祇将扮演何种角色,使谒神活动成为地方官"入境随俗"所不可避免的必修课。关于这个问题,第四节会有进一步的分析。

第二节 礼神依据:地方自编祀典

上述谒神之礼是一种全国性普遍存在的仪式,但这只是地方官府祭祀的一环。事实上,除了到任谒神的仪式外,官府还举行春秋二时常祀与水旱灾的祷祝活动。笔者将先析论地方岁时的常祀及祭祀的依据,并评估朝廷对各种地方官府礼神仪式的整体态度。

唐代中央与地方对祀典的分工相当清楚。地方官府负责境内的岁时祭祀,中央不直接涉入,③只有面临严重的水旱,皇帝为求慎重,才会派遣

---

① 王仁裕:《开元天宝遗事》卷下《郡神迎路》,上海古籍出版社编,丁如明等校点:《唐五代笔记小说大观》,上海:上海古籍出版社,2000年,第1731页。

② 《太平广记》卷三〇六《陈袁生》引《宣室志》条,北京:中华书局,1995年,第2421—2422页。

③ 唐代中央与地方在常祀上的分工相当明确,未见秦至西汉与北魏时期,由中央岁时遣使致礼地方神祇的情形。关于秦至西汉的部分,甘怀真先生讨论西汉郊祀礼成立的背景,曾详加分析秦至西汉时期国家试图建立和各地神祠直接的媒介,将支配力(转下页)

使臣祈祷岳渎。此时地方官府有三种岁时常祀的活动：一是朝廷规定全国各地祭祀的活动，如具有通祀性质的孔庙与社稷（也包括玄宗以后的风伯、雨师）；二是岳镇海渎体系诸神、先代帝王之祀和皇帝下诏命祭的特定人物祠（墓）；三是各地官府岁时祠祭界内的山川神祇。

　　朝廷规定的岁时祭祀，对奉诏祭祀的地方官有约束力。白居易在忠州刺史任上所作《早祭风伯，因怀李十一舍人》提到，忠州是偏陋远郡，他仍然遵奉朝命于清晨时分祭祀风伯。[①] 风伯、雨师是玄宗朝新增的通祀，缺乏官员与地方社会支持的基础，时日一久，往往变了样貌。根据《沙州图经》的记载，晚唐的时候，地志已视其为不知起源的杂神。[②]

　　同样的，即使祭祀孔庙和社稷都是国家制度的要求，[③]二者所受到的待遇也冷热有别。有些接受儒家教育的地方官基于儒者的身份认同，对孔庙的祭祀和修葺表现出热络的态度，[④]但是，社稷的祭祀和维护往往被忽视。据大中时期濮阳宁《闽迁新社记》的描述：

　　　　谨按闽故坛墠，南邪西隙，蛙蝈污秽，负蒲苇之豪，家禽野牧，触

（接上页）延伸至底层的农民。甘怀真：《西汉郊祀礼的成立》，收入氏著《皇权、礼仪与经典诠释：中国古代政治史研究》，台北：喜玛拉雅基金会，2003 年，第 33—77 页。另外，关于秦汉时期官方的祭祀活动，参见蒲慕州《追寻一己之福——中国古代的信仰世界》，台北：麦田出版社，2004 年，第 123—139 页。关于北魏中央派遣礼官致祭各地神祇，见金相范《唐代礼制对于民间信仰观形成的制约与作用——以祠庙信仰为考察的中心》，台湾师范大学历史研究所博士学位论文，2001 年，第 28 页。

① 顾学颉点校：《白居易集》卷一一《早祭风伯，因怀李十一舍人》，北京：中华书局，1999 年，第 213 页。

② 《沙州图经》，《续修四库全书·史部·地理类》第七三二册，上海：上海古籍出版社，1997 年，第 473 页。

③ 《大唐开元礼附大唐郊祀录》卷六八，第 355—357 页；卷六九，第 361—364 页；卷七一，第 366—368 页；卷七二，第 366—368 页；卷七三，第 369—370 页。关于唐代地方政府的祭祀活动，高明士和姜伯勤等先生对唐代敦煌官方祭祀礼仪的研究，已指出社稷、籍田、风伯、雨师、释奠等载入《大唐开元礼》的祭祀活动，确实在敦煌地区施行。高明士：《唐代敦煌官方的祭祀仪式》，敦煌研究院编：《1994 年敦煌学国际研讨会文集——纪念敦煌研究院成立 50 周年》，兰州：甘肃民族出版社，2000 年，第 35—74 页；姜伯勤：《唐敦煌城市的礼仪空间》，《文史》2001 年第 2 期，第 229—244 页。

④ 萧定：《袁州文宣王庙记》，《全唐文》卷四三四，第 1986 页。关于隋唐官学教育的发展，参见高明士《唐代东亚教育圈的形成——东亚世界形成史的一侧面》，台北："国立"编译馆中华丛书编审委员会，1984 年，第 169—225 页。

践无禁。至祈报时,率戒闽侯官责办,与胥哗庀权事。其晴也,虽重
菅不免于濡舄;其雨也,必撑篷以护绥,渎神劳人,未尝有瘾者。元侯
关西公既莅闽,其春由郡仪即社,喟然顾曰:吾向理苏,厥坛惟更,仍
岁穰穰,苏人宜之。今闽饶化,期将丕革,首在兹乎![1]

　　闽地位于东南一隅,又值唐末,不难理解刺史不亲祭的行为,记文描
述闽地旧有的社稷已沦为野牧的场所恐非特例。[2] 地方官在辖境的祈报
场合里有更多的选择,他们比较重视境内神祇保境安民的职能,社稷的常
祀往往沦为行礼如仪的活动。

　　中央朝廷下诏规定地方官府的祭祀活动,以五岳四渎的常祀最受重
视。[3] 每岁祠祭前,御降祝文,祭祀官由当地的都督、刺史担任,[4]祝文则是
以“天子使者”的身份发声。[5] 分量既重,官吏自然重视,依礼行祀的可能性
大。[6] 不过,仍不免需要朝廷持续的下诏要求,才能引起官员的重视。[7] 祠
庙的修建和祭器、祭品的重整,往往依赖有心官员的维护,才能焕然一新。[8]

　　至于人物祭祀方面,除了皇帝下诏命祭特定的人物祠,[9]比较有体系的
是先代帝王之祀,以及唐玄宗天宝七年(748)下诏地方政府祭祀忠臣义士与
孝妇烈女等人物典范。关于先代帝王的部分,学者已有细致讨论,[10]此处仅

---

[1]　濮阳宁:《闽迁新社记》,《全唐文》卷七九一,第 3721 页。
[2]　唐玄宗曾经下诏,“社坛侧近,仍禁樵牧”,欲提升社稷场合的神圣性。唐玄宗:《饬敬祀
　　社稷诏》,《全唐文》卷三二,第 152 页。欧阳修很早就指出,唐人不重视社稷祭祀活动,
　　他说:“唐时州县社稷有主,独此碑见之。开元定礼,至大中时犹仅存也,礼乐废坏久
　　矣,故录此记以著之。”李逸安点校:《欧阳修全集》卷一四二《唐闽迁新社记二》,北京:
　　中华书局,2001 年,第 2300 页。
[3]　五岳庙象征全国性的山川,故中岳庙附有其他四岳四渎。韦行俭:《新修嵩岳中天王庙
　　记》,《全唐文》卷四七六,第 2182 页。
[4]　金相范:《唐代礼制对于民间信仰观形成的制约与作用——以祠庙信仰为考察的中
　　心》,第 30 页。
[5]　李景让:《南渎大江广源公庙记》,《全唐文》卷七六三,第 3557 页。
[6]　羊士谔:《南镇永兴公祠堂碑》,《全唐文》卷六一三,第 2779 页。
[7]　晋少帝:《祭中岳令河南尹行礼敕》,《全唐文》卷一一九,第 534 页。
[8]　《韩昌黎全集》卷三一《南海神庙碑》,第 396 页。
[9]　例如唐玄宗开元二十二年(735)十二月,曾经下诏:“敕:灵州置后魏孝文帝祠堂二所,
　　有司以时享祭。”《唐大诏令集补编》卷一八,上海:上海古籍出版社,2003 年,第 784 页。
[10]　雷闻:《郊庙之外:隋唐国家祭祀与宗教》,第 72—91 页。

考论天宝七年朝廷下诏命祭的用意。

天宝六年(747)正月,玄宗先下诏在长安立三皇五帝庙,次年五月便下诏要求"历代帝王肇迹之处,未有祠宇者,所由郡置一庙享祭,……其忠臣、义士、孝妇、烈女,史籍所载,德行弥高者,所在宜置祠宇,量事致祭",[①]接着便开立一份具体名单(如表1-1所示)。

值得注意的是,当时朝廷是以史籍选择代表特定典范的前代人物加以祭祀。因此,这份祭祀名单中,人物分布的时代与地区具有高度集中的特色。人物共四十五人,主要是汉世以前的人物,魏晋南北朝只有诸葛亮,此时祀贤的对象未及于本朝的人物,这一点值得留意。

朝廷命祀的四十五人分布于二十五个郡,只占全国的一小部分。且如汲郡(五人)、鲁郡(四人)、睢阳、富水各有三人,赵郡、长沙皆有二人,其余只有一人,祭祀的对象集中在少数地区,显然不是以各地呈报朝廷认可的方式进行。笔者推测朝廷下诏之前,未调查各地官府原本是否祭祀,也未考虑地方财政能否负担。此举对于奉祀人物较多的地区造成较大的负担,故实施五年后又下诏停废。

此诏应视为玄宗展现个人儒家治国理念之举。此次下诏举祀的用意,主要标举前代忠臣义士等人物典范,故集中于少数州郡,和信仰本身的关系不大。笔者认为,玄宗实欲树立人物典范之祀,以为其治国理念的文饰,这些历史人物祠的性质,主要是作为其儒教国家象征的点缀。[②]

---

① 王溥:《唐会要》卷二二《先代帝王》,第500—501页。

② 对于天宝七年朝廷下诏地方祭祀之举,高明士先生最早进行讨论,他将这些祠庙全部归入"治统庙制",以区别孔庙代表的"道统庙制",并认为这些表彰忠义、节行的庙宇对巩固政权,强化领导中心,有莫大的帮助。高明士:《皇帝制度下的庙制系统——以秦汉至隋唐作为考察中心》,《台湾大学文史哲学报》第40期,第80—82页。雷闻的看法略有不同,他指出此诏系唐玄宗欲建立正祀,以控制地方祠祀之举。雷闻:《郊庙之外:隋唐国家祭祀与宗教》,第262页。天宝十三年(754),李白所作《溧阳濑水贞义女碑铭》一文提到:"皇唐叶有六圣,……自太古及今,君君臣臣,烈士贞女,采其史传名节尤彰、可激清颓俗者,皆扫地而祠之。"(瞿蜕园等校注:《李白集校柱》,台北:里仁书局,1981年,第1647页)李白所指正是玄宗天宝七年立祀之举。李白撰文的时间离天宝七年立祀活动不远,他显然认为这次立祀活动的用意,在表彰典范人物的懿行,以激清颓俗,体现儒家教化的治国理念。

表1-1　天宝七年忠臣、义士、孝妇、烈女立祠表

忠 臣	立祠地点	义 士	立祠地点	孝 妇	立祠地点	烈 女	立祠地点
殷相傅说	汲郡	周太王子吴太伯	吴郡	周太王妃太姜	新平郡	周宣王齐姜	长沙郡
殷太师箕子	汲郡	伯夷	河东郡	周王季妃太任	扶风郡	卫太子恭姜	汲郡
宋公微子	睢阳郡	叔齐	河东郡	周文王妃太姒	长安县配享周文王庙	楚庄樊姬	富水郡
殷少师比干	汲郡	吴延陵季札	丹阳郡	鲁大夫妻敬姜	鲁郡	楚昭王女	富水郡
齐相管夷吾	济南郡	魏将段干木	陕郡	邹孟轲母	鲁郡	宋公伯姬	睢阳郡
齐相晏平仲	济南郡	齐高士鲁仲连	济南郡	陈寔孝妇	睢阳郡	梁宣高行	陈留郡
晋卿羊舌叔向	绛郡	楚大夫申包胥	富水郡	曹世叔妻大家	扶风郡	齐杞梁妻	济南郡
鲁卿季孙行父	鲁郡	汉将军纪信	华阳郡			赵将赵括母	赵郡
郑卿东里子产	荥阳郡	以上义士八人		以上孝妇七人		汉成帝班婕妤	扶风郡
燕上将军乐毅	上谷郡					汉元帝冯昭仪	咸阳郡
赵卿蔺相如	赵郡					汉太傅王陵母	彭城郡
楚三闾大夫屈原	长沙郡					汉御史大夫张汤母	万年县
汉大将军霍光	平阳郡					汉河南尹严延年母	东海郡
汉太傅萧望之	万年县					汉淳于缇萦	济南郡
汉丞相邴吉	鲁郡					以上烈女十四人	
蜀丞相诸葛亮	南阳郡						
以上忠臣十六人							

※出处：王溥：《唐会要》卷二二《先代帝王》，第500—501页。

　　地方岁时对境内神祇的常祀传统由来已久,汉高祖初兴,朝廷即下令郡县岁时常祀灵星祠与社稷。[①] 除了全国通祀外,汉代各郡也有岁时常祀的对象。[②] 西汉末汉平帝元始四年(4),中央下令蜀郡、九江郡太守岁时率官属行礼文翁、信臣。[③] 南齐时,萧子良任会稽太守,认为大禹"泣辜表仁,菲食旌约",遂改变岁时常祀的祭品,"岁献扇簟"。[④] 唐以前有关地方官府春秋二时常祀的记载较少,上面的零星个案说明,汉隋间的地方官府除了不定期的祈雨等祠祀活动外,对境内特定的神祠也早已举行常祀。

　　到了唐代,岁时常祀仍然是地方官府重要的祭祀活动。此处有一尚待讨论的问题:究竟各地官府常祀的神祇的实际数量有多少? 这涉及地方财政负担的问题。既有研究较少着墨于此,与欠缺官府常祀的名单有很大的关系。于此,李商隐文集留下了一份宣宗大中元年(847)桂州官府的常祀名单,可供考论。该年八月,李商隐曾为桂管观察使郑亚撰写秋天报祀的二十一篇祭文,以下将据此讨论唐代的常祀。[⑤]

　　表 1-2 是依据李商隐的二十一篇祭文所做的简表,据此可以获得两项结论:

　　一、桂管观察使所祀为桂州刺史辖域内的神祇。中唐节度使、观察使兴起后,仍以使府所在的州祀为限,并未改变各地官府原有的祠祀范围。

　　二、桂州秋报祭祀的对象应有一份固定的名单。仔细分析这二十一

---

① 《史记》卷二八《封禅书第六》,第 1380 页。
② 汉桓延熹六年(163),王延寿于《桐柏淮源庙碑》提到:"立庙桐柏,春秋宗奉。……圣汉所尊,受珪上帝。大常定申,郡守奉祀。"《全上古三代秦汉三国六朝文·全后汉文》卷五八,北京:中华书局,1991 年,第 791 页。
③ 《汉书》卷八九《循吏传》,北京:中华书局,1962 年,第 3643 页。
④ 《南齐书》卷四〇《竟陵文宣王子良传》,第 693 页。
⑤ 这二十一篇祝文的内容,均为久旱不雨,祷神得雨后谢神之祝文。刘学锴、余恕诚:《李商隐文编年校注》,北京:中华书局,2003 年,第 1500—1553 页。编者认为,这二十一篇祝文中,除了《祭桂州城隍神祝文》为秋天报祭的祝文外,其他皆是稍早祈祷得雨后报谢的祝文。郑亚大中元年六月中到任,距秋天报祭的时间颇短,而且进一步分析这些祝文的内容,除了报谢得雨之外,也提及此年秋天丰收,应是秋天报祭的常祀之作,故《赛荔浦县城隍神文》言"窃陈薄奠,用答丰年"(第 1510 页),《赛曾山苏山神文》言"果从望岁,载润嘉生"(第 1515 页),《赛古榄神文》言"化太甚早,为大有年"(第 1530 页),《为中丞荥阳公祭全义县伏波神文》言"及申望岁之祈,又辱有秋之泽"(第 1533 页),《赛建山神文》言"讵言膏泽,忽致有秋"(第 1546 页),可见这些祝文亦是李氏同时所写秋天常祀之作。

个祭祀对象,其有以下几个特点:1. 名山大川是桂州常祀对象的大宗;
2. 人物神的部分,除了尧、舜等五位外,也有五地的城隍神被纳入常祀,桂
州地处岭南边地,桂州的常祀对象广纳辖下诸县的城隍神,说明唐末的城
隍神已成为地方官府主要的祭祀对象;3. 古榄神为树神,《礼记·祭法》未
载祭祀树神,桂州官府祭祀古榄神,也许彰显南方祠祀信仰的特色。[1] 至
于莫神,可能是当地非汉族群体奉祀之神,两者皆凸显当地官府选择祭祀
对象时,尊重地方原有的信仰传统。

表 1 - 2　大中元年桂州秋天常祀的对象

祭 祀 对 象	属　性	所在地点	出　　　　处
舜神	古代圣王	桂州临桂县	《赛舜庙文》,《李商隐文编年校注》,第 1499 页
越王赵佗神	前代统治者	?	《赛越王神》,同前引,第 1503—1504 页
湘源之神	江神	桂州全义县	《赛北源神文》,同前引,第 1506—1507 页
灵川县城隍神	城池保护神	桂州灵川县	《赛灵川县城隍神文》,同前引,第 1508—1509 页
荔浦县城隍神	城池保护神	桂州荔浦县	《赛荔浦县城隍神文》,同前引,第 1510—1511 页
永福县城隍神	城池保护神	桂州永福县	《赛永福县城隍神文》,同前引,第 1512—1513 页
曾山、苏山神	山神	贺县	《赛曾山苏山神文》,同前引,第 1515 页
白石湫	潭水神	桂州灵川县	《赛白石神文》,同前引,第 1581 页
龙蟠山神	山神	桂州兴安县? 灵川县?	《赛龙蟠山神文》,同前引,第 1521 页
阳朔县名山	阳朔名山神	桂州阳朔县	《赛阳朔县名山文》,同前引,第 1522—1523 页

---

[1]　刘学锴、余恕诚:《李商隐文编年校注》,第 1530—1531 页。

祭 祀 对 象	属 性	所在地点	出　　　处
海阳（即阳海山）山神	山神	桂州兴安县？	《赛海阳神文》，同前引，第 1525 页
尧山庙	古代圣王	桂州灵川县尧山	《赛尧山庙文》，同前引，第 1527 页
古榄神	树神	桂州理定县	《赛古榄神文》，同前引，第 1530 页
伏波神	人物神：汉代边臣，有惠于当地	桂州全义县	《为中丞荥阳公祭全义县伏波神文》，同前引，第 1532 页
理定县城隍神	城池保护神	桂州理定县	《为中丞荥阳公赛理定县城隍神文》，同前引，第 1540 页
兰麻山神	山神	桂州理定县	《赛兰麻神文》，同前引，第 1542 页
侯山神	山神	桂州临桂县	《赛侯山神文》，同前引，第 1544 页
建山	山神	桂州建陵县	《赛建山神文》，同前引，第 1546 页
石明府神（石姓县令）	前代县令	桂州属县	《赛石明府神文》，同前引，第 1548 页
莫神	莫徭族所奉神祇	？	《赛莫神文》，同前引，第 1550 页
桂州城隍神	桂州城隍神	桂州	《为中丞荥阳公祭桂州城隍神祝文》，同前引，第 1552 页

这份桂州官府常祀的对象，应是列入当地祀典的神祇。由于地方经费有限，祭祀的负担不轻，[①]实际能纳入祀典的神祇数目不可能太多。关于这方面，宋代的例子亦可为佐证。宋代《吴郡志》的"至德庙"条所引《修庙记》一文即指出，吴郡当时是雄藩大郡，然而"神祠之载祀典者十数"。[②]

---

① 刘禹锡于《奏记丞相府论学事》便提到，郡县举行释奠，所费不赀，造成地方财政庞大的负担。刘禹锡集整理组点校：《刘禹锡集》卷二〇，北京：中华书局，2004 年，第 253 页。

② 陆振岳校点：《吴郡志》卷一二《祠庙》"至德庙"条，南京：江苏古籍出版社，1999 年，第 165 页。

　　列入地方祀典的神祇通常是官府重要的祭祀对象，地方需要祷祝时，官吏首先检寻地方祀典。于此，刘禹锡的《为京兆韦尹贺雨止表》提供了重要的讯息：

　　　臣某言：今月某日，中使吴文政奉宣圣旨，缘今年雨多，恐伤苗稼，诸有灵迹处并宜祈祷者。臣谨检寻祀典，方议遍祠。惟德动天，俟已澄霁。①

　　这是刘禹锡于唐德宗贞元十八年（802）渭南县尉任上，为京兆尹韦夏卿所作的贺晴表。表文记载，当时皇帝下令地方官府祈晴，韦氏为求慎重，第一步就是亲自检寻"祀典"。唐代以后，祀典日益指涉具体的地方祠祀文书，②不过，此处的祀典指涉为何，不易立刻做出判断，仍需进一步推敲。约略而言，唐代文献中所见的"祀典"一词，大致有三种用法：一是指《礼记·祭法》，一是指祠祀活动，一是指祠祀活动的文书簿录。其中，有关祠祀活动与祠祀文书的记载，又有中央与地方之别，有时不易分辨。此处"祀典"所指，因上下文语意略嫌模糊，不易得到确解，但是，基于下述三点理由，笔者认为韦氏披寻的是地方祠祀的文书簿录：一、韦氏检寻的必然是文书，而不是祠祀活动；二、韦氏从事具体的祈祭活动时，不需要检视《礼记·祭法》；三、唐代朝廷编纂的成文礼典，并未明确规定各地祈祭的对象。因此，韦夏卿祈晴的依据是京兆府当地的祀典文书。此一事例发生在京兆地区，具有一定的代表性，或许有助于了解地方官府祈祭的常态。

　　考虑唐代地方官府祠祀运作的情况，祀典内的少数神祇本是官府各种礼神活动主要的祭祀对象。地方官不论到任礼谒、春秋常祀或是水旱祈祭，皆祭祀本地祀典所载的神祇。如前引《晋东莱太守刘将军庙记》一文记载，许筹暂代东莱太守一职时，因军吏上疏，拜谒了刘将军庙。记文

――――――――――
① 刘禹锡集整理组点校：《刘禹锡集》卷一三，第155页。
② 雷闻：《郊庙之外：隋唐国家祭祀与宗教》，第269页。

中同时提到,此神"飨用春秋",且是当地"祷灾禬祜"的对象,[1]即是地方官府对列入祀典的神祇,从事各种祠祀活动的佐证。因此,祀典神祇被认为是"尊神",拥有比较尊崇的地位。[2]

各地官府祭祀的神祇数量不多,与现实中财政不易支应酬神之需有很大关系。对祀典内的神祠,地方官(府)负有酬神之责,这类神祠具有比较浓厚的官方色彩。除了春祈秋报的常祀外,水旱灾祈祭灵验后进行的报祭,[3]也是常见的酬神活动。至于耗费不小的修祠工程,[4]必须动员许多的人力物力,通常选择在辖境无事、政清人和的情况下进行。[5] 为了方便动员,官府会选择在农暇之余兴事。[6] 从州县官府的角度来看,修建祠庙的工事往往历时数月,动员的规模不小,因此地方官府不可能随意修建其他祠庙。现实中官府维系祭祀与修祠所费不赀,有助于了解前述天宝七年朝廷下诏举祀,未几却出现停废的现象。

修建祠庙需要动员大量的人力物力,实属于地方官(府)酬神的重礼。唐代文献中所见修建祠庙的活动,多为官方发起,[7]虽然庙记不一定明言

---

[1] 《全唐文》卷七九〇,第 3711 页。

[2] 郑世刚、杨立扬点校:《玉壶清话》卷一〇《江南遗事》,北京:中华书局,1984 年,第 98 页。

[3] 裴处权于《祷河侯庙记》提到:"吾且祈且报,庶终侯功。……今日拜侯赐,未若记侯之感通。"可见水旱灾祈祭有验,必回以报祭之礼。《全唐文》卷七五七,第 3527 页。有关中国传统社会中报的思想研究,参见杨联陞《报——中国社会关系的一个基础》,段昌国等译:《中国思想与制度论集》,台北:联经出版公司,1992 年,第 349—372 页。

[4] 唐代史籍所见,修庙经费大约需"钱十万",韩愈曾以私钱十万修缮黄陵庙,韩愈《韩昌黎全集》卷二三《祭湘君夫人文》,第 320 页。由于缺乏唐代单一州、县收支概况,很难具体衡量钱十万对地方政府的负担有多重。不过,这项支出对县级政府的财政负担甚大,常常需要上级的州(府)出资支应,李方郁《修中岳庙记》便记载,河南尹下令县府修建中岳庙,并以府方支出库钱十万助修。《八琼室金石志补正》卷七六,国家图书馆善本金石组编:《历代石刻史料汇编》"隋唐五代部"二编,第一册,第 574 页。

[5] 张磻:《新移丽阳庙记》,《全唐文》卷七三二,第 3391 页。

[6] 高郢:《姜嫄公刘庙记》,《金石萃编》卷一〇三,国家图书馆善本金石组编:《历代石刻史料汇编》"隋唐五代部"二编,第三册,第 724 页。另外,韦瓘《修汉太守马君庙记》亦记载,观察使孟氏"尝以马君忠利之绩,神气未灭,寿宫不严,何以昭德,十年十一月乃崇大栋梁"。同前引书卷六九五,第 3206 页。韦昌谋《灵应庙记》也记载,建庙时间是在六至十月。同前引书卷八一九,第 3874 页。

[7] 例如,高郢:《姜嫄公刘庙记》,《金石萃编》卷一〇三,国家图书馆善本金石组编:《历代石刻史料汇编》"隋唐五代部"二编,第三册,第 723—724 页。

神祠的属性,但根据前文所论,仍可据以推断主要为官府修建祀典内神祠的活动。这些祠庙平时即是百姓拜祷的对象,①偶尔亦可见民间出资、自行发起修建官祠并留下碑记的事例。② 但是此时长吏发起的修建祠庙活动,仍然很少出现官民合修的情景,③使得纳入祀典的神祠更多地呈现出官方色彩。修建这些祠庙的经费来自官方,彰显酬谢祀典神祇之责落在地方长吏及其所领导的官府。因此,地方官有时也自出私俸修祠立庙,这是私人酬神的表现。④ 有些长吏甚至命令僚属捐俸助修祠庙,碑阴也大量刻载州县僚属的名字,更赋予碑文记载宗教捐献者的含义,⑤这是辖境官僚集体谢神的表现。

　　唐五代地方官府的祭祀活动具有浓厚的惯习色彩,同样也表现在可以自行选择祭祀的对象。此时各地礼神活动的依据——地方祀典,基本上是官府自编自用的文书簿录,⑥下引两则史料或可佐证。其一为皇甫枚《三水小牍》卷下所载,汝州鲁山县地区,商于之女显灵,"乡人遂建祠宫,书祀典,历数世矣",号为"女灵观",州县也在此庙举行常祀。⑦ 此处乡人一词所指模糊,但是依乡人建立祠宫后,商于之女成为州县官府祭祀的对象,或可推测所言载于"祀典",应系地方祀典,说明当时地方可以自行编

---

① 有些地方官修建祠庙时,也清楚地认识到官方祭祀的祠庙,平日亦为民众"进拜祷祝"的对象,李方郁:《修中岳庙记》,《八琼室金石志补正》卷七六,国家图书馆善本金石组编:《历代石刻史料汇编》"隋唐五代部"二编,第一册,第 574 页。

② 韦涣《新修湖山庙记》记载,唐文宗初年,县令祷祝湖山庙灵验,遂建祠报谢。其后,祠庙颠崩,民众自行出资修建祠庙,并请求该县县尉记载修庙的缘由。《全唐文》卷七九一,第 3717 页。另外,董侹《修阳山庙碑》一文也记载,民众修建祷祝灵验的阳山庙。《全唐文》卷六八四,第 3143 页。

③ 刘瓖《袁州城隍庙记》一文则记载,咸通年间袁州刺史颜氏谒神之后,有意修建城隍庙,最后军吏与商贾合力助修。《全唐文》卷八〇二,第 3782 页。

④ 萧振《重修三闾庙记》言及唐末天佑元年(904)马殷修建屈原庙时,便称其所出修祠的私俸为"净财"。《全唐文》卷八六九,第 4084 页。

⑤ 韦济:《白鹿泉神祠碑》,《八琼室金石志补正》卷五五,国家图书馆善本金石组编:《历代石刻史料汇编》"隋唐五代部"二编,第一册,第 352 页。

⑥ 关于唐代地方政府祠祀的依据,以往的研究较少,雷闻首先探讨此一课题。他指出,中晚唐以后,图经逐步成为地方政府确定祠祀的主要依据。雷闻:《郊庙之外:隋唐国家祭祀与宗教》,第 266—268 页。

⑦ 皇甫枚:《三水小牍》卷下《夏侯祯黩女灵皇甫枚为祷乃免》,上海古籍出版社编,丁如明等校点:《唐五代笔记小说大观》,第 1188—1189 页。

修祠祀的文书。

　　同样的，五代初期钱镠为杭州钱塘湖神撰写碑记时，也提到当地官府已将此湖编入地方祀典，却未能建庙立祠："钱塘湖者，……原其自编祀典，积有岁年，虽陈奠酹之规，未施展敬之所，盖为古来藩侯牧守，不能建立殿堂。"①钱氏此时已是一方霸主，碑文既言当地早已将钱塘湖"自编于祀典"，说明此时编纂地方祀典仍是各地自发性的活动。这一点也反映在宋代方志对前朝祠庙的记载上。根据宋人谈钥《嘉泰吴兴志》卷一三"渊德庙"条的记载，该庙是唐宪宗元和八年（813）县令刘汭祷雨有验后，"始载祀典"。② 宋代方志的作者清楚祀典与方志有所区别，③故记载唐代县级的"祀典"是在县令祷祝灵验后，增添为新的祭祀对象。《嘉泰吴兴志》成书于宋宁宗嘉泰元年（1201），上距元和八年将近四百年，编者谈钥却能精确掌握渊德庙被纳入当地祀典的时间点，体现了地方祠祀传统跨越朝代藩篱的特色。由于此时地方祀典不是承朝廷之命所编，亦不需上缴中央（北宋有所变化，详见附录二），文献是以"自书""自编"祀典称之。相对地，图经是应中央要求编纂，须定期上缴朝廷，其中载有各地祭祀的对象，这应是根据地方祭祀现况而上报的信息。因此，当唐玄宗东巡途中欲亲自祭祀沿途名山大川与帝王烈士，在缺乏各地祀典的情况下，朝廷便仰赖

---

① 钱镠：《建广润龙王庙碑》，《全唐文》卷一三〇，第 583 页。
② 谈钥：《嘉泰吴兴志》卷一三，《宋元地方志丛书》第十一册，第 6788 页。
③ 士人在编撰方志中祠庙门的资料时，地方祀典是重要的依据。这方面，唐以前存世的方志数据零散，无法据以讨论，必须仰赖宋代存世的完整方志。例如，《仙溪志》在编纂祠庙门时，便以有无列入地方祀典作为取舍祠庙的依据。《仙溪志》祠庙门记载："闽俗机鬼，故邑多丛祠。惟袁侯以死捍寇，于法得祀。余或以神仙显，或以巫术著，皆民俗所崇敬者，载在祀典所当纪录，其不在祀典者不书。"黄岩孙：《仙溪志》卷三《祠庙》，《宋元地方志丛书续编》下册，台北：大化书局，1990 年，第 13 页（总第 1347 页）。不过，只登载列入地方祀典的祠庙，不是编纂的通例。另一方面，祀典与方志二者编纂的时间有些落差，祀典的变动与方志内容的更迭很难取得一致，因此，有些方志指出，旧志中所载的祠庙不在祀典而不明源流，说明了地方祀典是方志编纂祠庙门的重要基础。张津等撰：《乾道四明图经》卷七《昌国县·祠庙》，《宋元地方志丛书》第八册，第 1 页（总第 4983 页）。有些作者在编纂图经的时候，发现境内有该祀而未祀的神祇。陈公亮：《淳熙严州图经》卷二《祠庙》"英烈王祠"条与"朱太守祠"条，《宋元地方志丛书》第十一册，第 22 页（总第 6969 页）。上述这些情况皆造成方志与祀典的记载交错的现象。

图经,检视各地奏报的祭祀对象是否得宜。①

　　两汉以来,地方即有常祀的对象,如果考虑到现实的祭祀运作之需,常理推断地方官府应有一份常祀祭祀的对象。乾道三年(1167)李泳《绪山庙记》的记载,便是典型的个案。记文写道:"有祝史黄庭献来告曰:余姚县绪山祠祀典于东晋咸宁。"②李泳记载绪山庙纳入地方祀典始于东晋咸宁年间,距乾道三年将近九百年,但祝史所告时间相当明确,应有所本。此庙长期以来都是余姚县当地官府祭祀的对象,说明这类活动由来已久,往往跨朝越代。但是,地方何时开始自编祀典,并且以某种具体的文书簿录呈现,以下几则中央的命令,也许可以提供一些考论的线索。

　　　　其有诸神所居,载在祀典,灵迹昭著,福及生人者,如有毁废,亦宜增葺。③

　　　　名山大川,兴云致雨,冀保顺成之岁,宜申望祀之仪。太清宫及骊山、华岳、南山广惠公岩谷湫、凤翔启圣宫、邠州要册湫,宜各差官祷谢。其诸道应有祠庙标于祀典,及先圣灵迹,各委长吏差官精诚启告。④

---

① 开元五年(717),唐玄宗驾幸东都,褚无量建言道:"臣闻巡方问俗,大化所先,故帝舜巡狩,望秩山川,遍于群神。……自古巡狩,咸致享祀,略而言之,有如此者。伏愿陛下行幸所过之处,有名山大川、丘陵坟衍,古之帝王及忠臣烈士,备在祠典,皆合致祭,望令所管州县,据图经具录先报。"褚无量:《车驾东幸上书》,陈尚君辑校:《全唐文补编》卷二九,北京:中华书局,2005 年,第 343 页。朝廷汇集各地上缴的图经,朝臣要求州县根据"图经"奏报备在地方"祠典"者。尽管中央朝廷不列管地方祀典的神祇,国家仍然看重祭祀这些神祇活动背后象征的统治权力,例如,唐宪宗平定李师道之乱后,朝廷下诏要废撤李氏在祀典祠庙措置的器物服饰:"管内名山大川在祀典者,宜令宣抚使与本镇计会,差官备礼致祭。其祠庙中应缘陈设器服等物,是贼中所置者,并宜废撤。特加修换,用致虔诚。"唐宪宗:《平李师道德音》,《全唐文》卷六二,第 294 页。
② 李泳《绪山庙记》(乾道三年,1167)记载:"有祝史黄庭献来告曰:余姚县绪山祠祀典于东晋咸宁。"《全宋文》卷四六四五,上海:上海辞书出版社;合肥:安徽教育出版社,2006 年,第 300—301 页。关于魏晋南北朝官府的祭祀活动的研究成果较少,参见甘怀真《中国古代的罪的观念》,收入氏著《皇权、礼仪与经典诠释:中国古代政治史研究》,第 365—367 页。
③ 常衮:《禁天下寺观停客制》,《全唐文》卷四一〇,第 1887 页。
④ 唐僖宗:《车驾还京师德音》,《全唐文》卷八九,第 412 页。

　　后唐长兴二年(931)七月敕：天下州府,应有载祀典神祠破损者,仰给公使钱添修。①

　　　夫掩骼著在前经,敬神垂于古典。告布诸道州县：所在应有暴露骸骨,并勒逐处埋瘗。及山林川泽、祀典神祇,各随处差官崇修祭享。②

　　引文中第一条是唐代宗时所下的诏令,其他三条分别是唐末与后唐的诏令。这些都是朝廷颁给地方政府的诏令,令文中所称载于"祀典"的神祇指的是载于各地祀典文书的神祇。当中央下令进行祷祀和修葺时,特别是花费较多的建祠活动,择祠的依据便是列载于地方祀典的神祠。

　　从前述"自编""自书"之语推敲,似可进一步推论,唐代以后地方官府才兴起自编祀典的风气。而且中唐以后,朝廷也了解这类祀典等具体文书簿录的存在。这或许可以解释现存唐、五代文献中,为何祀典一词指涉"地方祀典"的事例远较宋代少,而宋初编纂的《太平寰宇记》已经屡屡提到地方祀典。③　这是明显的历史变化。④

　　依前文所论,地方官府财力有限,常祀的神祇只有一二十个,对象固定,而且官府有义务修建祀典内的神祠,性质不同于纯粹的民间祠祀。祀典神祇既享有官府负责祭祀、修建神祠的特殊待遇,官吏要将特定的神祇纳入祀典,往往是在神祇屡屡应祷有功之后。这方面,晚唐宋诚的《苍山庙记》记载沂州苍山立庙的过程,便是颇具代表性的个案：

　　　会昌四年(844)冬,梁国乔公自尚书郎来守是邦,每景物澄霁,升

---

① 王溥：《五代会要》卷一六"祠部"条,第 204 页。
② 唐庄宗：《改元同光赦文》,《全唐文》卷一〇五,第 477 页。
③ 如第 2119 页记载：筠州米山,"山有神灵,能兴云雨,着在祀典,岁时祈祷";第 1400 页记载：卢植冢,"系祀典"。等等。乐史撰,王文楚等点校《太平寰宇记》卷一〇六,北京：中华书局,2007 年,第 2119 页;卷六九,第 1400 页。
④ 关于祀典概念的落实,雷闻先生曾从北宋新神明体系的建立,加以讨论,参见雷闻《郊庙之外：隋唐国家祭祀与宗教》,第 270—276 页。

高而望兹山,觉峰峦之有异。公曰:"是山也,得不司于吾土乎?"明年夏将旱,公惧岁之不登,忧民之歉食,虽土龙徙市,启千百神,曾未果应,公曰:"余为之长,郡之旱,民之灾,是亦警余之或未勤。"乃召《易》者而筮之,得山泽损之卦。筮者曰:"艮上兑下为损,损而后益,乃丰岁之象。艮为山,兑为泽,为西方云泽之气,果应为西,得不为苍山之兆乎?"公遂躬祷是山,……车未及旋,索泽如悬,……厥后阴阳其或乖度,俾吏致告,靡不响答。公又曰:"《礼》云:能御大灾则祀之。水旱者,民之灾也,是山果能兴布云泽,救民之灾,得不庙而祀欤?"遂命工人爰构庙室于山之阳。六年(846)春三月,庙告成。……秋七月,公大备牲牢,罗丝竹于庙庭之下,躬自荐拜,以答神祉。……赞曰:……春秋荐拜,水旱云祈。……①

苍山原本不在沂州地方祀典之内,乔姓刺史就任之初,便特别青睐此山。后来当地发生旱灾,在祷祝诸神无效的情况下,因术士卜卦才转而向苍山祈祭。稍后,此山成为当地官府水旱祈祭的重要对象。在屡屡应验之余,乔姓刺史才决定建庙酬神,将其纳入地方祀典,享受春秋二祀。在唐代,即使是基层的县令,亦可建祠奉祀,并且自行纳入县级的祀典,②而不需要奏请朝廷核准,这一点和生祠明显不同。

至此,已大致梳理出唐五代地方官府祠祀运作的梗概。这些运作以本地官府的祠祀传统为主,除了奉诏命祭的活动外,基本上仍然维持各地"自行其事"的形态。这些祠祀运作是此时国家与各地祠祀信仰的常态关系,说明两者之间的关系主要植基于各地原有的传统。

---

① 《唐文拾遗》卷三○,第4811页。
② 皮日休《破山龙堂记》记载,夏天旱灾,县令周氏,"禜其神于破山之潭上,果雨以应,君曰:'受其赐,徒禜以报,不可也。'于是命工以土木介其象,为宝宫以荫之,著之于典,以洁其祀。于是风雨时,怪物止,水旱不为厉。民经大荒,连岁以穰,其神之泽乎?君之祀乎?"《全唐文》卷七九七,第3750页。这是县令建庙,将此一龙神信仰纳入该县祀典之例。

第三节　祈祭的过程和祭祀对象

前节的讨论侧重地方官府祠祀制度的运作层面,此处将进一步关注长吏祈祭的实践面,特别是当地方面临严重的水旱灾害,他们的实际作为,旨在深入分析地方祠祀传统、国家制度和古典礼经的立祀原则三者之间复杂的互动关系。

一、水旱祈祭的过程

唐代地方官府平时的祈祭活动主要由僚吏负责。按照唐代基层文官制度,州的功曹(司功)参军与县的功曹掌理祭祀等礼乐活动。① 可惜存世的文献没有任何州、县功曹掌理祠祀活动的记载,史料中提到地方祠祀的主事者,大多以"吏"称之。例如,韩愈《南海神庙碑》载,唐宪宗元和十三年(818)广州刺史孔戣到任后一年,奉皇帝之命常祀南海神的经过,便是依照主事吏员的安排。②

至于地方官府的水旱祈祭,《大唐开元礼》和祠令都有明确的规定。大体上,州县遇旱灾祈雨,"先社稷,又祈界内山川能兴云雨者";州县遇水灾,则"禜城门"以祈晴。③ 据此,唐代州县水旱祈祭的顺序有一定的规范。但是,传世的文献很少提到地方政府祷祝社稷的活动,该如何解释这种落差?地方官府的祭祀活动有一套运作的制度,礼典中有统一的祝文格式,州县平时的祭祀也直接以祝版祭祀。④ 理论上,官吏不需要亲自撰写祝文,因此,

---

① 赖瑞和:《唐代的基层文官》,台北:联经出版公司,2004 年,第 251、195—196 页。
② 《韩昌黎全集》卷三一,第 396 页。
③ 雷闻:《郊庙之外:隋唐国家祭祀与宗教》,第 322 页。另参见《大唐开元礼附大唐郊祀录》卷三《祈祷》,第 32 页;王文锦等点校:《通典》卷一〇八,北京:中华书局,1988 年,第 2808—2809 页。
④ 这方面的记载,见于宋世的方志。例如《至顺镇江志》卷八记载,丹徒县之徐偃王庙,"在崇德乡大溴山下,……宋绍兴间创,……淳祐癸卯(1243),里人重建,州郡春秋递至祝版以祀"。脱因修,俞希鲁纂:《至顺镇江志》卷八,《宋元地方志丛书》第五册,第 10 页(总第 3227 页)。

现存的祈祭文献(包括庙记),反映了地方官主动参与其事的现象。其中,水旱祷祝的活动占了很大的比重,揭示出这些官员面临水旱灾的考验,大多采取积极的作为和态度。相对的,现存唐五代文献中几乎不见官府祷祝社稷的记载,由此也点出在州县官府水旱祈祭的活动中社稷不受重视的事实。

大体上,灾害发生之初,长吏先派遣僚属祈祷。① 然而,当灾害不断扩大,他们通常会亲自主持祈祭仪式,并且强调"不委下吏"的重要性。② 偶尔,某些特定地区祈祭的活动甚至必须冒着生命的危险。例如咸通年间,巴陵县令李密思祷祝于湘君庙的情况:

> 洞庭山……旧俗邦人祷禜水旱,尝于此山,且患庙貌靡存,无展敬之所者久矣。密思以咸通二年(861)谬宰巴陵,其年六月,因时雨不降,遂洁斋躬祷于山。将涉,逆波触舟,众以为不可渡,乃皆请止。予谓骄阳害稼,虑困吾民,岂可偷安哉! 因命速棹去岸。俄而长飙东来,委波顺送,帆席半挂,已及山址。于是祷拜既毕,舣棹将归。……则知非至神无以动阴阳,非至诚无以感灵应,昭昭显验,诚可嘉之。③

地方官府的祈祭活动作为水旱灾害时公开举行的仪式,有助于凝聚民心的支持。④ 李密"岂可偷安"之语,点出长吏面临水旱灾害带来治政的危机,亲自祈祭确实有其急迫性。这些重要的祷祝活动,通常是以长吏为首的官府团队举行的仪典。例如,一场以河南尹为首,对偃师县周公祠的祷祝活动,便有河南府与偃师县的官员参与其事。⑤

① 傅璇琮等校笺:《李德裕文集校笺·外集》卷四,石家庄:河北教育出版社,2000 年,第694—695 页。
② 《樊川文集》卷一四《黄州准敕祭百神文》,第 201 页。有些官吏也会特别强调"委于吏属则不虔",韦昌谋:《灵应庙记》,《全唐文》卷八一九,第 3874 页。
③ 李密:《湘君庙记》,《全唐文》卷八〇二,第 3781 页。
④ 雷闻:《郊庙之外:隋唐国家祭祀与宗教》,第 327 页。
⑤ 贾正义:《周公祠碑并序》,《金石萃编》卷七〇,国家图书馆善本金石组编:《历代石刻史料汇编》"隋唐五代部"二编,第三册,第 212—213 页。另外,祷祝西岳的活动则有华州刺史、华阴县令、主簿、县尉与祭。张惟一:《张惟一等祈雨记》,《金石萃编》卷七九,国家图书馆善本金石组编:《历代石刻史料汇编》"隋唐五代部"二编,第三册,第 355 页。

　　长吏亲自祈祷的活动,有助于化解眼前的治政危机。在灾害严重时,官府任何遣人祈祭的行动,都会成为地方百姓关注的焦点。[①] 此时长吏亲自主祭的仪典,往往吸引许多观礼者,有时多达数千人。[②] 这些公开的仪式,成为地方官府直接诉诸常民支持的重要活动。

　　值得注意的是,地方父老(乡望)也会参与官府水旱祈祭的活动。地方人士参与这些仪式的传统由来已久,即使到了唐五代,具有名望和实力的地方人士,仍然是这些仪式活动的要角。[③] 与纯粹观礼的常民不同,他们代表地方社会参与仪典。这些祈祭活动纳入地方父老,可以有效地整合官民,共同面对水旱给地方社会带来的危机。

　　不仅如此,长吏也向地方父老征询祷祝的对象。在"遍祷"神祇无效后,地方官通常会听取耆老的意见,开始求助于未纳入官府祀典而为地方所重的神祇。例如,李栖筠《济州谷城黄石公祠记》记载,济州刺史向黄石公祠祈祷的经过:

　　　　天宝岁夏六月,旱既太甚,遍走群望,密云卷而复舒,零雨蒙而不降。太守河东裴公,聚黄发而咨谋曰:山川神祇有不举乎? 闻斯行诸,

---

① 圆仁《入唐求法巡礼行记》卷二记载,开成五年(840)四月三日,他离开登州出发之际,"今日尚书、监军诸神庙乞雨"。圆仁撰,白化文等校注:《入唐求法巡礼行记校注》卷二,石家庄:花山文艺出版社,1992年,第250页。圆仁路过登州,知道地方官乞雨的活动,可见这类活动受到百姓高度的关注,而达于外来僧人。

② 康骈:《剧谈录》卷上《狄惟谦请雨》,上海古籍出版社,丁如明等校点:《唐五代笔记小说大观》,第1471—1472页。

③ 元质《八都坛神君实录》记载,垂拱元年(685),刺史冯义、县令萧俠等祷雨有应,遂修庙立记。根据此碑的记载,乡里人士三十五人,时常参与官府祈祭的活动,而得以列名碑阴。可惜此碑的碑阴未能存世,无法据以析论与祭父老们的出身。《八琼室金石志补正》卷三九,国家图书馆善本金石组编:《历代石刻史料汇编》"隋唐五代部"二编,第一册,第187—188页。京兆的地方政府,祈雨于汉武帝时,同样亦是"官庶并诚,虔虔于祠,集于宫室"的祷祝景象。沈亚之:《祈雨文祠汉武帝》,沈亚之撰,萧占鹏等校注:《沈下贤集校注》卷一二,天津:南开大学出版社,2003年,第269—270页。现存大量官方的祈祭文献中,很少记载乡里人士与祭的现象,笔者认为,此时撰文只重描述官府的行事,却忽略耆年宿德参与其事的现象,反映出时人认为地方官府是地方水旱祈祭的主角。

夙夜展祭。祀事未毕,感而遂通。自寅及未,泽润千里,吁其灵也。①

此例显示,当原来官府的祷祝活动失效时,长吏会适时地谋议于当地耆老,此时耆老们对官府选择祠祭的对象,便会发挥重要的影响力。在这个过程中,长吏藉由主动祷祝其他重神,以凝聚民间力量,共拯水旱之厄。而原本因图籍未载而官员不晓,只在父老口中相传的庙宇,便可成为祷祝的对象,甚至进而纳入官方的祀典。②

在地方官府的各种祭祀活动里,长吏最重视的就是水旱祈祭活动。唐代小说也记载鬼向官吏预报降雨的时间,以回馈官吏改葬之恩的传说。③ 而且,有些长吏在离任之前,也会向继任者传承祷祝的经验,告知哪一个神祇比较灵验,④以俾将来祈祭之需。

唐代地方官府实际的水旱祈祭方式之多,远远逾越祠令和礼典的规定。在地方面临水旱灾的时候,也纳入佛、道教等宗教的祈雨活动,⑤甚至出现刺史命令信佛的县丞诵经祈祷的做法。⑥ 笔记小说还记载若干特殊的致雨方式,或是长吏命令豢龙之处士致雨,⑦或是请人投掷丹符于江中,⑧不一而足。说明面临水旱灾的时候,长吏抱持"穷尽一切致雨的方

---

① 李卓:《济州谷城黄石公祠记》,《金石萃编》卷九九,国家图书馆善本金石组编:《历代石刻史料汇编》"隋唐五代部"二编,第三册,第643—644页。夏侯观《泽州龙堂记》记载:"唐刺史温璠因岁旱询于耆艾,云此实龙泉也。遂命开凿,致祷而雨澍。由是建祠于侧,祀典载焉。"《全宋文》卷一九七,上海:上海辞书出版社,2006年,第36页。

② 张磻《新移丽阳庙记》一文记载:"丽阳庙,……大中四年(850),今齐州刺史徐公郡理处之日,时属亢阳,遍祈山川,罔有征验。躬酹此庙,雨则随车。……其正位丽阳王,盖北山之神;左则白塔王,斯土地之主;右则巨潭王,乃北沼之灵。三神名号,虽图籍罔载,……自开山导水,有土地人民社稷以来,神则挺生,咸闻之父老。"《全唐文》卷七三二,第3391页。

③ 《太平广记》卷三四二《赵叔牙》引《祥异记》条,第2715页。

④ 卢恕:《楚州新修吴太宰伍相神庙记》,《文苑英华》卷八一五,第4304页。

⑤ 雷闻:《郊庙之外:隋唐国家祭祀与宗教》,第328—334页。

⑥ 例如,吕文展雅好佛经,开元三年(715)任阆中县丞,时旱,"刺史刘浚令祈雨,仅得一遍,遂获沛然。又苦霖潦,别驾使祈晴,应时便霁"。《太平广记》卷一〇四《吕文展》引《报应记》条,第702页。

⑦ 《太平广记》卷四二三《豢龙者》引《尚书故实》条,第3443页。

⑧ 杜光庭:《录异记》卷二,上海古籍出版社编,丁如明等校点:《唐五代笔记小说大观》下册,第1519页。

法"的态度。

简言之,在长吏最重视的水旱祈祭活动里,不在礼典规范的祷祝行为甚多。即使是相当常见的请僧、道祈雨的活动,此时都未纳入国家成文礼典的规范,礼典和具体的祈祭实践有很大的"落差",①这一点至宋代有明显的变化。②

二、祈祭的对象

前文已指出,地方实际面临水旱灾害时,祈祭的对象是以祀典神祇为主,然而,地方祀典的神祠来源各异,以下将依据现存的文献,考论祭祀的对象(主要是山川神和人物神),旨在对官府择祀的行为能有初步的认识。希望能比较深入地认识祀典神祠的构成,以了解地方官(府)如何选择祭祀的对象。这方面,个人将重点讨论经典立祀原则、朝廷作为、地方官态度和地方信仰的传统等因素可能造成的影响。如果可以的话,亦希望能稍加考论南北差异。

中国原生的宗教基本上是一种泛神论的信仰,除了将日月、山川和动植物神化,加以崇拜外,还有大量以人、鬼类神祇为主的人格神。③ 此处讨论官府的祭祀对象,将重点分析《礼记·祭法》注重的山川神和人物神。《礼记》的《祭法》清楚指出,唯有常民瞻仰的日月星辰,财用所出的山林、川谷、丘陵,以及有功于民的圣王,始能成为祭祀的对象,此外不得与祭。④

---

① 关于唐代地方官府的祈雨活动,雷闻先生有开创性的研究,参见雷闻《郊庙之外:隋唐国家祭祀与宗教》,第322—334页。

② 关于宋代祈雨的研究,皮庆生先生已有相当细致的讨论,参见皮庆生《宋代民众祠神信仰研究》第四章,第143—194页。

③ 对自然神信仰的发展与唐代国家祭祀的关系,雷闻指出,唐代国家祭祀活动中,山川神等自然神出现明显人格化的倾向。雷闻:《郊庙之外:隋唐国家祭祀与宗教》,第37—61页。另外,林富士指出,偶像崇拜是中国社会古老的信仰传统,也是巫觋信仰重要的特质。Lin Fu-shih, *Chinese Shamans and Shamanism in the Chiang-nan Area During the Six Dynasties Period* (*3rd-6th Century A.D.*), PhD diss., Princeton University, 1994, pp.89 - 95.

④ 孙希旦撰,沈啸寰、王星贤点校:《礼记集解》卷四五《祭法第二十三》,北京:中华书局,1995年,第1204—1205页。

此一立祠原则对于官府择祀的影响不小,例如,唐代朝廷的祭祀活动,便体现出这种思维。唐穆宗举行南郊后下诏命令地方官府祭祀:

> 通气炳灵,是资岳渎。御灾捍患,爰想圣贤。将达明诚,式崇祀典。其五岳四渎,宜委本州府长吏备礼致祭,当极丰洁,以副如在之诚。名山大川及自古圣帝明王忠臣烈士,各令所在以礼致祭。[1]

大体而言,唐代朝廷的祭祀活动,颇受儒家礼经的影响,重视山川神祇佑护的力量,国家出兵作战,往往祷祝于山川神祇。[2] 至于朝廷兴立、祭祀人物祠的用意,则在表彰、纪念历史人物在世的功业和懿行,以体现儒家治国的理念。[3]

地方官府的祭祀对象,也体现出礼经立祠原则的影响。例如,《礼记》出自北方,所规范祭祀的对象不一定考虑南方特有的信仰,树神信仰就是最明显的例子。南方地区因为自然环境的关系,易形成树神信仰,唐人赵璘《因话录》便记载:"南人长林中大树谓之有神。"[4]赵璘是北方人,他的观察自有南北对比的视野。载籍中可见,树神是南方地区重要的信仰,不少事例都出自南方。不过,受到礼经立祠原则的影响,唐五代地方官府的祭祀活动几乎不见树神信仰的事例。寓目所及,偶尔有一两个例子,例如前文曾提到李商隐为郑亚所写桂州管内二十一篇秋天报祭的祭文中,其中《赛古榄神文》就是为祭祀橄榄树神之作。

首先讨论山川神。前文已指出,李唐推崇山川神的信仰,重视其庇护

---

① 唐穆宗:《南郊改元德音》,《全唐文》卷六六,第 311 页。

② 例如唐代前期和北方少数民族作战,祷祝于北岳神。唐太宗:《祀北岳恒山文》,《全唐文》卷一〇,第 51 页。有关北岳神发兵讨伐的传说亦屡屡出现于文献中,郑子春:《北岳庙碑》,《全唐文》卷三二九,第 1494 页;韦虚心:《北岳府君碑》,《全唐文》卷二六九,第 1227 页。另外,唐廷也祷祝于霍山神,张说:《祭霍山文》,《全唐文》卷二三三,第 1055—1056 页;唐代宗:《祭霍山敕》,《全唐文》卷四八,第 231 页。

③ 汉桓帝延熹六年(163),王延寿《桐柏淮源庙碑》提到:"立庙桐柏,春秋宗奉。……圣汉所尊,受珪上帝。大常定申,郡守奉祀。"《全上古三代秦汉三国六朝文·全后汉文》卷五八,第 791 页。

④ 赵璘:《因话录》卷六《羽部》,上海古籍出版社,丁如明等校点:《唐五代笔记小说大观》,第 869 页。有关南方树神信仰的记载颇多,此处不再引述。

的力量,但是地方政府是否崇奉山川神,仍视各地原有的信仰传统而定。例如睦州的马目山为当地主要的山脉,当地官府举行祈祭时,原本只是在祭祀层潭庙的时候附带祈祷马目山。直到吕述担任刺史,向此山祷祝灵验后,才创祠奉祀,改变了马目山是睦州主要山脉却未建庙祭祀的情况。①

实际上,官府选择水旱祈祭的对象仍然充满地方色彩。前文已指出,长吏祈祭的依据系依祀典而行,但是,列入祀典的神祇十余个,入祀的缘由各不相同,一遇水旱,哪一个神祇被认为能够解救灾害则系于地方原有的传统。因此,即使是国家的岳渎重神,如果在当地不被认为威灵显赫,也只是地方官府次要的选择。例如,裴处《祷河侯庙记》记载:

> 然天下郡县濒于我者,多曲架榱桷,庙神乞灵。滑临洪波,神有宁宇。且曰渎古侯也,故神以侯称。(会昌)六年(846)夏不雨,尚书博陵崔公惧兹农事,凡明灵迹有可以膏稼穑者,必命牺牲箫鼓以动之,卒无应。一旦,监军使阎公曰:"郡濒何侯庙具存,姑用申祷,宜斡流以苏大田。"五月庚午,公会阎公幄河壖,列旌旆,率府从事,合牙门诸将郡县吏,罗为侯拜。②

蒲州发生旱灾以后,刺史崔铉先祈祷灵验的"明神灵迹",③遍祷无应之后,监军使阎氏始建言姑且申祷于河渎庙。限于史料,我们无法掌握蒲州的明神灵迹为何,但是当地被视为最灵验的神祇,显然不包括国家祀典所系的河渎庙。从"姑用申祷"一语可知,在实际祈雨的活动里,并不看重国家的重神河渎信仰,而带有明显的地方色彩。

地方官府从事祭祀的活动,有时具有本地传统的特色,即使是朝廷的命祭也不例外。唐代朝廷时常下诏命祭各地的名山大川,有助于维系山川信仰的地位。不过,地方奉诏祭祀时,有时实际祭祀的对象不是名山大

① 吕述:《马目山新庙记》,《唐文拾遗》卷二九,第4804页。
② 《全唐文》卷七五七,第3527页。
③ 郁贤皓:《唐刺史考》第三册,香港:中华书局,1987年,第997页。

川。例如,常州接奉赦文祭祀名山大川,便祭祀当州灵异古迹——离墨山上的九斗坛。[①] 另一个例子在恒州,唐玄宗开元二十三年(735),因为天旱不雨,恒州刺史韦济奉命祈祭当地名山,实际上却祷祝于白鹿山上的白鹿泉。[②]

如果粗略区分此时南北祠祀信仰的特色,则北方或许更重视山川神的庇护力量,不只是朝廷如此,节度使出兵作战时,也祷祝于山川神。[③] 如果考虑华北的山川不见得比南方多,则唐代北方地区官府多寻求山川神的庇护,在一定程度上反映此地的山川信仰更受重视。

相对地,南方人物神的信仰似乎比较发达。刘禹锡《南中书来》言:"君书问风俗,此地接炎州,淫祀多青鬼。"[④]刘禹锡出身北方,站在南北对比的立场而有此语。但这不表示南方没有山川神信仰,某些新兴的开发地区,山川神的信仰仍然相当重要。例如元稹于宪宗元和年间被贬,权知僻远的通州时,便祷祝于当地重要的畲竹山神。[⑤] 他祈祷的语气略带轻蔑,迥异于他在面对国家重神淮渎信仰的态度,[⑥]但是他仍然写了三篇和此神有关的祝文。再如,岭南地区属于新兴开发地区,证据显示,当地官府祭祀的对象有不少山川神。例如韩愈任潮州刺史时,即祷祝于当地的重神——大湖神。[⑦] 即以唐代岭南重要的据点桂州为例,前文曾指出当地常祀的对象中,境内名山大川占最大宗,共有九个,山川信仰在当地比较

---

① 李蟠《请自出俸钱收赎善权寺事奏》一文记载:"臣窃见前件寺在县南五十里离墨山,是齐时建立。山上有九斗坛,颇谓灵异。每准赦令祭名山大川,即差官致奠。凡有水旱祈祷,无不响应。"《全唐文》卷七八八,第3698页。

② 韦济:《白鹿泉神君祠碑》,《隋唐五代石刻文献全编》第一册,北京:北京国家图书馆出版社,2003年,第352页。

③ 例如,于公异《吴岳祠堂记》记载,天宝八年(749),哥舒翰拔石堡,破番蛮,战事获胜后,封吴岳神为成德公。于公异:《吴岳祠堂记》,《金石萃编》卷一〇二,国家图书馆善本金石组编:《历代石刻史料汇编》"隋唐五代部"二编,第三册,第712页。再如,安史之乱发生后,王屋山神曾阴兵襄助郭子仪,击破安禄山军队,被玄宗封为总灵明神天王。杜光庭:《天坛王屋山圣迹记》,《全唐文》卷九三四,第4366页。

④ 刘禹锡集整理组点校:《刘禹锡集》卷三八,第575页。

⑤ 《告畲竹山神文》,冀勤点校:《元稹集》卷九五,北京:中华书局,2000年,第621页。

⑥ 《祭淮渎文》,冀勤点校:《元稹集》卷六〇,第625页。

⑦ 《韩昌黎全集》卷二二,第316—318页。

发达，然而，根据史籍的记载，岭南地区风俗右鬼，[1]人物神仍然颇受重视。

山川神的信仰基本上没有祭祀正当性的问题，《全唐文》也留下不少祈祭山川神的记载。地方官祷祝于山川神，有时出于个人的意愿，在不断接触的过程中，可能特别青睐特定的山川信仰。例如李翱担任舒州刺史时，便认为灊山神给予他很大的帮助，离走前还要遣使向神祇告辞。[2] 舒州当地还有屺山神，也是独孤及致祭的对象。[3] 邻近的池州则以木瓜山神为重神，杜牧在池州刺史任内，曾祷祝于当地相当灵验的木瓜山神，说山神"郡有灾旱，必能救之。前后刺史，祈无不应"。[4]

其次，人物神的祭祀。观察官府祭祀人物神的行为，有必要将某些历史人物典范的祠庙独立出来，因为外来官吏对待他们的态度多了一份历史文化的认同，他们上任之后会主动拜谒，并留下文字的记录。下引贾至的两篇碑文，便是官员谒庙后主动立碑称颂庙主的记录。

> 皇帝二十有一载（案：玄宗开元廿一年，733），予作吏于宋，思其先圣遗事，求于古老舆人，则得君之祠庙存焉。……何百代之后，而仁风独扬乎？留连庙庭，乃作颂曰：……镌石纪德，用流斯文。（《微子庙碑颂》）[5]

> 天宝初，至始以校书郎尉于单父，想先生行事，征其颂声，而古碑残缺，苔篆磨灭，使立志之士，何以揖其遗风焉。（《虙子贱碑颂》）[6]

微子启是商王纣的庶兄，屡次进谏，周武王克殷之后，肉袒面缚乞降，后来继承殷祀，被封于宋。至于虙子贱，他是孔子的弟子，史载他治理单父时，清静无为而邑人安康。贾至自言遥思微子启的"遗事"，怀想虙子贱

---

① 《新唐书》卷一五八《韦正贯传》，北京：中华书局，1995 年，第 4937—4938 页。
② 李翱：《别灊山神文》，《李文公集》卷一六，《四部丛刊》初编集部，台北：台湾商务印书馆，1965 年，第 75 页。
③ 独孤及：《祭屺山文》，《毘陵集》卷一九，《四部丛刊》初编集部，第 4 页。
④ 《樊川文集》卷一四《祭木瓜山神文》，第 203—204 页。
⑤ 《全唐文》卷三六八，第 1678 页。
⑥ 同上。

的"行事",故主动寻觅二祠之所在。触发他前往谒庙的动因,显然是这两位历史人物在世的行谊。值得注意的是,官员建碑称颂神祇,通常伴随酬神立庙的活动而来。贾氏建碑则不同于此,他是单独建碑,而且,建碑旨在"镌石纪德",传颂二人在世的行谊,这迥异于常见的酬神动机。

类似贾至主动建碑称颂地方神祇的例子颇多,主要集中在历史人物类的神祇。官员称颂的重点,不在神祇佑护一境之功,而是神祇在世的行谊,体现了某种人格典范。杨植《许由庙碣》一文,便通篇赞扬许由在世时避让的德行:

> 是知天地间,尧而许之,日而月之,生人以来,避让之大,未有如先生(案:许由)者也。……噫! 先生所谓为圣人之大,标天地之外,揖尧谢舜,畴为吾辈,我来独寻,请祷意深,再拜刻石,取文于心。[1]

杨植的碑文在盛赞许由礼让尧的美德之余,亦不忘神祇掌理四时风雨之功,但是,许由在碑文中的神祇味道转淡,也是不争的事实。在杨植学养所承继的历史文化传统中,许由庙的庙主功在"揖尧谢舜",是让位于上古圣王的大圣贤。碑文中"取文于心"一语也精确道出,作者称美许由之文字乃根源于士人内心的文化认同。

地方官藉碑传颂人物类神祇的在世事迹,既涉历史评价,没有把握的人自然商请他人操刀。[2] 然而,一旦涉及人物的历史评价,难免言人人殊,有些士人甚至把握撰碑的机会,写下自己酝酿已久的独特评价。例如,裴度在《蜀丞相诸葛亮祠堂碑》中便说道:"度每迹其行事,度其远心,愿奋短札,以排群议。而文字虫鄙,志愿未果。"依碑文所述,裴氏所谓"排群议",是指他不赞同陈寿、崔浩等人对诸葛亮的既有评价,转而在碑文里盛赞诸葛亮是"运膺五百,道冠生知"的"天下奇才"。[3] 碑文竟成为他向识字者表

---

[1]　杨植:《许由庙碣》,《全唐文》卷七三二,第3392页。

[2]　蒋防的《汨罗庙记》一文,也是受郡守与县令之请托而撰写的,地方官见祠庙有碑无文,以蒋氏"常学古道,熟君臣至理之义,请述始终符契,以广忠贤之业云"。《全唐文》卷七一九,第3323页。

[3]　《文苑英华》卷八七七,第4626页。

露其月旦历史人物的文字媒介。

对于纯然是一境的守护神,官吏在酬谢神祇的目的之外,并不会主动建碑称颂,而受儒家文化熏陶的地方官,则对能唤起其学养脉络与赓续历史文化传统的神祇特别感兴趣。两者明显有别。这些神祇的在世行谊,能跨越地域界限,激起官吏们对历史人物的文化认同。在地方牧守的眼中,前贤的遗烈、往圣的懿行,都体现了某种人格典范,足以超越地方文化的藩篱。他们早已跳脱祠祀活动中酬神的脉络,主动建碑称扬庙主在世的行谊,则充分说明此种心态。

比较值得注意的是,此时碑记所载地方官祭祀、称颂,甚至主动修葺人物祠者,主要集中在北方。人物时代的分布主要集中在汉代以前,很少是魏晋南北朝时期的人物,大体上也反映出,唐人普遍不认同魏晋南北朝这段历史及其人物。此时地方官主动修葺人物祠,常常是因为人物祠唤起士人内心的文化认同。值得注意的是,这些人物祠大部分是既有的祠庙,官吏很少进行从无到有的创祠奉祀之举。于此,有一值得考虑的现象:缺乏唐代本朝人物的祠庙。这明显不同于北宋中期以降,士大夫群体有比较强烈的创祠旌贤的动机,开始出现大量旌表本朝贤人的活动。① 唐宋之间,祀贤之风明显有别,于此看得最为明白。

历史人物一旦被立祠奉祀,亦被视为人物神。经典立祀的原则,影响唐代士人和长吏对人物类祠庙的看法,他们认为人物在世的功业,是神祇得以血食立庙的依据,②无名土木,不宜祭祀。③ 历史上的圣王明哲,往往受到他们的肯定,以明哲、明神称之。④ 地方发生水旱时,这些祠庙也会成为祷祝的对象,神主被视为一地守护神。如柳宗元在柳州所作的《舜庙祈晴文》,末尾"帝其听之,无作神羞",⑤亦以尧为地方守护神。

---

① 这方面的讨论详见本书第四章第二节。
② 狄仁杰认为,项羽无功,有愧于江东父老,不能接受荐祀。王谠撰,周勋初校证:《唐语林校证》卷三《方正》,北京:中华书局,1987 年,第 189 页。
③ 陆龟蒙:《野庙碑》,《全唐文》卷八〇一,第 3778 页。
④ 唐次:《白帝祠祈雨文》,《全唐文》卷四八〇,第 2201 页;贾正义:《周公祠碑》,《全唐文》卷三〇三,第 1376 页。
⑤ 《柳河东集》卷四一,北京:中国书店,1994 年,第 437 页。

　　在官吏眼中,人物神的在世功业,成为神威之依据。[①] 在地方实际的祈祭活动里,某些在世事迹和武事无涉的圣贤祠庙,不会被认为具有神威,他们往往是祈祭的次要选择。例如天宝年间,刘同升祈雨于润州著名的季札祠:

> 　　昭明为神,神正直而已,其或歆夫谄祭,阨我生人,则神道丧矣。故明命鬼神,以为黔首。……(季札)……贤而能让……宜其精气作神,盛德为祀。……我明太守兼江南东道采访处置漳潮等六郡经略使彭城刘公名同升,……为政先于农祀,瞻彼云汉,有事山川。南亩徒勤,西郊莫润。骏奔执豆,殷荐明神。不待谅辅之积薪,用馨我公之禴祭。胁躖斯应,屑窣有声。……乃相与斲丰石,扬神休。是岁大唐天宝五载(746)季夏六月壬午三日甲申记。[②]

　　记文强调季札"盛德为祀",实际上在润州却是当地水旱祈祭的次要选择。再如李仲吕任鲁山令,遇旱,也是在"请祷郡望皆不应"的情况下,才亲自祷祝于尧祠。[③] 这些人物祠立祀的时候,或是本于人物的德行,或是依据经典的立祀原则,往往缺乏信众,"藻荐亦稀",[④]很难成为当地重神。

　　早期中国文明的扩张以北方为重,唐代地方官青睐的历史人物祠,也

---

①　《柳河东集》卷二〇《沛国汉原庙铭》,第 233—234 页。柳宗元服膺儒家的信念,他赞叹黄陵庙所奉的两位女神,同样也以湘妃二神是尧之女、舜之妻的身份来立论。柳宗元在《湘源二妃庙碑》一文赞美二神:"惟父子夫妇,人道之大。大哉二神,咸极其会,为子而父尧,为妇而夫舜,齐圣并明,弼成授受。"《柳河东集》卷五,第 57 页。地方官要求人物类神祇的在世功业、影响及于选择官祠的标准。从陆龟蒙《野庙碑》的记载来看,民间祠庙的庙主,显然有不少缺乏功德政事的"无名土木",但是,现存唐代地方官府的祠祀文献,却很少生前无著绩、出身低微的人物类神祇被纳入祀典。段成式:《好道庙记》,《全唐文》卷七八七,第 3696 页。士人留下的庙记,至少已说明他们仍看重人物类神祇的在世功业。凡是符合儒者价值理念,以及根植于历史文化传统的人物类神祇,比较容易得到地方官的认同。
②　《全唐文》卷三六五,第 1657 页。
③　《太平广记》卷三一二《李仲吕》引《三水小牍》条,第 2469 页。
④　白敏中:《滑州修尧祠记》,《全唐文》卷七三九,第 3424 页。

多集中于北方地区。相对地,南方地区人物英雄类的保护神较受重视。魏晋南北朝时期,已在南方一带传布的伍子胥信仰[①]与吴兴地区的项羽神,在唐代有限的记载里,仍然是若干地区官府祭祀的对象。[②] 其他如汉荆王刘贾信仰(润州)、好道庙(处州)、黄陵庙(岳州)、白马三郎神(福州)、宁顺庙(睦州)、蒋子文信仰(蒋山)与陈果仁信仰(两浙)等,都是文献记载中各地的重神。[③] 此外,前文提到的昭亭山神与仰山神,则是很早便形成人格化的山神信仰。[④] 前文曾指出,南方地区好鬼,此地的厉鬼信仰特别发达,上文中,陈果仁、项羽、蒋子文、好道庙与伍子胥等重神,都属于厉鬼信仰。

不过,南方多人物英雄类的神祇的信仰传统,对于唐代地方官府的祭祀对象,影响最大的是城隍神信仰的传布。我们将进一步讨论最初以人物保护城池的城隍信仰,如何在吴越地区普及,并且在中唐以后快速扩张,成为地方官府主要的祭祀对象之一。(详见附录一)

第四节　官神共理思维和祠祀信仰的统整

唐代地方官建祠祭祀的活动,功利性相当明显。为了百姓祈年之需

[①]　蔡宗宪:《北朝的祠祀信仰》,台湾大学历史研究所硕士学位论文,1999 年,第 110—112 页。

[②]　李善夷:《重修伍员庙》,《全唐文》卷八二九,第 3924 页;卢元辅:《胥山祠铭并序》,《全唐文》卷六九五,第 3204 页;卢恕:《楚州新修吴太宰伍相神庙记》,《文苑英华》卷八一五,第 4304 页。

[③]　润州汉荆王刘贾信仰和处州的好道庙皆是当地的重要信仰,已见于上文的讨论,岳州的黄陵庙参见《韩昌黎全集》卷三一《黄陵庙碑》,第 400 页;福州的白马三郎信仰参见梁克家《淳熙三山志》卷八,《宋元地方志丛书》第十二册,第 7700—7701 页;睦州的宁顺庙参见陈公亮《淳熙严州图经》卷二,《宋元地方志丛书》第十一册,第 19 页(总第 6968 页)。有关蒋子文信仰的发展,参见林富士《中国六朝时期的蒋子文信仰》,林富士、傅飞岚主编:《遗迹崇拜与圣者崇拜》,台北:允晨文化实业,2000 年,第 163—204 页;至于陈果仁信仰,参见第三章第二节的分析。

[④]　昭亭山神至少在六朝时期已经人格化,崔龟从《书敬亭碑阴》引南朝刘宋时期的《齐谐记》云:"宋元嘉二年(425),有钱塘神姓梓名华,居住东境。友人双霞乃识之,神遂得与携接同住庙中,更具酒食言宴。别后县令盛凝之纵火焚烧,来托此山,百姓恭祭,乃号昭亭山。至今祠祷,必致灵验。"《全唐文》卷七二九,第 3373 页。

要,地方官大体皆肯定兴立祠庙的作用,认为此举符合圣人"神道设教"的训诲。① 董侹《荆南节度使江陵尹裴公重修玉泉关庙记》就表达了这样的观念:

> 呜呼! 生为英贤,殁为神灵,所寄此山之下,邦之兴废,岁之丰荒,于是乎系。……至今缁黄入寺,若严官在傍,无敢亵渎。……荆南节度工部尚书江陵尹裴均曰:政成事举,典从礼顺,以为神道之教,依人而行,禳彼妖昏,佑我蒸庶,而祠庙堕毁,厥悬断绝,岂守宰牧人之意耶?②

节度使裴均以为民祈年来说明"神道之教"的意义,视修葺祠庙为地方官的责任。同样的,韩愈在《潮州祭神文》中曾指出,境内山川之神只要福佑及人,"官则置立室宇,备具服器,奠飨以时"。③ 因此,在地方官府实际的祭祀活动里,事神本身不是自足的目的,而只有第二序意义。④ 除了少数人在议论祭祀活动的时候,强调应该抱持"致敬"而非祈福的态度,⑤在地方官施政的场合,"为政先于农祀"的想法更常见。⑥ 有的官吏即使在水旱祷祝文里表达祭祀不可求利的想法,但仍然肯定祀神为人的目的与为民祈福的行为,⑦以期神祇能够保境安民。⑧

地方官府的祈祭仪式是官、神沟通的重要场合,要如何认识此一仪式本身的文化内涵? 以往讨论官吏祈祭实践的活动,主要侧重于功利性的

① 孙处元:《重修顺佑王庙碑》,《全唐文》卷二六六,第1208页。
② 《全唐文》卷六八四,第3143页。
③ 《韩昌黎全集》卷二二《潮州祭神文五首》,第317页。即使孔子有不语鬼神的教诲,仍有人试图从孔子担心"庸人之舍人事而媚于神",欲弥缝其不语怪力乱神与官府礼神活动的冲突。崔龟从:《宣州昭亭山梓华君神祠记》,《全唐文》卷七二九,第3373页。
④ 关于这一点,白居易《议祭祀》一文说得很清楚,他提到先王"因事神而设教,因崇祀以利人;俾乎人竭其诚,物尽其美。美致于鬼,则利归于人焉。……虽曰事鬼神,其实厚生业也"。顾学颉校点:《白居易集》卷六五,第1365—1366页。
⑤ 李磎:《敬鬼神议》,《全唐文》卷八○三,第3788页。
⑥ 赵晋用:《赛雨纪石文》,《全唐文》卷三六四,第1657页。
⑦ 张九龄:《祭洪州城隍(祈晴)文》,熊飞校注:《张九龄集校注》卷一七,第937页。
⑧ 段全纬:《城隍庙记》,《全唐文》卷七二一,第3332页。

视角，但是唐代真正抱持无神论的士人很少，而且地方官府实际的祈祭活动本是以官、神的沟通为核心。承此，个人将分析这类仪式的文化意涵。以下将试图指出，唐代长吏实践官府的祠祀传统时，祈祭思维也开始出现新的变化。在祷祝文里，长吏对水旱的发生，常常表达出"官有罪""神有责"的观念，这类祝文充分体现了官神共理一境、荣辱与共的思维。

一、以待罪心态与祭

在官府合祭的场域里，有一点颇引人注目：长吏是祈祭仪式的中心人物，祝文也是以他们的立场发声。如白居易在《祭龙文》一文向神陈告：

> 维长庆三年（823）岁次癸卯八月癸未朔二日甲申，朝议大夫使持节杭州诸军事守杭州刺史上柱国白居易，率寮吏，荐香火，拜告于北方黑龙。……①

白居易率领寮吏祈祭龙神，祝文则是以自己的身份向神陈告。祠庙通常有巫者主其事，在官方的祠祀活动里，巫祝主导仪式的进行，②却不是直接向神陈告的灵魂人物。官员本身被认为具有通幽的本领，能以祝文亲自向神陈告。现存士人留下的祷祝文，多为长吏亲自向神祇祷祝的心声。即使不亲自与祭，祝文仍以长吏之名向神陈告，如元稹《报三阳神文》一文所示：

> 维元和十三年（818）九月十五日，文林郎守通州司马权知州务元稹，谨遣摄录事参军元淑则，以清酒庶馐之奠，以报于三阳神之灵。③

此例显示，被派遣的使者即使是主祭者，也不以自己的名义向神祷祝。由于缺乏揭载平日官府行仪情形的祝文可资对照，以长吏为祈祭中

---

① 顾学颉校点：《白居易集》卷四〇，第901—902页。
② 雷闻：《郊庙之外：隋唐国家祭祀与宗教》，第327页。
③ 冀勤点校：《元稹集》卷五九，第622页。

心的语气和书写模式,是否能反映祈祭的常态,仍有待进一步考索。但是,基于以下两点原因,个人倾向于肯定的结论:一、现存祝文未见有以长吏以外的立场撰写者;二、《大唐开元礼》所载的祷祝文,也是以长吏之名发声。① 分析祝文的内容,地方官主导的水旱祈祭仪典,无疑是以长吏与神祇的沟通为中心而举行的活动。因此,为深入了解地方官府祈祭仪式的文化内涵,以下将进一步探讨官吏与祭的心态,以及官吏对神祇的认知态度。

以下先谈官吏与祭的心态。对于水旱灾害的成因,唐人主要秉持两种看法:一为水旱灾害是阴阳之定数,是自然界运行之结果;一为主政者政教失道,上天降灾警戒所致。对水旱成因的这两种解释,②并非互斥,白居易便曾以"水旱之灾,有小有大。大者由运,小者由人",③试图使两种观点各适其所。然而,后一种观点由于涉及实际人事的施政作为,隐然成为唐人议政言论的多数。唐人议论水旱灾害的发生,一如对其他灾变的解释,多立于天人相应的宇宙图式,他们承袭汉儒的观念,认为主政者为政不德,上天将降灾示警,此时必须相应地作出修德自省的行动以答谢天谴。这些天人相应的议论,通常围绕在皇帝作为与上天警戒两者的关系而展开。④ 为了消弭水旱灾,皇帝采取两种具有自省象征意义的行动:一种是象征反躬自省的作为,如减膳、撤乐与避正殿等,用以答谢天谴;另一种则展现施行德政的决心,例如下诏求言、觅才、录囚等措施。⑤ 这种看法实是以上天赏善罚恶的观念为基础。对于天是否具有赏罚之能,唐代偶

---

① 《大唐开元礼》卷七〇《诸州祈诸神》条的祝文,是以刺史之名发声:"维某年岁次月朔日子,刺史姓名谨遣具位姓名敢昭告于某神。"《大唐开元礼附大唐郊祀录》,第360页。另外,卷七三《诸县祈诸神》条的祝文亦同(第371页)。这些祝文主要是以祈福的口吻,祈求神祇降雨。

② 窦俨在《泗州大水记》中也指出:"夫水沴所具,厥有二理:一曰数,二曰政。"《全唐文》卷八六三,第4062页。

③ 《策林一·十八辨水旱之灾,明存救之术》,顾学颉校点:《白居易集》卷六二,第1307页。

④ 穆质:《对贤良方正能直言极谏策》,《文苑英华》卷四八六,第2479—2482页;吴兢:《大风陈得失疏》,《全唐文》卷二九八,第1355页。

⑤ 雷闻:《郊庙之外:隋唐国家祭祀与宗教》,第304—305页。

有儒士提出质疑,但是属于友朋间私下的辩论,并非公开的"议政"言论。①

　　源于儒家天人相应思想的影响,唐代仍有不少地方官将境内发生的水旱灾害,归因于自己施政不佳。例如元稹在《祈雨九龙神文》中便具体表达了这种看法:

　　　　稹始以长庆二年(822)夏六月相天子无状,降居于同,……涉岁于兹,理用不效,冬不时雪,春不时雨。……大凡天降疚厉,必因于人,岂予心之虚削孤独,依倚气势耶? 将予刑之僭滥失所,冤哀无告耶? 或予政之抑塞和令,开泄闭藏耶?②

　　在唐代,与此类似的观念相当常见,长吏自责"理用不效"导致水旱的想法屡见于祝文或庙碑,却很少见到官员有进一步反躬自省的举措。③　然而,天人相应思想的影响不容忽视,官员在参与祈祭的活动时,仍然主张水旱的发生是自己失职所致。他们在心态上常常是以"戴罪之身"参与其事,并在祝文中表露自罪自责的心声。这方面,韩愈两篇祈祭的文字颇具代表性:

　　　　维年月日,袁州刺史韩愈谨告于城隍神之灵。刺史无治行,无以媚于神祇,天降之罚,以久不雨,苗且尽死。刺史虽得罪,百姓何辜? 宜降疾咎于某躬身,无令鳏寡蒙兹滥罚。谨告。(《祭城隍文》)
　　　　维年月日,袁州刺史韩愈,谨以少牢之奠,祭于仰山之神曰:……若守土有罪,宜被疾殃于其身,百姓可哀,宜蒙恩闵,以时赐雨。(《祭仰山神祈雨文》)④

————————

①　柳宗元在《天说》一文便表示,不赞同韩愈所主张的天有赏善罚恶之能,但是此文的性质是友朋之间的议论文字。《柳河东集》卷一六,第194—195页。
②　《祈雨九龙神文》,冀勤点校:《元稹集》卷五九,第622—623页。
③　贺兰进明在《西楚伯王庙颂并序》一文提到因天旱不雨,自己"避正堂以自咎",并遣使祈雨于项羽神的经过。寓目所及,这可能是唐代地方官于水旱灾害发生后修德自省的唯一记载。《全唐文》卷三四六,第1574页。
④　《韩昌黎全集》卷二三,第318页。

　　韩愈的告白说明,唐代地方官秉持自己治政失德,导致上天降灾境内的观念。① 因此,有些官员在祷祝文中,会特别向神陈告任内各项政绩,以示自己理政无失,神祇降灾无理。② 一旦祷祝灵验,祈雨有成,官员便认为神祇已经原谅自己的失德。如韩愈在报祭仰山神的祝文中,即表示仰山神已经开释自己的罪过。③

　　这种观念影响颇巨。即便柳宗元在《天说》里畅言天无赏善罚恶之能,在柳州刺史任内所作的《雷塘祷雨文》中,他仍然向神表达"莅政方初,庶无淫枉,廉洁自持,忠信是仗,苟有获戾,神其可罔"的心声。④ 在实际面临旱灾时,他也未能切断施政与灾异之间的联系。这些看似矛盾的观念,多元并立,道出士人不同的生活情境。

　　唐代士人以天人相应论要求皇帝修德自省的论述颇多,但亲身主持地方政务后,却很少有闭门思过、反躬自省的行为。舍此由他,不少官员是以"戴罪之身"参与祈祭,在祝文里,他们求神降罚己身,愿意代替一境之人受罪。为何士人在地方官任上面对水旱灾时,遇上能亲身实践天人相应的政治理念时,却出现思想与行动之间的落差? 对此,李德裕在《祷祝论》一文中明确指出,地方官与其"闭门责躬",不如"遍走群望",才能响应百姓的需求,扮演称职的父母官。⑤

　　事实上,一旦试着去分辨士人议论的"意指"及议论指涉的对象,将会发现他们在未担任地方官时,侧重于发挥天人相应的思想,促使皇帝采取各种相应的自省行动。这时议论的听者与皇帝补过行为的观者,是可以理解这些言论与行动内涵的士大夫。然而,在他们职守地方后,面对的是

---

① 事实上,有不少地方官抱持和韩愈相同的想法,如杜牧《黄州准赦祭百神文》有言:"天憎罪人,天可指视,止殃其身,岂可傍炽? 刺史有罪,可病可死,其身未塞,可及妻子,无作水旱,以及闾里。"《樊川文集》卷一四,第201—202页。
② 杜牧在《祭城隍神祈雨第二文》中,自陈上任后悉除黄州旧政的弊病,文末云:"古先圣哲,一皆称天,举动行止,如天在旁。以为天道,仁即福之,恶即杀之,孤穷即怜之,无过即遂之。今旱已久,恐无秋成。谨具刺史之所为,下人之将绝,再告于神,神其如何?"《樊川文集》卷一四,第202—203页。
③ 《韩昌黎全集》卷二三《又祭仰山神文》,第318页。
④ 《柳河东集》卷四一《雷塘祷雨文》,第437页。
⑤ 李德裕撰,傅璇琮等校笺:《李德裕文集校笺・外集》卷四,第694页。

常民百姓，他们难以了解天人相应论述背后的宇宙图式，不能体会（也很难有机会）观察父母官减膳、避正殿等自省行为的苦心诣旨。因此，水旱灾祷祝活动外显的政治效果，将主轴拉回到地方官府的祠祀传统。官员参与水旱祈祭的活动，具体呈现了儒家天人相应思想与地方祠祀传统交会的景象：面对水旱灾，官府祷祝神祇的传统才是主戏，儒家天人相应的思想，则隐身于戴罪官员的心声里。

然而，在公开祈祭的仪式中，官吏忏悔戴罪的心声，实具有争取百姓认同的作用。前文已指出，祈祭活动是官民共同参与的仪式，而公开宣读祝文是仪式中重要的环节。长吏在祝文里，一面向神祈祷，一面罪己，这些言论是在亲祭的场合里发声，①既是对神祇的陈告，却也闻见于与祭的行政团队与地方耆宿。因此，这些祷祝神祇的仪式，别具另外一层意义：官吏公开向百姓忏悔。在实际面临治政危机时，官吏公开忏悔，自责施政无能的行动，可以有效争取百姓的认同。

二、水旱失调：神祇之责

唐代长吏祈祭的祝文，开始要求神祇负起水旱失调的职能。尽管现存唐以前的祷祝文很少，能够提供详加考论的线索有限，但以下的讨论仍试图利用唐代的文献，说明这种思维确实是一种新的变化。

在与神交通的仪式中，官员不仅代表一境官民求神赐福，也在祷祝文字中直陈风雨不时是"神之羞"，是神祇失职的表现，进而要求神祇善尽职责，因而显得与求神赐福的目的格格不入。这些被要求尽责的神祇多为地方的山川之神，②也反映出在时人的认知里，山川之神更具有掌理一境风雨的职责。但是，文献中也有期许古代圣王善尽职责的祝文。例如，笃守儒道的柳宗元在《舜庙祈晴文》末尾，亦直言"神其听之，无作神羞"，③要

①　官员祷祝的文字，不一定提到自己亲祭，但是文献中所见官吏自责的祝文，多数是以官员亲自向神陈告的口吻写成，因此，如果祝文没有特别明言官员遣使致祭，应是官吏在亲祭的场合里向神的陈告。

②　独孤及：《毘陵集》卷一九《祭吴塘神文》，第 5 页。

③　《柳河东集》卷四一《舜庙祈晴文》，第 437 页。

求舜神不要失职蒙羞。事实上，士人在求神赐福的同时，常常表达天灾的持续和神的蒙羞、失职脱不了干系，进而要求他们"勿违丘祷，以作神羞"。①

唐代只有少数人议论整体祭祀活动的时候，主张"祭祀不祈"的论调。② 在地方实际的祈祭活动中，在官吏的祝文里，除了常见的邀福于神的观念，"人神互利"的想法也很常见。例如独孤及《祭吴塘神祈雨文》说："神非人罔以荐馨香，人非神罔以降福祥。"③但是此时"人神互利"的想法常常被赋予另一层意义：人神互动有相应之责。如张延嗣《齐王重修敬亭昭威侯庙记》一文提到：

> 夫神之依人，而聪明正直。人之奉神，必专诚精恳。故立庙貌乎以备致敬，设祭祀乎以祈福应，享致敬而主福应者，其惟昭威侯欤？④

此处张氏谈人与神的互动，认为各自必须负起应有的责任，不只是人要勤恳奉祀神祇，神祇受祭后也有责任降福。这种想法在唐五代时期日益普遍，亦见于笔记小说的记载。《稽神录》"袁州父老"条记载某神之语："凡人之祀我，皆从我求福。我有力不能致者，或非其人不当受福者，我皆不敢享之。"⑤生动地描述出神祇飨祀与赐福的对应关系。显然，唐代人神互利的思维不只是一种互惠原则，而且具有职分的观念。⑥

事实上，长吏在公开的祈祭仪式中，不只代表合境官民向神祷祝，往

---

① 《为中丞荥阳公桂州赛城隍神文》，刘学锴、余恕诚：《李商隐文编年校注》第三册，第1328页。

② 沈颜：《祭祀不祈说》，《全唐文》卷八六八，第4080页。

③ 独孤及：《毗陵集》卷一九《祭吴塘神文》，第5页；赵居贞：《新修春申君庙记》，《全唐文》卷二九六，第1345—1346页。

④ 《全唐文》卷八七一，第4091页。

⑤ 《太平广记》卷三一四《袁州父老》引《稽神录》条，第2483页。

⑥ 对于儒家祭祀体系和常民信仰的关系，学者看法略有不同。甘怀真先生认为，西汉郊祀礼成立之后，至唐中期《大唐开元礼》的刊行，这套以郊祀和天子宗庙为代表的祭祀体系与人民没有关系，参见甘怀真《中国古代的罪的观念》，收入氏著《皇权、礼仪与经典诠释：中国古代政治史研究》，第364—368页；雷闻则强调隋唐国家祭祀的神祠色彩，和人民的信仰息息相关，参见雷闻《郊庙之外：隋唐国家祭祀与宗教》，第50页。此处的讨论着重于官吏实践地方官府的祠祀传统，在思维上出现的新变化。

往也是他与神祇进行私的沟通的场合。前文已指出,长吏到任之初,官和神的互动即带有私的色彩,在祭祀仪式中,时而透露出长吏向神祇论交的现象,①小说中也有官、神之间互助的记载。② 因此,祈祭的仪式有时体现出官、神互动中私的色彩,甚至出现向神约盟的现象。如独孤及的《祭岘山文》:

> 　　年月日,朝散大夫检校尚书司封郎中兼舒州刺史充当州团练守捉使赐紫独孤及,奉敕以清酌之奠,敢昭告于岘山神之灵:顷缘亢阳不雨……皇帝旰食,下罪己之诏,崇群神之祀,将以敬恭之恳,邀福于明神。神其……骤降以雨,使枯苗复生,饥者得食。……是人性命,惟神存亡,敢不以太牢少牢、刚鬣翰音之荐,以为明祀,以报纯嘏? 若犹阳固阴蓄,蕴沖如初,神则不明,人将何赖? 亦当撤惟馨之奠,寝严禋之仪,祭礼兴废,在此一雨。敢因陈告,庶无神羞。尚飨!③

　　比独孤及的态度更强硬的官员亦有之,他们甚至威吓神祇,如果不降雨纾解旱灾,便焚祠以应。④ 笔者认为,这些撤祀、毁祠的言论,不是要报复神祇,而是基于神祇"受职祀典"的想法,神祇一旦接受地方官府的飨祀,就必须要负起相应的责任。撤祀固然是将神祇撤出地方祀典之外,毁祠也不是要消灭神祇,而是认为神祇失职,造成境内发生水旱灾,已经没有资格享受血食,故欲拆毁飨祀之所。⑤ 这些祝文显然是地方官站在和神祇对等的立场发声,同时也说明为数不少的官吏主张,酬神的报祭活动是

---

① 李商隐《赛石明府神文》一文亦提到,希望石姓县令为神时,"神其论交异代,降福斯民"。刘学锴、余恕诚:《李商隐文编年校注》,第 1548 页。另外,《为中丞荥阳公祭全义县伏波神文》也提到:"既谢三时之降,兼论千载之交。"(第 1533 页)

② 弋阳郡黑水河的黑水将军祠,即是地方官应神祇见梦,而建祠设祭,成为官府常祀与水旱祷祝的对象。皇甫枚《三水小牍》卷下《黑水将军灵异》,上海古籍出版社编,丁如明等校点:《唐五代笔记小说大观》下册,第 1191 页。

③ 独孤及:《毗陵集》卷一九《祭岘山文》,第 5—6 页。

④ 李阳冰:《唐缙云县城隍庙记》,《金石萃编》卷九一,国家图书馆善本金石组编:《历代石刻史料汇编》"隋唐五代部"二编,第三册,第 545 页;李白:《天长节使鄂州刺史韦公德政碑并序》,瞿蜕园等校注:《李白集校注》卷二九,第 1658 页。

⑤ 狄仁杰:《檄告西楚霸王文》,《全唐文》卷一六九,第 771 页。

以神是否尽职而展开的。

　　学者早已指出中国人面对神祇秉持着功利观,①"功利观"可以解释地方官府以灵验为期,祷祝于祀典内各种神祇的行为模式,②但是,上述对祈祭祝文的分析,显非功利观的祷祝行为模式所能涵括。实际上,长吏不只是向神邀福而已,而是进一步表明神祇受职于地方祀典,必须主福应,否则撤废祭礼。事实上,这种"责神尽职"的想法,不见于奉祀对象较具普遍性的佛、道二教之祷祝活动,③反映出此时祠祀信仰的重要特色。

三、官神共理,分司其职

　　"职份说"是唐代出现的新变化。唐人对各地神祇的角色出现新的认知,他们开始认为,境内的神祇和地方官共同负有守职斯土的职责。白居易在《祭浙江文》中说自己"祇奉玺书,兴利除害,守土守水,职与(浙江)神同",④清楚地表达了这样的观点。

　　值得注意的是,神祇和地方官虽同负守职斯土之责,却"各司其职",一主风雨,一主治民,彼此职责有别,却相辅相成。羊士谔在《南镇永兴公祠堂碑》一文里说道:"我(案:官员自称)修德刑,以牧黔首;神作雷雨,用登有年,明训式敷,幽赞斯效。"⑤便是官、神共理一境却各司其职的最好写照。

---

① 韩森很早就指出,中国民间信仰的特点是以灵验为期。参见 Valerie Hasen, *Changing Gods in Medieval China*, *1127 - 1276*, Princeton: Princeton University Press, 1990, Preface, p.ix。

② 如白居易在杭州刺史任内的祈雨行为,他先后祈祷伍子胥神、城隍神与皋亭神。《祈皋亭神文》,顾学颉校点:《白居易集》卷四〇,第 901 页。

③ 即使到了宋代,寺观成为地方官府水旱祷祝的对象,官吏仍未要求寺观神祇尽责,这方面,曾巩的水旱祈祭文,颇具代表性,如《太平州祈晴文》对一般神祠的祷祝文言道:"惟神旧依吾民,而食于此土,扞患除灾,固神之职,敢不以告。"陈杏珍等点校:《曾巩集》卷三九,北京:中华书局,2004 年,第 537—538 页;但是《又大悲祈雨文》与《大悲雨文》二文,祈雨于寺院,却无神祇尽责之语(同前引书,第 542、545—546 页)。

④ 《祭浙江文》,顾学颉校点:《白居易集》卷四〇,第 902 页。这种观念很普遍,又见《祭洪州城隍(祈晴)文》,熊飞校注:《张九龄集校注》卷一七,第 937 页。

⑤ 《全唐文》卷六一三,第 2779 页。

在这种共理一境却"各司其职"的思维下，①人们往往赋予神祇长远守护辖境之责，认为他们有别于不停迁转的地方官，必须负起永久守护斯土的责任。元稹《告畲三阳神文》中便向神祇强调"神永是邦，我非常秩"的想法：

> 维元和十三年(818)岁次戊戌十一月辛巳朔十日庚寅，通州司马稹用肴酒为州人告于畲三阳之神……阛阓丘墟，门户蒿莱。神又何情，受人祈乞。鸣呼！……我贰兹邑，星岁三卒。熟视民病，饱闻政失。……教则人功，理有阴骘。农劝事时，赏信罚必。市无欺夺，吏不侵轶。非神敢烦，在我有术。雷蛰雨枯，蒸顽曝郁。导祥百来，呵厉四逸。非我敢知，有神之吉。惟我惟神，各恤其恤。神永是邦，我非常秩。②

元稹明白指陈官、神各自负责治民理人与阴阳水旱的工作，但是，畲三阳神更具有永久守护斯土的责任。在唐人的认知里，这个世界分为阴(幽)、阳(显)两部分，各由神与人掌理，即所谓"阳之理化任乎人，阴之宰司在乎神"，③由于幽、显二界殊途，在超自然世界里，必须"假神祇共理"。④ 进而论之，官、神共理一境的新观念，反映出在唐人的认知里，对原本比较松散的祠祀信仰，已经开始有一种统整的思维，认为这些神祇受职于天、受职于人格化的上帝，扮演守职斯土的角色。《太平广记》中的一则故事，便反映出神祇受职于上帝掌理一方的思维。故事记载李甲入神祠避雨，听见大明山神、黄泽之神与漳河之伯等十余神之间的对话：

> 其一曰："禀命玉皇，受符金阙。太行之面，清漳之湄，数百里间，

---

① 皮庆生讨论宋代地方官祈雨时，亦论及官员与鬼神相配合的思维，皮庆生《宋代民众祠神信仰研究》第四章《祈雨与宋代社会》，第191页。
② 冀勤点校：《元稹集》卷五九，第619—620页。
③ 段全纬：《城隍庙记》，《全唐文》卷七二一，第3332页。
④ 顾云：《武烈公庙碑记》，《全唐文》卷八一五，第3854页。另外，卢肇在《阆城君庙记》里，也提到"圣人理乎阳，神物理乎阴"的观念，见《全唐文》卷七六八，第3590页。

幸为人主,不敢逸豫怠惰也,不敢曲法而徇私也,不敢恃尊而害下也。兢兢惕惕,以承上帝,用治一方。故岁有丰登之报,民无扎瘥之疾。我之所治,今兹若是。"其一曰:"清冷之域,……余奉帝符,宅兹民庶,虽雷电之作由己也,风波之起由己也,鼓怒驰骤,人罔能制予。予亦非其诏命,不敢有为也;非其时会,不敢沿泝也。正而御之,静而守之,遂致草木茂焉……"又一曰:"岑崟之地,岸崿之都,分块圤之一隅,总飞驰之众类,熊罴虎豹,乌鹊雕鹗,动止咸若,罔敢害民。此故予之所职耳,何假乎备言。"……大明之神……谓众宾曰:"诸公镇抚方隅,公理疆野,或水或陆,各有所长。然而天地运行之数,生灵厄会之期,巨盗将兴,大难方作,虽群公之善理,其奈之何?"①

　　长期以来,散处各地的祠庙所奉祀的神祇,尽管各主一方,人们对此始终缺乏统整化的思维。到了唐代,这些神祇不管是受命于上帝或上天,都开始被人们赋予遵奉上天之命,具有"守职斯土"的角色与职能。② 笔记小说里,神祇接奉人格化的天(玉皇、上帝)之命,各职一方的形象越来越清楚了。③ 受此影响,人物神本是以人物精气未灭的自身因素,作为成神的依据,此时也开始出现人物神受命于上帝的记载。④

　　因此,主掌一方水旱的山川鬼神是受命守职,他们假天地之权,职司一境的风雨,其冥冥之力为阳官所不及。罗隐的《风雨对》清楚地表达了这种想法:

　　　　风雨雪霜,天地之所权也;山川薮泽,鬼神之所伏也。故风雨不时,则岁有饥馑;雪霜不时,则人有疾病。然后祷山川薮泽以致之,则

① 《太平广记》卷一五八《李甲》引"刘氏耳目记"条,第 1135—1136 页。
② 《为安平公衮州祭城隍神文》,刘学锴、余恕诚:《李商隐文编年校注》,第 72 页;《赛越王神文》,同前引书,第 1503 页。
③ 另一则故事,也表达神祇承天而镇的想法。牛僧孺:《玄怪录》卷一,上海古籍出版社编,丁如明等校点:《唐五代笔记小说大观》,第 356 页。
④ 皇甫枚:《三水小牍》卷下《黑水将军灵异》,上海古籍出版社编,丁如明等校点:《唐五代笔记小说大观》,第 1191 页。

风雨雪霜,果为鬼神所有也明矣!得非天之高不可以周理,而寄之山川;地之厚不可以自运,而凭之鬼神?①

山川鬼神既是受命守职,便不得自专。② 司空图便认为,降雨是神祇的职掌,百姓的祭祀旨在慰劳神祇的辛勤,如果神祇不降雨,是怠天之职,"何以为敬",③是以降雨为神祇职责所在加以立论。

见诸文献,此时各地的神祇不仅开始统整于上天(上帝),也出现神祇一如俗官在神明官僚体系迁转的记载。④ 然而,对神祇世界的想象,各地神祇仍未呈现出很有系统的位阶与体系,只是依赖上帝(上天)作为最高的统整概念。这与道教试图建构有体系的神祇谱系并不相同。因此,各地的祠祀信仰依然是具体的神祇,不纯然是官僚体系的位阶,而且,鬼神世界保有明显的地域性格,即所谓"鬼神不越疆"。⑤

笔者认为,这种思维上的转变,显然不是有系统地建构神祇谱系造成的结果,它更多的是一种认知心态上的变化。魏晋南北朝佛、道教的兴起和发展,丰富了天界与死后世界的想象,甚至形成井然有序、位阶比较分明的鬼神世界,⑥在释、道二教信仰扩张之后,人们也逐渐从比较体系化的眼光,理解各地的祠祀信仰。但整体而言,此时的地祇信仰世界是比较松

①　雍文华校辑:《罗隐集》,北京:中华书局,1983 年,第 197 页。

②　司空图《天用》一文有言,龙之降雨,亦禀承天命,不可自专。《司空表圣文集》卷一,《四部丛刊》初编集部,第 8 页。

③　司空图:《移雨神》,《司空表圣文集》卷一,《四部丛刊》初编集部,第 6 页。他不赞同水旱发生时祷祝神祇的活动,但是,他的言论针对的是百姓的祈祭活动,他本身也未担任地方官。

④　例如《太平广记》记载,上帝将白马神迁为湖南城隍神,神自言:"上帝以吾有薄德于三峡民,遂此升擢耳。"《太平广记》卷三一二《尔朱氏》引《南楚新闻》条,第 2469 页。小说中也有天帝命令天官巡察天下鬼神的记载,前引书卷三〇一《仇嘉福》引《广异记》条,第 2390 页。

⑤　《太平广记》卷三三八《卢仲海》引《通幽录》条,第 2681 页。

⑥　两汉时期对幽冥世界的观念零碎纷杂而欠缺系统,参见龚韵蘅《两汉灵冥世界观》,台北:文津出版社,2006 年,第 51—53 页。龚韵蘅也指出,汉末道教经典《太平经》开始将冥界冠上俗世行政机构的名称(第 53 页)。到了魏晋南北朝以后,这种情况出现变化,佛道二教开始建构丰富而有系统的天堂与地狱图景,参见萧登福《汉魏六朝佛道二教之天堂地狱说》,台北:学生书局,1989 年。有关中国中古时期佛教传入后影响一般人的死后世界观,以及地下世界官僚化的现象,参见庄明兴《中国中古的地藏信仰》,台北:"国立"台湾大学出版委员会,1999 年,第 108—113 页。

散的,所以有的官吏仍会发出"阖境山川,能致云雨,岂无节制"之叹。①

唐代各地神祇开始被赋予神明官僚体系一员的角色,这不是有心编整神谱纳入各地神祇所致,而是唐人的认知世界受到组织性宗教无形影响的结果。反映在官吏祈祭的思维里,他们也抱持神祇是彼之共治伙伴的观念,如此才能理解祝文为何屡屡出现"勿作神羞"的字眼。官吏参与地方官府水旱祈祭的活动,不只是求神赐福降恩的仪式,同时也是阳、阴二界共治者沟通的场合,所以长吏时常站在对等的立场,要求神祇尽责,并且和境内神祇盟誓。祈祭的文献显示,阴阳二界的伙伴,对于水旱灾的发生,是要共同承担责任,神与官是两面一体、荣辱与共的治政伙伴。②

地方官任内所参与的各种礼神仪式,毋宁是和冥界共治者交流沟通的场合。这些假祠庙进行的宗教仪式里有一特点:官员被认为具有"通幽"的本领,不需假藉神职人员,便能够径自与神沟通,向神祷祝。与佛、道二教相比(特别是佛教),唐代官员在水旱祈祭活动中的直接"通幽",是祠祀信仰的祈祭活动中最大的特色,是以官员祈雨有成,谓之"明能通幽",意思是俗官可以感通神祇降雨。③ 另一方面,地方官也认为理想的神格为"聪明正直",④而聪明正直的神祇,被认为可以感通人们的祷祝,⑤俾

---

① 《祭洪州城隍(祈晴)文》,熊飞校注:《张九龄集校注》卷一七,第 937 页。

② 董侹《修阳山庙碑》记载地方官祷祝于修阳山庙时,说:"今彤丧殆尽,而神不恤,使清凌全州,鞠为茂草,岂独余之辜,抑神之耻。"《全唐文》卷六八四,第 3143 页。日本学者石本道明最早指出宋代的祝文出现神明官僚化的现象,他把这个现象放在唐宋贵族制崩坏,士大夫官僚社会出现的历史变革以加解释,参见石本道明《神々の官僚化——宋代祝文にみえる文学発想について——》,《国学院杂志》1999 年第 11 期(总 100 期),第 34—68 页。另外,林煌达《从宋人文集之"祝文"看士大夫的神人观》一文亦指出,宋代祝文也有将地方发生自然灾害归诸官吏为政不德,神祇失职的现象,《中正历史学刊》第 3 期,第 15—16 页。研究唐代祠祀的学者,也注意到城隍神有如地方官同僚的现象,参见许凯祥《唐代水旱灾的祈祭——以政治为中心》,(台中)东海大学硕士学位论文,2005 年,第 220 页;赖亮郡:《唐五代的城隍信仰》,《兴大历史学报》总 17 期,第 342 页。

③ 于公异:《吴岳祠堂记》,《金石萃编》卷一〇二,国家图书馆善本金石组编:《历代石刻史料汇编》"隋唐五代部"二编,第三册,第 712 页。

④ 张粲:《创建斛律王庙记》,《唐文拾遗》卷四七,第 4897 页;高郢:《姜嫄公庙之庙记》,《金石萃编》卷一〇三,国家图书馆善本金石组编:《历代石刻史料汇编》"隋唐五代部"二编,第三册,第 723—724 页。

⑤ 白居易在《祈皋亭神文》说道:"恭惟明神:禀灵于阴祇,资善于释氏。聪明正直,洁靖慈仁,无幽不通,有感必应。今请斋心虔告,神其鉴之。"顾学颉校点:《白居易集》卷四〇,第 901 页。

使幽显二界沟通无碍。

　　首节讨论"谒庙"与"迎官"的相应现象已指出,阴阳二界共治者的初遇情景是彼此互迎,地方官到任后也藉由各种礼神的仪式,和冥界的共治伙伴沟通,以寻求协助。在理政方面,来自地方神祇的支持是不可或缺的,士人不断在祈报的祭文或祠庙的碑记中强调"幽显相须"之理。一旦农作丰收、阖境安宁时,人们也会将此归功于官、神的合作,亦即官吏之政与神明之道相通。

　　　　比年用登,物不疵疠。故人非化不感,感非神不深。神明之道,与贾父之政通矣。……邦人勒美于碑阴。①
　　　　灾沴不作,人不夭伤,此乃郡政所致,亦由神之冥化也。②

　　在士人笔下,地方官的美政必有"冥助",③辖境的安宁无疑是官、神共治的成果。因此,若干官员在离境之前,也会特别酬谢神祇,将自己任期的完满,归诸冥界神祇的佑护之功。④

　　事实上,如果检视唐代记载祠祀活动的碑文,将会发现其中有不少歌颂官吏政绩的内容。⑤ 相对于修建寺观的碑文较少提到地方长吏的具体政绩,祠庙碑文公开宣扬俗官治政的政绩,是其特殊处,但是这些歌颂政绩的内容,乍看之下又与建碑以为称颂祈雨灵验、神祇降福之原意格格不入。该如何理解这种现象? 笔者认为,唯有掌握"官、神共理一境""美政必有冥助"的观念,才能适切解释何以祠庙的碑文时而宣扬地方官的政绩。

———————————

① 康杰:《安天王碑阴》,《金石萃编》卷八八,国家图书馆善本金石组编:《历代石刻史料汇编》"隋唐五代部"二编,第三册,第498页。
② 刘骧:《袁州城隍庙记》,《全唐文》卷八〇二,第3782页。
③ 卢肇:《阆城君庙记》,《全唐文》卷七六八,第3591页;卢恕:《楚州新修吴太宰伍相神庙记》,《文苑英华》卷八一五,第4304页。
④ 李翱《别灊山神文》一文便说:"我政无能,遭此岁凶,灾同报异,乃神之聪。事幸无败,誉斯有融。遂忝帝命,复官南宫。皆神所佑,我亦何功。"《李文公集》卷一六,第75页。
⑤ 柳宗元《太白山祠堂碑碑阴文》一文提到,此碑碑阴记载县令裴均的政绩,《柳河东集》卷五,第57页。另外康杰《安天王碑阴》亦记载地方官的美政,《金石萃编》卷八八,国家图书馆善本金石组编:《历代石刻史料汇编》"隋唐五代部"二编,第三册,第498页。

四、与释、道祷祝活动的比较

　　最后，笔者将以唐代祠祀信仰与释、道二教作对比，说明官、神共理思维所主导的地方祈祭活动，其有别于释、道二教的特色。唐代地方官为了消弭水旱灾，也会寻求释、①道②二教人士的协助，但是此时僧人诵经与道士建坛的活动，仍为组织性宗教的神职人员专断祈福仪典的表现。在这些僧、道祷祝弭灾的过程中，官员只能依赖宗教职事者，他们很少亲自前往寺观参与相关的仪式活动。③ 从文献记载来看，僧人与道士弭灾时展现的是个人的能力，④这一点和前述官府的祷祝活动里，长吏展现"通幽"的本领，直接要求地方神祇善尽职责的情况大不相同。显然，在唐代释、道二教祈祝的场合里，更看重神职人员的个人修为。

　　唐代佛、道教之中，通常只有道教真人祠，⑤以及佛寺中的若干神祇

---

① 根据圆仁的记载，开成三年(838)十一月，李德裕任淮南节度副使知节度使事时，曾因天雨不止，下帖请僧人转经乞晴。圆仁著，白化文等校注：《入唐求法巡礼行记校注》卷一，第 72 页。

② 《太平广记》记载，修道者宋玄白游越州，遇旱灾，"以为凡所降雨，须俟天命，非上奏无以致之。遂于所止玄真观，焚香上祝。经夕大澍，雨告足，越人极神异之"。《太平广记》卷四七《宋玄白》引《续神仙传》条，第 294 页。至于地方官邀请道士祈晴，也见于《唐语林》关于南岳道士田良逸的一段记载，参见王谠撰、周勋初校证《唐语林校证》卷四《栖逸》，第 394—395 页。

③ 圆仁著，白化文等校注：《入唐求法巡礼行记校注》卷一，第 72 页。事实上，朝廷也请僧人祈雨，个别僧人祈雨的方式，不尽相同。雷闻：《郊庙之外：隋唐国家祭祀与宗教》，第 315—318 页。不过史籍中亦偶见官人祈雨于寺塔的例子，《法苑珠林》记载："隋益州郭下福感寺塔者，……隋初有诜律师见此古迹，于上起九级木浮图，今见在焉。益州旱涝，官人祈雨，必于此塔，祈即有应，特奇感征，故名福感寺。"据此，官人似亲自前往寺塔祈雨，参见释道世著，周叔迦、苏晋仁校注《法苑珠林校注》卷三八，北京：中华书局，2003 年，第 1215—1216 页。

④ 根据赵迁《大唐故大德赠司空大辨正广智不空三藏行状》一文的记载，唐代宗请僧人不空祈雨的诏令中，明言祈雨的成败责任由他承担："(大历)七年(772)春，……是岁春夏旱，有诏请大师祈雨。中使李宪诚奉宣恩旨，若三日内雨足，是和上功，非过三日不和尚事。大师受制，建立道场，一日已终，及依法祈请，亦不过限。大雨丰足，皇帝大悦。设千僧斋，并僧弟子衣七副，以报功也。"陈尚君辑校：《全唐文补编》卷四六，第 559 页。僧人在祈雨的表文里，时有祈雨未成而请罪的内容。昙贞《贺南山祈雨赐物表一首》云："令往南山祈雨，肝胆斯竭，望赴天心，于法无功，龙神不应。……既无喜期，诚当罪责，圣慈宽宥，……"同前书卷四八，第 582 页。

⑤ 潘滔：《文公祠记》，《全唐文》卷七一三，第 3286 页。

（如兴圣寺竹林神），①是地方政府祷祝的对象，②在官员的心目中，他们也是地方的守护神。上述现象一直到五代才出现明显的变化，地方官开始进入寺观祈祝。在这些寺观的祷祝活动里，有一种现象值得留意，某些官员也会求助于前代深具"致雨"之术的僧人之僧伽塔，例如唐僧无畏塔。根据小说的记载，胡僧无畏在世时，"善召龙致雨"之术，唐玄宗曾请他求雨有应。③ 此僧过世之后，龙门广化寺建造僧伽塔加以奉祀，成为当地重要的祈雨对象。有趣的是，官吏的祝文仍然表达出仰赖"僧人"无畏在世"致雨"的能力。五代张全义祈雨于此塔时便说，"和尚（无畏）慈悲，告佛降雨"。④ 而史载宋太祖遣中使祷无畏三藏塔，与之誓言，倪不止，即毁其浮图，⑤则是希望"僧人"无畏负起降雨的责任。推敲宋太祖要求"僧人"无畏负责的心态，似以祷祝祠庙的思维推移于僧伽塔，以祷祝神祇的思维模式，移转至具有水旱祷祝能力的已逝高僧，同时也体现出佛教的祷祝活动里，神职人员必须负起降雨的责任。同样的，五代时期官方祭祀龙神的活动里，也出现了僧人与祭的身影。⑥

从水旱祝祷的过程来看，官员对各种信仰的认知是不一样的，相对于寺观，祠庙奉祀的神祇守护一境的特色是很清楚的。如此才能解释何以官员上任时"历祠群望"，而不拜谒同为民众信仰所系的寺观。从唐代地方官府的祈祭活动来看，这些神祇扮演与官员共治一境的守护神角色，才是此时祠祀信仰与释、道二教的最大区隔。但是唐末以后，不仅僧人参与

---

① 《为京兆韦尹祈晴获应表》，刘禹锡集整理组点校：《刘禹锡集》卷一三，第156页。
② 道教方面也有例外，李商隐《为舍人绛郡公郑州祷雨文》一文记载，郑州刺史请茅山道士冯角祷请于水府真官一事。刘学锴、余恕诚：《李商隐文编年校注》，第1038页。
③ 《太平广记》卷三九六《无畏三藏》引《柳氏史》条，第3165页。
④ 《旧五代史·张全义传》记载张全义祈雨于无畏塔的情形："（张）全义……每水旱祈祭，必具汤沐，素食别寝，至祠祭所，俨然若对至尊，容如不足。遇旱，祈祷未雨，左右必曰'王可开塔'，即无畏师塔也，在龙门广化寺。王即依言而开塔，未尝不澍雨，故当时俚谚云：'王祷雨，买雨具。'"《旧五代史》卷六三《张全义传》，北京：中华书局，1995年，第838页。另外，依《洛阳揸绅旧闻记》卷二记载，张全义向无畏塔祷祝时说："今少雨，恐伤苗稼，和尚慈悲，告佛降雨。"傅璇琮等主编：《五代史书汇编》第4册，第2400页。
⑤ 《续资治通鉴长编》卷一七"开宝九年四月庚子条"，北京：中华书局，2004年，第368页。
⑥ 吴越钱镠《祭龙神疏》言："率领僚属，拣选戒僧，肃清斋坛，共伸清醮，虔祷神明，仰祈福佑。"陈尚君辑校：《全唐文补编》卷一一三，第1416页。

官方的祈祭活动,若干祈雨高僧的僧伽塔,也成为官方祈祝的对象,佛教已逐渐走入官方正式的水旱灾祈祭仪典。① 在地方政府的祈祭活动中,祠庙系统与佛教等组织性宗教,已有竞争、混融的趋势,②这算是崭新的历史变化。③

小　结

　　唐代国家与各地祠祀的常态关系,主要系于地方官府层级所举行的各种礼神活动。笔者试图说明,这些祭祀活动是秦汉郡县制确立后,地方官府一直运作的祠祀传统。本章首先从官吏实践此一传统的角度出发,重新探讨地方官初谒神祇、春秋常祀与水旱祈祭等活动,试图说明这些祭祀活动是一种全国性的在地现象,而且带有浓厚的惯习色彩。究竟此时朝廷对此的基本态度如何? 这一点,《大唐开元礼》的礼文提供了若干考论的线索。

---

① 两宋之交的张嵲于《观音记》一文指出:"《传》言山川之神,水旱疠疫之不时,于是乎禜之;日月星辰之神,雪霜风雨之不时,于是乎禜之;古之所以弭水旱者如此。及后世佛法入中国,以大慈悲闵仁一切,凡众生之罹病疾苦恼者,莫不赖以振除济渡,则如岁之雨旸不若,严像设而祷祠之,固其宜也。而观音大士,最有缘于阎浮提,人凡有所祈,无不响答。夫水旱丰凶将司于神耶? 或者佛菩萨亦司之耶? 不得而知也。"《全宋文》卷四一一七,第 211 页。寓目所及,张氏的《观音记》似乎是首先将佛教水旱祈祭与传统祈祭对立而言的文献。张氏并未质疑祈雨于菩萨的活动,但是从"夫水旱丰凶将司于神耶? 或者佛菩萨亦司之耶? 不得而知也"一段话,略见他对两套祈雨活动并存现象的困扰,但是此时上距佛教寺院成为政府水旱祈祭的主要对象已达百余年。
② 这种情形在中央方面更为明显。五代时期,官员和皇帝也开始频繁地进入寺、观祈雨,相关的记载很多,参见《册府元龟》卷一四五,北京:中华书局,2003 年,第 1760—1765 页。相关的研究,参见皮庆生《宋代民众祠神信仰研究》,第 174 页。
③ 同样的,五代时期,民间修建祠庙的组织与活动,也已经受到佛教的影响,非官方主持的修建祠庙的活动,开始援引佛教用语"维那",来指称捐资修祠者。根据五代后汉杨荣祚的《重修建禹庙记》一文的记载,当时已将助修祠庙者称为"维那":"当县有者宿卫景……观之祈祷,向来屡感灵应也,……敢为摽首,特议建修,乩募七乡维那,同希办集。乃得坊邻内外,阖境众村,共力成持,允输勤款。料兹所备,皆不参差。遂召良工,择时营造。"陈尚君辑校:《全唐文补编》卷一〇三,第 1284 页。另一个例子见于五代时期,后周显德五年(958),董玭《大周解州闻喜县清通乡董池圣母庙碑记》云:"有维那吕文政,副维那陈知遇等,生居浮世,恒仰神明,懃恪化众之资,坚苦其崇之志。乡耆信士,喜舍情专,今已庙宇成圆。"(陈尚君辑校:《全唐文补编》卷一〇六,第 1336 页)

《大唐开元礼·序例上》规定:"州县社稷、释奠及诸神祠并同小祀。"这是国家礼典赋予祭祀各地神祇仪典"小祀"的位阶。《大唐开元礼》本是玄宗在开元时期欲攀比古帝王,建立盛世礼典的产物,①对于这部礼典是否施行的问题,长期以来受到学者的高度关注。② 如果进一步分析仪文的内容,有一点值得留意:这部礼典所载州县诸神祇的祭仪,只列载水旱祈祭的仪文,缺乏到任谒神、春秋二祀的活动。③ 这一点与通祀的社稷和孔庙的仪文,兼及春秋二时的常祀明显不同。朝廷无意规范各地官府所有的祭祀活动,只注重神祇水旱祷祝的职能,并要求祭礼的规格,地方官府水旱祷祝时必须循小祀之礼行之。④ 就此而言,唐廷实无意大幅介入此一长远的礼神传统,这也是笔者倾向于以惯习理解这些祭祀活动的主要理由。

国家的实际代理人——掌理一境的长吏,对各地官府祭祀传统的影响力相当有限。前文已指出,官吏上任之初,便立刻面对当地官府原有的谒神传统,他们对祭祀对象即使有所质疑,仍然抱持着循例而行的态度。官吏在短暂的任期内,即使对祠祀活动做出改变,也不容易延续下去。⑤ 同样的,长吏有权自行将个别神祇纳入地方祀典,少数解救水旱有功的神

① 吴丽娱:《营造盛世:〈大唐开元礼〉的撰作缘起》,《中国史研究》2005 年第 3 期,第 78 页。
② 关于此一问题历来的讨论,参见刘安志《关于〈大唐开元礼〉的性质及行用问题》,《中国史研究》2005 年第 3 期,第 105—106 页。此文是关于开元礼是否行用的最新研究成果。
③ 《大唐开元礼附大唐郊祀录》卷七〇,第 359—360 页;卷七三,第 370—371 页。
④ 《大唐开元礼》所载仪文,可能包含若干前此州县官府祭祀活动的内容,只是此前国家成文礼典已经亡佚,无法进行比较讨论。早在唐代以前,即出现类似《大唐开元礼》所载祈祭祝文的用语,隋开皇元年(581)卢思道《祭澡湖文》一文:"维开皇元年十二月朔甲子,具位姓名遣某官以清酌庶羞之馈,敬祭澡湖之灵曰:……"《全上古三代秦汉三国六朝文·全隋文》卷一六,第 4113—4114 页。这种固定的祝文格式提醒我们,朝廷(甚至国家礼典)对祷祝活动有一些规范,至于是否包括祭礼规格,仍有待进一步讨论。
⑤ 关于这一点,唐代没有相关的例子,倒是《太平广记·武曾》条记载南朝的例子,说明中古时期僚吏主导了地方祠祀的活动:"侯官县常有阁下神,岁终,诸吏杀牛祀之。沛郡武曾作令,断之。经一年,曾迁作建威参军,当去。神夜来问曾:何以不还食? 声色极恶,甚相谴责。诸吏便于道中买牛,共谢之,此神乃止。"《太平广记》卷二九四《武曾》引《幽冥录》条,第 2343 页)官县岁时以牛祭祀阁下神,本是吏员主导下行之已久的祠祀传统,一度因县令武曾的介入而发生短暂改变,但最后又恢复原本祠牛的做法。

祇,也有机会跻身祀典,却不会造成祭祀对象的重大变动。各地官府的祭祀活动维持相对稳定的运作机制,也有一份相对固定的祭祀名单,这是普遍存在的现象。

从国家和各地祠祀信仰的关系来看,地方官府的祀典具有收编境内祠祀信仰的作用。然而,各地神祠的数量颇多,能纳入祀典的神祇通常只有十余个,官府祀典吸纳各地祠祀的功能相当有限。从实际的运作来看,国家也不可能只将少数祭祀的祀典神祇,视为合法的地方祠祀,①而将大量非官府祭祀的祠庙,视为非法的祠祀。

值得注意的是,唐代地方官实践此一传统,开始出现新的变化,此时在组织性宗教的无形影响下,祠祀信仰的世界出现统整的现象,人们开始将各地神祇视为神明官僚体系的一员。官吏在祷祝活动里,不仅是以戴罪心态与祭,在祝文中也要求神祇"司土有责",体现官、神共理一境的思维。时人认为,神祇奉上天(上帝)之命,主司一境的风雨,和主掌治民的长吏共治一地而分司其事,必须同负理政的成败责任。地方官府的祈祭仪典,则提供俗官与神祇沟通的场合。长吏被期待具有"通幽"的本事,而神祇也被赋予感通人们祷祝的责任。原本官吏通过仪典和个别神祇建立彼此的联系,形成"一对多"的格局,至中晚唐,在城隍神信仰大盛后,开始具备一境冥界主的神格,又使神、官的关系,多了一层"一对一"的格局。②

---

① 实务上,确实有地方官依祀典禁绝淫祠,但寓目所及,唐五代时期这样的例子只有一个。参见李明启《柱国牛公新筑州城创建公署记》,《全唐文》卷八二九,第3919页。

② 关于城隍信仰此时的扩张,参见附录一《唐代城隍信仰与官府的立祀》一文的讨论。

第二章 唐宋之间地方祠祀
具体规范的建立

　　有关国家规范祠祀和打击淫祀的措施，历来是学者研究的焦点之一。研究唐宋祠祀的学者，讨论此一问题的角度不同，唐代方面的研究，主要从礼制的规范，探讨国家对地方祠祀的作为；[1]研究宋代祠祀的学者，则强调宋代国家积极管理地方祠祀，对祠祀开始建立正、淫祀之别的具体依据，展现出不同于以往朝代的态度。[2]

　　对于此一论著成果丰硕的领域，本无太多可资探论的余地。但是现有的研究指出，宋王朝不再只是偶尔采取具宣示性意义的毁祠行动，此时朝廷开始进行许多具体改造个别（地区）祠祀信仰的行动，并且建立地方祠祀具体的制度规范。何以宋廷的做法会出现如此明显的变化？笔者认为这与北宋前期朝廷直接介入处理南方常民祠祀信仰的经验有关。为了说明此一现象，个人将采取跨代的视角进行讨论，而且将特别看重朝廷处理南方祀神风气带来的影响。

　　具体地说，本章首先将讨论朝廷开始正面处置常民祠祀信仰活动，探

----

[1]　金相范：《唐代礼制对于民间信仰观形成的制约与作用——以祠庙信仰为考察的中心》，台湾师范大学历史研究所博士学位论文，2001 年；雷闻：《郊庙之外：隋唐国家祭祀与宗教》，第 220—276、322—342 页。不过，两位学者的观点略有不同，雷闻指出唐代前期中央朝廷对地方祠祀的控制较严，但是他也强调唐代国家意识形态对地方的信仰文化传统，采取妥协与引导的立场。

[2]　此一论点，最早是由松本浩一所提出，他认为封赐的祠庙是正祠与淫祠不同，封赐和打击是宋廷统治祠庙的两面手法。松本浩一：《宋代の賜額・賜号について——主として〈宋会要輯稿〉にみえて史料から》，野口铁郎编：《中国史における中央政治と地方社会》，第286页。

究唐宋之间国家如何展开改造祠祀信仰的具体行动,并建立地方祠祀的制度规范。① 这场变化涉及两代朝廷对常民祠祀活动的态度和作为的差异,本章将阐述唐宋之间的差异及其成因。

其次,宋廷开始建立地方祠祀的规范,实奠基于朝廷直接涉入处理南方祀神风俗的经验。宋廷对此地祀神风俗采取积极涉入处理的态度,实与其正视南方的统治有关。因此,本章进行讨论时,将特别重视南方地位大幅提升后,促成朝廷统治南方视野的转变此一结构性的因素。并试图在此一历史背景下,分析北宋前期朝廷如何在直接处置南方祀神风俗的经验里,建立地方祠祀具体的制度规范。

第一节　唐五代朝廷无意管制各地祠祀

中国历代王朝为稳妥统治的基础,或多或少都想要控制各地不同形式的信仰,但是不同时期措施不同,朝廷关注的信仰种类也有所不同。讨论唐五代朝廷对各地祠祀的措施,不能忽略此时佛教大盛带来的统治挑战。在此时朝廷的眼中,佛教潜在的威胁大于各地祠祀信仰,以下将从两方面说明此时朝廷无意管制各地祠祀的态度。

一、朝廷究竟在何种情况下,开始有意管制地方祠祀的兴立。这部分的讨论将以生祠为主,②由于生祠是此时朝廷唯一明令管制兴立的地方祠祀,讨论这类祠祀何以被纳入管制的历史脉络,将有助于了解此时朝廷对各地祠祀的基本态度。二、探讨朝廷何时及如何展开打击淫祠的行动,究

---

① 这方面,皮庆生的研究有开创之功。他指出宋代打击不法淫祀的作为,开始针对祠祀信仰的活动进行了许多具体改造的行动。皮庆生《宋代民众祠神信仰研究》,第 297 页。皮庆生从中原文明的外扩,解释宋代官方打击淫祀行动的出现。然而,从他整理的"两宋关于正祀、淫祀的诏令与行为一览表",可以了解到宋廷下诏的内容,不只涉及个别(地区)信仰的具体改造作为,也开始对常民的祠祀活动,制订整体性的制度和规范。(第 354—368 页)因此,笔者想在皮先生的研究基础上,进一步探究国家究竟是在何种历史环境下,开始正面处理常民祠祀信仰的问题,并建立有关地方祠祀的具体规范。

② 关于唐代生祠,雷闻曾以地方祠祀分层的角度,对生祠进行综合性的研究,参见雷闻《郊庙之外:隋唐国家祭祀与宗教》,第 227—240 页。

明中央介入基层社会信仰风俗的实际情况。

唐代地方建立生祠，必须奏请朝廷核准，是经过很长一段时间酝酿的结果，而且背后有其长远的历史渊源。唐初律文并未规范生祠的建立，只禁止官吏违法建立德政碑的活动。《唐律疏议》卷一一《职制律》"长吏辄立碑"有以下的规范：

> 诸在官长吏，实无政迹，辄立碑者，徒一年。若遣人妄称己善，申请于上者，杖一百。有赃重者，坐赃论。受遣者，各减一等。（原注：虽有政迹，而自遣者，亦同。）①

按律文，长吏不得擅立德政碑，或是妄自遣人称颂己善，显然只规范德政碑而未及于生祠。从历史的发展来看，这条律文系总结此前魏晋南北朝管制建立生碑的制度，当时朝廷重视管制官吏的立碑大于立（生）祠，而且，国家禁止擅立生碑的时点，晚于禁止为亡者擅立碑碣的活动。这是不同时期朝廷因应新的社会风气而实行的管制措施。

魏晋以降，朝廷频频下诏禁止为死者擅立碑文。曹操主政时期，下令不得厚葬，而且禁止私人立碑的行为。至晋武帝咸宁四年（278），再次下诏禁断私立碑表。② 刘宋时期裴松之奏议严禁私人立碑，认为必须经朝议同意后始可建碑。③ 下逮梁武帝天监六年（507），再申明葬制，"凡墓不得造人兽碑，唯听作石柱，记名位而已"。④ 迄于隋代，仍然不得为死者擅立碑碣。⑤ 整体而言，魏晋以下，朝廷屡次下诏禁止为死者擅立碑碣，旨在防

---

① 刘俊文点校：《唐律疏议》卷一一《职制律·长吏辄立碑》（总134条），北京：中华书局，1993年，第217页。对于此条涉及的官吏刑责的分析，参见刘馨珺《从生祠立碑谈唐代地方官的考课》，收入高明士主编《东亚传统教育与法制研究》（二），台北："国立"台湾大学出版中心，2005年，第243—247页。

② 《宋书》卷一五《礼二》，北京：中华书局，2003年，第407页。

③ 《宋书》卷六四《裴松之传》，第1699页。

④ 《隋书》卷八《礼仪三》，北京：中华书局，2000年，第153页。

⑤ 隋代立碑有定制，载在丧葬令，见王谠撰、周勋初校证《唐语林校证》卷八《补遗》，第700页。不过，隋代仍然不能随意建造神道碑，必需申奏。《隋书》卷四五《秦孝王俊传》，第1240页。

范私人立碑颂德"虚美"的行为。

　　魏晋南北朝建立生碑的风气与朝廷有关的规范恐怕是后起的,大约北魏以后,朝廷才开始管制生碑的兴立。纵观当时立碑活动的发展,北魏一朝开始风行立碑纪功,成为相当突出的历史现象,①影响所及,兴起为地方官立碑的风气,朝廷也开始加以管制。《魏书》卷九三《恩幸传·王袭》记载,北魏孝文帝太和十七年(493),王袭任并州刺史,"舆驾诣洛,路幸其治,供帐粗办,境内清静,高祖颇嘉之。而民庶多为立铭,置于大路,虚相称美,或曰袭所教也。高祖闻而问之,对不以实,因是面被责让"。② 至魏孝明帝正光三年(522),又以"牧守妄立碑颂,辄兴寺塔;第宅丰侈,店肆商贩。诏中尉端衡,肃厉威风,以见事纠劾"。③ 此后,西魏(北周)、东魏(北齐)与南方的梁、陈二代,都出现地方奏立德政碑,皇帝下诏同意的记载。④中古时期朝廷规范官吏生碑的时点,明显晚于为亡者立碑。

　　前文扼要地梳理了魏晋南北朝立碑活动与朝廷相应的管制,意在究明《唐律疏议》只规范擅立德政碑的历史渊源。魏晋以下,私人为亡者立碑褒美的风气渐盛,朝廷频频下诏约束,防范立碑颂德、扬誉不实的现象发生。相对的,此时立生祠的事例相当罕见,也未出现地方上奏请建的现象,所以当时中央朝廷管制的重点在碑文,不在生祠,立碑之禁实严于立祠之禁。唐律禁止擅立德政碑,系继承魏晋以降禁断私碑的传统。所不同者,隋唐以后,官吏死后立碑已走向制度化,⑤此时国家下诏管制的重点转向生碑。

---

① 北魏统治阶层盛行立碑的风气,此处无法细论,参见《魏书》,北京:中华书局,1997年,第 7、24、326、377、662、801—802、946、1411—1412、1650—1651、1983、1729、1801、1803、1847、1875 页。《魏书》记载文士事迹时,亦特别提到他们撰写碑文的活动,如高允、胡方回、窦遵等人(第 1198、1149、1036 页)。当时皇帝赐碑是一种荣耀,《魏书》卷六八《高聪传》记载:"赵修嬖幸,聪深朋附。及诏追赠修父,聪为碑文,出入同载,观视碑石。"(第 1521 页)

② 《魏书》卷九三《恩幸传·王袭》,第 1991 页。

③ 《魏书》卷九《肃宗孝明帝诏》,第 233—234 页。

④ 西魏(北周)的例子,参见《周书》卷二六《长孙俭传》,北京:中华书局,1997年,第 428 页;东魏(北齐)的例子,见《北齐书》卷三八《辛术传》,北京:中华书局,1997年,第 501 页;梁代的例子,见《梁书》卷二二《萧恭传》,北京:中华书局,2003年,第 349 页;陈朝的例子,见《陈书》卷八《侯安都传》,北京:中华书局,2002年,第 147 页。

⑤ 《新唐书》卷四六《百官一·吏部》,北京:中华书局,1995年,第 1190 页。

唐代前期朝廷相当重视擅立德政碑的问题。继《唐律疏议》的规范后，武曌于圣历二年(699)八月下制重申禁令："州县长吏，非奉有敕旨，毋得擅立碑。"①对照前此唐律律文，制中所谓毋得擅立"碑"，是指长吏的德政碑。② 这道命令重申了此前律文的规定。

文献上偶尔也有县令为了立碑，具状向州申请的记载。如卢藏用《纪信碑阴》记载武曌主政时期荥阳县令孔祖舜建立纪信碑的经过：

> 长安元年(701)，乡人白孔府君，请为纪公建立碑表。府君具状申请，而州寮以为异代风烈，令式无文，且惧乡人头会，抑而不建。孔府君感激忠义，拘牵下僚，乃叹曰："吾以不才，忝兹邦政，至于激贪励俗，旌孝尚忠，臣子之行，教化之端也。乡人之请，允有礼矣，吾可以噇欤！"至二年(702)七月，乃自减私俸，将斫石采山，以旌忠烈。会有耕□于纪公墓侧居人田中得一古石，……府君遂酬地主之直，树之于墓，刊勒斯颂。……乡人奔走而观者甚众，咸喜纪公有述，幽石自彰。③

这是难得一见的唐代县府立碑的个案，时间恰好发生在武曌下令禁止擅自立碑的两年后。论者有云，武曌下令禁止擅立的"碑"是一切形式的碑，故孔祖舜必须向州申请立碑。但是细究此段文字，孔氏请立不成后，仍以私俸立碑，可见他之所以呈报上级，不在取得立碑的合法性。从州寮抑而不"建"，县令最后乃"自减私俸……以旌忠烈"的过程，可以推测，孔氏具状向州申请主要是想争取州府的资助。④ 否则州寮应该会直接

---

① 《资治通鉴》卷二〇六，上海：中华书局，1992年，第6540页。
② 对于此碑，雷闻已有先行的研究，值得参酌。他认为此处令文所指的"碑"，包括官吏的德政碑与为地方祠祀所立之碑。雷闻：《郊庙之外：隋唐国家祭祀与宗教》，第232页。其他学者提出的看法不同，刘馨珺认为，此处的"碑"，是指德政碑，参见刘馨珺《从生祠立碑谈唐代地方官的考课》，高明士主编：《东亚传统教育与法制研究》(二)，第246页。
③ 卢藏用：《纪信碑阴》，《金石萃编》卷六五，国家图书馆善本金石组编：《历代石刻史料汇编》"隋唐五代部"二编，第三册，第120页。关于此碑的分析，另见雷闻《郊庙之外：隋唐国家祭祀与宗教》，第257—258页。
④ 柳宗元记载了另一个例子，黄陵庙发生火灾时，当州县令、主簿上报刺史，最后由州府出资修建。《湘源二妃庙碑》，《柳河东集》卷五，第57页。

申明武后禁碑的敕令，而不会以纪信立碑属于"异代风烈""令式无文"为由搪塞，拒绝了县令的申请案。

至唐玄宗时期，朝廷开始管制生祠的兴立。当时编纂的《唐六典》记载"德政碑"由州申省、省司勘定的制度，规范趋于详尽，而且也及于生祠的建立。《唐六典》卷四"礼部郎中员外郎条"明文规定：

> 碑碣之制，五品已上立碑，七品已上立碣，若隐沦道素，孝义著闻，虽不仕，亦立碣。凡石人、石兽之类，三品已上用六，五品已上用四。（小注：凡德政碑及生祠，皆取政绩可称，州为申省，省司勘覆定，奏闻，乃立焉。）①

此段文字对于理解唐廷管控生祠的措施相当重要，有两点值得留意：一、《唐六典》将生祠和德政碑的规定，置于碑碣制度的脉络加以理解，与前文揭示唐廷规范德政碑的历史渊源不谋而合；二、《唐六典》规定官吏死后建立碑碣的制度后，才进一步说明官吏生前荣耀（德政碑和生祠）的规定，显示唐廷管制生祠（德政碑）的目的，主要是为了恰当地赐予官吏荣耀。故有关生祠的规范，《唐六典》列于"礼部郎中员外郎"条，而非列于掌管祠庙、释道的"祠部郎中员外郎"条。②

盛唐朝廷何以开始规范生祠之立？寓目所及，唐代前期为地方官建立生祠的例子也有不少，地方似逐渐兴起创立生祠的风气。例如武后、中宗时期，镇守西陲的郭震，据本传记载，河西、陇右十余处皆为他建立生祠。③另一个大约同时期的例子，则是乙速孤行俨。根据墓志的记载，他镇守西南，周旋廿年，"化洽夷夏，功成方国。置生祠之庙，往往而存"。④

---

① 陈仲夫点校：《唐六典》卷四，北京：中华书局，2005年，第120页。

② 生祠必须奏请朝廷核准，始能建立。在朝廷的认知里，自与其他地方官府自行择祀的情况不同。这类特殊的祠庙，本是百姓怀思与祷祀之所，朝廷赋予其荣宠官吏的作用，具有一定的官方色彩，但是，官吏在世期间，生祠不可能列入地方官府的祀典，享受春秋二祀。这一点便与其他祀典神祇有所不同。

③ 张说：《兵部尚书代国公赠少保郭公行状》，《全唐文》卷二三三，第1054页。

④ 刘宪：《大唐故右武卫将军上柱国乙速孤府君碑铭并序》，《全唐文》卷二三四，第1059页。

唐代前期为长吏立生祠的风气颇盛，所以文献中也保留若干基层县令被立生祠的例子。除了武曌在位期间，狄仁杰担任江州彭泽县令被立生祠外，①玄宗开元初，陆璪任新乡令，民人亦为其立生祠。② 由于武曌统治时期，朝廷仍未制订兴立生祠的规范，所以陈子昂《汉州雒县令张君吏人颂德碑》记载，雒县百姓是依"故事"为县令张知古建立生祠：

> 农夫田妇，……皆惧公往，遗像莫瞻，共琢之磨之，议之谋之。子昂时因归宁，采药岐领，父老乃载酒邀诸途，论府君之深仁，访生祠之故事。永我以典礼，博我以文章。③

碑文特别拈出生祠的"故事"，却未提到奏请建立生祠的过程，足见当时朝廷尚未建立规范生祠的制度。故陈子昂径称"颂德碑"，是以生祠附于德政碑的立场撰文的。④

值得注意的是，唐廷重视擅立德政碑的问题甚于生祠。唐代后期，朝廷屡屡下诏防范可能的弊端，刘禹锡《高陵令刘君遗爱碑》详载，唐文宗大和四年（830），高陵县吏为前县令刘仁师请立德政碑的过程：

> 大和四年，高陵人李士清等六十三人思前令刘君之德，诣县请金石刻。县令以状申府，府以状考于明法吏，吏上言："谨按宝应诏书，凡以政绩将立碑者，其具所纪之文上尚书考功。"有司考其词宜有纪者，乃奏。明年八月庚午，诏曰：可。⑤

唐肃宗宝应年间的诏令，对立碑的规范制定得更为详尽，地方必须将

---

① 《新唐书》卷一一五《狄仁杰传》，第 4210 页。
② 《新唐书》卷一一六《陆璪传》，第 4239 页。
③ 《新校陈子昂集》卷五，台北：世界书局，1980 年，第 105 页。
④ 另一个唐初兴立生祠，碑文却径称德政碑的事例，见《大唐绛州闻喜县令苏府君德政碑并序》，《唐文续拾》卷一四，第 5089 页。
⑤ 刘禹锡集整理组点校：《刘禹锡集》卷二，第 26 页。雷闻以此例申论生祠应该也经过同样请立的程序，并认为此一程序和宋代对地方祠祀的赐额赐号的措施接近。雷闻：《郊庙之外：隋唐国家祭祀与宗教》，第 235 页。

预计刊立的碑文内容,先上奏尚书的考功郎中,加以稽核。由于地方请立德政碑,通常是在地方官离任之后,朝廷审核德政碑的内容,旨在避免碑文记载的善政内容与实情不符。朝廷欲通过逐级的审核,防止官吏作伪邀誉的情形发生。德宗贞元十四年(798),尚书省考功郎中又上奏论议,官吏必须去任后才能请立德政碑,无故在任申请的县令、刺史,"委本道观察使勘问",①旨在杜绝在任官藉此邀誉的弊端。官吏离任后始得请立的规定,欲使建碑活动如实反映基层官吏的善政与百姓的怀思。

朝廷赐予的德政碑通常建于"大市通衢",②公开表彰官吏的治绩,旨在树立良吏的典范,具有激扬吏治的作用。准敕兴立的德政碑代表荣耀,也象征仕宦的美名,③唐廷持续关注德政碑伪滥的问题,可能反映此时地方请立德政碑的风气甚于生祠的现象。④ 这类活动通常由胥吏与乡老、乡望推动,⑤唐廷屡屡下诏防范德政碑的滥伪,欲杜绝虚美善政的现象发生。朝廷杜绝在任官申请,防止立碑活动带来的善政之名,使某些官吏立即享有升迁的优势,但是赐立德政碑之举,和现实上考课制度的运作无关。由于善政之名仍然有助于官吏未来的仕途,基层百姓在颂德之余,也可藉此回报官吏的美政。这些现象显示出,国家更重视赐予官吏荣耀是否得宜的问题。因此,有功于地方的官吏,有时毋宁更看重德政碑刊载善政的美名。《太平广记》卷三四七《赵合》记载,李文悦托梦于赵合,自言元和时期据守五原有功,希望赵氏"白其百姓,讽其州尊,与立德政碑足矣"。⑥ 这则

---

① 王溥:《唐会要》卷六九,第 1437 页。
② 《旧唐书》卷一八五上《良吏上·贾敦实传》,第 4789 页。
③ 徐申面对地方请立生祠、德政碑,自陈所为不足述,"不愿以小事市名"。李翱:《唐故金紫光禄大夫……开国公食邑二千户徐公行状》,《全唐文》卷六三九,第 2899 页。《旧唐书》令狐绪本传记载,令狐绪"以荫授官,历随、寿、汝三郡刺史。在汝州日,有能政,郡人请立碑颂德。绪以弟绹在辅弼,上言曰:'臣先父元和中特承恩顾,弟绹官不因人,出自宸衷。臣伏睹诏书,以臣刺汝日,粗立政劳,吏民求立碑颂,寻乞追罢。臣任随州日,郡人乞留,得上下考。及转河南少尹,加金紫。此名已闻于日下,不必更立碑颂,乞赐寝停。'宣宗嘉其意,从之",可见得立碑可以增加仕宦的美名与考课制度无涉。《旧唐书》卷一七二《令狐绪传》,第 4465 页。
④ 刘馨珺:《从生祠立碑谈唐代地方官的考课》,高明士主编:《东亚传统教育与法制研究》(二),第 259—260 页。
⑤ 同上书,第 264 页。
⑥ 《太平广记》卷三四七《赵合》引《传奇》条,第 2750 页。

故事很生动地反映出地方官死后仍然求立德政碑,而非血食立庙的状况。①

盛唐以后,朝廷开始规范生祠的兴立,进一步将百姓报功和祷祈的需求纳入管理。德政碑扬誉美政之余,"增"立生祠不会"增"添官吏的美名,百姓建立生祠,通常有怀思官吏德政和祷祝祈福的现实需求。② 生祠系百姓怀德官吏之举,故魏州狄仁杰的生祠,因其子担任魏州司功参军任内贪暴为虐,遭到百姓撤毁。③ 这也解释了何以史籍中生祠的事例,少于请建德政碑的记载。朝廷屡屡下诏管制的重点,更重视生碑的泛滥而非百姓建祠祈福的信仰活动。

值得注意的是,生祠奉祀有恩及民的地方官,但是并未纳入地方官府的祀典。只有少数的生祠(如狄仁杰在魏州,吕諲在荆州)在奉祀的官吏死后被视为当地的守护神,并进一步成为官府祷祝的对象。

此处笔者毋宁更关心唐廷开始管制生祠的历史脉络。很显然,唐代即使开始规定生祠必须奏请建立,朝廷防范德政碑的滥建仍然过于生祠。这种重视碑禁逾于祠庙的态度,也和魏晋以降国家的作为一致。《唐六典》对生祠的规范,可说是唐初以来持续禁断擅立德政碑的进一步措施。

值得注意的是,朝廷的审核固然赋予生祠合法地位,但是恰当地赐予官吏荣耀,才是制度建立的主因。此时审核生祠的用意不在规范常民的信仰活动,而在考虑如何适切赋予官吏荣耀的思维下,也响应基层百姓的

---

① 皇帝有时候为了表示对某些臣子的恩荣,会亲自下诏赐予德政碑的碑文,例如周世宗为了表示慎重,亲自下诏赐予安州防御使李琼德政碑的碑文。陈尚君辑纂:《旧五代史新辑会证》卷一一七《周世宗本纪四》,上海:复旦大学出版社,2005 年,第 3665 页。

② 生祠作为一种特殊的地方祠祀,除了可以满足百姓一般的祷赛祈福的信仰需求(雷闻:《郊庙之外:隋唐国家祭祀与宗教》,第 235 页),也能响应百姓感怀官吏德政的心理需求。王维《魏郡太守河北采访处置使上党苗公德政碑》便指出,立祠塑像有如"耳闻身及"。不识字的百姓藉由图形立像,较能感怀官吏的德政。陈继民校注:《王维集校注》卷一〇,北京:中华书局,2005 年,第 964 页。

③ 吕諲在世时,被立生祠,"殁后岁余,江陵将吏合钱十万,于府西爽垲地大立祠宇,四时祠祷之"。事见《旧唐书》卷一八五下《良吏下·吕諲传》,第 4825 页。狄仁杰的例子,见《新唐书》卷一一五《狄景晖传》,第 4214 页。至元和中,田弘正上奏修葺,庙食不绝。另参冯宿《魏府狄梁公祠堂碑》,《全唐文》卷六二四,第 2828 页。后来,这两个生祠皆被纳入当地官府祷祝的对象。

需求。因此,敕立生祠的制度,往往成为地方官获得朝廷恩宠的象征。奏请者也认为如此,甚至出现死后追立生祠的现象。唐代宗大历年间,田绪奏请追立父亲田承嗣的生祠,即是例证。

> 检校尚书右仆射同中书门下平章事驸马都尉雁门郡王袭实封五百户赠司空绪,则公(田承嗣)之第六子也。纂承鸿勋,不忝前烈。开戚里之贵,继茅土之封,绣毂朱轮,光辉日新。圣朝覃孝理之恩,轸闻謦之念,复追赠公太傅,复赠魏州大都督。相国烝烝孝思,霜露增感。复以生祠故事,具表上闻。天子彰善崇德,乃许追立。爰命词臣礼部侍郎吕渭征撰休烈,厥功茂焉。……堕泪碑在,生祠庙存。泽流福子,庆被孝孙。日下甘棠,风清德门。刻此金石,传芳后昆。①

田承嗣死后,子嗣田绪却奏请追立"生祠"。依照他的身份地位,可以请建家庙,②但是他舍弃请立家庙追孝,而是选择死后"追立"生祠,显然有意将奉祀田承嗣之举,由一家的孝思扩及为魏博一地百姓的崇奉活动。

此处田绪追立生祠的举动,涉及两个问题:一、他为何不奏请立祠奉祀,而执意"追立"生祠? 二、田绪追孝之余,有意扩及百姓崇奉的目的为何?

田绪"追立"生祠之举,凸显时人不认为死后立祠奉祀是一种荣耀,故特别奏请追立生祠,以期获得皇帝赐予的荣耀。唐代为已故地方官立祠奉祀不涉及官吏的荣耀,朝廷也未采取审核的措施,而是任由地方兴立。以下以柳州为柳宗元立祠为例,略加申论。柳宗元卒于柳州,为当地僚吏立祠奉祀,韩愈《柳州罗池庙碑》详载其事:

> 柳侯……尝与其部将魏忠、谢宁、欧阳翼饮酒驿亭谓曰:"吾弃于时,而寄于此,与若等好也。明年吾将死,死而为神。后三年,为庙祀我。"及期而死,三年(823)孟秋辛卯,侯降于州之后堂,欧阳翼等见而

---

① 裴抗:《魏博节度使田公神道碑》,《全唐文》卷四四四,第 2035 页。
② 甘怀真:《唐代家庙礼制研究》,第 43—48 页。

拜之。其夕梦翼而告曰:"馆我于罗池。"其月景辰庙成,大祭。……明年(824)春,魏忠、欧阳翼使谢宁来京师,请书其事于石。余谓柳侯生能泽其民,死能惊动祸福之,以食其土,可谓灵也已!①

韩愈撰写碑文,事在唐穆宗长庆二年(822),碑文详细记载柳氏预言死后为神,为僚吏建祠奉祀的过程,却只字未提地方奏请立庙。而且,柳宗元死前"为庙祀我"之语,也佐证地方立祠祭祀已故长吏,毋待奏请朝廷核准的事实。韩愈当时为吏部侍郎,位处高官,不可能为违法立祠的活动撰写碑文。

唐代朝廷对官吏立祠的措施,更注重官员生前之奖誉,田绪为已故父亲"追立生祠"之举,充分说明这一点。依此处所论,唐廷对地方官立庙的规范,生前死后竟采取两种不同的做法,两相对照,即可见朝廷管制生祠的意图,不在管制百姓的祠祀信仰活动,而是恰当地赐予地方官荣耀。生祠固然是一种特殊的地方祠祀,但是检视朝廷唯一需要审核地方祠祀之措施,可知此时仍无意介入、规范地方祠祀的兴立。

其次,田绪追立父亲田承嗣的生祠,也有现实的政治考虑。田绪舍弃家庙追孝,特别追立生祠以为魏博的百姓崇奉,目的是为了援引田承嗣在当地的影响力。田承嗣死后,以侄子田悦权知军事,②后来田绪狙杀田悦,取而代之,③因此,为了巩固在当地的统治,田绪试图以追立田承嗣的生祠,唤起魏博百姓对其父亲的怀思,以降低杀死田悦的行动所带来的冲击。

田绪追立生祠的举动,反映中唐以后地方势力崛起后,更重视祠祀信仰的影响力。此前,田承嗣曾于魏郡建四圣庙,奉祀安、史父子,④这些出身基层社会的武人,乐于援引祠祀信仰的影响力。田绪为了巩固统治,舍弃高级官吏建立家庙的追孝之举,而奏请追立生祠,俾于百姓奉祀,即是

---

① 《韩昌黎全集》卷三一,第 399 页。
② 《旧唐书》卷一四一《田承嗣传》,第 3840 页。
③ 《旧唐书》卷一四一《田悦传》、《田绪传》,第 3845、3846 页。
④ 《资治通鉴》卷二二四,第 7222 页。又,代宗朝梁崇义镇守襄州,以来瑱在当地颇得民心,遂建祠加以奉祀,参见《旧唐书》卷一一四《来瑱传》,第 3366—3368 页。

典型的例证。

中唐以后,地方势力兴起建立生祠的风气,在地方祠祀这个问题上,展现出和唐廷不同的思维与态度。此时,某些生祠的建立,是地方势力为求自立自我造神的表现。[①] 而且,地方势力崛起之后,为了巩固统治,请立生祠往往成为中央与地方势力互动的焦点。[②] 这些请立行动,说明地方势力乐于援引地方祠祀为用的态度。

至此,对上述生祠的讨论稍做整理。简言之,生祠是唐五代唯一必须事先奏请核准的地方祠祀,但是细考这项制度出现的历史渊源,系魏晋南北朝以来禁断私人擅立碑碣的措施。唐廷为了响应基层百姓怀思和信仰的需求,在玄宗时期开始将生祠纳入规范。通观唐廷下诏管制的措施,此时国家主要关心德政碑的滥建问题。但是,考察生祠规范形成的历史脉络,将有助于认识唐廷对各地祠祀信仰的态度。对于生祠以外的祠庙的兴立,中央朝廷并未加以管控,即使是地方官死后的立庙活动,也不需要奏请核准。

前文梳理唐代生祠制度规范形成的历史渊源,试图说明此时朝廷规范的重点在德政碑,不在生祠,旨在说明中央无心管制各地祠祀的基本态度。在此基础上笔者将进一步指出,此时朝廷偶有下诏打击淫祠,也始终停留于抽象的经典立祀原则,这方面和不断下诏规范佛教僧团和寺院的措施,形成鲜明的对比。

拉长时间来看,唐五代时期三百多年,中央打击淫祠的活动,只有唐敬宗与周世宗两度下诏禁断淫祠。唐代前期,朝廷的威望比较强大,但是见诸史籍的记载,朝廷从未下诏禁毁地方上的淫祠,偶有打击淫祀之举,也主要是打击皇帝近身的左道妖异的活动。史书记载,太宗即位后次月下诏:"私家不得辄立妖神,妄设淫祀,非礼祠祷,一皆禁绝。其龟易五兆之外,诸杂占卜,亦皆停断。"[③]此时唐太宗甫于玄武门事变中获取大位,亟

---

① 例如,周智光任华州刺史,有意反叛,遂于"州郭置生祠,俾将吏百姓祈祷"。《旧唐书》卷一一四《周智光传》,第 3370 页。

② 如后梁朱温在位,马殷、韩逊与钱镠请建生祠之例子,皆是朱温命令文士撰文赐碑。雷闻:《郊庙之外:隋唐国家祭祀与宗教》,第 231 页。

③ 《旧唐书》卷二《太宗本纪上》,第 31 页。

思巩固皇权,此诏的目的主要是防范周遭任何可能图谋不轨的行动,禁止的是"私家"妄设淫祀的活动,是有针对性的,是指皇帝周围的私家厌祷与厌胜活动,而非各地的祠祀信仰活动。太宗担心这些私家"非礼祠祷"的活动,将危及个人的统治,故加以明令禁止,同时也下令禁断可能动摇人心的占卜活动。

唐代后期,在中央威望渐失之际,朝廷却曾下令禁断各地的淫祠。长庆四年(824),唐敬宗即位,在《御丹凤楼大赦文》中,除了发布德音,也提到各种申禁的事宜。在此次赦文里,首见唐廷下令禁断各地的淫祠:"其所在淫祠不合礼经者,并委长吏禁断。"①由于前一年年底,浙西观察使李德裕奏毁境内祠庙一千余所,学者推测,这次诏令系将浙西一地的毁祠活动,进一步推广至全国各地。②

此次朝廷下令禁毁淫祠行动的成效,恐怕不乐观。衡诸当日政局,敬宗十六岁即位,朝中政局实为李德裕的政敌李逢吉所把持,而与德裕相善的裴度、杜元颖与李绅,陆续被排挤、贬斥至远地。③ 在这种政治氛围下,朝廷有意援引浙西之政,以为大赦申禁事项之一,④是否能贯彻执行,不无疑问。另一方面,中央的声望,又因穆宗时期河北再度脱离控制而不复振作,⑤很难想象赦文诸多申禁事项之一的毁废淫祠,会成为各地贯彻执行的政令。

值得注意的是,朝廷下诏禁断淫祠的标准。赦文拈出祠庙"不合于礼经",亦即前章所言《礼记·祭法》揭举的立祀原则。唐廷仍旧延续历代的做法,要求地方依据经典立祀的原则加以禁断,此时打击淫祠与淫祀的手

---

① 唐敬宗:《御丹凤楼大赦文》,李希泌主编:《唐大诏令集补编》卷二○,第921页。

② 雷闻:《郊庙之外:隋唐国家祭祀与宗教》,第268页注2。雷闻的推论是可靠的,因为李德裕奏请禁绝厚葬的风俗,也在此次赦文申禁的范围内。《论丧葬逾制疏》,傅璇琮、周建国校笺:《李德裕文集校笺》,第719—720页。

③ 长庆三年(823)八月,裴度由左仆射出为山南东道节度使。十月杜元颖罢相,出为西川节度使。四年(824)二月,李绅则由户部侍郎贬为端州司马。傅璇琮、周建国校笺:《李德裕文集校笺》附录一《李德裕年表》,第761—762页。

④ 魏斌:《唐代赦书内容的扩展与大赦职能的变化》,《历史研究》2006年第4期,第21—35页。

⑤ 王寿南:《隋唐史》,台北:三民书局,1994年,第331—332页。

段，并没有任何实质的改变。

　　中古后期朝廷另一次下诏禁毁淫祠，发生于后周世宗在位期间。根据《册府元龟》卷一六〇记载，周世宗显德三年(956)十一月下诏："废天下淫祠，仍禁擅兴祠宇。如有功绩灼然、合建置庙貌者，奏取处分。"并提到"自是诸道奏不合典礼而享庙食者，咸毁之"。[①]　显德三年，周世宗停废天下淫祠，系接续前一年整顿佛教信仰而起，可视为他任上积极整顿、革除宗教信仰弊端的进一步作为。此时后周仍忙于征战，这些措施确实展现了周世宗个人积极整顿各种信仰的态度。根据诸道供到籍帐，显德二年(955)整顿佛教的结果，存寺 2 694 所，废寺 30 336 所，而僧尼系籍者有六万多人。[②]

　　此时后周的领土仅限于北方，未及于南土，但是此次禁毁行动贯彻执行得比较彻底。据当时的碑文记载，地方亦感受到中央打击淫祠的决心。张待问《大宋国解州闻喜县羖阳乡南五保重建汤王庙碑铭并序》提到当时停废淫祠的情况："以周朝世祖停废淫祠，社□□神，于时扫地。兹庙也惟敕存留。"[③]

　　史籍只提到此次禁断淫祠的行动中，诸道需奏报"不合典礼"的祠庙皆毁，但是缺乏具体的毁祠数目。此处有一个问题值得考虑：为何前一年废佛行动结束后，朝廷可以掌握具体拆毁寺院的数目，此次撤毁淫祠的行动却缺少具体的数字？关于这个问题，可以从两方面来考虑：

　　一、依《册府元龟》所述，国家下诏毁祠时，只要求"如有功绩灼然，合建置庙貌者，奏取处分"，没有要求地方回报撤毁淫祠的数目，与前一年整顿佛教的措施明显不同。因此，地方官执行命令的时候，也会找寻特定的祠庙加以奏留。据许中孚《敕留启母少姨庙记》一文的记载，启母少姨庙有利民之功，当地的县官奏留此庙，系将它视为当时功绩灼然的神祇的代表。在获准保留后，被当地人士牛敬赟视为荣

---

①　《册府元龟》卷一六〇《帝王部·革弊二》，第 1938 页。
②　陈尚君辑纂：《旧五代史新辑会证》卷一一五《周世宗本纪一》，第 3564、3566 页。
③　《全宋文》卷六一，第 446 页。

誉,而特别商请士人写下事件的经过。① 显示出地方官执行这项命令,向上回报的内容主要在奏留特定的祠庙,而且被地方人士视为一项荣耀。

另一方面,许氏记文亦记载,地方所接受的讯息指出,祠庙废立与否,仍然以经典的立祀原则为依据:"宗周嗣位之二叶也。……属我皇帝翼翼万机,孜孜庶政,为下民之革弊,虑昏厉之作灾,用止讹风。乃颁明诏曰:'当聪明正直以福及人者,则可以靡息宗禋,或妖回魍魅以祸苟人者,则可以特加剪伐。式绝淫祀,永作恒规。'"既然停废淫祠依据抽象的立祀原则,故此次禁断的成效,端视各地采取的方式而定,整体打击的力道不如前一年的毁佛行动强。

二、管理簿籍的有无。废佛的行动,根据诸道上供的"籍帐",这是国家管理寺院的籍帐制度,实际废寺的活动也以寺额的有无为依归。② 禁毁淫祠的行动则不然,即使至五代末叶,朝廷下诏打击淫祠,仍然依据儒家原始经典的立祀原则。就此而言,整个中古时期没有任何的进展。在缺乏簿籍文书列管的情况下,朝廷并未要求地方回报停废淫祠的数量,由此形成各地自行禁绝的现象。

如果同时观察当时南北政权的祠祀措施就会发现,南北对待祠祀信仰的态度存在差异。且不论周世宗禁毁淫祠的具体成效,北方政权打击淫祠的态度确实比较积极,③此时南方的地方王国对各地的神祇大量封爵赠官,表现出截然不同的态度。(参见第三章)

唐五代朝廷零星下诏打击淫祠的行动,与不断下诏管制佛教寺院和僧团的措施形成鲜明的对比。事实上,中古时期,国家主要关注佛教信仰带来的两方面的问题:一、佛教活动耗费甚巨,对社会经济造成极大损害;二、佛教的存在,对国家权威形成严重的挑战,侵夺了一元化的王

---

① 许中孚:《敕留启母少姨庙记》,《全唐文》卷八六一,第 4054 页。
② 陈尚君辑纂:《旧五代史新辑会证》卷一一五《周世宗本纪二》,第 3564 页。
③ 五代南方地区,只有周行逢(据岳州与潭州二地),以淫祀为患,"管内祠庙非前代有功及民者,皆拆毁之"。吴任臣:《十国春秋》卷七〇,傅璇琮等主编:《五代史书汇编》第八册,第 4292 页。

治图景。① 因此,国家管制的重点在佛教,也建立了许多制度性的规范。②

以上讨论旨在说明,此时朝廷对祠祀信仰偶尔采取宣示性的打击措施,但无心管制常民祠祀信仰的基本态度。因此,整个中古时期,朝廷下令禁断各地淫祠的依据,始终停留在经典抽象的立祠原则,并未对常民祠祀信仰活动建立具体的制度规范。这种禁毁淫祠的做法,并未贴近常民的祠祀信仰活动,说明朝廷对各地的祠祀信仰大体上仍抱持"不作为"的态度,各地祠祀信仰仍未成为朝政关怀的重要议题,这一点从朝廷对南方祀神风气的措施看得更清楚。

此时中央朝廷掌握的各地讯息中,常民的祠祀信仰被归为各地的风俗,这方面,南方普遍存在的祀神风俗即是颇具代表性的例子。隋唐统一天下后,南方再度纳入版图,此地祀神的风俗也进入北方统治者的视野。根据《隋书·地理志》扬州条下记载:"扬州于禹贡为淮海之地。……江南之俗,火耕水耨……其俗信鬼神,好淫祀。"③荆州"率敬鬼,尤重祠祀之事"。④ 梁州条下,则提到"汉中之人,好祀鬼神,尤多忌讳,家人有死,辄离其故宅",并言及其与邻近的蜀地风俗颇同。⑤

隋代改州为郡,《隋书》所言扬州、荆州与梁州,不是指隋代特定的三州,而是借用《尚书·禹贡》的概念,泛指整个南方地区。大抵北以淮河—巴蜀为界,南界则至大海—西南隅,即唐代淮南道,江南东、西道,山南东、西道南境,剑南道与岭南道等地区,大体上即今天的两湖、两广、四川以及东南江苏、安徽、浙江与福建等地。关于这一点,涉及《隋书》所载各地风俗的方式,此处有必要进一步说明。

---

① 陈弱水:《排佛思潮与六、七世纪中国的思想状态》,收入氏著《唐代文士与中国思想的转型》,桂林:广西师范大学出版社,2009 年,第 122—140 页。陈弱水先生指出,中古时期"国家全体主义"的潜在力量强大,认为人类的所有活动都应归属于统治者的权威,佛教的发展侵夺了皇帝独有的权力。

② 值得注意的是,唐代前期,朝廷不断下诏管制寺院与僧团的措施,也源于现实上佛教的动乱。此时佛教的叛乱不少,故朝廷欲建立相应的严格管制和防范措施,参见刘淑芬《中古佛教政策与社邑的转型》,《唐研究》第十三卷,第 253—273 页。

③ 《隋书》卷三一《地理志下》,第 886 页。

④ 同上书,第 897 页。

⑤ 《隋书》卷二九《地理志上》,第 829—830 页。

《隋书·地理志》描述南方各地的风俗,是依照《尚书·禹贡》中地理区的概念,将全国分成几个大的地理区块,再总论当地风俗的概况。而且,在每个区块中,先叙述各郡行政沿革与户口,再通盘说明各地的风俗民情。例如《地理志》言梁州风俗,首先提到"梁州……在禹贡,自汉川以下诸郡,皆其封域"。汉川郡是这个大地理区块中为首的郡,以下共有三十余郡。可见梁州条下,先通盘陈述这三十余郡的风俗面貌,再论及内部诸郡风俗的差异。再如,扬州条开头便言"扬州于《禹贡》为淮海之地";荆州条下则言《尚书》载"荆及衡阳惟荆州",接着再叙述两大地理区各自的风俗。

《隋书·地理志》与《尚书·禹贡》对扬州、荆州与梁州三州具体指涉的地区容或不同,但是《地理志》援引《禹贡》中古代南方三大地理区的概念总论当地的风俗,应无疑义。因此,前引《隋书》描述扬、荆、梁三地好事鬼神的现象,可谓泛指整个南方地区的特有风俗。

隋唐以后,各地必须上缴图经,唐初官修正史特别拈出南方的祀神风俗,自是综合各地图经得到的结论,但是此时中央并未对此展开大规模的改造行动。然而,朝廷对于某些南方地区特殊的风俗,例如贩卖人口,便屡次下诏加以禁绝。史籍所载,唐宪宗、唐文宗与唐宣宗皆曾下诏禁止岭南、黔中与福建等地买卖人口的弊俗。[1] 此一特殊的风俗,屡屡成为朝廷下诏禁绝的对象,主要是因为它违背儒家基本的人伦价值,引来皇帝下令禁绝。两相比较,即可见中央对于南方祀神风俗无所措意的态度。

朝廷采取的措施,只是针对南方祀神风气衍生的习俗:不礼葬病死亲人。天宝元年(742)三月,唐玄宗下诏禁绝江左地区百姓不埋葬因疾疫致死的亲人之习惯。《埋瘞暴露骸骨敕》提到:

---

[1]　唐宪宗元和四年(809)下诏禁绝岭南、黔中与福建等道贩卖人口的风俗。唐宪宗:《亢旱抚恤百姓德音》,李希泌主编:《唐大诏令集补编》卷二〇,第 934 页;唐宪宗元和八年(813)再下令禁绝岭南、福建与黔州等道饷遗人口,唐宪宗《禁饷遗人口诏》,同前引书卷二七,第 1296 页;唐文宗大和二年(828)下令禁断岭南、福建、桂管、邕管与安南等道百姓掠买饷遗良口的风俗,王溥:《唐会要》卷八六,第 1862 页;唐宣宗:《禁岭南货卖男女敕》,《唐大诏令集》卷一〇九,北京:中华书局,2008 年,第 567 页。

移风易俗，王化之大猷；掩骼埋胔，时令之通典。如闻江左百姓之间，或家遭疾疫，因此致死者，皆弃之中野，无复安葬。情礼都阙，一至于斯。习以为常，乃成其弊。自今已后，宜委郡县长官，严加诫约，俾其知禁，勿使更然。其先未葬者，即勒本家收葬。如或无亲族，及行客身亡者，仰所在村邻，相共埋瘗，无令暴露，庶叶礼经。诸道有此同者，亦宜准此。①

江左百姓不礼葬病死的亲人，实源于当地好巫尚鬼的文化。卢子骏叙述濠州刺史的善政时便指出："楚俗好巫而信鬼，死者其亲戚不敢穿壙事葬，相传送小屋，号曰殡宫焉。"②但是下诏禁绝时，并未直探本源。

以下讨论旨在揭示两个值得留意的历史现象：一、唐廷清楚了解此时南方普遍存在的祀神风气，但从未对此采取大规模的化俗行动；二、朝廷既是以地方风俗定位常民的祠祀信仰活动，偶尔采取管制、禁毁的措施，又依据抽象的经典立祀原则，管控的依据无法贴近常民实际的信仰活动，说明中古时期朝廷无心建立相关的制度规范。两者皆可说明朝廷无意管制各地祠祀信仰，这一点与对佛教诸多的管制形成明显的对比。

第二节　地方官游宦南方与祀神好巫之风

接继讨论唐代地方官和南方祀神好巫之风的关系。

---

① 唐玄宗：《埋瘗暴露骸骨敕》，《唐大诏令集》卷一一四，第 596 页；《唐大诏令集补编》亦收录此诏，但是文字稍异，李希泌主编：《唐大诏令集补编》卷二〇，第 948 页。

② 卢子骏：《濠州刺史刘公善政述》，《全唐文》卷七四六，第 3469 页。不礼葬疾病的亲人，只是好巫尚鬼之俗衍生的后果之一。当时南方信巫鬼之风影响所及，尚有不侍疾有病的家人，家人生病时，只听从神祇的指示，不谋求医治，甚至遗弃病人，举室弃之而去。关于这一点，下节会有进一步的讨论。此时，不侍疾家人的恶习不只存在于南方，北境内靠近南方的随、邓、复、郢、均、房等州，因居民"事鬼之心"也有不侍疾家人的习俗，引来唐庄宗的关注，而下诏禁绝此不孝之俗。《册府元龟》卷五九《帝王部·兴教化》，第 664 页；卷一六〇《帝王部·革弊二》，第 1934 页。陈尚君辑纂：《旧五代史新辑会证》卷三九《唐明宗纪五》，第 1195—1196 页。

　　讨论唐代地方官处置各地的祠祀信仰的相关论著颇丰,或以官吏教化的理想,讨论改造常民信仰的活动;①或强调官吏的治政理性,对各地祠祀信仰采取尊重的态度。② 然而,笔者认为讨论这个问题,也必须考虑地方官与南方祀神好巫风俗的关系,因为,唐代地方长吏的组成具有特殊性:以北人居多。在南北祠祀信仰风俗的对比下,出身北方的地方官普遍不认同南方的祀神风俗,以下的考察有助于评估官僚阶层对地方祠祀信仰的态度。北人南下任官,往往抱持文化和族群的优越感,不认同南方的祀神风气,但是史籍中保存官吏打击南方淫祀风气的事例很少,远不及宋代。③ 如果从官吏化俗的角度,似乎无法得到适切的解释,究竟要如何阐述此一现象?

　　以下试着从出身北方的地方官宦游南方面临的两大困境:瘴(疠)与贬宦,阐述他们不乐职事的集体心态,以此说明为何地方官在信仰风俗差异和文化、族群的优越感下,仍未出现大规模改造南方祀神风气的行动。

　　首先将略论唐代地方官对南方祀神风俗的基本认识。唐代官吏描述南方风土民情时,往往提到当地祀神的风俗。例如《朝野佥载》记载淮南、江南与岭南地区好鬼、淫祀之风:

> 江、淮南好鬼,多邪俗,病即祀之,无医人。④

> 岭南风俗,家有人病,先杀鸡鹅等以祀之,将为修福。若不差,即次杀猪狗以祈之。不差,即次杀太牢以祷之。更不差,即是命也,不复更祈。⑤

---

① 王永平:《论唐代的民间淫祠与移风易俗》,《史学月刊》2000 年第 5 期,第 124—129 页;黄胡群:《祈福与教化:唐代儒家官僚推行地方祭祀的理念与落实》,台湾东吴大学历史所硕士学位论文,2007 年。

② 雷闻:《郊庙之外:隋唐国家祭祀与宗教》,第 250 页。

③ 对于唐宋二代官吏毁祠的事例,学者已有统计。根据金相范的统计,唐代只有七个官吏毁祠的例子,参见金相范《唐代礼制对于民间信仰观形成的制约与作用:以祠庙信仰为考察的中心》,第 199—200 页;宋代则有一百余例,参见皮庆生《宋代民众祠神信仰研究》,第 315 页。

④ 张鷟撰,赵守俨点校:《朝野佥载》卷三,北京:中华书局,1979 年,第 63 页。

⑤ 张鷟撰,赵守俨点校:《朝野佥载》卷五,第 114 页。

　　《朝野佥载》的作者张鷟,深州陆泽(今河北深县)人,开元初年曾经被贬官岭南,笔记小说描述南土好祀的现象,是作者游宦时亲身观察到的风俗特色。张氏眼中南方"好祀",自然是和作者出身的北方比较后得到的结论。事实上,在唐人的记载里,这种好祀的风俗,除了分布于江、淮南与岭南之外,还包括楚地与巴蜀地区。元稹任江陵士曹参军时,便注意到楚俗"巫风事妖神"。① 皇甫冉则说:"吴楚之俗,与巴渝同风,日见歌舞祀者。"②

　　在当时人的认知里,南方好祀之风是古老的文化传统。李嘉佑《夜闻江南人家赛神因题即事》一诗中,即有"南方淫祀古风俗,楚妪解唱迎神曲"之语,③便以为南方淫祀自古有之。即使历代屡屡下诏禁毁淫祠,但对此地事鬼风俗的改变有限,一直到盛唐,南方开发较早的三吴地区,仍然盛行事鬼之风。④

　　隋唐以后,大量出身北方的士人、官吏游宦南方,也深入接触南方各地的风俗民情,其中"好祀"之风,是许多人比较南北风俗差异后得到的结论。对南土"好祀"的描述,不只是叙述南土风俗而已,好鬼、淫祀、多邪俗等字眼,实际上透露出北人不认同"好祀"之俗的态度。当时不仅北人认为南北祠祀文化有别,有些南方士人也持相同的看法,⑤反映出士大夫阶层比较不能认同好祀之俗的态度。

　　唐代文献中,南方另一个和好祀鬼神有关,但是实际改造的行动中却很少触及的是好巫、信巫之风。此处所言好巫、信巫之俗,指南人信奉巫者(而非爱好巫术)的现象。史籍中有时连称巫俗与祀神之风,如"好巫而信鬼""信巫祝,惑鬼怪"等,道出百姓信奉巫者与好事鬼神两者有关。这些信巫好鬼的现象,往往衍生家人不侍疾与死后不以礼葬的现象,⑥由于

---

① 《赛神》,冀勤点校:《元稹集》卷三,第 29 页。
② 皇甫冉:《杂言迎神词二首并序》,《全唐诗》卷二四九,第 2798 页。
③ 《全唐诗》卷二〇六,第 2144 页。
④ 《旧唐书》卷一五六《于頔传》,第 4129 页。
⑤ 家居吴地的陆龟蒙,于《奉酬袭美先辈吴中苦雨一百韵》中,便提到"江南多事鬼",良医只堪备位的现象。《全唐诗》卷六一七,第 7111 页。
⑥ 《旧唐书》卷一七四《李德裕传》,第 4511 页;卢子骏:《濠州刺史刘公善政述》,《全唐文》卷七四六,第 3469 页。

违背儒家的人伦价值,成为某些地方官革除的对象。

当时地方官多出身北方,他们对于南方风土民情的认识,不仅有亲身的体验,也得益于彼此交换宦游的讯息。李远《送贺著作凭出宰永新序》记载官吏赴任前,僚友分享南土风俗的讯息:

> 会稽贺凭,以著作郎出宰永新。其行也,其色似若有不怿者。一时学省宪府之友,咸共语之,……乃相与赋诗送别秦东亭。陇西李远独后至,举杯而前曰:子毋以邑小去国万里而难治。……今永新之为邑也,僻在江南西道,吾闻牛僧孺之言,与荆楚为邻。其地有崇山叠嶂,平田沃野,又有寒泉清流以灌溉之。其君子好义而尚文,其小人力耕而喜斗。而其俗信巫鬼,悲歌激烈,呜呜鸣鼓角,鸡卜以祈年,有屈宋之遗风焉。今子往而宰之,勿以险远难治而自贻伊戚也,……吾属在宪府,与考绩黜陟之事,待子三载而来归报政也。勉之行无忘。①

李远从牛僧孺那里得知吉州永新县的风俗,再转告即将赴任的贺凭。通过信息的交换,地方官未赴任前,往往对未来宦游之处已经有一定的认识与印象,而永新县"信巫鬼"的风俗,则是北人辨识南土之俗时常出现的特征。当时北方出身的地方官所掌握的南方人文地理的知识,可能超乎我们的想象,以致于未曾宦游者也能娓娓道来某些地区风俗民情的特色。②

事实上,北方出身的地方官宦游南方时,往往抱持文化和族群上的优越感。这种心态于白居易的诗作中表露无遗,白氏出任江州司马所作的《东南行一百韵》写道:

> 渐觉乡原异,深知土产殊。夷音语嘲哳,蛮态笑睢盱。……吏征

---

① 《全唐文》卷七六五,第3568页。
② 《送客春游岭南二十韵》,顾学颉校点:《白居易集》卷一七,第353页;《和乐天送客游岭南二十韵》,冀勤点校:《元稹集》卷一二,第139页。

鱼户税,人纳火田租。……成人男作卟,事鬼女为巫。①

　　此诗应是作于赴任途中,诗中有不少南土"异俗"的记载,但是"夷音"与"蛮态"的字眼,透露出北人即使到开发较早的江州地区任官,仍不免以鄙夷的口吻嘲笑南方风俗。白氏担任忠州刺史之初,在《自江州至忠州》诗中表示:"巴人类猿狖,鼷烁满山野。敢望见交亲,喜逢似人者。"即露骨地展现出鄙视南人的心态。类似"岛夷""蛮貊""类鸟兽"的字眼,屡见于唐人的记载,②背后反映的是北方出身的官吏的优越感。元稹说通州的风俗,"都无汉性情",③即是这种鄙视南方非汉族群心态的写照。④

　　此时,出身北方的地方官往往将南方视为蛮荒之地。张说从相州贬至岳州,再迁荆州长史时,在《荆州谢上表》自称"受命荒服"。⑤ 六朝时期,荆州已是长江中游的重镇,属于开发较早的地区,盛唐时期的张说以"荒

① 顾学颉校点:《白居易集》卷一六,第 323 页。
② 这类例子颇多,例如《朝野金载》卷四记载:"京中谣曰:岑羲獠子后。"张鷟撰,赵守俨点校:《朝野金载》卷四,第 95 页;卢肇《汉堤诗并序》提到其族祖"旧理南粤,岛夷率化,甘于民心",《全唐诗》卷五五一,第 6381 页。另参《唐故朝散大夫永州刺史崔公墓志》,《柳河东集》卷九,第 97 页;《上门下武相公启》,刘禹锡集整理组点校:《刘禹锡集》卷一八,第 214 页。
③ 《遣行十首》,冀勤点校:《元稹集》卷一五,第 173 页。
④ 影响所及,南方人往往也抱持着出身"荒徼微贱"的心态。开元年间出身韶州的张九龄为相,反对出身河西的胥吏牛仙客任相,面对玄宗质疑自己的出身时,牛仙客自言"臣荒徼微贱,仙客中华之士",无意中也道出岭南人自卑的心态。《旧唐书》卷一〇六《张九龄传》,第 3237 页。不过,中晚唐以后,南方地区新兴士人阶层兴起后,开始有人抱持肯定本地文化的立场,例如林蕴《泉山铭》提到:"泉山,古泉州名也。今福州据其地焉。……人生其间,或明或哲,驰骋畋猎,习学为常。自大历纪年,犹未以文进,学者满门,终安豪富。寂寞我里,曾无闻人。是以独孤及制李成公碑云:缦胡之缨,化为青衿,得非以我为异俗,而刊于贞珉,不已甚欤。予仲兄藻怀此耿耿,不怡十年,谓张令公出自韶阳,陈拾遗生于蜀郡,我以彼况,彼亦何人。遂首倡与欧阳詹结志攻文,同指此山,誓报山灵,不四五年,继踵登第,天下改观,大光州间,美名馨香,鼓动群彦。三十年内,文星在闽。东堂桂枝,折无虚岁。……苟本知源,则张令公之位不难致,不懈不怠,则陈拾遗之文,亦可为也。敢告群彦,具铭此山。"陈尚君辑校:《全唐文补编》卷六二,第 756—757 页。
⑤ 张说:《荆州谢上表》,《全唐文》卷二二三,第 1009 页。开元三年(715),张说从相州被贬至岳州刺史,开元五年(717)迁任荆州大都督府长史,遂作此一谢表。参见陈祖言《张说年谱》,香港:中文大学出版社,1984 年,第 38、40、44 页。

服"称之,不尽符合历史的发展,其"远宦"南方的心理于此表露无遗。另一个例子是韩愈,贞元十九年(803),韩氏因言事黜为山阳县宰(治所在今天江苏淮安市),他在和友人往来的书信里,自称"远宰蛮县"。① 唐代的文献里,江淮一带基本上已不见非汉族群分布的现象。出身北方的韩、白二人,动辄以"蛮"形容南方的地理区与人民,彰显出北人鄙视南方文化风俗的心态。

　　北方出身的地方官对南方文化和族群抱持优越感,而且不认同南方的好祀之俗,何以未形成大规模的化俗行动? 关于这个问题,笔者认为有两个结构性的因素值得重视:一、南方瘴(疠)对官吏的威胁;二、官吏贬宦南方的心理。这两种因素造成地方官宦游南方时,普遍抱持消极理政的心态。首先,出身北方的地方官普遍面临南方瘴(疠)带来的生命威胁。除了少数开发较早的三吴地区,比较没有瘴(疠)的威胁,②他们出身北方,通常难以适应南方的风土,多数人曾经历亲友亡故的苦难。例如,柳宗元的母亲、女儿与侄女便客死异乡,柳氏自责自己不孝,使母亲"徙播疠土",在医巫药膳不备的情况下过世。③ 瘴(疠)的威胁,成为官吏及其亲友客死异乡的主要原因。

---

① 《答窦秀才书》,《韩昌黎全集》卷一五,第 231 页。
② 顾云:《在会稽与京邑游好诗序》,《全唐文》卷八一五,第 3854 页。古籍中,瘴、疠并举的情况颇多,关于瘴病,论者不少,龚胜生认为,瘴病为一种恶性疟疾,两千年来,由于人为的作用和气候的变迁,瘴病主要范围有逐渐南移的趋势,战国西汉时期以秦岭淮河为北界,隋唐五代时期以大巴山长江为界,明清时期以南岭为界。龚胜之:《2000 年来中国瘴病分布变迁的初步研究》,《地理学报》1993 年第 4 期,第 304—316 页。左鹏则认为唐代"瘴"的地域分布有扩大北移的现象,主要是中原人士对异地的想象和偏见,故由岭南向岭北扩大,而达于长江以南。左鹏:《汉唐时期的瘴与瘴意象》,《唐研究》第八卷,北京:北京大学出版社,2002 年,第 257—275 页。另外,萧璠则讨论汉宋之间秦汉淮河以南的地理环境与各种地方病,萧璠:《汉宋间文献所见古代中国南方的地理环境与地方病及其影响》,《中研院历史语言研究所集刊》第 63 期 1 分册,第 67—171 页。
③ 元和元年(806),柳宗元被贬为永州司马,其母卒于永州。元和四年(809),柳宗元的侄女卒于永州。元和五年(810),其幼女卒于永州。分见《先太夫人河东县太君归附志》《小侄女子墓砖记》《下殇女子墓砖记》,柳宗元:《柳河东集》卷一三,第 136、143 页。宦游南方的地方官眷属,因瘴(疠)死亡的事例颇多,参见《哭女樊四十韵》,冀勤点校:《元稹集》卷九,第 105 页;《太平广记》卷三五六《杜万》引《广异记》条,第 2820 页;《大唐故崔夫人墓志铭》《支氏女炼师墓》,周绍良主编:《唐代墓志汇编》下册,上海:上海古籍出版社,1992 年,第 2392、2393 页。

在南方有病祷神不就医的风俗影响下,北方出身的官吏常常面临生病时找不到适当医生治疗的困境。例如,杜牧在睦州刺史任上染瘴,便面临当地"病无与医"的现象,因此,他特别感念宰相周墀拔擢他重新回京任职的恩德。①

为了克服南方"病无与医"的困境,南下的官员通常会自备药品防范瘴(疠)。元稹任江陵士曹参军,所作《遣病十首》,其中一首即提到"服药备江瘴":"服药备江瘴,四年方一疠。岂是药无功,伊予久留滞。滞留人固薄,瘴久药难制。"②然而,元稹不免感叹,贬谪南方的时间太长,即使服药防备,仍然不能避免瘴(疠)的侵袭。此时,朋友们彼此寄赠防备瘴(疠)的药石,颇见于此时的诗作,私交甚笃的元稹和白居易的交往诗中便有不少双方寄赠药石之语。③

北方出身的官吏贬谪南方作官,直接面临生死存亡的严酷考验,一旦举室平安,喜悦之情也跃然于诗作。元和十三年(818),白居易自江州司马起复为忠州刺史的途中,作《浔阳宴别》一诗,内有"共嗟炎瘴地,尽室得生还"之语,④为江州司马离任时举室平安生还感到欣慰。唐穆宗即位后,白居易被拔擢为尚书司门员外郎,结束六年贬宦南方的逐臣岁月,他不免发出"炎瘴灵均面黎黑,六年不死却归来"之叹。⑤ 他感念穆宗之恩,使他得以"生归帝京"。⑥

唐代北方出身的地方官比较无法适应南方的风土气候,甚至在心理上视广大的南方皆是瘴乡。他们显然需要花更多的时间适应南方的风

---

① 《祭周相公文》,《樊川文集》卷一四,第205—206页。另一封书信《上周相公启》提到此时"侵染衰病,自量忝官已过,不敢率然请告,唯念满岁,得保生还"(《樊川文集》卷一六,第236页)。

② 冀勤点校:《元稹集》卷七,第79页;白居易赴江州司马之任,也携药预防瘴(疠),见《东南行一百韵》,顾学颉校点:《白居易集》卷一六,第325页。

③ 《十二年冬江西温暖喜元八寄金石凌到因题此诗》《寄蕲州簟与元九因题六韵》,分见顾学颉校点《白居易集》卷一七,第359页;卷一六,第333页。《酬乐天寄蕲州簟》《予病瘴乐天寄药中散碧腴垂云膏仍题四韵以慰远怀开拆之间因有酬答》,分见冀勤点校《元稹集》卷一五,第178页;卷一七,第202页。另外,元稹《酬乐天见寄》有言:"瘴色满身治不尽,疮痕刮骨洗应难。"《元稹集》卷二一,第235页。

④ 《浔阳宴别》,顾学颉校点:《白居易集》卷一七,第373页。

⑤ 《侧侧隐》,顾学颉校点:《白居易集》卷一八,第396页。

⑥ 《杭州刺史谢上表》,顾学颉校点:《白居易集》卷六一,第1283页。

土,柳宗元《与萧翰林俛书》便说:"居蛮夷中久,惯习炎毒。"①另一方面,此时出身北方的官吏既然无法适应瘴(疠),他们认知的瘴(疠)之地似乎比宋人通常所认知的岭南地区大得多。② 例如白居易叙述元稹贬宦南方江陵、通州与虢州三地的岁月,便说元氏贬谪"瘴乡"凡十年。③ 当时北方出身的官吏不愿到南方作官,除了少数已经开发、人文荟萃、风景秀丽的地方,如江东一带苏、杭与越州等地,他们基本上均视之为畏途。既远离北方的家庭(特别是两京),④又直接面临瘴(疠)的威胁,他们往往怀着"老死瘴土"的恐惧。⑤ 至于先前贬谪南方曾得到瘴(疠)的官吏,面对二度南贬,恐慌心理亦形诸文字。⑥

北人无法适应江南的炎瘴,甚至出现官吏为了保全性命,并未亲赴任所的事例。《太平广记》有一则记载说,唐代宗大历七年(772),李载摄监察御史,知福建留后,他在距离建州七百里较凉爽的浦城设置使院,因"心

---

① 《与萧翰林俛书》,《柳河东集》卷三〇,第 328 页。
② 宋人不乐前往作官的瘴(疠)之地,主要集中于岭南一带。庆历五年(1045),余靖《康州重修文宣王庙记》一文,仍提到康州在岭南,"北人逾峤而至者,率以南方暑湿,忧畏疾疟阻获于内,克日月以计归,宜乎政之或未暇缉也"。《全宋文》卷五六九,第 58 页。另外,元丰二年(1079)四月十七日,广南西路经略司言:"宾州瘴疠,加以兵火之后,难得官愿就,乞差殿中丞吴潜知宾州,从之。"《宋会要辑稿·职官》四七之一四,总第 3411 页。即使到了南宋,官吏仍不愿前往两广作官,乾道元年(1165)六月十六日,尚书省言:"勘会二广州军多系荒僻瘴疠之地,无人愿就,有久阙守臣去处。"《宋会要辑稿》职官四七之三五,总第 3421 页。左鹏也指出,两宋时期瘴疾的记载主要分布在两广地区。左鹏:《宋元时期的瘴疾与文化变迁》,《中国社会科学》2004 年第 1 期,第 195 页。宋人对瘴(疠)之地的认知范围缩小,可能有两个原因:一、宋代的地方官转以南人为多,比较能够适应南土的气候;二、唐宋时期对于南方地区的持续开发,也会缩减瘴(疠)的范围。有关唐宋时期南方地区的开发情况,参见郑学檬《中国古代经济重心南移和唐宋江南经济研究》,长沙:岳麓书社,1996 年,第 139—211 页。
③ 《唐故武昌军节度处置等使……河南元公墓志铭并序》,冀勤点校:《元稹集·附录一》,第 717 页。
④ 关于唐代士族中央化的现象,参见毛汉光《从士族籍贯迁移看唐代士族之中央化》,《中国中古社会史论》,台北:联经出版公司,1988 年,第 235—337 页。
⑤ 《与顾十郎书》,柳宗元:《柳河东集》卷三〇,第 331 页。
⑥ 韩愈踏入仕途之初,曾因事贬黜山阳县,瘴疠侵加,(《答窦秀才书》,《韩昌黎全集》卷一五,第 231 页)元和十四年(819),他又因谏言宪宗迎佛骨一事,被贬为岭南的潮州刺史,因恐惧一去不返,遂于途中祷祝于黄陵庙的湘妃二神。《黄陵庙碑》,《韩昌黎全集》卷三一,第 400 页;又参见《祭湘君夫人文》,《韩昌黎全集》卷二三,第 319 页。

惧瘴疠,不乐职事"。但是经过半年,仍然难逃一死。① 小说道出因为心理恐惧瘴(疠),造成官吏在南方"不乐职事"的心态。

　　在唐代地方官的眼中,南方充满着各种危险,②南方是危险"异域"的形象,通过口耳相传及文字的传播,更增添了北人的恐惧。那些曾经宦游南方的痛苦者,常常不自觉要叮咛"南中事",③因此,宦游者赴任之前,往往已经有了一定的想象和恐惧。元稹在宪宗元和十年(815)被贬至汉中的通州,行前便有知晓通州气候与风土者告诉他当地种种可怕的情状。

　　　　授通之初,有习通之熟者曰:"通之地,湿垫卑褊,人士稀少,近荒札,死亡过半。邑无吏,市无货,百姓茹草木,刺史以下计粒而食。大有虎、貘、蛇、虺之患,小有蟆蚋、浮尘、蜘蛛、蝼蜂之类,皆能钻啮肌肤,使人疮痏。夏多阴霪,秋为痢疟,地无医巫,药石万里,病者有百死一生之虑。"夫何以仆之命不厚也如此,智不足也又如此,其所诣之忧险也又复如此!④

　　元稹初至通州时,一度染疟将死,⑤故自言"黄泉便是通州郡",⑥一语道出官吏宦游南方面临的死亡威胁。行前他人告诫当地瘴(疠)、虫兽的危害与有病无人医治的情况,此时都得到印证,遂发出"所诣之忧险也又复如此"的感叹。官吏群体宦游经验的传播,加深了南方为危险"异域"的印象,以北人居多的官吏群体往往视宦游南方为畏途。

　　另一方面,李唐铨叙时,往往以南方的职缺作为贬官的去所,也造成

---

① 《太平广记》卷三三八《李载》引《广异记》条,第 2684 页。
② 在开发较晚的地区,他们不仅要面对瘴(疠)的威胁,还暴露于自然界各种有毒动物与昆虫可能危害的环境,元稹《虫豸诗七首并序》,冀勤点校:《元稹集》卷四,第 39 页。
③ 《送客南迁》,顾学颉校点:《白居易集》卷一五,第 411 页。
④ 《叙诗寄乐天书》,冀勤点校:《元稹集》卷三〇,第 353 页。
⑤ 《酬乐天东南行诗一百韵并序》言:"到通州后……予时疟病将死。(元和十年闰六月,染瘴危重。"冀勤点校:《元稹集》卷一二,第 135 页。
⑥ 《酬乐天雨后见忆》,冀勤点校:《元稹集》卷二〇,第 231 页。

地方官比较无心于南方理政。唐初以来,吏部铨叙官吏一直存在重内官
轻外官的现象,而且,实际铨选时,偏僻小郡往往成为贬官的去处。对此
一现象,神龙元年(705)负责铨叙注拟的赵冬曦讲得很清楚:"京职之不称
职者,乃左为外任。大邑之负累者,乃降为小邑。近官之不能者,乃迁为
远官。"①盛唐时朝廷曾有意通过拔擢外官,担任京师要官与清望官,解决
"重内轻外"的问题。② 安史之乱以后,朝廷比较重视地方行政经历,③但
是官吏以京官为重的心态,并未发生根本的变化。④

　　南方基层地方官的职缺,在唐代官僚迁转的体系里,处于相对边陲的
位置,而且被视为贬官的去处。唐代州县制度于玄宗朝定型,州分府、辅、
雄、望、紧、上、中、下等八等,县分赤、次赤、次畿、望、紧、上、中、中下、下等
十个等级。这种多等级制度的设计,是以两京为中心,提高两京外围要
州、要县的地位。四辅州与六雄州、十望州等要州夹辅两京,而邻近三府
的赤县、次赤县与畿县等要县地位最高。⑤ 唐代州县等级制明显以两京
(三府)为核心,因此,距离中心较远的南方地区,在整个官吏铨叙体系里,
实处于相对边陲的位置。相较西北与北方地区,此地没有边患之虞,因此
往往成为国家安置贬官、流人的去所。唐中宗景龙年间,卢怀慎曾经分析
此一现象及其弊端:

　　　　臣窃见内外官人,有不率宪章,公犯赃污,侵牟万姓,剥割蒸人,
　　鞫按非虚,刑宪已及者,或俄复旧资,虽负残削之名,还膺牧宰之任,

---

① 王溥:《唐会要》卷六八《刺史上》,第 1418 页。此卷有不少议论,讨论铨选重内轻外之
　　缺失。
② 同上书,第 1420、1422 页。
③ 刘诗平:《唐代前后期内外官地位的变化》,《唐研究》第二卷,北京:北京大学出版社,
　　1996 年,第 325—345 页。
④ 元稹便言:"省寺以地望自高,郡县以势卑自劣。"《元黄杭州刺史等》,冀勤点校:《元稹
　　集》卷四八,第 513 页。尚永亮也指出,唐后期重内轻外的社会心理,并未发生重大的变
　　化,尚永亮:《唐五代逐臣与贬谪文学研究》,武汉:武汉大学出版社,2007 年,第 17—19
　　页。此书对唐五代贬官制度、类型与贬谪的特点等现象,做了整体考察(第 1—120 页)。
　　另外,关于唐代贬官整体性的研究,另参见辻正博《唐代贬官考》,《东方学报(京都)》第
　　63 期,第 265—390 页。
⑤ 陈志坚:《唐代州郡制度研究》,上海:上海古籍出版社,2005 年,第 2—10 页;赖瑞和:
　　《唐代基层文官》,台北:联经出版公司,2004 年,第 143 页。

或江、淮、岭、碛，微示惩贬，而徇财黩货，罕能悛革，委以共理，俟河之清。①

　　在唐人的认知里，京官外放即是贬宦，但是卢怀慎很清楚地指出贬谪江、淮、岭、碛等地的特殊性。其中，碛可能是指西北边疆一带，在西北外患威胁的情况下，南方一带仍是朝廷安排贬官的主要去处。这种情形并未随着唐代南方地区（特别是江淮一带）经济力量的崛起而有根本的改变。

　　必须说明的是，南方本身是开发层次相当复杂的地区，各地发展快慢不同，重要性也因时因地而异，这些差异都可能改变宦游者的认知，泛论此地职缺对官吏群体的意义，是一件很危险的事情。限于篇幅，此处无法细论这些差异，但是，适度的区分，将有助于进一步了解官吏群体宦游南方的心态，也能掌握他们理政情况的历史环境。

　　笔者将南方大体划分为江淮与江淮以外两部分加以讨论，如此划分有三点理由：一、无论就朝廷的铨叙或官吏宦游的心态而言，江淮在南方地区仍有其特殊的地位，此地开发较早，且为国赋所出，较受朝廷重视，也是官吏比较不排斥前往作官的地方；二、江淮以外的地区，大体即今天两湖、两广、四川与福建等地，这些地方开发程度比较低，而且分布大量的非汉族群，或是暴露于非汉族群侵扰的威胁，殊俗异政的现实，往往被宦游者视为"丑地"与"恶地"；三、最重要的一点，宋初先收服两湖、两广、四川，使之成为国政关注的焦点，完全扭转其原先所处的边陲地位，使得包括地方祠祀信仰在内的边区远俗一度成为朝政的重心。（详见末节的讨论）此处的划分有助于末节讨论宋初统治两湖、两广与四川等地视野的变化。

　　江淮一带，主要是唐代淮南道、两浙、江西观察与宣歙观察使辖区。其中淮南与三吴地区最早开发，而三吴地区更是唐代国家税赋的重镇；②

---

① 《旧唐书》卷九八《卢怀慎传》，第 3067 页。
② 杜牧：《唐故银青光禄大夫检校礼部尚书御史大夫充浙江西道都团练观察处置等使上柱国清河郡开国公食邑二千户赠吏部尚书崔公行状》，杜牧：《樊川文集》卷一四，第 210 页。

江南西道的七郡，属于新兴开发地区，中唐以后，亦是"国用所系"之处。[①]
不过，各州之间的发展程度仍有很大差异，例如淮南道的宣州是重镇所
在，税缗之数，"岁不下百余万"，[②]而同属淮南道的池州与黄州，在晚唐官
吏的认知里，仍属于僻左的小郡。[③]

　　整体而言，唐廷看重江淮国用所出的地位，也比较重视此地基层官吏的
选拔。[④]以最富庶的江东地区而言，此地的苏州、常州、杭州等要州的主要
职位，经常由朝廷的名曹正郎担任。晚唐杜牧便指出，杭州殷富，次于吴郡，
"朝廷多用名曹正郎有名望而老于为政者而为之"。[⑤]白居易也指出，淮南
道的泗州与寿州皆为大郡，故以名刺史担任。[⑥]另一方面，江淮大县的基
层官吏比较受重视。元和二年（807）正月下诏："江淮大县，每岁据阙，委
三省御史台诸司长官、节度观察使，各举堪任县令。不限选数，并许赴
集。"[⑦]基本上，在朝廷的认知里，江淮地区仍有"好阙"的职位，[⑧]而三吴一
带，也是官吏眼中宦游的善地。[⑨]尽管如此，京城（高级）官吏群体，仍然不乐意
前往其地作官。即使是最富庶且为宦游善地的杭州与越州，也被目为远州，[⑩]

---

① 《除裴堪江西观察使制》，顾学颉校点：《白居易集》卷五五，第1156页。另外，唐代江西
　　户口增长、经济力量提升的现象，参见黄玫茵《唐代江西地区开发研究》，台北："国立"
　　台湾大学出版委员会，1996年，第79—85、109—163页。
② 《授卢峄监察里行宣州判官制》，冀勤点校：《元稹集·外集》卷五《补遗》，第668页。
③ 杜牧于《上池州李使君书》指，他和李方玄二人分任黄州与池州刺史，"各得小郡，具处
　　僻左"，《樊川文集》卷一三，第191页。
④ 刘诗平便注意到唐代后期，江淮一带的刺史和中央官互相迁转的人数几占总数的三分
　　之一，可见此地的刺史仍有其特殊地位。刘诗平：《唐代前后期内外官地位的变化》，
　　《唐研究》第二卷，第336页。
⑤ 杜牧《上宰相求杭州启》言："今天下以江淮为国命，杭州户十万，税钱五十万，刺史之
　　重，可以杀生，而有厚禄，朝廷多用名曹正郎有名望而老于为政者而为之，某今官为外
　　郎，是官位未至也。"《樊川文集》卷一六，第249页。又，韦夏卿由吏部郎中，拜给事中，
　　出为常州刺史。《旧唐书》卷一六五《韦夏卿传》，第4297页。
⑥ 《李谅授寿州刺史，薛公干授泗州刺史制》，顾学颉校点：《白居易集》卷五○，第
　　1056页。
⑦ 王溥：《唐会要》卷六九《县令》，第1442页。
⑧ 王溥：《唐会要》卷七九《诸使杂录下》，第1712页。
⑨ 《杭州新造南亭子记》，杜牧《樊川文集》卷一○，第156页。
⑩ 刘禹锡举荐杭州刺史裴弘泰，便称裴氏"顷因微累，遂有左迁。今授远州，物情未塞"。
　　《汝州举裴大夫自代状》，刘禹锡集整理组点校：《刘禹锡集》卷一七，第207页。

出任这些职位可能招致家人的抱怨。①

　　其次讨论江淮以外的地区，即大约今天两湖、两广、四川与福建等地。此地开发程度不若江淮一带，这些地区内部发展程度的差异更大，大体上越往南，开发程度越低。但是四川一带比较特殊，主要开发的地区集中在成都平原地带附近的成都、汉州、彭州与蜀州等。② 在这些地区里，岭南、福建与黔府，被朝廷视为"远僻"之地，③其中，岭南和黔中道发展更慢，岭南且是唐代流放罪人的主要地区。④

　　唐代官吏宦游江淮以外地区的意愿更低，主因是这些地方仍然分布为数不少的非汉族群。以下以唐人的记载，对此稍加撮述。例如紧邻长江中游重镇荆州的澧州，"风俗夷獠，溪蛮好乱，相寇仍梗"。⑤ 往南，衡湘之间，"蛮越杂处"；⑥位居湘南南部的道州多"蛮夷"，⑦而朗州也是"地居西南夷，土风僻陋……蛮俗好巫"；⑧山南西道"领十有五州，县道带蛮夷"；⑨川蜀地区，也是"华夷杂居"；⑩岭南方面，东部的广州百姓"与夷人杂处"，⑪西边的桂管辖境"映带溪洞，错杂蛮夷"；⑫至于黔中观察使境内的五溪蛮，则与桂管、容管的土著，皆有生事的记载。⑬

----

① 元稹出任浙东观察使，兼刺越州时，被妻子抱怨。《初除浙东妻有阻色因以四韵晓之》，冀勤点校：《元稹集》卷二二，第252页。
② 《旧唐书·地理志》记载剑南道诸州户口数，以成都、汉州、彭州与蜀州最多，推知剑南道的开发，集中于成都平原一带。《旧唐书》卷四一《地理志四》，第1663—1668页。
③ 唐文宗开成三年(838)五月中书门下奏："又岭南诸管及福建、黔府，皆是远僻。"王溥：《唐会要》卷六八《刺史上》，第1428页。
④ 李希泌主编：《唐大诏令集补编》卷一六，第710—721页。
⑤ 戎昱：《澧州新城颂并序》，《全唐文》卷六一九，第2805页。
⑥ 《王众仲可衡州刺史制》，顾学颉校点：《白居易集》卷五三，第1119页。
⑦ 《旧唐书》卷一八五《良吏下·吕諲传》，第4825页。
⑧ 《旧唐书》卷一六〇《刘禹锡传》，第4210页。
⑨ 刘禹锡集整理组点校：《刘禹锡集》卷八，第103页。
⑩ 《除李夷简西川节度使制》，顾学颉校点：《白居易集》卷五五，第1159页。高适《谢上剑南节度使表》言，剑南节度使职责之一，"镇抚蕃蛮……翦除夷獠"。《全唐文》卷三五七，第1626页。《旧唐书·地理志》亦言剑南节度使，"西抗吐蕃，南抚蛮獠"。《旧唐书》卷三八《地理志一》，第1388页。
⑪ 《旧唐书》卷一五一《王锷传》，第4060页。
⑫ 《为荥阳公与魏中丞状》，刘学锴、余恕诚：《李商隐文编年校注》第三册，第1326页。
⑬ 《旧唐书》卷一五五《窦群传》，第4121页；卷一五七《郗士美传》，第4146页；卷一九〇上《刘延佑传》，第4995页。

唐代文献描述"华夷杂居"的地区,常常以"殊俗理难"称之。北方出身的地方官前往任职时,直接感受到"举目殊俗"的现象。那些非汉族群往往就居住在郡城里,柳宗元《柳州峒氓》一诗提到:"郡城南下接通津,异服殊音不可亲。"①地方官显然不熟悉周遭治下人民的语言与服装。这些地区居住大量的土著,不一定有农业生产活动,②殊俗直接造成治理上的困难。白居易所撰严谟任职桂管观察使的制诰里,便提到此地"东控海岭,右扼蛮荒","地远则权重,俗殊则理难"。③

这些地区的地方官除了要克服"殊俗理难"的问题外,还要面临无人酬唱的烦闷情境,④因此,许多官吏即使面对官多阙少的现实,仍无意出仕居住大量非汉族群的远州,而且朝廷也注意到这个问题的严重性,下诏要求官吏必须如期赴任。⑤ 唐代长期存在官多阙少的现象,地方官却不乐意出任南方偏远州郡的职缺,而假借各种理由回避赴任。文献中也频频出现牧守长期出缺的现象,柳宗元《代韦永州谢上表》便指出,永州"左衽居椎髻之半,……旷牧守于再秋",⑥除了督促官员上任外,朝廷也会下诏选补阙官,⑦或是让偏远地区自行铨补。⑧ 有心理政的观察使,奏请以僚佐"知

---

① 《柳河东集》卷四二,第 467 页。
② 《为荥阳公与魏中丞状》,刘学锴、余恕诚:《李商隐文编年校注》第三册,第1326 页。
③ 顾学颉校点:《白居易集》卷五一,第 1069 页。
④ 白居易《招萧处士》一诗中,提到忠州一地难得有如萧处士者,可以酬唱对饮,见顾学颉校点《白居易集》卷一一,第 211 页。韩愈力倡排佛,贬宦潮州时仍然邀请大颠和尚与之对谈,以解"无可与者"的窘境,则是颇具代表性的例子。他在《与孟尚书书》中,还特别为此事自解,《韩昌黎全集》卷一八,第 266 页。
⑤ 唐玄宗:《申严远州不肯到官敕》,《唐文拾遗》卷四,第 4674 页。
⑥ 《代韦永州谢上表》,《柳河东集》卷三八,第 407 页。
⑦ 大足元年(701)七月,武曌下诏:"桂广泉建贺福韶等州县既是好处,所有阙官,宜依选例省补。"武曌:《桂广等州县阙官依选例省补敕》,李希泌主编:《唐大诏令集补编》卷二三,第 1086 页。
⑧ 开元六年(718),唐玄宗《勘责选人出身敕》,则有针对远处之岭南、岭北及黔府管内州等铨选,作出权变的措施。李希泌主编:《唐大诏令集补编》卷二三,第 1087 页。另外,唐文宗开成四年(839)三月,中书门下奏:"岭南小州,多是本道奏散、试官及州县官,充司马知州事,不三两考,便请正除。侥幸之门,莫甚于此。"王溥:《唐会要》卷六八《刺史上》,第 1429 页。大中六年(852)五月,中书门下奏:"岭南、桂管、容管、黔中、安南等道刺史,自今已后,伏请于每年终,荐送各官,选择校量资序,稍议迁奖。本道或知有才能,亦许论荐。仍须量资相送,历任分明,更不在奏散试官、充司马、权知州事限。"敕旨依奏。同前引书卷六九《刺史下》,第 1433—1434 页。

州事"的方式,改善刺史长期悬阙的现象。① 唐廷并以南选制度,铨选岭南、黔中、福建等地(江淮地区次之)的地方官,②加强对此地的管理。

官吏出任边远地区,直接影响吏部铨叙的安排,他们通常注拟才劣者为边远慢官,以治理"殊俗理难"之地。③ 这一点与国用所系的江淮之地仍然有所不同。

明了瘴(疠)威胁与南方为贬官去处,可能不利于地方官在南方采取比较积极的治政作为,接着,笔者拟以刘禹锡作宦南方的心境为例,进一步说明官吏贬宦南方抱持的心态。

唐顺宗永贞元年(805),刘禹锡在其参与的王叔文集团溃败后,自屯田员外郎被远贬为朗州司马,禁锢不用,长达九年。唐宪宗元和九年(814)虽蒙召回,旋即再度出牧连州(815)。穆宗即位后,长庆元年(821)除官夔州刺史,长庆四年夏改迁和州。文宗大和二年回到长安,出任主客郎中,又因裴度推荐,担任集贤院学士。大和五年(831)十月,因裴度离相,出刺苏州。大和八年(834)夏,再迁汝州。以上为刘氏一生仕途的梗概。④ 刘禹锡仕途的前半段,有二十三年曾贬宦南方的朗州、连州、夔州与和州,后期亦曾出刺苏州,他出任这些职位的心境常常形诸文字,而且随着职缺距离京城的远近与善恶出现不同的变化。刘禹锡的个案,有助于深入了解官吏宦游各地的心境起伏,以及这些职缺在官吏认知上所具有的不同意义。

---

① 元和四年(809),岭南观察使杨于陵上奏:"贞元中,观察使李复奏,南方事宜素异,地土之卑,上佐多是杂流,大半刺史见阙。请于判官中拣择材吏,令知州事。臣伏见近日诸道,差判官监领州务,朝廷以为非宜。臣谓现今州县凋残,刺史阙员,动经数岁。至于上佐,悉是贬人,若遣知州,必致挠败。……伏乞天恩,许臣遵守当道所奏文,量才差择,以便荒隅。"敕旨依奏。王溥:《唐会要》卷六八《刺史上》,第1423页。
② 戴显群:《唐代的南选制度》,《福建师范大学学报》(哲学社会科学版)1998年第3期,第94—100页;段承校:《唐代"南选制度"考论》,《学术论坛》1999年第5期,第109—112页。
③ 唐文宗勤于治政,便曾和铨叙官讨论这个不合理的现象,事见《旧唐书》卷一五五《崔郾传》,第4119—4120页。
④ 刘禹锡外贬之后的仕途梗概,参见卞孝萱《刘禹锡年谱》,北京:中华书局,1963年,第40、45、79—82、103、116、139、161、185页。

　　刘氏最初贬官朗州司马九年，便自称九年"身居废地"，"居蛮貊之地"。① 期间（第七年），因杜佑告知"浮谤渐消"，心理上曾有几分期待。② 等到元和元年，宪宗的赦文开始允许贬官量移近郊时，他向杜佑表达，希望能重回仕伍之列，或是量移"善地"，以遂"便家之愿"。③

　　元和九年，刘禹锡等八人被召回京城，来年旋即出牧远州。由于刘氏在京期间因诗讥刺当政者，被远贬至播州（治所在今贵州遵义县），后因裴度上言刘氏母亲老迈，改任连州刺史。④ 不过，宪宗特别下诏，刘禹锡等八人，"纵逢恩赦，不许量移"。⑤ 为此，他上书宰臣，表达"惊惧失次"之情，请求能移居"善地"、移莅"善部"。⑥ 因此，即使起复为连州刺史，重新莅政，他仍然时常担心将"废死荒服"，⑦一直到就任夔州刺史以后，他的心境才开始有所转变。

　　穆宗即位后，永贞党人解除禁锢，刘禹锡从连州徙居夔州刺史。在《夔州谢上表》中，他感谢皇帝让他"获居善部"。⑧ 而所谓"善部"，自然是相对于连州而言，夔州管下分布不少的非汉族群，⑨在他的心中，任职夔州仍然是"远守荒服""退守要荒"。⑩ 但是此时政治气氛转变，他也表现出比较关注时政利弊的态度。

　　长庆三年十一月，皇帝下诏命令刺史各言利害，他分别具状上奏论议

① 此类文字颇见于刘禹锡的文集里，例如《上中书李相公启》《上门下武相公启》二文，刘禹锡集整理组点校：《刘禹锡集》卷一八，第216，214页。
② 《上杜司徒启》，刘禹锡集整理组点校：《刘禹锡集》卷一八，第212页。
③ 《上杜司徒书》，刘禹锡集整理组点校：《刘禹锡集》卷一〇，第120页。
④ 《旧唐书》卷一六〇《刘禹锡传》，第4211页。
⑤ 《旧唐书》卷一四《宪宗本纪上》，第418页。
⑥ 《谢门下武相公启》《谢中书张相公启》，刘禹锡集整理组点校：《刘禹锡集》卷一八，第217—218页。
⑦ 《上门下裴相公启》，刘禹锡集整理组点校：《刘禹锡集》卷一八，第220页。信中提到裴度平淮西之乱，事在元和十二年（817），此时刘禹锡仍在连州刺史任上。又，《贺门下裴相公启》一文，拜贺裴度平淮西之乱，亦言"恪守遐荒"。（同前引书，第219页）
⑧ 《夔州谢上表》，刘禹锡集整理组点校：《刘禹锡集》卷一四，第171页。
⑨ 《夔州刺史厅壁记》，刘禹锡集整理组点校：《刘禹锡集》卷九，第107页。
⑩ 《贺册皇太后表》，刘禹锡集整理组点校：《刘禹锡集》卷一四，第176页；《贺门下李相公启》，同前引书，第221页。小注云："自西川入为大夫，拜相。"李相公即李夷简，李氏自剑南西川节度使入为御史大夫，拜相之事，事在元和十三年三月。吴廷燮：《唐方镇年表》卷六，北京：中华书局，2003年，第975页。

时政利病与当州公务,这些奏表反映出他希望重新受到皇帝重用的心情。他在《夔州论利害表》特别提到,布衣马周献策,以及璧州刺史邓弘庆进"平索看精"四字堪为酒令两个例子,并表示"则知苟有所见,虽布衣之贱,远守之微,亦可施用"的意愿。① 这次奏论的内容,见于《奏记丞相府论学事》一文,内容虽以夔州四县释奠花费庞大为论议的基础,但通篇旨在议论唐代释奠明衣牲牢花费庞大的缺失,希望朝廷下令礼官博士,重新详议典制。

> 谨按本州四县,一岁释奠物之直缗钱十六万有奇。举天下之郡县,当千七百不啻,羁縻者不在数中。凡岁中所出于经费过四千万,适资三献官饰衣裳、饣妻子而已,于尚学之道无有补焉。前日诏书,许列郡守臣得以上言便事,今谨条奏:某乞下礼官博士,详议典制,罢天下县邑牲牢衣币。如有生徒,春秋依开元敕旨,用酒醴、脯修、腒脯、榛栗,示敬其事,而州府许如故仪。然后籍其资,半附益所隶州,使增学校,其半率归国庠,犹不下万计。②

刘禹锡自言"远守之微",但是关注的焦点仍在国政之失。他在《夔州论利害表》提到:"谨准敕上利害及当州公务,各具别状以闻。"所云别状,不见于文集,但是《奏记丞相府论学事》所署日期与《夔州论利害表》相同。刘氏以夔州释奠花费为例,总论制度之失,且另信寄呈宰臣直接论事,他显然更关注国家大政。③ 也许自觉担任夔州刺史的任事心态并不积极,在《别夔州官吏》一诗中,刘氏总结三年之政,自言:"三年楚国巴城守……唯有九歌词数首,里中留与赛蛮神。"④长庆四年十月改迁和

---

① 《夔州论利害表》,刘禹锡集整理组点校:《刘禹锡集》卷一四,第178页。
② 《奏记丞相府论学事》,刘禹锡集整理组点校:《刘禹锡集》卷二〇,第253页。
③ 长庆四年五月,皇帝下诏,令各地"各具当处利害,附驿以闻者",刘氏自言"以华夏不同,土宜各异。详求利病,谨具奏闻",这次论议的内容不详,但是表中提到,裴耀卿担任宣州刺史,论议漕运未受重视,文末且言"僻守远郡",希望明主择之。似乎言事的性质,仍以地方政务议论国政。《论利害表》,刘禹锡集整理组点校:《刘禹锡集》卷一四,第179—180页。
④ 刘禹锡集整理组点校:《刘禹锡集》卷三八,第571页。

州,在《和州谢上表》自言:"臣自理巴賨,不闻善最。恩私忽降,庆抃失容。"①此时,他眼中的和州,唐代号为"善部",与前此的朗州、连州与夔州大不相同。

值得注意的是,刘禹锡如何看待在南方仕宦的岁月。文宗大和二年,刘禹锡回到长安,在写给宰相窦易直的感谢信中,他称自元和元年外贬,二十三年在南方作官的岁月"未离谪籍",故感谢窦氏"拯拔多方",才能回京任官,而有"危心获安"之语。② 南方既是国家安排贬官的去处,对官吏的仕途具有特殊的意义,只有重新回到朝廷任官,始能摆脱前此贬谪的命运。因此,在南方与京城之间的移宦过程中,他个人心境才会出现这么大的变化。③

唐文宗大和年间,刘禹锡因裴度之累,从中央外放至最富庶的苏州,但是他在《苏州谢上表》自称"孤危小臣",说出守的苏州为"江海远地",而希冀"亲近为荣"。④ 过了半年,再迁汝州,便称"久居远服,恋阙常深,忽降新恩,近乡为贵"。⑤ 苏州是南方最富庶的大州,但是在刘氏眼中,苏州是"江海远地",仍然不如近乡的汝州。

此处讨论刘禹锡的个案,可获致三点结论。一、他以"废地""蛮貊""荒服""要荒"等字眼形容夔州与连州之任。在江淮地区,则以"善部"形容和州之任,官吏出任江淮与江淮以外的州郡感受明显不同。这些字眼表明,南方不同地区的职位,对于出仕者的意义并不相同,也直接影响他的心境。二、出身北方的官吏渴望重回京师任官的心态是很清楚的,刘禹锡一旦外放,便称苏州为"江海远地",稍移汝州则言"近乡为贵"。地方官

---

① 《和州谢上表》,刘禹锡集整理组点校:《刘禹锡集》卷一四,第176—177页。
② 《谢窦相公启》,刘禹锡集整理组点校:《刘禹锡集》卷一八,第223页。
③ 有关唐代宦游的研究,参见甘怀真《唐代官人的宦游生活——以经济生活为中心》,收入《第二届唐代文化研究会论文集》,台北:学生书局,1995年,第39—60页;胡云薇:《千里宦游成底事,每年风景是他乡——试论唐代的宦游与家庭》,《台大历史学报》第41期,第65—107页。
④ 刘禹锡集整理组点校:《刘禹锡集》卷一五,第186页。
⑤ 《汝州谢上表》,刘禹锡集整理组点校:《刘禹锡集》卷一六,第191页。又《汝州上后谢宰相状》也提到:"忽蒙天恩,稍移近郡。"(同前引书卷一七,第206页)

游宦之地距离两京远近产生的心理变化,①于此表露无遗。三、贬官南方与重回京师两种境遇,对官吏仕宦的心境起伏,也产生很大的影响。

官吏如果出任江淮地区,抱持远宦的心态,则贬宦于南方边陲地区者理政的态度可能更消极。以下以白居易任职忠州刺史的理政心态为例,对此稍加讨论。白居易早年仕宦通达,元和二年入翰林,元和十年因事自太子左赞善大夫贬官为江州司马,仕途一度受挫。元和十三年起复为忠州刺史,②他对此的喜悦之情形诸诗文。③ 然而一旦就任,立刻得面对风俗特殊、语言不通、无人对谈的现实。白氏此时的心境见于《自江州至忠州》一诗,他写道:"前在浔阳日,已叹宾朋寡。……今来转深僻,穷峡巅山下。……巴人类猿狖,矍烁满山野。敢望见交亲,喜逢似人者。"④从江淮地区的江州,到尚待开发而多"巴蛮"的忠州,白氏竟道出"喜逢似人者"之语。在另一首诗《征秋税毕,题郡南亭》里,他更直言自己治理忠州的心态:

> 高城直下视,蠢蠢见巴蛮。安可施政教,尚不通语言。且喜赋敛毕,幸闻闾井安。岂伊循良化,赖此丰登年。⑤

白居易曾以"六年放弃",形容贬宦江州司马与忠州刺史的岁月,⑥忠州之任仍然没有改变他逐臣的心态。白氏就任忠州刺史,语言不通,又要面对吏人桀骜,⑦恐怕是很多治理边地者面临的共同问题,他自承忠州之

---

① 长安是中枢所在,洛阳则是理想的定居地,参阅甘怀真《唐代京城社会与士大夫礼仪之研究》,台湾大学历史研究所博士学位论文,1993 年,第 141—145 页;妹尾达彦:《隋唐洛阳城的官人居住地》,《东洋文化研究所纪要》第一三三册,1997 年,第 67—111 页。
② 白居易仕途的起伏,参见朱金城《白居易年谱》,上海:上海古籍出版社,1982 年,第 37、41、63、91、93 页。
③ 《忠州刺史谢上表》,顾学颉校点:《白居易集》卷六一,第 1281 页。又见于《自江州司马授忠州刺史,仰荷圣泽,聊书鄙诚》(同前引书卷一七,第 371 页)。
④ 顾学颉校点:《白居易集》卷一一,第 209 页。
⑤ 同上书,第 219 页。
⑥ 《杭州刺史谢上表》,顾学颉校点:《白居易集》卷六一,第 1283 页。
⑦ 白居易《初到忠州,赠李六》言道:"吏人生梗都如鹿,市井疏芜只抵村。"顾学颉校点:《白居易集》卷一八,第 379 页。

民"安可施政教",道破许多治理边地远俗的官吏的心态。① 所以制书里有时会提醒官吏,"无以俗陋,不慎乃事;无以地远,而怠厥心",②朝廷的提醒对应的是官吏无心治理边地的现象。

边政不理的情况,往往需俟有心人才能一新气象。③ 中唐时期,道州受西原蛮侵扰,元结奉命出刺道州,由于任内治绩良好,后来被拔擢为容州刺史。不过,朝廷安排善官久任远州时,往往会遭遇官吏的抵抗。元结面对留任的安排,一再以己政无能、体弱多病且需奉养老母为由推却,但终究事与愿违。④ 直到母亲丧亡,朝廷起复元氏为容管经略使后,他眼见归葬无日,又苦于旧疾增剧,遂下定决心辞退。在《再让容州表》中,元结明言"今寄住永州,请刺史王庭璬为臣进表陈乞以闻",⑤以表达自己的决心。善官久任边区的安排,往往是朝廷、皇帝和边区地方官之间折冲的结果。⑥

此处无意抹煞某些地方官有心教化边地远俗的事实,但是在南下官员消极理政的普遍心态下,因俗而治恐怕是常态。寓目所及,也有一些教化边地陋俗的事例,例如杜绝贩卖、质押人口的恶习,⑦设立学校、举行释奠礼等。⑧ 但是,地方官对"蛮夷犷俗,罕遵声教"的现实,⑨通常是以"参以土宜,遂其物性","便蛮夷生梗之风",作为施政原则。⑩ 事实上,化俗意

---

① 元稹任通州司马,权知通州事,所作《通州》一诗,有"睡到日西无一事"之语。冀勤点校:《元稹集》卷二〇,第 228 页。
② 《王众仲可衡州刺史制》,顾学颉校点:《白居易集》卷五三,第 1119 页。
③ 有些地方,甚至出现官曹长期弛废,无人为理的现象。权德舆:《金紫光禄大夫……东海郡开国公赠太子少保徐公墓志铭并序》,《全唐文》卷五〇二,第 2293 页。
④ 参见元结《乞免官归养表》《再谢上表》《让容州表》,《全唐文》卷三八一,第 1733—1734 页。
⑤ 《全唐文》卷三八〇,第 1733 页。
⑥ 吕颂:《为张侍郎乞入觐表》《再请入觐表》,《全唐文》卷四八〇,第 2204—2205 页。
⑦ 孔戣任广州刺史,禁绝贩卖女口,《旧唐书》卷一五四《孔戣传》,第 4098 页;韩愈任袁州刺史,也削除质押人口之俗,同前引书卷一六〇《韩愈传》,第 4203 页;柳宗元革除柳州质押人口之俗,同前引书卷一六〇《柳宗元传》,第 4214 页。
⑧ 《旧唐书》卷一八七《忠义传上·王义方》,第 4874 页;《潮州请置乡校牒》,《韩昌黎全集·外集》卷六,第 498—499 页。
⑨ 任华:《送祖评事赴黔府李中丞使幕序》,《全唐文》卷三七六,第 1713 页。
⑩ 《为容州窦中丞谢上表》,刘禹锡集整理组点校:《刘禹锡集》卷一四,第 165—166 页。

味着改变(也可能是"侵扰"),官吏视俗而教,以慰远人,可能是比较妥适的做法。刘禹锡说:"夷夏殊法,牵乎俗也。……因俗在乎便安。"①相对于改变远俗,无心理政,追求"便安"可能是更多人秉持的施政原则,甚至在岭南地区出现地方长吏普遍不亲自理事的现象。②

　　前文从两个结构性的因素,解释贬宦南方的官吏不乐职事的集体心态:一、出身北方的官吏,普遍暴露于南方瘴(疠)的威胁,而有生死存亡之虞;二、唐廷铨叙官吏时,以南方为贬所,宦游南方者普遍抱持远宦的逐臣心理。其中两湖、两广与四川等许多地区,仍然分布大量的非汉族群,使人望之却步,而且,在"殊俗难理"的现实下,地方官多半采取因俗而治的态度。

　　地方官本是国家在各地的代理人,何以生活环境和文化风俗不同,南下作官的士人带有文化优越感,却未出现大规模清整南方祀神风气的现象? 上述的讨论,试图提供一种可能的解释。史籍中留下唐代官吏在南方推动改造淫祀风俗的事例不多,这不是历史文献遗存的偶然,它们如实地反映出官吏在此地并未展开大规模的改造行动,只有少数人愿意从事相关的行动。到了宋初,情况开始出现变化,朝廷因指挥处分南方新收服地的施政,开始大幅介入处分当地祀神风俗,也引导更多的地方官关注此一风俗,并展开改造的行动。(详见末节讨论)

第三节　少数改造淫祀风俗事例的分析

　　接着讨论地方官改造淫祀风气及其衍生的问题。笔者认为,解决好祀之风衍生的问题,才是了解官吏采取清整行动的关键,以下讨论的事例

---

① 《答饶州元使君书》,刘禹锡集整理组点校:《刘禹锡集》卷一〇,第 124 页。又,令狐楚《为道州许使君谢上表》言道:"酌远俗之便宜,节下人之好恶,使豪旧敛手,疲羸息肩。"《全唐文》卷五四〇,第 2461 页。

② 例如,岭南州县,地方长吏基本上不任事,萧龄之《请革岭南风俗表》指出:"岭南州县,多用土人任官,不顾宪章,唯求润屋,……且都督刺史,多居庄宅。动经旬月,不至州府。所有辞讼,皆委之判官。省选之人,竟无几案。惟有敕诏施行,才省览而已。"陈尚君辑校:《全唐文补编》卷六,第 73 页。

不限于南方,将重新检视文献的记载,讨论打击淫祀的依据、成效与过程,以期更贴近此时地方官打击淫祀风气的整体面貌。

唐代士人受到礼经立祀原则的影响,注意祭祀对象合宜与否,认为南方"淫祀多青鬼",①且有多事"无名土木"的现象。② 然而,北来的地方官以理政为出发点,更重视此地祀神好巫之俗衍生的实际问题:一、生病时谒神不就医,不侍疾家人;二、祀神结社潜在的危害;三、损耗生口,荒废生业。

前节曾指出南方乏医的现象,源于此地有病祷神不就医的风俗。崔龟出任宣州刺史时,便观察到"吴越之俗尚鬼,民有病者,不谒医而祷神"的现象。③ 南方百姓有病祷祝鬼神,不只是祈求鬼神的保佑,他们认为某些疾病源自鬼神施"疠",④祈求在地的神祇惩治疠鬼,以期治愈疾病。⑤

对此,有些地方官采取晓谕的方式,⑥有的则直接赐药,采取比较积极的化俗作为。杨凭叙述罗衮于庐州刺史任内的德政时,指出当地"被病者舍医事求淫祀","有札瘥夭伤则损败生业","舍药物而乞灵于鬼神",因此,罗氏采取"禁其听神,颁以良药"的措施,⑦避免发生户口虚耗、损败生业的现象。

南方百姓生病谒神不就医的现象,可能和巫者有关,但是官吏实际打击淫祀的风气,仍然将重点放在神祇及其所在的祠庙。例如柳宗元任柳州刺史,眼见柳民生病时聚巫用卜的现象,他便试图以佛寺取代神祇,改变此一风俗。

> 越人信祥而易杀,傲化而偭仁。病且忧,则聚巫师用鸡卜。始则杀小牲;不可,则杀中牲;又不可,则杀大牲;而又不可,则诀亲戚,饬死事,曰"神不置我已矣"。因不食,蔽面死。以故户易耗,田易荒,而

---

① 刘禹锡贬官朗州司马时,友人凌准写信问他当地的风俗,他在《南中书来》一诗中写道:"此地接炎州,淫祀多青鬼。"刘禹锡集整理组点校:《刘禹锡集》卷三八,第 575 页;另参见高志忠校注《刘禹锡诗编年校注》卷一八,哈尔滨:黑龙江人民出版社,2005 年,第 2485 页。

② 陆龟蒙:《野庙碑》,《全唐文》卷八○一,第 3778 页。

③ 崔龟从:《宣州昭亭山梓华君神祠记》,《全唐文》卷七二九,第 3373 页。

④ 《太平广记》卷三五三《望江李令》引《稽神录》条,第 2797 页。

⑤ 沈亚之:《祝檞木神文并序》,沈亚之撰,萧占鹏等校注:《沈下贤集校注》卷二,天津:南开大学出版社,2003 年,第 31—32 页。

⑥ 段成式:《好道庙记》,《全唐文》卷七八七,第 3696 页。

⑦ 杨凭:《唐庐州刺史本州团练使罗珦德政碑》,《全唐文》卷四七八,第 2194 页。

畜字不孳。董之礼则顽,束之刑则逃。唯浮图事神而语大,可因而入
焉,有以佐教化。……元和十年,刺史柳宗元始至,逐神于隐远而取
其地。……告于大府,取寺之故名,作大门,以字揭之,立东西序,崇
佛庙为学者居,会其徒而委之食。……而人始复去鬼息杀,而务趣于
仁爱,病且忧,其有告焉而顺之,庶乎教夷之宜也。①

　　柳宗元兴复大云寺,系刺柳之初积极理政化俗作为的一环,这些行动
表现出比较旺盛的企图心。在此之前,柳宗元奉诏入京,刚刚摆脱十年贬
官永州、废弃不用的困境,故此时重新燃起仕途的希望。柳氏于元和十年
六月到任,隔月即着手重修孔庙,订下不许百姓设质子女的禁令,同时也
兴复大云寺,②试图以佛寺代替原本的神祠,以为百姓病忧之际祷祝的对
象。值得注意的是,他只是将原来奉祀的神祇逐于隐远之处。柳州之民
和非汉族群混居,地处边陲,柳宗元改造淫祀风俗的行动,采取妥协的措
施,即保存百姓原有的信仰对象。
　　南方家人有病不侍疾的风俗不合人伦,容易受到官吏高度的重视。
李德裕于浙西观察使任内,对当地父母兄弟厉疾"举室弃之"的弊端,便以
"择乡人之有识者,谕之以言,绳之以法"的方法,革除故习,③同时展开大
规模的毁祠活动(详下)。
　　值得注意的是,地方官面对南方祀神好巫之俗,始终采取毁祠的手段,
而未及于巫祝人士。尽管唐代地方官了解南方百姓惑鬼怪与信巫祝之间的
关系,但是在官吏革除有病谒神不就医、家人有病不侍疾的弊俗时,皆未见
打击巫者的措施。这一点和宋世官方革除"信巫不信医"的风俗时,大规模
打击巫者的行动,有很大的差异。④ 针对此地祀神好巫之俗,唐代地方官

---

① 《柳州复大云寺记》,《柳河东集》卷二八,第 310—311 页。
② 罗联添:《柳宗元事迹系年》,台北:"国立"编译馆中华丛书编审委员会,1981 年,第 81、
　151—163 页。柳宗元就任柳州刺史后不久,和他手足情深的从父弟柳宗直过世,但是
　柳氏仍然表现出积极任事的态度,心情似未受影响。
③ 《旧唐书》卷一七四《李德裕传》,第 4511 页。
④ 皮庆生:《宋代民众祠神信仰研究》,第 305—308 页。关于宋代官方打击信巫不信医的
　现象,参见李小红《宋代信巫不信医问题探析》,《四川大学学报》(哲学社会科学版)2003
　年第 6 期,第 106—112 页。

(一如朝廷)只采取毁祠的措施,而未将巫者视为主要的打击对象。

其次是祀神结社潜在的危害。元稹《赛神》一诗记载,某位岳州刺史认为当地祠赛社会的结社组织,具有潜在的威胁,最后仍然只实行遏抑的妥协措施。

> 楚俗不事事,巫风事妖神。事妖结妖社,不问疏与亲。……家家不敛获,赛妖无富贫。杀牛贳官酒,椎鼓集顽民。喧阗里闾隘,凶酗日夜频。……贫者日消铄,富亦无仓囷。不谓事神苦,自言诚不真。岳阳贤刺史,念此为俗屯。未可一朝去,俾之为等伦。粗许存习俗,不得呼党人。但许一日泽,不得月与旬。……巫风燎原久,未必怜徒薪。我来歌此事,非独歌政仁。此事四邻有,亦欲闻四邻。①

这位岳州刺史认为,"赛妖"的活动危害百姓的家计,而且喧嚣的结社活动,可能危及统治秩序,但是他只采取减少赛神次数的措施,压抑好祀之风,并节制结社组织的活动。此例显示,即使是刺史一级的官员有心革除祀神风俗之弊,往往也仅采取节制的手段。

事实上,地方官忧心南方好祀风俗,造成损耗生口、荒废农事的弊病,几乎见于所有改造淫祀风气的记载。此一现象显示,地方官改造的动力,源于现实上的理政需求。对官吏而言,此风可能导致税赋和户口的减少,不利升迁,故有些从政企图心较强的官吏,会采取大规模禁毁的活动。《旧唐书》记载了于頔苏州任内的作为:

> 改苏州刺史,浚沟渎,整街衢,至今赖之。吴俗事鬼,頔疾其淫祀废生业,神宇皆撤去,唯吴太伯、伍员等三数庙存焉。②

根据本传的记载,于氏并非循吏的典型,但是他的从政企图心较强,他在苏州大规模打击当地的祠祀信仰,主要担心淫祀风气造成百姓废弃

---

① 《赛神》,冀勤点校:《元稹集》卷三,第 29 页。
② 《旧唐书》卷一五六《于頔传》,第 4129 页。

生业的不良后果。于氏在逐步迈向仕途的高峰时,如何劝农兴业、增加赋税与户口、争取考课良绩,显然是他任内关注的问题。

承此,讨论官吏大规模打击淫祀风气的活动,不能忽略个人的企图心。此时在缺乏中央朝廷奥援的情况下(如宋代),外来地方官大规模禁毁淫祠的行动,必须冒着和信仰及其背后的结社组织冲突的风险,只有少数政治企图心较强的官吏,愿意采取比较激烈的手段。这方面,李德裕在浙西观察使任内的作为,最具代表性。根据《旧唐书》本传的记载:

> 德裕壮年得位,锐于布政,凡旧俗之害民者,悉革其弊。江、岭之间信巫祝,惑鬼怪,有父母兄弟厉疾者,举室弃之而去。德裕欲变其风,择乡人之有识者,谕之以言,绳之以法,数年之间,弊风顿革。属郡祠庙,按方志,前代名臣贤后则祠之。四郡之内,除淫祠一千一十所。又罢私邑山房一千四百六十,以清寇盗。人乐其政,优诏嘉之。①

李氏采取大规模毁祠的措施,除了源于本人不诡神黩祭的信念外,②也充分展现其个人旺盛的政治企图心。当时他已有为相的声望,颇受敬宗的器重,但是被李逢吉排挤,出镇浙西。他在任上力求表现,《旧唐书》总结这些革除害民旧俗的活动,是他"壮年得位,锐于布政"的结果。③

李德裕大规模禁毁淫祠,系接续他革除浙西百姓家人有疾不侍之俗的措施而来。在当地好巫尚鬼之风的影响下,百姓不愿侍疾家人,导致他进一步大规模打击淫祠。另一方面,李氏任内也留心各种信仰衍生的问题,除了禁毁淫祠之外,当亳州传言出现圣水,病者饮之病愈,两浙、福建

---

① 《旧唐书》卷一七四《李德裕传》,第 4511 页。
② 李德裕《祷祝论》曾说道:"余前在江南,毁淫祠一千一十五所,可谓不诡神黩祭矣。"可见他禁毁淫祠的行动,仍与祭祀观念有关。傅璇琮、周建国校笺:《李德裕文集校笺·外集》卷四,第 694 页。
③ 相关的研究,参见金相范《唐代礼制对于民间信仰观形成的制约与作用:以祠庙信仰为考察的中心》,第 199—200 页。另外,雷闻指出,李德裕的行动主要在统一思想,他依照方志记载祭祀,和认定淫祠与否的根据是相同的,雷闻:《郊庙之外:隋唐国家祭祀与宗教》,第 267 页。不过,李德裕本传记载,他"按方志,前代名臣、贤后则祠之",似只言及人物祠的祭祀。

百姓争相奔赴,他也上奏请求禁抑。① 至于他罢废大量私邑山房的行动,担心的主要是私邑山房潜藏寇盗的问题。

讨论禁毁淫祠时,也不宜忽略以下的现象:外来地方官在陌生的环境里,有时必须决定是否正面接受鬼神的挑战。在官吏口耳相传的讯息里,某些职缺是凶阙,历任者多死于任上,②他们的猝死,被认为是鬼神盘踞官厅与使宅的结果。例如唐代相州刺史的使宅,传闻为尉迟迥一家的亡魂盘踞,许多刺史死于任内,直到张嘉佑改葬尉迟氏一家的遗骸,为其立祠奉祀,才改变相州凶阙的现象。③ 外来官吏面对死亡的恐惧,经常被迫让出使宅或视事的正厅,任由鬼神占据治政的厅宅,事实上已屈服于神威之下。④

我们关注地方官化俗的行动,往往忽略了他们对地方禁忌的传统也抱持着拘忌的态度,以致于有些地方基本的硬体建设荒废逾百年。孙公辅《新修夏邑县城门楼记》记载,夏邑县城楼毁坏长达百年之久,历任县官不修城门楼,因为当地传说,"此地有隐慝焉。纵其神奸,栗若大忌",故前后令长皆废礼不建。直到卢士宣担任县令,才动手修复一县的重要门户——县城的城楼。⑤ 官吏对地方传统多半抱持拘忌的态度,往往和触犯禁忌致死的传闻有关。例如,《太平广记》记载,马瑷建洪州城后,此后不再修葺,因为传说修建者必死。永泰中,张镐修之不疑,后来张氏和判官

---

① 《旧唐书》卷一七四《李德裕传》,第 4516 页。
② 《太平广记》卷四五六记载:"唐忻州刺史是天荒阙,前后历任多死。"《太平广记》卷四五六《忻州刺史》引《广异记》条,第 3731 页。
③ 《太平广记》卷三〇〇《张嘉佑》引《广异记》条,第 2386 页。
④ 当然,也有地方官不惧鬼神占据治厅的传闻。例如《太平广记》记载,崔敏壳个性耿直,不惧鬼神,又因死后复活,曾于冥世得知平生当得十政刺史,心无忌讳,"遂累求凶阙,轻侮鬼神"。因此在徐州刺史任上,崔氏改变前此官员不敢居正厅的做法,数落项羽神的不是,在和项羽神斗争时,极言其余灵已行万里,不足为惧。《太平广记》卷三〇一《崔敏壳》引《广异记》条,第 2389 页。
⑤ 《文苑英华》卷八一〇,北京:中华书局,2003 年,第 4279 页。再如,饶州州城因四位牧守接连丧亡,州城废而不居,至李吉甫任饶州刺史,才动手修复。《旧唐书》卷九八《李吉甫传》,第 3993 页。另外,《新唐书·李珏传》记载,李珏任淮南节度使,因为先前已有三位淮南节度使卒于任上,"人劝易署寝",不听,最后亦死于任上。《新唐书》卷一八二《李珏传》,第 5361—5362 页。

郑从、南昌令马皎皆死。① "不语怪"是孔门弟子的教诲,但是官吏作客异乡,他们任内面对地方的各种拘忌传统,攸关自己的命禄,多数人宁可依循,只有少数人敢于拒斥。

此处笔者倾向于从官吏解决现实治政的问题,看待前述改造淫祀风俗的行动,不过,受到古典礼经立祀原则的影响,某些地方官仍注意祭祀对象合宜与否,而且,付诸实际毁祠的行动。② 然而,高估官吏教化的理想,可能会忽略实际上复杂的毁祠动机,即使是毁祠立学的循吏,采取毁祠的行动,也是为了解决淫祀风气衍生出危害统治基础的问题。先来看看五代时期章丘县官禁毁和娘祠的例子:

> 因邑旧有女子,号和娘者,本依神道,其实妖巫。虽求福不回,君子匪从于蛊眩,而妇言是用,小人尽信于祷张。……公化思变俗,志在祛奸,……乃召其佐吏,而谓之曰:夫圣人之制祀也,法施于人则祀之,以劳定国则祀之,能御大灾则祀之,能扞大患则祀之,苟越祀典,是干国经。今和娘者,非正直之神,乃淫昏之鬼,若斯之类,而无一焉。慢之则不能为其灾,敬之则不能分其福,而多历衡纪,徒耗苍黔,非彼妪之有尤,盖斯民之无识,为之淫祀,成此乱风,其弊一也。国家则稼穑于三壤:调赋舆于兆人,将畜众以强兵,用夷凶而剪暴。而民间急兹祀事,慢其邦赋,以府库之实,为祠祭之资,其弊二也。……四时之祀,所费之直,多者不减一万,少者亦满数千,皆破以糇粮,耗其杼柚,冻馁之患斯及,怨嗟之思翻多,其弊三也。……奸民贪吏,假物持监謷之名,……福其安在? 财则斯殚,其弊四也。夫王者之为政也,分长幼之伦,重外内之别,以今以古,何斯违斯? 今因以祷祠,遂相奔诱,虽被《汝坟》之化,尚存《溱洧》之风,其弊五也。……于是敕

---

① 《太平广记》卷四五七《张镐》引《广异记》条,第 3742 页。
② 例如,薛伯高担任道州刺史,发现境内居然有象祠,感到不可思议。由于象是舜的弟弟,曾经想要谋害兄长,他认为,百姓不应祭祀此神,故借着禁毁象祠,宣示教化的理念。薛氏在道州刺史任内,修饰孔庙,重视教化活动,并注重人物祭祀体现背后的人伦价值是否得当。他决意禁毁此一千年信仰时,颇有顾忌,故特别遣人遍告百姓禁毁行动背后的教化理念。《道州毁鼻亭神记》,《柳河东集》卷二八,第 308 页。

丁男,具畚锸,率僚吏,召耆耋,以至于祠所。公乃厉声曰:尔本为左道,大惑平民,……生而况乃为愚妇,殁而岂能为明神?……乃叱役夫,执具而进,罗裙锦袂,变煨烬以飘空;丹脸绛唇,作涂泥而委地,狂民以之夺魂,奸妪由是吞声,则知感神女于灌坛,岂徒虚语。殛邪巫于邺县,信而有征。①

　　此处保留的历史信息相当丰富,值得进一步考论。章丘县令张颐,毁祠而后立学,可说是循吏化俗的典型作为。这篇文字详载毁祠的理由,其中,和娘不合于礼经立祀的原则,只是毁祠之要件,他列举的五大弊端,都是百姓不当的奉祀行为所衍生的问题。和娘祠拥有庞大的信众,耗费民财,减少邦赋,直接挑战官吏的统治基础,才是毁祠的主因。

　　依记文所述,这是一场官吏公开“毁祠”的政治秀。毁祠的当天,张颐亲赴和娘祠,在僚吏、耆老列位观仪的场合中,他历数和娘神不合祠祭的理由后,亲自下令丁男动手毁祠。这场公开的毁祠行动,无疑确立了官威高于神威的地位,并藉此宣示不欲百姓从事过当祭祀活动的施政理念。

　　章丘县令的毁祠行动,凸显基层县令毁祠的困难。他们的权力有限,直接面对基层社会的压力,必须先取得僚吏的支持,由于佐吏往往反对毁祠行动,县令特别强调此事“是干国经”,才展开毁祠的行动。基层的县令如果无法取得下僚的同心合作,有时会出现瞻前顾后、进退失据的情况。②由于缺乏中央朝廷的引导和支持,现存唐五代基层县令毁祠的事例,都是打击个别的信仰。例如,五代时期的颜衍,任临济令,“临济多淫祠,有针姑庙者,里人奉之尤笃,衍至,即焚其庙”。③ 颜氏选择禁毁里人宗奉的针

---

① 战孚远:《齐州章丘县长白山新会院记》,陈尚君辑校:《全唐文补编》卷一〇六,第1329—1330页。
② 元稹《赛神》一诗曾记载,有位县宰有意效法西门豹禁毁淫祠,而邑吏不同意,冀勤点校:《元稹集》卷一,第9页。另外,《太平广记·夏阳赵尉》记载,赵氏任尉于夏阳,梦见潢水神,自言:“潢壤也,尚能惑众,非怪何。”于是有意铲平此庙,县吏说道:“此神庙,且能以风雨助生植,苟省毁其屋,适足为邑人之患。”赵氏因此停止毁祠。《太平广记》卷三一〇《夏阳赵尉》引《宣室志》条,第2455页。
③ 《宋史》卷二七〇《颜衍传》,第9253页。

姑庙，防止好祀之俗动摇世俗的统治基础，可能是比较务实的做法。这些基层社会县官毁祠的实态，说明此时毁祠活动总体成效有限的事实。

唐代国家对官吏考课的要求，主要是户口和劝农兴业。朝廷不断下诏，以户口升降与劝农垦田的事业迁黜地方官，①这两项工作自然成为官吏施政最关注的事务。例如，大历年间有司考校天下牧守的课绩，萧定、萧复与张镒为理行第一，"其劝农桑、均赋税、逋亡归复，户口增加，定又冠焉"。② 在这种情况下，如果缺乏朝廷诏令的引导，只有少数有心者会采取禁毁淫祠的行动。

同样的，此时儒吏的自我期许，也说明打击淫祀风气的活动，不是理政化俗的主要选项。李吉甫在《饶州刺史谢上表》，归纳儒吏治政的四项工作：理财均赋、惠寡安贫、劝农桑与敦学校。③ 另一个例子是冯伉。史载，冯伉任醴泉令，"县中百姓多猾，为著《谕蒙》十四篇，大略指明忠孝仁义，劝学务农，每乡给一卷，俾其传习"。④《谕蒙》应系冯氏向治下百姓传达理政之旨，以每乡传习的方式，使百姓熟悉其为政之要。李氏对儒吏工作的自许，与冯氏为政纲要，劝学务农是两者的交集。

根据前文的讨论，唐五代某些地方官不满淫祀风气衍生的弊俗而有意加以改造，但是改造的方法多样，而且妥协、宣示性的措施时有所见，官吏不一定会采取比较激烈的毁祠手段。以往学者讨论这些改造化俗的行动，多着眼于官吏教化百姓的理想，但是，毁祠是冲撞地方祠祀信仰的举动，官吏教化百姓的动力，是否足以让他们冲撞信仰及其背后的基层社会力量？对此，笔者持保留的态度。前述官吏毁祠的动机迥异，采取的行动也呈现多样化的面貌，则是最好的佐证。而淫祀之风损耗生口，荒废生业，直接危及官吏的统治基础与仕宦前景，几乎是所有改造活动共同的动因。

---

① 这方面的诏令颇多，参见李希泌主编《唐大诏令集补编》下册，第 935、1073、1079—1081、1083—1084 页。另外，关于唐代文官的考课制度，参见黄清连《唐代的文官考课制度》，《中研院历史语言研究所集刊》第 5 期 1 分册，第 139—200 页。
② 《旧唐书》卷一八五下《良吏下·萧定传》，第 4826 页。
③ 《全唐文》卷五一二，第 2336 页。
④ 《旧唐书》卷一八九下《儒学下·冯伉传》，第 4978 页。

其次,既有的研究对于毁祠的记载,往往采取"信而不疑"的立场,也很少讨论毁祠行动的依据与过程,因此,笔者将进一步检视毁祠记载的"可靠性",并讨论毁祠的成效、依据与过程,以期更贴近毁祠行动的实际情况。

史书记载毁祠的活动,通常强调地方官治政的功业,但是若干"神宇皆撤去"的记载是否可靠,仍有讨论的空间,以下唐五代两位房州刺史毁祠行动的记载为例证。

> (开元)十七年(729),迁房州刺史。州带山谷,俗参蛮夷,好淫祀而不修学校。(韦)景骏始开贡举,悉除淫祀。又通狭路,并造传馆,行旅甚以为便。二十年(732),转奉先令,未行而卒。①
>
> 今也陇西司空牛公名知业字子英。……初授司空公房州刺史,……而是州多有淫祀,土风祀以徼福。咸费产殚用,亟具酒食。妻拏相聚,奔走若狂。废彼农功,求于鬼道。公患之,悉命焚之。惟列于祀典者,庙貌如故。自尔方易其妖弊之俗,其编户亦颇多誉公之明鉴远识矣。②

房州淫祀风气持续不断,这一前一后两位房州刺史"悉除淫祀"的记载,可能反映了记载失真的现象。经过两次的整顿行动,南宋《舆地纪胜》仍然记载此地盛行"淫祀风俗"。③ 文献强调官吏毁祠行动的成效,也让我们忽略若干毁祠的真相。

观察实际禁毁淫祠的行动不难发现,朝廷与地方对于合宜的地方祠祀,没有共同认定的标准和依据。武曌在位时,狄仁杰以江南安抚使的身份巡抚江南,曾经大规模禁毁当地的神庙,甚至殃及官府原有的祭祀对象。《隋唐嘉话》载:

---

① 《旧唐书》卷一八五《良吏上·韦景骏传》,第 4797—4798 页。
② 李明启:《柱国牛公新筑州城创建公署记》,《全唐文》卷八二九,第 3919 页。
③ 沈宗宪:《国家祀典与左道妖异》,台湾师范大学历史研究所博士学位论文,2000 年,第 76 页。

狄内史仁杰,始为江南安抚使,以周赧王、楚王项羽、吴王夫差、越王勾践、吴夫概王、春申君、赵佗、马援、吴桓王等神庙七百余所,有害于人,悉除之。惟夏禹、吴太伯、季札、伍胥四庙存焉。①

关于这次毁祠行动,论者已多,②此处只补充三点。一、狄仁杰巡抚的地区,应包括岭南地区。根据《广异记》的记载,狄仁杰焚烧"江、岭"神祠略尽,并险遭岭南端州的神祇报复。③ 二、关于毁祠的数量,《新唐书》本传则说吴、楚之地多"淫祠",狄氏皆禁止,数量达一千七百余所。④ 但是唐五代的记载,如《广异记》与汪华的庙记,数字皆是七百余所。⑤ 三、观察狄氏毁祠的对象,有不少历史人物的名祠。这些祠宇被毁,不是因为庙中奉祀不当祭祀的神祇,而是信众"广费牲牢"的祭祀行为,⑥狄仁杰亲身见闻此地淫祀之风,目睹信徒耗费不赀的祭祀行为,才决定采取比较激烈的毁祠手段。

值得注意的是,狄仁杰所废的名祠,有些人物神是地方官府原有的祭祀对象,例如马援、项羽与春申君等人皆是,⑦而且马援更是唐代皇帝实行大赦时,地方官府奉诏祭祀古代人物典范的对象。⑧ 安抚使所毁与地方官府所祭,是否是同一座祠庙不易判断,但是可以确定的是,朝廷和地方政

---

① 刘𫚉撰,程毅中点校:《隋唐嘉话》卷下,北京:中华书局,1997年,第40页。

② 雷闻:《郊庙之外:隋唐国家祭祀与宗教》,第256—257页;David McMullen, "The Real Judge Dee: Ti Jen — chieh and the T'ang Restoration of 705", *Asia Major*, 3rd serial, Vol.6, No.1 (1993), pp.6‐12;黄永年:《说狄仁杰的奏毁淫祠》,史念海主编:《唐史论丛》第六辑,西安:陕西人民出版社,1995年,第58—67页;金相范:《唐代礼制对于民间信仰观形成的制约与作用:以祠庙信仰为考察的中心》,第79—80页。

③ 《太平广记》卷二九八《狄仁杰》引《广异记》条,第2371页。

④ 据《新唐书》记载,狄氏持节江南巡抚使,"吴、楚俗多淫祠,仁杰一禁止,凡毁千七百房,止留夏禹、吴太伯、季札、伍员四祠而已"。《新唐书》卷一一五《狄仁杰传》,第4208页。

⑤ 汪台符:《歙州重建汪王庙记》,《全唐文》卷八六九,第4086页;《太平广记》卷二九八《狄仁杰》引《广异记》条,第2371页。

⑥ 《太平广记》卷三一五《狄仁杰檄》引《吴兴掌故集》条,第2495—2496页。

⑦ 李观:《祭伏波神文》,《全唐文》卷五三五,第2441页;赵居贞:《新修春申君庙记》,同前引书卷二九六,第1345—1346页;贺兰进明:《西楚伯王庙颂并序》,同前引书卷三四六,第1574页。

⑧ 李翱:《准制祭伏波神文》,《全唐文》卷六四〇,第2904页。

府显然没有一套共同认定的关于祠庙的标准。①

　　狄仁杰、李德裕二人大规模禁毁淫祠的活动,皆有具体数字,可以推断这些是贯彻执行的毁祠行动,但是地方官如何从事大规模禁毁淫祠的活动? 他们如何以官府有限的人力,拆除数量颇多的祠宇? 因此,考虑人力与文书的限制,大规模毁祠的活动仍然必须仰赖基层的胥吏(乡老、里正)执行,但是本地人是否会严格执行毁祠的命令,仍然不无疑问。以下所论方志记载狄仁杰毁祠的活动,可以提供不同的思考角度。

　　地方对狄仁杰毁祠行动的历史记忆,迥异于正史的记载,狄仁杰禁毁项羽庙的行动便是典型的代表。狄仁杰在江南地区禁毁的对象,包括南朝威望颇著的项羽神,为此,他还特别撰写一篇檄文《檄告西楚霸王文》。②但是方志对此事保有不同的记载,《嘉泰吴兴志》卷一三"祠庙"门记载:

　　　　西楚霸王庙……又《统记》载:唐狄仁杰承制,应天下神庙非典礼者悉除。父老以项王庙为请,仁杰试斋宿于庙中,夜见伟人曰:"吾西楚霸王也,自国家起义兵及征辽,吾常以阴兵佐之,今以功获焚,奈何?"仁杰许其完葺,至晓以牢酒祭奠,其庙至今存。③

　　依方志所述,承制的狄仁杰因夜梦项羽陈告,并未禁毁项羽祠。事实上,大历年间颜真卿任湖州刺史,撰写《项王碑阴述》,也提到湖州有项王庙,"至今庙食不绝"。④狄氏特别撰写檄文,指责项羽神不合庙食,对于撤毁此一南方名祠的行动不敢大意,据此,狄氏所毁的项羽祠,应是吴兴当地长期享有威望的信仰。然而,保留在方志中的历史记忆,却强调项羽神

① 《太平广记》卷三〇五《窦参》记载,窦参为蒲圻县令,"县有神祠,前后令宰皆祀之。窦至即欲除毁,有日矣"。窦氏所欲撤毁的神祠,是先前令宰皆祭祀的对象,可见地方官有权撤毁原先官府祭祀的对象。此例亦说明官方没有共同认定祠庙的标准。《太平广记》卷三〇五《窦参》引《戎幕闲谈》条,第2416—2417页。
② 《太平广记》卷三一五《狄仁杰檄》引《吴兴掌故集》条,第2495—2496页。
③ 谈钥:《嘉泰吴兴志》卷一三,《宋元地方志丛书》第十一册,第12—13页(总第6785—6786页)。
④ 颜真卿:《项王碑阴述》,《全唐文》卷三三八,第1538页;谈钥:《嘉泰吴兴志》卷一三,《宋元地方志丛书》第十一册,第12页(总第6785页)。

因功在国家而获存的事迹。这些地方文献保留对这次毁祠行动不同的历史记录，也代表地方的历史记忆，抵拒中央的权威力量，形塑属于地方的自我认同。

　　某些方志甚至保存基层民众对官方毁祠活动的响应。这些记载显示出，即使面对中央特使的毁祠行动，地方百姓仍然迂回地维护当地的信仰传统。例如《无锡县志》记载："今惠山下有土神祠，即春申君也，盖为毁祠置，故易其名耳。"而东海信郎王祠条提到："唐垂拱间为狄仁杰所毁，后易以土祠为名。"①在百姓眼中，国家的毁祠行动显然是短暂的。即使面对官方强力的禁毁行动，一旦毁祠的风潮过后，他们便着手重建自己的信仰传统。他们将名祠改头换面，自取称呼，以规避再次禁毁的现象，说明国家的禁毁行动不容易真正触及地方上的土祠。

　　简言之，唐五代官吏禁毁淫祠的动力，应放在地方官治政的具体情境加以讨论。上述诸人改造淫祠风气的动机各异，这些有心者的作为，与其视为教化之举，毋宁视为官吏如何解决祠祀信仰衍生的问题。② 当这些淫祀的风俗危害劝农兴业的宗旨，妨碍个人的仕途利益，或是违背儒家的人伦价值，少数有心之士才愿意大规模挑战当地的信仰传统，采取积极改造风俗的行动。

　　其次，唐五代地方官受到经典立祠原则的束缚，仍以禁毁淫祠的方式打击淫祀风气，而未及于巫者。首节曾指出，朝廷下诏禁断淫祠的依据是礼典的立祠原则。这些官方打击淫祀的方式，反映中古时期国家管控祠祀的措施，始终是以祠庙与神祇为核心，很少及于宗教人士和祠赛社会的组织活动。

　　到了宋初，国家管控祠祀信仰、打击淫祀风气的思维与措施，出现根

① 《无锡县志》，载于《宋元地方志丛书续编》卷三下，台北：大化书局，1990 年，上册，第 25 页（总第 375 页）。金相范已注意到地方百姓因狄仁杰毁祠，将春申君与东海信郎庙改为土祠的现象，但是他认为这些改建行动是将祠庙改为土地庙，以符合官方性的地方祭祀。春申君原本即是地方官府的祭祀对象，且"土祠"是否即为土地庙（即金文中所言社），仍有商榷、讨论的空间。金相范：《唐代礼制对于民间信仰观形成的制约与作用：以祠庙信仰为考察的中心》，第 208—209 页。

② 这方面，皮庆生讨论宋代打击淫祀的活动，相当细致，可资对比。参见皮庆生《宋代民众祠神信仰研究》第六章《正祀与淫祀——宋代祠神信仰的合法性研究》，第 272—317 页。

本上的变化。朝廷和地方官逐渐形成有关地方祠祀的制度与规范,这种转变和中央朝廷直接介入处理南方祀神风俗有很大的关系。这有一定的历史偶然性。宋初两湖、两广与四川等地的边政,一度成为国政的焦点,中央持续下诏指挥处置新收服地的施政,并开始打击特定地区的淫祀活动,这些打击行动反而是从唐代的边陲地区开始的。

第四节　从治政到教化:北宋前期 建立常民祠祀活动的规范

北宋立国以后,国家管控民间祠祀信仰的态度和措施,出现重大的变化。朝廷和地方官打击淫祀风气的活动,比以往唐五代积极许多,[①]这方面的改变,主要受到以下因素的影响:中央直接指导地方施政,下诏处分特定地区的祠祀信仰问题。因此,宋初中央朝廷管控地方祠祀的措施,一开始便不是依据礼经的立祠原则加以禁断,而是介入地方施政,明令禁止特定地区宗教结社的活动。宋太祖曾数次下诏禁止百姓结社立会的行为:

> 乾德五年(967)四月戊子:禁民赛神,为竞渡戏及作祭青天白衣会,吏谨捕之。[②]

---

① 皮庆生:《宋代民众祠神信仰研究》,第 295 页。关于宋代打击淫祀的活动,参见皮庆生前引书第六章《正祀与淫祀——宋代祠神信仰的合法性研究》,第 272—317 页。另外,有关宋代打击非法信仰的研究颇多,参见沈宗宪《国家祀典与左道妖异》,第 75—127 页;黄纯怡:《国家政策与左道禁令——宋代政府对民间宗教的控制》,《兴大历史学报》2005 年总第 16 期,第 171—198 页;杨建宏:《略论宋代淫祀政策》,《贵州社会科学》195 卷 3 期,第 149—152 页。

② 李焘:《续资治通鉴长编》卷八,乾德五年四月戊子条,北京:中华书局,2004 年,第 194 页。乾德五年的禁令未限定地区,但是从乾德元年禁湖南竞渡,开宝五年禁西川竞渡皆在南方,乾德五年的诏令,应该也是防范新收服的湖广与四川地区百姓的结社活动。唐代南方竞渡之戏盛行,白居易《竞渡》一诗言:“竞渡相传为汨罗,不能止遏意无他。”顾学颉校点:《白居易集》卷一八,第 385 页。又,《旧唐书》言:“江南风俗,春中有竞渡之戏。”《旧唐书》卷一四六《杜亚传》,第 3963 页。另外,开宝四年(971)十一月下诏,也下令禁止军民男女结义社会,《续资治通鉴长编》卷一二,开宝四年十一月壬戌条,第 275 页。

开宝五年(972)九月庚午：禁西川民敛钱结社及竞渡。①

　　上述措施本于宋廷欲掌控南方新领地,前文论及唐五代朝廷采取依据经典普遍禁断淫祠的做法,但是宋太祖最初有关祠祀禁令的内容就相当具体、明确,而且深入西川等边地。这些禁令主要防范祠赛社会里结社组织潜在的威胁,是太祖收服荆湖、四川后,加强控制南方新收服地区一连串措施的一环。② 乾德元年(963)三月收服荆湖地区,次月便下令禁止湖南地区竞渡,③太祖禁止结社与竞渡,以杜绝新收服地区可能发展出具有集结力量的结社组织。

　　此处所论宋太祖直接指挥湖南与西川施政的诸多举动,放在唐代的政治环境里是比较难以想象的,反映此时朝廷不断下诏处分新领地施政的新变化。宋太祖即位后,为了避免成为第六代,采取一连串集权中央的措施,收回藩镇兵权、财权、司法权和行政权。其中,在统一天下的过程中,他相当关注地方理政的信息,开始大量指挥处分地方施政,影响深远。例如,以朝官权充地方官,以文臣知州,以朝官知县;又于诸州置通判,以制衡知州,遇事得专达朝廷;并于平定湖南之南,开始下令潭州与朗州等地直属京师,长吏得自奏事,始罢废藩镇领支郡的制度。④

　　不过,他重视两湖、两广与四川等边区的治理,则具有历史的偶然性。由于宋初平定南方诸国,依序为荆南(963 年)、殷楚(963 年)、后蜀(965年)、南汉(971 年)、南唐(975 年)与吴越(978 年),两湖、两广与四川等地

---

① 《续资治通鉴长编》卷一三,开宝五年九月庚午条,第 289 页。
② 宋初对南方降国重要的官员,安置于京邑,就近监控,也会安排寄禄官阶或是闲缺官,降国臣子在原属国任地方官比例不高,参见林煌达《宋初政权与南方诸国降臣的互动关系》,《东吴历史学报》12 期,第 132—138 页。宋太祖乾德三年(965)二月庚申下令,文武官任川、峡职事者,不得以族行,元从及仆使以自随者,具姓名报枢密院给券。(《续资治通鉴长编》卷六,乾德三年二月庚申条,第 149 页)岭南地区亦同。(同前引书卷二一,太平兴国五年七月己巳条,第 477 页)不过,到了太平兴国六年(981)十二月,管制的措施开始放松,太宗下诏岭南、四川、江南、两浙职官等,"先不许亲属至治所,自今得以期功亲一人随行,仍不得参预政事"。(同前引书卷二二,太平兴国六年十二月戊辰条,第 506 页)
③ 《续资治通鉴长编》卷四,乾德元年四月戊子条,第 88 页。
④ 参见芮和蒸《论宋太祖之创业建国》,《"国立"政治大学学报》18 期,第 245—252 页。

最早纳入版图,这些唐代官方认知中的边区,一度成为宋初国政关注的焦点。当时朝廷为稳妥局面,特别重视这些边陲地区的治理,而且通过制度的设计,使得南方新收服地区大量的民情与理政讯息涌向中央朝廷。

宋初以中央官知州、知县,皇帝注重地方治政,严惩地方官贪污纳贿的行为,大幅改变了唐代以来重京官、轻外官的局面。① 为了巩固新收服地区,宋太祖相当重视这些边地的治理,除了给予边远官任满迁代、不须守选与即时除代的优礼措施外,②也以邻近地区的旧任官出守这些地区。③ 这种改变与宋太祖本身的态度有很大的关系,以下这个例子说明他重视边地治理的态度。

开宝八年(975)九月,宋太祖亲自下诏以相州录事参军钱文敏为右赞善大夫,权知泸州,其中特别提到:"泸州近蛮,尤宜抚绥。知州郭重迁掊敛不法,恃其僻远,谓朝廷不知,尔至即为朕鞫之,苟有一毫侵民,朕必不赦。"而且厚赐遣行钱文敏,最后郭重迁因纳贿弃市。④ 泸州地处西南边陲,太祖重视四川的治理,获悉前任知州的不法情事,在亲自下诏派遣新知州时,又特别强调朝廷掌握僻远之地的施政良窳,由此可见宋初对边地

---

① 宋初重视地方治理,严惩官吏贪污的事例颇多,如太宗朝,参见《续资治通鉴长编》卷一七,太平兴国元年十二月己未条,第387页。卷一八,太平兴国二年五月庚午条,第405—406页;七月辛巳条,第408页。卷一九,太平兴国三年二月丙寅条,第423页;三月丙申条,第424页;四月辛巳条,第427页。卷二一,太平兴国五年十一月丁亥条,第480页。卷二二,太平兴国六年十一月丁酉条,第504页。

② 宋太祖开宝三年(970)七月下令:"西川官考满得替,更不守选。"《续资治通鉴长编》卷一一,开宝三年七月戊辰条,第248页。开宝五年(972)十月戊戌诏:"边远官岁才三周,即与除代,所司专阅其籍,勿使逾时。"同前引书卷一三,开宝五年十月戊戌条,第290页。不过到了太宗朝,优礼的措施有所改变,太平兴国六年八月下诏:"诸道知州、通判、知军监县及监榷物务官,任内地满三年,川、广、福建满四年者,并与除代。"同前引书卷二二,太平兴国六年八月乙酉条,第494页。不过,宋代对广南西路的命官,仍然"优其秩奉"。《宋史》卷九〇《地理六·广南西路》,第2248页。

③ 宋太祖以熟悉西川之邻近州治理西川,基本上不愿意归降人再回故地治理,并选择年富力强者治理。乾德三年十月乙丑下诏:"吏部流内铨以见任京西南州县官满一周年者,移注西川南北边,归降人及年七十以上者,勿复移注。"《续资治通鉴长编》卷六,乾德三年十月乙丑条,第159页。开宝四年平定岭南后,也下诏:"吏部流内铨于唐、邓、随、郢、襄、均、房、复、安、申等州以南及荆湖诸州,选见任令录两考以上,判、司、簿、尉合入令录年五十以下者,移为岭南诸州通判,得携族之官。满三考,即依资叙注拟,更不守选。"同前引书卷一二,开宝四年四月乙亥条,第263页。

④ 《续资治通鉴长编》卷一六,开宝八年九月丁酉条,第346页。

治理的重视程度。① 在皇帝带头的重视下,实已大幅扭转前代轻忽南方边地治理的思维,这确实是唐宋两代统理南方视野的不同所带来的明显变化。

另一方面,制度设计对地方理政信息的上达,扮演更关键的角色。如何有效地掌控地方,原是宋代立国的国策,尤其是宋初两湖、两广与四川等边地,是此时国政关注的焦点,为了有效巩固新收服地的统治,朝廷建立若干俾于掌握地方理政信息的制度,才使得远地边俗大量进入中央的统治视野。

宋初朝廷以设立州判、直隶州与派遣知州的方式,欲直接掌控南方新征服的地区。最初设立知州,以中央官出守,主要分布于新征服地区。② 为了牢牢掌握这些地区,宋太祖收服湖南之后,另以中央官出任通判,防止长吏专断决事,③且具有监督降臣治政的作用。④ 值得注意的是,南方

---

① 太祖对远方州郡管制相当重视,于以下二事可见一斑。《续资治通鉴长编》记载:"初平岭南,命太子中允周仁俊知琼州,以儋、崖、振、万安四州属焉。上谓宰相曰:遐荒炎瘴,不必别命正官,且令仁俊择伪官,因其俗治之。辛卯,仁俊列上骆崇璨等四人,上曰:各授检校官,俾知州事,徐观其效可也。"《续资治通鉴长编》卷一三,开宝五年闰二月庚戌条,第 281 页。又,开宝八年三月,"周仁俊责授平凉县令,坐知琼州日贩易规利故也"。同前引书卷一六,开宝八年三月壬午条,第 336 页。

② 宋初于南方与北汉施行新的知州制,在后周版图的旧境,实施刺史的旧制,大约在太宗、真宗之交,知州制完全取代刺史,参见李昌宪《略论宋代知州制的形成及其历史意义》,《南京大学学报》(哲学社会科学版)1996 年第 4 期,第 74—76 页;苗书梅:《宋代知州及其职能》,《史学月刊》1998 年第 6 期,第 43—44 页。

③ 有关宋代通判的职能,参见王世农《宋代通判略论》,《山东师范大学学报》(社会科学版)1990 年第 3 期,第 33—38 页。宋代为了有效控制地方,建立许多掌握地方理政情资的管道,相关的研究参见邓小南《多途考察与宋代的信息处理机制:以对地方政绩的核查为重点》,收入氏编《政绩考察与信息渠道:以宋代为重心》,北京:北京大学出版社,2008 年,第 55—81 页。以下诸例可以略见宋初在长吏不得专断的政治氛围下,朝廷指挥处分地方治政的现象。一、《续资治通鉴长编》卷六,乾德三年十月乙卯条记载:"忠州民以鱼为膏,伪蜀时,尝取其算,乙卯,诏除之。"(第 158 页)二、乾德四年(966)正月,诏:"达州(即通州),伪蜀时刺史于部下无名科率并罢之。"同前引书卷七,乾德四年正月己丑条,第 166 页。三、乾德四年四月,"罢光州岁贡鹰鹞,放养鹰户"。同前引书卷七,乾德四年四月壬子条,第 169 页。四、乾德四年闰八月,"普州言兔食秋稼殆尽"。同前引书卷七,乾德四年闰八月丁巳条,第 179 页。当时长吏与方面大员不得专断,凡事奏请敕裁,故皇帝许以便宜从事,即是特恩。太祖开宝九年(976)九月,"以范旻勾当淮南诸州并淮北徐、海、沂等州水陆计度转运公事。上谓旻曰:朕委卿以方面,凡除去民隐,漕輓军储,悉许便宜从事,不用一一中覆也"。同前引书卷一七,开宝九年九月丁卯条,第 376 页。

④ 林煌达:《宋初政权与南方诸国降臣的互动关系》,《东吴历史学报》12 期,第 136 页。另外,关于宋太祖统治的角色,参见刘静贞《北宋前期皇帝和他们的角色》,台北:稻乡出版社,1996 年,第 11—39 页。

新收服地都是直隶州,①州级官吏直接向朝廷奏报地方理政的信息,而且当时地方官不少的施政措施奏请敕裁。这些制度上的权宜之设,后来成为宋代立国的"经制"。有趣的是,因为统一天下的急迫需求,宋初朝廷通过权宜之制,掌握南方新领地的理政信息,远较其他地方丰富。《续资治通鉴长编》记载开宝八年琼州、邕州上奏的事例,可以略窥朝廷掌握边地远俗的梗概。

> 开宝八年十一月己巳朔,琼州言俗无医,民疾病但求巫祝。诏以方书、本草给之。邕州之右江生毒药树,宣化县人常采货之,知州侯仁宝奏其事,诏尽令伐去。②

宋太祖下诏赐予琼州医书,下令邕州砍伐毒药树,只是朝廷掌握大量与南方风俗民情信息的诸多事例之一。更重要的是,中央常常指挥地方官的施政,包括放免特定地区的苛捐杂税,③革除特定地区的风俗等活动,例如太祖任内禁荆湖诸州造蛊厌,禁山南西川别籍异财,禁西川不侍亲人疾病等。④ 在这种情况下,中央朝廷逐渐能掌握南方各地包括祠祀信仰在内的风俗民情,从而开始学习如何建立管控的制度规范。

宋太宗时期,朝廷对各地常民祠祀信仰活动的管制又有新的发展,开始禁绝四川等特定地区师巫群体的活动。前文已论及宋太祖时期,面对琼州地区疾病但求巫祝的民俗,以赐予医方的方式解决。宋太宗太平兴国六年,则下令禁绝东、西川地区白衣巫师;淳化三年(992)亦禁绝两浙绯

---

① 宋代直隶州之设,本于宋太祖平定湖南的时候,至太宗朝,因李瀚建言,遂下诏推广直隶州的制度:"邠、宁、泾、原、鄜、坊、延、丹、陕、虢(河南灵宝县)、襄、均、房、复、邓、唐、澶、濮、宋、亳、郓、济、沧、德、曹、单、青、淄、兖、沂、贝、冀、滑、卫、镇、深、赵、定、祁等州并直属京,天下节镇无复领支郡者矣。(小注: 按此时已尽罢节镇所领支郡矣)"《续资治通鉴长编》卷一八,太平兴国二年八月戊辰条,第411页。
② 《续资治通鉴长编》卷一六,开宝八年十一月己巳条,第349页。
③ 参见《续资治通鉴长编》,第 88、90、92、99、107、146、149、166、170、174、187、197、278、279、282、305、353、427、428、429、452、472 页。在早期平定荆南、楚和后蜀之后,宋廷下诏恩免苛捐杂税的措施比较多。
④ 《续资治通鉴长编》卷七,乾德四年四月丁酉条,第169页;乾德四年五月丁丑条,第172页。《宋会要辑稿》刑法二之一一~二,总第6482页。

衣巫治病者,犯者以造妖惑众论。① 禁令之起的原因不得而知,但是朝廷
已经注意巫者在若干地区的影响力,于是采取禁绝的管制措施。

　　比较宋初朝廷管制地方祠祀的措施和前此朝代的做法,不难发现此
时打击不法祠祀信仰的活动有一特点:宋廷自始即直接涉入地方施政,处
分特定地区祠祀信仰衍生的问题,而不再拘守古典礼经的立祀原则。宋
初朝廷重视地方的控制和治理,一开始的打击活动即针对南方特定地区
的结社组织与宗教人士,重点在人,防范任何可能潜在的叛乱,而不再是
神祇与所在的祠庙。

　　宋初朝廷下诏打击不法祠祀活动,是中央指挥处分地方施政的结果,
所以带有一定的历史偶然性。太祖、太宗二君为避免成为第六代,两朝的
国政方针旨在防范内乱,巩固统治的基础,②由于地方奏请敕裁的施政内
容因人因地而异,未有一定的范式,故中央指挥处分地方施政的内容和地
区,往往也具有一定的偶然性。然而,这些化俗的诏令显示出出身基层的
宋代统治者,更关注地方社会的民情风俗。这些处分的措施,最初只是朝
廷指挥特定地区施政的作为,然而在当时地方长吏不得专断决事的政治
氛围下,宋廷也必须开始正面处理南方各地祠祀信仰的事务。这些处分
行动对朝廷建立地方祠祀的规范,是相当重要的学习经验。

　　两湖、两广与四川地区本是唐代的边区,因缘际会,成为宋初国政的
重心,影响所及,朝廷很早就注意这一带的杀人祭活动。中央最早有系统
地改造淫祀行动,便是禁绝西南边地的杀人祭风俗。从太宗朝开始,朝廷
即不断下诏打击,成为打击淫祀措施的大宗。

　　杀人祭鬼是一种以杀人为牲奉祀鬼神的祭祀活动。这种特殊的祭
祀,可能源于南方土著的信仰风俗。始见于北魏,③唐代的岭南地区亦有

① 《续资治通鉴长编》卷二二,太平兴国六年四月丙戌条,第492页;《宋会要辑稿》刑法二
　　之五,总第6484页。
② 邓小南:《祖宗之法:北宋前期政治述略》第三章《事为之防,曲为之制》,北京:三联书
　　店,2006年,第184—280页。
③ 《魏书》卷四五《韦珍传》,第1013页。传中提到:"淮源旧有祠堂,蛮俗恒用人祭之。"淮
　　水源头,大约在唐州一带。此地到了唐代已无非汉族群居住的记载,因此,此风和宋世
　　的杀人祭风俗之间有无关系,仍有待进一步考察。

杀人祭祀独脚神的记载。① 杀人祭不是宋代才开始出现的祭祀习俗,宋太宗下诏打击杀人祭祀的行为,主要是因为它已经进入皇帝的统治视野。②

宋廷注意杀人祭的风俗,最初源于宋太宗阅览范旻的《邕管杂记》,了解岭南地区包括杀人祭在内的许多风俗违反礼教,故于雍熙二年(985),下令加以化导:"应邕、容、桂、广诸州,婚嫁丧葬、衣服制度,并杀人以祭鬼、病不求医药及僧置妻孥等事,并委本郡长吏多方化导,渐以治之,无宜峻法,以致烦扰。"③宋初范旻曾知邕州兼水陆转运使,④《邕管杂记》系其任内观风问俗之作。此时太宗仍然看重南方新收服边区的治理,故留心此书所载的边俗。他可能考虑到岭南地区"华夷参杂"的现实,故决定循序渐进,化导包括杀人祭鬼在内的诸多远俗。

五年之后,即太宗淳化元年(990),中央朝廷改变渐进化导的做法,开始严禁杀人祭鬼的习俗。《宋会要辑稿》记载:

> 太宗淳化元年八月二十七日,峡州长杨县民向祚与兄向收共受富人钱十贯,俾之采生。巴峡之俗,杀人为牺牲以祀鬼,以钱募人求之,谓之采牲。祚与其兄谋杀县民李祈女,割截耳鼻、断支节以与富人,为乡民所告,抵罪。著作郎罗处约奉使道出峡州,适见其事,抗疏以闻,因下诏:剑南东西川、峡路、荆湖、岭南等处管内州县,戒吏谨捕之,犯者论死,募告者以其家财畀之,吏敢匿而不闻者加其罚。⑤

宋廷改采严厉打击的措施,可能是发现杀人祭已经危害汉民百姓,而且为汉民效法。《宋会要》言巴峡之俗尚杀人祭,又说峡州富人出财"采

---

① 唐裴铏《传奇》记载,唐代岭南番禺任翁家事独脚神,"每三岁,必杀一人飨之"。故事虽是虚构,所言任翁家,村老云:"南海尉任器之墓。"但是故事发生在广州,任氏又任尉官,说明岭南地区的汉民也有杀人祭的风俗。《太平广记》卷三四《崔炜》引《传奇》条,第216—220页。不过,三年一祭,与宋世以后常见闰岁杀祭的风俗有所不同。

② 皮庆生曾综论宋代政府打击杀人祭祀的行动,并将这些行动置于中原文明推广的脉络下加以考察。皮庆生:《宋代民众祠神信仰研究》,第297—298、307页。

③ 《宋会要辑稿》刑法二之三,总第6483页。

④ 《宋史》卷二四九《范旻传》,第8796—8797页。

⑤ 《宋会要辑稿》刑法三—一四,总第6483页。

生",可见向氏兄弟受财谋杀民女,以满足杀人祭的需求。此案当时已进入审理程序,地方官府自然知情,但是并未奏报朝廷。直到罗处约回京上奏皇帝后,朝廷才出手禁绝此风。罗处约目睹峡州杀人祭的风俗,朝廷最后扩大禁绝的地区,下令禁绝之前,应该经过一番民情调查。由于杀人祭骇人听闻,容易引起地方社会不安,危及新收服地区的稳定,因此,首先成为朝廷有系统地打击淫祀的对象。

事实上,在此之前的记载,透露出荆湖地区溪州蛮诱取汉人以为杀祭所需生口的现象早已存在。当时,非汉族群经由汉民的中介,取得所需的生口,但是宋廷最初似乎仅能掌握汉人生口买卖的现象。据《续资治通鉴长编》太平兴国四年(979)八月辛未条的记载:

> 辰州言:民宋再均等六辈诱致生口,阑出边关,卖与溪州蛮,取其直。诏令杖脊黥面,槛车送阙下;自今敢违者,并令本处杖杀,所在督疆吏谨捕之。[1]

此处辰州上奏并未言及杀人祭的习俗,但是辰州官府指出,溪州蛮早已通过汉人的中介,取得所需的生口。类似交易生口的行为日趋普遍,间接佐证当地的杀人祭之俗源于非汉族群的事实。

太宗朝开启此后朝廷屡屡下诏禁绝杀人祭的先声,受到朝廷的诏令引导,地方官也开始向朝廷奏报这类事件。淳化二年,荆湖转运使上奏:"富州向万通杀皮师胜父子七人,取五藏及首以祀魔鬼。"不过"朝廷以其远俗,令勿问"。[2] 淳化元年,朝廷曾下诏严禁杀人祭。仅仅相隔一年,朝廷前后的处置措施竟然大不相同,反映出宋廷在处理杀人祭的行为上"蛮汉有别"的态度。由于富州系由向氏蛮自治,刺史为当地酋长向通汉,因此,朝廷以其远俗而无意追究。[3] 宋廷积极打击杀人祭的特殊风俗,有时甚至成为不肖地方官不法的借口。《宋史·唐介传》记载,仁宗朝岳州地

---

① 《续资治通鉴长编》卷二〇,太平兴国四年八月辛未条,第460页。
② 《宋史》卷四九三《蛮夷一》,第14174页。
③ 同上。

区的官吏求财不成,诬指当地富民杀人祭鬼的事例,①即是朝廷下诏禁绝杀人祭风俗的另类反响。

　　太宗朝屡次下诏处置杀人祭,杀人祭由此成为地方官关注的焦点。因此,地方向上奏报杀人祭的信仰活动,有时也很具体、明确。如宋真宗曾下诏禁绝杀人祭,皆指涉特定地区或特定神祇。

　　　　咸平元年(998)十月二十八日,禁峡州民杀人祭鬼。②

　　　　大中祥符三年(1010)二月二十五日,禁荆南界杀祭棱腾神。③

　　宋太宗对杀人祭行为已订出刑罚,但是,宋太宗、真宗两朝,在中央朝廷关注杀人祭的影响下,地方官也积极奏报请求处分,再由皇帝降诏禁绝。一来一往之间,朝廷和地方长吏联手打击杀人祭。此后,朝廷屡屡下诏禁绝杀人祭祀的行为,这些不间断的打击活动,多半先出自地方官的奏报,说明在朝廷下诏与地方奏报之间,官已形成某种联合打击杀人祭的机制。

　　杀人祭首先受到朝廷高度的重视,实际上却是影响范围较小的信仰活动。这种祭祀通常仅限于特定神祇(如荆南界棱腾神、巴王祠④),且于闰岁举行,不是地方官治政面临常民祠祀时的主要问题,但是因为骇人听闻,又有朝廷诏令的引导,容易成为官吏注目的焦点,反而成为此时宋廷下诏打击不法祠祀活动的大宗。⑤

　　中央与地方官不断联手禁绝杀人祭,也反映出此种信仰在现实中屡

---

① 《宋史》卷三一六《唐介传》,第 10326 页。

② 《宋会要辑稿》刑法二之六,总第 6484 页。

③ 《宋会要辑稿》刑法二之一〇,总第 6486 页。此时杀人祭风俗,似有北传的现象,天禧三年(1019)四月二十一日,朝廷曾下诏禁绝金、商二州的邪神之祭:"如闻金、商等州,颇有邪神之祭,或缘妖妄,取害生灵。达于予闻,良用矜轸,宜令所在严禁绝之。如复造作休祥,假托祭祀惑众,所犯头首及蒙强者并处死,余决讫黥面,配远恶处牢城。"(《宋会要辑稿》礼二〇之一〇,总第 755 页)

④ 陆心源辑:《宋史翼》,《宋会要辑稿》刑法二之一〇,总第 6486 页;《二十五史》三编卷一八《赵诚传》,长沙:岳麓书社,1994 年,第七册,总第 693 页。

⑤ 皮庆生:《宋代民众祠神信仰研究》,第 298 页。

禁不绝。宋廷处理的措施"蛮汉有别"，因此，很难根绝非汉族群杀人祭的行为，也很难防止此风进一步扩及汉民。[1] 宋太宗淳化元年下诏禁绝的地区——剑南东西川、峡路、荆湖、岭南等处，皆是唐宋时期文献记载上南方非汉族群主要分布的地区。尤其是两湖、巴峡、岭南三地的交会地带，屡屡成为朝廷下诏禁绝杀人祭的目标。[2] 有宋一代，湖、广交接一带汉族与非汉族群交流频繁，杀人祭鬼的风俗日益扩及汉民百姓，甚至向外传播至两浙一带。[3] 朝廷采取严禁的措施，欲断绝这种戕害生命的祭祀仪式，但是终究因为采取"蛮汉宽严有别"的做法，无法真正禁绝非汉族群的祭祀活动，遂出现屡禁不绝的现象。[4]

相对地，宋廷比较全面地改造了南方地区祀神信巫的风俗，[5]时间上明显晚于杀人祭的禁令。和唐代相比，宋廷打击的措施有两个明显的变化：一、朝廷带头进行改造化俗的行动；二、朝廷打击的对象改以师巫群体为主。

早在宋太宗时期，朝廷已经禁绝特定地区的巫者，但是直到仁宗朝，中央才展开大规模打击南方祀神好巫的活动。这次行动缘于夏竦在洪州的作为，据《宋会要辑稿》记载：

> 仁宗天圣元年（1023）十一月八日，户部郎中、知洪州夏竦言：
> "……窃以当州东引七闽，南控百粤，编氓右鬼，旧俗尚巫。……爰从

---

[1] 南宋时期王次张的墓志便提到，他奏请严禁"溪洞蛮人"诱人为奴婢，用以祭鬼之事。韩元吉：《中奉大夫提举武夷山冲佑观王公墓志铭》，《全宋文》卷四八〇五，第 316 页。

[2] 参见皮庆生《宋代民众祠神信仰研究》，附表六"两宋关于正祀、淫祀诏令与行为一览表"，第 354—376 页。

[3] 同上书，第 368 页。

[4] 宋廷禁绝杀人祭的诏令，真正针对非汉族群者，仅见于宋高宗绍兴十九年（1149）的禁令，皮庆生《宋代民众祠神信仰研究》附表六"两宋关于正祀、淫祀诏令与行为一览表"，第 368 页。

[5] 根据宋代文献的记载，南方地区仍然存在好祀鬼神的风俗。沈宗宪：《国家祀典与左道妖异》，第 79—80 页。关于宋代巫觋信仰，以及统治者的态度和作为，王章伟先生已有比较细致的研究，参见王章伟《在国家与社会之间》，香港：中华书局，2005 年。特别是在此书的第六章"淫祠与邪神——国家对巫觋信仰的重塑"，他从国家对巫觋信仰的重塑，讨论国家对巫觋信仰的措施。柳立言先生最新的研究则从立法的角度，挑战一个流行的旧说：认为宋政府有时全面禁巫或禁巫术。他强调，在宋代，巫作为一种职业和巫术作为一种职业工具从未被禁。参见柳立言《从立法的角度重新探讨宋代曾否禁巫》，《中研院历史语言研究所集刊》86 期 2 分册，第 365—420 页。

近岁，传习滋多。……皆于所居，塑画魑魅，陈列幡帜，鸣击鼓角，谓之神坛。婴孺襁褓，已令寄育，字曰'坛留''坛保'之类，及其稍长，则传习妖法，驱为童隶。民之有病，则门施符篆，禁绝往还，斥远至亲，屏去便物。家人营药，则曰神不许服；病者欲饭，则云神未听飡。率令疫人，死于饥渴。洎至亡者服用，又言余祟所凭，人不敢留，规以自入。幸而获免，家之所资，假神而言，无求不可。其间有孤子、单族、首面妻，或绝户以图财，或害夫而纳妇。浸淫既久，积习为常，民被非辜，了不为讶，奉之愈谨，信之益深。从其言甚于典章，畏其威重于官吏。……小则鸡豚致祀，敛以还家；大则歌舞聚人，馂其余胙。婚葬出处，动必求师；劫盗斗争，行须做法。……当州师巫一千九百余户，臣已勒令改业归农，及攻习针灸方脉。所有首纳到妖妄神像、符篆、神衫、神杖、魂巾、魂帽、钟角、刀笏、纱罗等一万一千余事，已令焚毁及纳官讫。伏乞朝廷严赐条约，所冀屏除巨害，保宥群生，杜渐防萌，少裨万一。"诏："宜令江南东西、荆湖南北、广南东西、两浙、福建路转运司，遍行指挥辖下州、府、军、监、县、镇，今后师巫以邪神为名，屏去病人衣食汤药，断绝亲识看承，若情涉于陷害及意望于病苦者，并同谋之人，引用咒诅律条，比类断遣。如别无憎（当作僧）疾者，从违制失决放；因而致死者，奏取敕裁。如恣行邪法，不务悛改，及依前诱引良家男女，传教妖法为弟子者，特科违制定断。其和同受诱之人，减等科罪。余并检会前后条法，详酌断遣，情理巨蠹，别无刑名科断者，即收禁具案奏裁。仰粉壁晓示，仍半年一度举行约束，仍赐敕书褒谕。"①

夏竦明确指出洪州百姓"右鬼"与"尚巫"风俗两者之间的关系，巫觋在常民尚鬼风俗中扮演了关键角色，②所以他进行了一场以师巫群体为主

---

① 《宋会要辑稿》礼二〇之一〇——二，总第 755—756 页。引文中别无憎疾者，"憎"原作"僧"，据《长编》卷一〇一改。

② 《宋史》夏竦本传记载："仁宗即位，迁户部郎中，徙寿、安、洪三州。洪俗尚鬼，多巫觋惑民，竦索部中得千余家，敕还农业，毁其淫祠以闻。诏江、浙以南悉禁绝之。"《宋史》卷二八三《夏竦传》，第 9571 页。关于宋代官方打击巫者的行动，参见中村治兵卫《中国のシャーマニズムの研究》，东京：刀水书房，1992 年，第 26—29、92—121 页。

的打击行动。除了改巫为农、改巫习医，师巫执业的凭借与神像也在禁毁之列，这是一种全面性的打击行动。分析夏氏上请禁断巫俗的内容，他主要考虑师巫在当地的影响与危害。

朝廷纳奏之后，采取的禁断措施有四点值得留意：一、扩大禁断范围至长江以南的地区（不包括四川），①全面打击南方普遍存在的好巫祀神之风；二、从师巫群体入手，断绝不侍养生病亲人风俗的根源；三、开始防范师巫群体的繁衍；四、长吏必须定期粉壁晓示，形成常态性的约束。②

仁宗朝夏竦奏请严禁的行动，说明宋代前期官方因不断涉入、处分南方好巫祀神之风衍生的问题，最后形成大规模的打击行动。太宗、真宗时期，曾下诏禁绝西川与两浙等地的师巫，③朝廷的意向引导着地方官施政的目光，使他们比较关注南方师巫群体的活动。夏氏整顿境内师巫后，奏请扩大禁绝的范围，说明地方长吏亦希望禁巫的行动能够获得朝廷的肯定。未几，淮南地区亦援例要求止绝当地师巫造作妖妄的现象。④

宋仁宗天圣元年，朝廷下诏打击师巫的地区主要分布在南方，是前文所论唐代好巫祀神风气盛行之地。长远来看，这是中国历史上大一统政权首次比较有系统地，以打击师巫的方式，改造南方祀神好巫之俗。北宋前期屡次颁布禁绝南方师巫的命令，代表着朝廷正视师巫在南方社会的

---

① 此次下诏禁绝师巫群体，不及于四川地区，可能是宋太宗太平兴国六年，已经下诏禁绝东、西川白衣巫师。

② 有关宋代的粉壁和榜谕，参见高柯立《宋代的粉壁与榜谕：以州县官府的政令传布为中心》，收入邓小南主编《政绩考察与信息渠道：以宋代为重心》，第411—460页。

③ 太宗淳化三年（992）禁两浙治病巫，《宋会要辑稿》刑法二之五，总第6484页。宋真宗天禧三年，禁兴州三泉县、剑州与利州等白衣师巫。同前引书刑法二之一四，总第6488页。

④ 《宋会要辑稿》记载："（仁宗）天圣三年（1025）四月二十三日，淮南江浙荆湖发运司言：'昨高邮军（扬州北部）有师巫起张使者庙宇神像，扇惑人民，知军、国子博士刘龟从已行断绝，拆除一十处庙像，收到材木、钱物盖造，作系官使用，见今人户安居。窃知洪州曾有师巫造作妖妄，蠹害风俗，知州夏竦奏闻朝廷，降敕江南、荆湖、广南、两浙、福建路条约断绝。今来淮南乞降敕命，依例止绝。'从之。"《宋会要辑稿》礼二〇之一二，总第756页。

影响力,相对的,宋廷未曾下令进行大规模毁祠的行动。① 这是宋代官方打击淫祀措施的一大特色。从宋太宗朝开始,不管是朝廷还是地方官,都关注巫者潜在的危害,以及这个群体与南方淫祀风气的关系。宋代管控祠祀信仰的措施,更注意宗教人士扮演的角色,而不再拘守经典立祀的原则,应系正面处理常民祠祀活动所获得的经验。

然而,地方官和朝廷改造南方好巫祀神之风的做法亦有所不同,他们常常兼采毁祠与禁巫的行动。例如《宋史·陈希亮传》所载,陈希亮在虔州鄠县从事的禁巫毁祠的活动:

> 徙知鄠县……巫觋岁敛民财祭鬼,谓之春斋,……民讹言有绯衣三老人行火。希亮禁之,民不敢犯,火亦不作。毁淫祠数百区,勒巫为农者七十余家。②

由于打击巫者已成为宋代官方改造淫祀之风的重要措施,地方官不再只是采取禁毁淫祠的行动,史书也开始出现明载地方官毁祠与勒巫为农的具体数字。③ 然而,宋代某些地方官仍然受到经典立祀原则的影响,

---

① 史籍中,北宋下诏大规模禁毁淫祠者,只有宋徽宗大观三年下诏禁毁"在京淫祠不在祀典者,其假托鬼神以妖言惑众之人,令开封府迹捕科罪,送邻州编管,情重者奏裁"。最后禁毁神祠一千三百八十区,但是只有"五通、石将军、妲己三庙以淫祠废",其余的部分"迁其像入寺观及本庙"。可见这次禁毁的重点不在祭祀对象,而是祭祀的场所。《宋会要辑稿》刑法二之二五〇,总第 6506 页;《宋会要辑稿》礼二〇之一四—一五,总第 757—758 页。

② 《宋史》卷二九八《陈希亮传》,第 9918 页。另一个例子是钱起,参见苏颂《钱起居神道碑》与《润州州宅后亭记》二文,分见王同策等点校《苏魏公文集》卷五二,第 790 页;卷六四,第 980—981 页。

③ 到了南宋,还出现县尉下令保伍互相纠察、勒巫为农的现象。《宋史·刘宰传》记载:"刘宰……绍熙元年举进士,调江宁尉。江宁巫风为盛,宰下令保伍互相纠察,往往改业为农。岁旱,帅守命振荒邑境,多所全活。有持妖术号'真武法''穿云子''宝华主'者,皆禁绝之。"《宋史》卷四〇一《刘宰传》,第 12167—12168 页。这种新动向也反映在为吏之道上,讲求为吏之术的《吏学指南》,将禁捕托作鬼神的师巫作为施政九要之一。《为政九要》言:"巡尉觉察行坛、大仙、佛牙舍利,妄作光明庙宇,师巫托诈鬼神,夜聚晓散,扇惑人户,惹叛乱,生啸聚,连累平人亦遭杀害,禁约则可。"收入杨讷点校《吏学指南·为政九要·禁捕五》,杭州:浙江古籍出版社,1988 年,第 149 页。不过,现实上师巫纳财是宋代地方政府收入来源之一,也不可能完全加以禁绝。《宋会要辑稿》刑法二之一二〇,总第 6541 页;刑法二之一二九,总第 6546 页。

禁毁淫祠的同时,也伴随着建立正祠的做法。① 这种一消一长的做法,反映地方官更关注祭祀对象合宜问题的态度。

　　北宋初期以降朝廷重视师巫的管制,也引导某些官吏更重视宗教人士的影响力。例如宋徽宗政和四年(1114),有臣僚议论两广地区仍有师巫"作为淫祀,假托神语,鼓惑愚众",乞求朝廷加以严禁。②《会要》不明言具体是某地的地方官,应是一般臣僚议政的言论。此前朝廷的条诏已经引导官吏关注师巫群体,他们不在地方官任上,却仍然关注这些宗教人士可能的危害。宋代官方禁巫的集体行动,系国家打击淫祀风气手段的转变,也可视为中古以来国家对僧尼、道士管制的进一步发展。

　　北宋前期朝廷和地方官大量的禁巫行动,可说是国家日益正面处理南方好巫祀神风俗的结果。宋代官方毁祠禁巫的记载,不限于南方地区,但是从朝廷的诏令或地方官实际的打击活动看来,皆高度集中于南方地区。③ 同样面对南方好巫祀神之风,宋代官方和统治阶层,却采取了和唐代截然不同的态度与作为。前文论及唐廷和出身北方的地方官,即使怀着文化、族群的优越感,但始终视南方多数地区为远宦与偏僻之地,并未积极改造此一风俗。然而,宋初以北统南,为了避免失去新收服的地区,朝廷相当重视南方的治理,大幅扭转南方原先所处帝国相对边陲的地位。在朝廷不断直接涉入南方地方施政的情况下,朝廷与地方官联手改造南方好巫祀神的风俗,并且对好巫之俗展开大规模的打击行动。两代统治阶层对南方好巫祀神风气重视的程度不同,反映出国家统治南方视野的

---

① 皮庆生:《宋代民众祠神信仰研究》,第 309—310 页。
② 《宋会要辑稿》刑法二之六四,总第 6513 页。政和七年(1117),前提点江南东路刑狱周邦式奏言,针对江南风俗好巫而不侍疾病人的现象,建议进一步立法,"责邻保纠告",但是手段可能太激烈,而未见采用。同前引书刑法二之八,总第 6513 页。
③ 参见皮庆生《宋代民众祠神信仰研究》附表六"两宋关于正祀、淫祀诏令与行为一览表",第 354—376 页。他强调打击信巫不信医的淫祀的措施主要发生在疾疫流行的地区,故这些行动带有很大的偶然性。(第 305—308 页)本章首节已指出,南方地区普遍存在好巫祀神的风气,而且宋仁宗时朝廷下诏普加禁绝淫祀的地区是在南方地区,文献中所见地方官打击淫祀的活动也多在南方,因此,宋代国家打击信巫不信医的措施应可视为改造南方祀神好巫之风的行动。

大幅转变。

最后,笔者将进一步指出,夏竦奏请普禁的行动与仁宗朝打击南方好巫祀神的风俗,反映出此时统治阶层有意全面改造淫祀风俗,并建立地方祠祀规范的动向。大约在真宗、仁宗朝时期,有三种现象值得留意:一、兴学与毁祠并行的记载增多;二、州县官大规模毁祠的活动增加;三、对地方祠祀信仰的规范趋于普遍化与细致化。

真宗朝,担任地方官的魏野曾说:"淫祀随处毁,学校逐乡修。"①他的言论反映出当时长吏兴学之余,也禁毁淫祠的新趋向。② 寓目所及,此时就有不少兴学毁祠的事例,如李堪(古田县)、吕希道(解州)、李公济(饶州余干县)、晁仲参(开州)、李尧俞(宋城县)、种世衡(武功县)、刘若虚(邵武军)等人在地方上的举措。③

地方官兴学伴随毁祠的行动(有时也毁寺),可收以祠庙建材增广学宫的便利(如吕希道、李公济、李尧俞、种世衡等),但是兴学的目的在敦劝土俗,毁祠则是化导民俗,两者的目的不尽相同。两者的结合,显示出宋代士大夫阶层施政教化的活动,越来越重视祠祀信仰对庶众生活的影响,甚至出现立志毁祠的现象。

前述真宗、仁宗二朝官吏兴学毁祠的教化行动,也反映出澶渊之盟后,宋朝更有余力对内从事文治事业的历史氛围。改造淫祀之风,通常不是施政的优先顺序,④现存地方官的毁祠事例,也仅占官僚阶层的一小部

---

① 魏野《上解梁潘学士十韵》言道:"淫祀随处毁,学校逐乡修。"魏野:《东观集》,王云五主编:《四库全书珍本七集》卷四,台北:台湾商务印书馆,1977 年,第 1 页。

② 皮庆生:《宋代民众祠神信仰研究》,第 310 页。

③ 相关的事例,见蔡襄《尚书屯田员外郎赠光禄卿刘公墓碣》,吴以宁点校:《蔡襄集》卷三七,上海:上海古籍出版社,1996 年,第 681 页;范祖禹:《左中散大夫守少府监吕公墓志铭》,《全宋文》卷二一五三,第 16 页;王安石:《虞部郎中赠卫尉卿李公神道碑》,唐武标校:《王文公文集》卷八五,上海:上海人民出版社,1974 年,第 907 页;王安石:《虞部郎中晁君墓志铭》,同前引书卷八七,第 924 页;石介:《宋城县夫子庙记》,《全宋文》卷六三二,第 371 页;范仲淹:《东染院使种君墓志铭》,李勇等校点:《范仲淹全集》卷一五,成都:四川大学出版社,2002 年,第 358 页。

④ 苏颂《润州州宅后亭记》言:"庆历七年(1047),祠曹员外郎彭城钱侯以方闻署等,来作民牧,下车之初,视庶政之苛慝,与习俗之抗弊,既兴且治之,细大之务,铢两之奸无所容。惟是里巫之蛊俗始未及治。"《润州州宅后亭记》,王同策等点校:《苏魏公文集》卷六四,第 980 页。

分,但是,此时州县官大规模毁祠的事例增加,确实是相当显著的历史变化。例如,钱彦远在润州,"撤房祀者十余";[1]谢景初在海州,毁淫祠三百余所;[2]戚舜臣在抚州,毁大帝祠百余所。[3] 在中央朝廷比较积极要求地方改造淫祀风气的氛围下,有了国法的后盾,某些知县甘冒与信仰传统激烈冲突的风险,也开始展开大规模的毁祠行动,如以下四例所示:

> 古田[县]……景德中李堪为宰,毁淫祠数百。[4]
>
> (陈希亮)徙知鄠县.……毁淫祠数百区,勒巫为农者七十余家。[5]
>
> 蒋静叔明,宜兴人。为饶州安仁令,邑多淫祠,悉命毁撤,投诸江,且禁民庶祭享,凡屏三百区。[6]
>
> 余刚,撤毁淫祠数百区,散巫还农。[7]

相较于前节所论唐代县官禁毁淫祠时的瞻前顾后,且主要限于单一信仰,北宋某些士大夫敢于展开大规模禁毁淫祠的行动。宋代知县权力有限,但是,在朝廷关注地方不法祠祀的氛围下,这些知县又带有中央官的身份,因此,宋代禁毁淫祠的行动,实际上是以更多的官方力量,直接面对基层社会的阻力。上引数例说明,通常位于施政末序的毁祠活动,已经被某些地方官视为施政的要事。[8] 事实上,文献中所见地方官毁祠与打击巫者的事例多于杀人祭,反映基层官吏主要面对好巫祀神之风,而不是影响层面较小的杀人祭。

北宋前期,官方管控各地祠祀的措施,经历了大幅度的转变。朝廷最

---

① 《润州州宅后亭记》,王同策等点校:《苏魏公文集》卷六四,第 980 页。
② 范纯仁:《朝散大夫谢公墓志铭》,《全宋文》卷一五五七,第 341 页。
③ 《虞郭郎中戚公墓志铭》,陈杏珍、晁继周点校:《曾巩集》卷四二,下册,第 566 页。
④ 梁克家:《淳熙三山志》卷九,《宋元地方志丛书》第十二册,第 7718 页。
⑤ 《宋史》卷二九八《陈希亮传》,第 9918 页。
⑥ 何卓点校:《夷坚志·甲志》卷一《柳将军》,北京:中华书局,2006 年,第 2 页。
⑦ 马蓉等点校:《永乐大典方志辑佚》,北京:中华书局,2004 年,第 2249 页。
⑧ 至元代,张养浩进一步将禁毁淫祠,视为长吏宣化的事项:"毁淫祠,非烛理明而信道笃者不能,非行己端而处心正者不敢。"张养浩:《牧民忠告》,杨讷点校:《吏学指南》卷上《宣化第五》"毁淫祠",第 293 页。

初因指挥地方施政,直接处分特定地区的祠祀信仰所衍生的问题,随着朝廷不断涉入祠祀信仰的事务,下诏管制和规范的内容日益详细,管制的对象也日趋普遍。至迟在仁宗朝,朝廷下诏管控地方祠祀的某些规范,在性质上已逐渐转变为国家面对整体祠祀信仰的措施,而不再只是处置特定地区祠祀信仰的行动。与此同时,有关祠赛活动如何规范的问题,也已成为朝臣论政的议题。

宋辽议和之后,宋廷始有心力聚焦于内政。与此同时,管控各地祠祀信仰的规范日趋详细,渐及于祠赛社会中神仪、结社的适切与否的问题。前文论及宋太祖因巩固新收服地,曾经下令禁止西川百姓结社。至真宗朝,朝廷也注意特定信仰聚众和特定地区祠赛社会不安的因子。[①] 这段时期朝廷有关祠赛社会中结社、兵器的禁令,主要处分特定地区地方奏请敕裁的施政问题,但是,到了仁宗朝,朝廷开始出现通盘管制祠赛社会中神仪、兵器与僭侈的规范。

> 天圣五年(1027)八月,河东路提点刑狱朱正辞言:"河阳、怀、泽州已来,乡村百姓百十人为群,持幡花、螺钹、鼓乐,执木枪、棹刀,歌舞叫啸,谓之迎圣水,以祈雨泽,敛取钱物,诳惑居民。"阁门祗候韩永锡言:"陕西州军及京畿许、郑界,少壮子弟聚集,起置上庙朝岳社,人各着青绯衫子,执擎木素棹刀及木枪,排旗子、沙罗,作队迎引祭祀之物,望行禁止。"中书门下检会编敕:"诸色人上岳及祭诸祠庙,并不得置造平头辇、黄凉伞、黄缨茜绯鞍,复系禁物色,并乱集众人执擎兵刃,如违画时,收捉勘断。"诏:"神社枪旗等严行钤辖,如有违犯,内头首奏取敕裁,及许陈告。"[②]

此处可见官僚阶层关注辖境祠赛社会中神仪僭侈、兵器与结社的问

---

① 大中祥符三年三月,禁太康县起妖祠聚众,令开封府即加禁止。《宋会要辑稿》刑法二之一〇,第 6486 页。大中祥符五年(1012)七月,知益州李士衡言永康军村民社赛用棹刀为戏,望行禁止,从之。同前引书刑法二之一一,总第 6487 页。
② 《宋会要辑稿》刑法二之一六,总第 6489 页。

题。官方有关赛神仪仗和舆服之禁,主要禁绝违礼僭用皇帝专用的服饰、仪仗,以维系皇权的神圣性。至于对兵器和结社的约束,则是杜绝对现存政治秩序的潜在威胁。[1] 朝廷下诏管制的对象也趋于普遍化,一体适用于所有地区。当时朝臣的议论显示出,统治阶层日益关注祠赛社会活动出现的各种问题。

仁宗天圣五年,刘随亦上奏乞禁夜聚晓散及造仪仗祀神之事,内容提到:

> 臣又伏见京东群民间有拜岳大会,率敛财物,千百为群,造作王者仪仗,及有真假兵器,结束人物,私自推补,僭侈相尚,搔率户民。原其本情,皆为妄求福佑也。若不严行禁制,深虑别长奸凶。或因捉搦送官,恐将指为叛逆。既有乘舆之物,狱官何以申明?若遂寘于深刑,实虑成于枉滥。各宜晓谕,庶绝浇讹。且夜聚晓散之徒,为其亏损风教,已有条制,头首及强梁者处死。造乘舆兵器祀神者,虑其凶党窃发,所宜特降明文。臣欲乞似此违犯,其头首及强恶者,并从违制本法科罪,率从者勿治。仍乞以此二事散下诸道,令乡村要路粉壁书写,重新晓谕,使民知禁,不陷刑章。庶明善教之方,用广率人之化。[2]

刘随在奏议中自承"臣久历外任",可见他是以朝臣的身份议论二事。他以外任理政的经验,议论民间拜岳大会存在造作王者仪仗与真假兵器的问题,并奏请朝廷下诏科罪于违犯的首领。值得注意的是,他希望进一步扩大晓谕范围,下令诸道于"乡村要路粉壁书写",使百姓知禁。他的议论身份与内容,反映祠赛社会神仪、兵仗的问题,已成为朝臣论政的议题。他建议的管制措施显示出,统治阶层的思维逐渐从处理特定地区的信仰问题,转变成如何管控各地的祠祀信仰。

此处可见仁宗朝常民祠祀信仰活动,已成为朝廷施政的议题,朝臣关注地方祠祀,有助于建立整体性的规范。个人认为,国家管制不法祠祀的

---

[1]　皮庆生:《宋代民众祠神信仰研究》,第132—142页。
[2]　刘随:《上仁宗乞禁夜聚晓散及造仪仗祀神》,《全宋文》卷二七六,第37—38页。

具体规范,不是自始存在的,许多朝廷下诏打击淫祀的行动,最初发起者可能是地方官,他们在奏请朝廷处分施政的政治氛围下,将基层的常民祠祀信仰的问题,提高到朝廷的理政视野,开启朝廷管控常民祠祀信仰的契机。一旦祠祀信仰进入中央朝廷的理政视野,也会引导官僚阶层注意基层的祠祀信仰,使地方祠祀逐渐成为"朝政"的议题,从而建立通盘性的管制规范。这些规范的建立,奠基于此前宋廷不断下诏改造特定(地区)淫祀风气的活动,促使国家针对具体的祠赛社会建立相关的规范。

　　然而,仁宗朝确立常民祠祀的规范,亦有其特殊的时代背景。此时新兴士大夫阶层兴起后,有意识地大规模推动政治和社会革新,[1]并在其中扮演关键角色。宋初以来,朝廷不断处分地方祠祀,固然引导官僚关注的目光,然而,新兴士大夫阶层兴起后,也带来很大的变化。他们锐意于推动政治和社会的革新,欲实践教化的理想。因此,他们的心态不再是处置特定地区的常民祠祀活动,而是有意对祠祀信仰建立普遍性的规范。因此,此处尝试以"治政到教化"的主轴,梳理北宋前期国家建立地方祠祀规范的发展过程,

　　此后,宋廷对于祠赛社会的活动的规范日益详细。哲宗朝开始科罪于祠赛社会中执引兵仗与神仪僭侈之为首者。至徽宗朝,不仅下令献神所需乘舆服玩只得图书焚献,不得制造真物,[2]祀神之物亦不得制造、彩绘红黄伞扇,并委由州县亲自勘查。[3] 另一方面,在省官建议下,朝廷下诏禁止"州县祀神,聚众相殴",[4]且禁止祠赛社会活动中百姓聚众"执引利刃"的现象。[5]

---

① 余英时:《朱熹的历史世界》上篇第一章《回向三代》,第184—198页。

② 宋徽宗崇宁元年(1102)正月二十五日下诏:"应民庶朝岳献神之类,不得仿效乘舆服玩制造真物,只得图画焚献。余依旧条。及令开封府并诸路监司逐季举行晓示,仍严切觉察施行。"先是侍御史彭汝霖言:"元符敕:诸司因祠赛社会执引兵杖旗帜,或仿乘舆器服者,造意及首领之人徒二年,余各杖一百。满百人者,造意及首领人仍不剌面配本城,并许人告。乞下府界及诸路,近年逐季举行,粉壁晓示。"又夔州路转运判官王遽言:"应民庶朝岳献神之类,只得图画焚献,不得置造真物,类乘舆服用。仍仰州县立赏告捕。"故有是诏。《宋会要辑稿》礼二〇之七,总第754页。

③ 《宋会要辑稿》刑法二之六九,总第6516页;刑法二之七一,总第6517页。宣和年间,又重申禁令,同前引书刑法二之七四,总第6518页。

④ 《宋会要辑稿》刑法二之八三,总第6523页。

⑤ 《宋会要辑稿》刑法二之九〇,总第6526页。

小　结

北宋前期官方打击淫祀与管控地方祠祀的措施,不再只是抱持禁毁淫祠的思维,而是直接涉入常民祠祀信仰活动的各个层面。这种做法上的改变,实本于宋廷指挥地方施政、处置祠祀信仰的各种问题。从动态的历史发展来看,宋代国家管控地方祠祀的规范,最初是从中央处分南方新领地有关祠祀信仰事务展开的,此时朝廷是以指挥地方施政的角度,看待特定(地区)祠祀信仰衍生的问题,并未抱持管制整体祠祀信仰的想法。不过,就在北宋前期正面处理地方祠祀事务的经验下,最终于仁宗朝确立了具体管制的规范。

本章的讨论揭示了一段国家学习如何处理祠祀信仰活动的历史。笔者认为,传统中国国家对各地祠祀信仰建立具体的制度和规范,不是自始存在的。唯有从实际处分地方施政的祠祀信仰事务出发,朝廷才能正面处理常民的祠祀信仰活动,并据以建立具体的制度规范。这种转变带有偶然性,此一过程也显得有点零散。宋初先是打击西南边区的杀人祭,再及于南方普遍存在的好巫祀神之俗;先禁绝特定地区祠赛结社组织与师巫群体,再扩及祠赛社会种种的活动。然而,朝廷实际指挥处分南方祀神风气的同时,也使常民的祠祀活动逐渐成为国政的焦点。在官僚阶层开始议论祠祀议题的情况下,朝廷遂从改造特定(地区)的信仰活动,进一步扩大为对整体祠祀信仰的规范。

根据上文的讨论,国家建立祠祀信仰的具体规范是要经过学习的,而且明显得益于处置南方祀神风气的经验。南方祀神风俗不只是被改造的对象,宋廷在处分的过程中,也开始建立地方祠祀的规范。唐宋之间,朝廷建立管制祠祀信仰的制度和规范,南方祀神好巫风俗之刺激,扮演关键的角色。

从深一层看,唐宋之间国家管制常民祠祀措施的大幅转变,实源于统治南方视野的扭转。此一转变实本于唐宋之间,南方在帝国内部地位的大幅提高的结构性因素。北宋统一天下以后,逐一收服的南方诸国的领地,对帝国的意义已迥异于唐代的南方地区,此时经济、文化中心的南移之势已不可逆转,①驱使统治者必须重新看待对南方地区的治理。因此,宋廷不再将整个南方视为边陲地带,而是延续南方诸国的做法,建置新的地方行政单位。② 北宋前期大部分打击淫祀的活动,都是针对此地的祠祀信仰活动而来的,南方在北宋帝国内部地位的提升,驱使朝廷必须正视此地的治理,此地好祀之风遂进入朝政的视野,开启朝廷正面处理常民祠祀信仰活动的契机。影响所及,北宋前期,中央朝廷始能摆脱以往依据经典立祀原则禁绝淫祠的做法,真正涉入基层社会祠祀信仰活动的管理。

---

① 严耕望很早便指出,五代十国时期经济文化中心之南移达到一决定的阶段,不可逆转,参见严耕望五代十国篇《户口》,收入石璋如等著《中国历史地理》(二),《现代国民基本知识丛书》第二辑,台北:中华文化出版事业社,1954 年,第 1 页。另外,仅以户口分布而言,五代十国末期,以江西、浙江、福建及江苏、安徽南部最为密集,剑南次之,江汉以北至中原及湖南又次之,五岭以南及北方边缘地带最为疏薄。这和天宝以前户口集中在中原关中,江南除两浙以外皆很疏薄的情形适成一明显对比。(同前引,第 9 页)事实上,宋太宗太平兴国四年平定北汉,得户 3.5 万户。(《续资治通鉴长编》卷二○,太平兴国四年五月甲申条,第 452 页),远不及平定南方诸国所得户口,平湖南得 9.7 万户,平荆南得 14.2 万户,平后蜀得 53.4 万户,平南汉得 17 万户,平南唐得 65.5 万户,平吴越得 55 万户,定泉漳得 15.1 万户。参见顾立诚《走向南方——唐宋之际自北向南的移民与其影响》,台北:台湾大学出版委员会,2004 年,第 119 页。
② 顾立诚曾从南方户口与州县的增加考察唐宋之间向南发展的情况,顾立诚:《走向南方——唐宋之际自北向南的移民与其影响》,第 119—189 页。他特别注意到唐末五代北方移民南下的影响。

第三章 五代南方王国的封神运动

　　本章讨论唐宋之间国家和祠祀信仰关系的另一重大变化，亦即唐末五代时期南方勃兴的封神运动。此处以封神"运动"称之，主要想说明南方地方王国（及其前身）推行大量封神活动的历史现象。从中国历史上国家和地方祠祀信仰的关系来看，这股封神的风潮是相当突出的历史变化，但是迄今为止仍未受到应有的重视。

　　这个课题的研究长期以来受到忽视，主要有两方面的原因：一、五代南方王国的历史属于冷门的研究领域，其中，王国的祠祀信仰史仍然是一片空白；二、有关封赐制度的研究主要集中在宋代。学者认为唐宋之间国家祠祀政策出现重大变化，其中，以北宋中期以后封赐活动大盛的现象最受重视，并取得丰富的成果，讨论的重点有二：（一）制度运作的层面，分析宋代封赐制度的施行，以及国家权力与各种社会势力扮演的角色与作用；（二）分析封赐活动发展的动力，认为封赐制度系宋廷控制祠祀信仰及地方社会的工具，既有的研究主要从大一统的宋政权面临新的历史变局，如祠祀信仰的蓬勃发展与地域社会的形成，解释封赐活动大盛的历史现象。①

---

① 宋代封赐活动的研究相当丰富，请参见以下著作：松本浩一：《宋代の賜額・賜号について——主として《宋会要輯稿》にみえて史料から》，野口铁郎编：《中国史における中央政治と地方社会》，1985 年度科研费报告，第 282—294 页；Hansen, Valerie. *Changing Gods in Medieval China*, 1127—1276（Princeton: Princeton University Press, 1990），Chpt. 4；须江隆：《唐宋期における祠廟の廟額・封号の下賜について》，《中国——社会と文化》9 期，第 96—119 页；须江隆：《唐宋期における社会構造の変質過程——祠廟制の推移を中心として》，《东北大学东洋史论集》2003 年第 9 期，第 247—294 页；须江隆：《熙寧七年の詔——北宋神宗朝期の賜額・賜号》，《东北大学东洋史论集》（转下页）

　　相对地,有关唐五代时期的相关研究较少,①特别是唐末五代,缺乏直接的研究成果。然而,方志与会要保存不少此时封神的事例,这些事例背后体现的历史意义至今仍未受到重视。② 笔者认为,忽略这些事例将错失了解封神运动何以勃兴的机会,因为它们可能揭露盛唐至五代十国时期封神范围不断扩大的历史。诚然,封神系以皇帝之名赐封神祇官爵名位,唐代最初的封神活动也始于武则天、玄宗主动赐封少数有功于皇帝、国家的神祇。③ 方志、会要中所保存的封神事例,反映了不少地方神祇开始享有原本只属于少数神祇的荣耀,因此,封神范围的扩大,最初即是一种推崇地方神祇的表现。而本章讨论的唐末五代时期,正好是地方势力崛起的时代,这将是笔者理解封神运动展开的起点。

　　本章的讨论聚焦于五代南方的地方王国,主要有三点理由:一、将研究视野移往南方,因为六朝以来封神活动一直是带有南方地方色彩的传统;④二、国家推行封神运动,是以大量名位收编境内的祠祀信仰,南方地方势力挣脱“地方”格局建国的历程,较能解释国家主动收编地方祠祀的作为;三、最重要的一点,南方王国在“地方即国家”的格局下,具有在地的统治视野,于理解国家为何开始大量封赠各地神祇名位的作为,显然较大一统王朝更具有说服力。

（接上页）2001 年第 8 期,第 54—93 页;水越知:《宋代社会と祠廟信仰の展開——として地域の祠廟》,《东洋史研究》60 卷 4 期,第 1—38 页;金井德幸:《南宋の祠廟と賜号について——释文珦と劉克莊の視点》,宋代史研究会编:《宋代の知識人——思想・制度・地域社会》,东京:汲古书院,1992 年,第 257—286 页。

① 金相范:《唐代祠庙政策的变化——以赐号赐额的运用为中心》,收入姜锡东、李华瑞主编《宋史研究论丛》第七辑,保定:河北大学出版社,2006 年,第 1—20 页;朱溢:《论唐代的山川封爵现象》,《新史学》18 卷 4 期,第 71—124 页。另外,雷闻将宋代封赐活动制度化与普遍化,置于唐宋之间地方祠祀政策转变的脉络下考察,雷闻:《郊庙之外:隋唐国家祭祀与宗教》,第 255—276 页。

② 学者已注意到宋元方志记载不少唐末五代时期南方封神活动的事例,并加以整理。须江隆《唐宋期における祠廟の廟額・封号の下賜について》,第 100—101 页。

③ 朱溢:《论唐代的山川封爵现象》,第 94—104 页。分析朱文讨论盛唐时期赐封神祇的组成,除了对皇帝个人即位有功的神祇之外,玄宗朝国家岳镇海渎体系诸神等国家重神,则是另一赐封的重点。

④ 宫川尚志讨论六朝时期民间祠祀信仰,已论及项羽神、蒋子文神等被加官晋爵的现象。宫川尚志:《(增补修订)六朝宗朝史》,东京:国书刊行会,1974 年,第 212、214—215、224—225 页。

　　具体而言,笔者将从唐末南方割据势力的崛起、建立地方王国的过程,探讨封神成为国家重要的礼谢神祇活动的现象。盛唐时期,国家最初只赐封少数神祇,至唐末五代,此一措施成为酬神的主要方式之一。笔者打算探讨这项新措施于唐末五代勃兴从而确立封神传统的过程,①以下将指出,这些地方王国大量赐封境内神祇,同时通过南北的对比,呈现封神活动"南热北冷"的现象,末尾则扼要讨论此时封神措施的内容与特色。此处的研究欲揭示通常被忽略的五代十国时期,对于唐宋之间国家封神措施的转变实居关键性的地位。

　　本章所谓的封神活动,是指以皇帝(统治者)之名,对神祇加赠世俗名位的措施,文中的讨论不涉及祠庙的赐额。学者析论宋代封赐活动大盛,强调宋廷统制祠祀信仰的主要措施之一,系以运用大量赐额、封号的措施,建立合法的祠祀(正祀)。② 但是国家大量赐额的措施,是在宋神宗时期王古建议先赐额后封爵后才开始出现,③在此之前,只封赠名位的做法,始终居于国家封神措施的主流。因此,此处将重点分析国家封赠神祇措施扩大的过程。这项研究或许有助于重新认识封神活动的性质及其扩大的历史动力。

　　值得注意的是,唐末五代封神活动的勃兴过程,可能揭露南方的祠祀信仰传统,对主流国家祠祀政策的影响。唐、五代朝廷的眼中,南方地区的祀神风气盛行,等到南方割据势力崛起后,却在此地孕育出后世重要的赐封政策的传统。此章的讨论,最终希望能增进我们对此的认识,了解北宋中期以后的封赐措施,走向"南方化"的转变。

　　无可讳言,本章的讨论存在明显的局限性,笔者探讨五代南方王国的封神运动,但是据以立论的文献,以吴越、闽国与吴国(南唐)等国的封神史料为主,前(后)蜀与南汉地区次之。由于各国存世的相关史料详略不一,很难逐一探讨诸国的封神活动,笔者将利用有限的史料,尽

① 此处说封神活动是礼谢神祇的"新"措施,是指有别于唐代旧有酬谢神祇的做法,如血食、修建祠与立碑等活动。
② 松本浩一:《宋代の賜額・賜号について——主として〈宋会要輯稿〉にみえて史料から》,第 285 页。
③ 《宋会要辑稿》礼二〇之七,总第 753—754 页。

可能地勾勒出南方封神活动蓬勃发展的整体面貌，并适时点出文献的限制。

第一节　王国的自立与封神运动的展开

一、唐末封神范围的扩大

唐代的封神活动始于武则天、唐玄宗，最初由统治者主动行之，赐封官爵于少数功在皇帝与国家的神祇。安史之乱以后，节度使与地方官开始请封，[1]但是仍只有少数事例。唐末懿宗朝以后，封神活动的发展出现了显著的变化，当时封神活动日益增加，封神的理据也从功在皇帝、国家下移至地方。南方割据势力崛起后，于动乱时局里致力于封神活动，现存唐末地方请封的事例，也高度集中于此地。

唐末地方官员在水旱祷祝灵验后奏封神祇，反映当时封神的内涵已经发生变化，人们开始重视神祇佑护地方之功。《淳熙三山志》记载，唐懿宗咸通六年（865），观察使李瓒奏封福州的白马三郎神为龙骧侯。[2] 此神为潭神，历来祈雨灵验，受封之由应是神祇救旱的事功。此时，人们也认为地方官为神祇请封爵位，是水旱祈祭灵验后酬神的重要措施。[3] 因此，国家下诏封神时，开始出现"功在州间"的理据。[4]

唐末封神的理据下移至"地方"，反映出南方割据势力崛起后，致力提高境内神祇名位的历史现象。唐昭宗在位时，割据澧、朗的观察使雷满请封屈原神，得号昭灵侯。[5] 雷氏出身少数民族，可能也感染了当时各地竞相请封的风气，当时南方几股独霸一方的力量，竞相推行辖境的封神活

---

① 中唐时期亦有节度使着眼于国家的瑞应而请封者，如韩滉奏封河东的盐池。妹尾达彦：《唐代河東塩池·池神廟の誕生とその変遷》，《中国史学》2 期，第 175—209 页。

② 梁克家：《淳熙三山志》卷八，《宋元地方志丛书》第十二册，第 7700—7701 页。

③ 陆龟蒙：《包山祠》，《全唐诗》卷六一八，第 7124 页。

④ 唐哀帝：《封屈原敕》，《全唐文》卷九三，第 431 页。

⑤ 《册府元龟》卷三四《帝王部·崇祭祀》，第 371 页。

动,即使远至岭南也不例外。①

此处的讨论涉及一个问题:为何在唐末动乱的时局里,南方实质独立的割据势力,仍然频频奏请朝廷封神?要解释这个新的历史现象,必须进一步考虑两个相关的问题:一、这项新的酬神措施,相对于血食立庙有何"新"意;二、这项封神措施和南方割据势力的自立有何关系,使他们愿意在兵荒马乱之际致力于请封活动。

关于封神活动的"新"意,萧振在《重修三闾庙记》提到,唐末割据湖南的马殷请封屈原庙之举是"旌感应之功",②其奏请封爵,实欲旌表神祇的感应之功。对于请封者而言,皇帝赐予的官爵名位是神祇荣耀的象征,赐号的措施则是封崇神祇的表现。③

事实上,封神活动褒扬神祇的内涵,贯穿盛唐至唐末封神活动的整个发展过程。唐末割据势力为神祇争取名位,意在褒扬神祇。他们的请封行为系继承盛唐以来的封神活动,因此最接近统治者封神的初衷。皇帝最初对特定神祇封爵赠官,是为了表彰祂们对皇帝、国家的贡献,这些尊崇的名位不会轻易赐予其他神祇。唐末以后,割据势力与地方官认为,朝廷的封号是荣耀的象征,因此,竞相争取原本只属于少数神祇的尊崇名位。个人认为,地方势力有意推崇境内神祇的动机,才能适切解释唐末君权衰微的历史背景下,封神措施却有逐渐兴起的趋势。

其次,封神措施表彰神祇护持的事迹,实与割据势力的自立息息相关。南方割据势力建立霸业初期,即藉由封神活动宣扬立国事业受到神祇的护持。吴越钱镠立足东南之初,在唐昭宗景福二年(893)率众兴筑杭州罗城,因为"江涛势激,板筑不能就",遂祷祝于伍子胥神,最后顺利完事,故于乾宁二年(895),奏封为惠应侯。④ 再如,闽国的建立者王审知曾

---

① 吴揆《龙母庙赐额记》记载:"唐天佑初载,始封□母温永安郡夫人。越明年,改封永宁夫人。"引文阙字当为龙字。《全宋文》卷二九一四,第143页。唐哀帝天佑初年,刘隐已割据岭南,任职清海节度使。吴廷燮:《唐方镇年表》第二册,北京:中华书局,2003年,第1047页。
② 《全唐文》卷八六九,第4084页。
③ 钱镠:《请封镇东军神祠奏》,《唐文拾遗》卷一一,第4711页。
④ 吴任臣:《十国春秋》卷七七,傅璇琮等主编:《五代史书汇编》第八册,第4358页。

经祷祝于海神，"一夕风雨雷震，击开为港，闽人以为德政所致。唐帝赐号曰甘棠港，封其神曰灵显侯"。① 钱、王两人的奏封行动，实有向治下百姓宣扬自己治理的功业，受到神祇佑护的作用。

对于唐代封神活动的发展，有的学者认为是王权有意扩张在神明世界的影响力，另一些学者则指出，唐代后期国家为了管制日益蓬勃的民间信仰而发展此一制度。② 这些研究从王权的高度立论，但是唐末封神活动的发展显示，王权势微之际，皇帝封赠神祇名位的措施反而扩大，朝廷对各地的神祇开放官爵，可能成为其弥补威望下滑的政治手段。

进一步而言，黄巢之乱发生后，南方割据势力由下而上的请封，才是封神范围扩大的主要动力。他们请封的行动不是单纯的酬神之举，由于这些神祇多是各地重要的信仰，南方割据势力有意提高祂们的地位，以表彰辖境的信仰传统，可谓抉发地方意识的产物。

后梁代唐以后，封神活动既有延续，又有新发展。所谓延续，指南方的割据势力转变成独立王国，仍然致力于封崇境内的神祇，南方地区独盛的局面并未改变。所谓新发展，南方王国的建立，有助于地方神祇的受封，在他们手上始确立后世的封神传统。

二、兼具地方与国家双重性格的南方王国

此处之所以特别重视五代南方王国，在扩大封神活动中所扮演的角色，因为它们具有中国历史上少见的政治形态——兼具地方与国家双重性格的地方王国。这些王国对于推行大量的封神活动，扮演了关键的角色。由于本章旨在讨论封神运动，以下仅以吴越和前蜀为例，扼要说明此时"地方即国家"的政治格局。

首先，南方地方割据势力重新自我定位，必须挣脱原有的地方身份，

① 吴任臣：《十国春秋》卷九〇，傅璇琮等主编：《五代史书汇编》第八册，第 4571 页。

② 朱溢：《论唐代的山川封爵现象》，第 118 页；金相范：《唐代祠庙政策的变化——以赐号赐额的运用为中心》，第 15—18 页。

往王国之路前进。这种试图转化身份的现象，即使是未称帝者（吴越、楚），也不例外。

　　进入五代以后，奉北方为正朔的南方势力，仍有意挣脱"地方"的身份格局，以求转化为九州之内的独立王国。① 以吴越为例，钱镠主动向中原王朝争取"开国"的地位，②一旦被册封为国王之后，便改置天子仪卫，建置百官，确立君臣名位，以转化其统治身份，而且上表时刻意自称吴越国而不言节度使的军号，以凸显独立王国的地位。③

　　另一方面，有意称帝独立者，往往诉诸昔日地方立国的传统，而呈现出在地的统治视野。以前蜀为例，史载908年王建建立前蜀时的作为：④"洎梁祖开国，蜀人请建行刘备故事。天祐五年九月，建自帝于成都，年号武成，国称大蜀，改元永平。"⑤后梁代唐，蜀人劝王建自立，请行"刘备故事"，可见王建创建蜀国，背后实有蜀人以蜀汉传统自立以为支持的基础，故王氏建国号"大蜀"，以蜀地的王国自许。在改元称帝之际，他也试图唤起人们对蜀汉曾于此地建国的历史记忆，在即位的诏书里，他下诏封赠蜀汉建国的两位要角：刘备、诸葛亮。⑥

　　事实上，进入五代以后，南方诸国摆脱"地方"身份的过程中，往往援引以往立国的传统。他们的国号有意连结前代地方立国的传统，透露出浓厚的地方意识。除了吴越以外，吴与前（后）蜀等称帝独立者，也以吴国与蜀国为号召，试图唤起战国时期或三国时代当地立国的传统。由于

---

① 当时几股南方势力依其是否称帝，大体可分为两类：一、未进行称帝，基本上仍奉北方中原王朝为正朔，但是仍然寻求建立实质独立的王国，以吴越、楚为代表；二、走向称帝之路，欲作一国之天子，如前（后）蜀、南汉、吴（南唐）与闽。

② 陈尚君辑纂：《旧五代史新辑会证》卷一三二《承袭列传·钱镠传》，第4038页。五代时期，南方诸国与北方中原王朝的关系，参见日野開三郎《五代史の基调》，《日野開三郎东洋史学论集》卷二，东京：三一书房，1980年，第363—383页。

③ 《资治通鉴》卷二七二，北京：中华书局，1992年，第8880页。另一个例子是楚国的马殷，同前引书卷二六六，第8674页；卷二六七，第8724页；卷二七六，第9008页。

④ 五代十国时期诸国林立，各国使用的年号不一，颇为纷杂，为行文方便，本文一律采用公元纪年。

⑤ 陈尚君辑纂：《旧五代史新辑会证》卷一三五《僭伪列传·王建传》，第4207页。

⑥ 吴任臣：《十国春秋》卷三六，第3880页。关于前蜀政权的历史，请参见佐竹靖彦《王蜀政权小史》，《人文学报》185期，第105—158页。

国号与王号象征前代建国的传统,领地邻近而国名相似者可能因此交恶。①

　　前文的讨论试图说明,唐末南方割据势力建立兼具地方与国家双重性格的地方王国。为了告别旧日"地方"的身份,即使未称帝者也力图转化为独立王国,而且为了挣脱大一统王朝的藩篱,这些割据势力立国的时候,往往诉诸地方传统,以便形塑新的政治认同。因此,一旦自立后,也会透显出浓厚的地方王国的色彩。接着,笔者将进一步展示,在"地方即国家"的政治格局下,南方诸国主有意推行封神运动的现象。

三、地方王国的国主有心封神及其政治作用

　　南方诸国主在地的统治视野和他们推行封神运动的关系,钱镠晚年在《新建风山灵德王庙记》中的一段话表露无遗:

　　　　昔年霸越强吴,今日双封列国,旷代之灵踪不少,前贤之庙貌实多。寡人自定乱平祅,勤王佐命,五十年抚绥军庶,数千里开泰土疆,四朝叠受册封,九帝拱扶宗社,改家为国,兴霸江南。一方偃息兵戈,四境粗安耕织,上荷元穹眷佑,次依神理护持。统内凡有往帝前王、忠臣义士,遗祠列象,古迹灵坛,悉皆褒崇重峻于深严,祀典常精于丰洁。冀承灵贶,同保军民。②

　　这篇庙记作于后唐明宗长兴二年(931),是钱镠的晚年之作,系平生活动的总结。他自承"改家为国,兴霸江南",统理一境的心态表露无遗,这一点和同一时期北方的五代君主完全不同。例如和钱镠一样崛起于唐

---

①　《资治通鉴》卷二七四,第8954页。诸国之中,南汉之"汉"、南唐之"唐"的国号诉诸更广泛的汉、唐认同,比较不具有地方意识。

②　钱镠:《新建风山灵德王庙记》,《八琼室金石志补正》卷八一,国家图书馆善本金石组编:《历代石刻史料汇编》"隋唐五代部"二编,第一册,第633—634页。

末的朱温,在即位诏书的一开始便称:"王者受命于天,光宅四海。"①南北统治者的视野与心态,一地方,一天下,明显有所不同。

值得注意的是,南方诸国主在统治视野的转变下,开始重视那些原本在大一统王朝眼中"偏居一隅"的神祇。钱镠自言兴霸江南,除了受到上苍的眷佑外,还依赖境内神祇的护持。他特别指出,自己有心对境内的古迹祠庙进行修缮,并加以封崇祭祀。对照实际作为,钱氏所言不虚,在宋元方志里,仍然保留若干钱氏修祠赐封的记载。② 显然,统理"一境"的视野,成为南方王国推行境内封神活动的重要动力。

南方诸国主有意援引神祇的护持,推行封神活动的态度,也反映于统治者即位下诏的作为。前蜀王建即位之初,便下诏封崇境内重要的神祇:"应有名山大川、灵祠圣迹,皆丰凶所系,水旱是司,并宜追赠公侯,用酬元贶。"③同样的,统治者有意封神的态度,也表现在他们事隔多年以后,有感于神理的护持才着手封神。④

大量的封神活动既然涉及统治者(朝廷)开放官爵名位,南方诸国封神运动的展开,仍然有赖于诸国主的有心推动,因此,讨论此时的封神运动,必须注意南方诸国主兼具"地方治理者"与"一国之主"的双重角色。这些国家既蜕变自割据势力,和各地神祇的距离较近,从地方转化为独立王国的过程中,统治者保有统理一境的视野,他们既是一国之主,有能力通过自封或请封,赋予神祇象征荣耀的名位。同一时期的中原政权则不同,五代王朝自认继承唐代的正统地位,仍然以四海天子自居,看待各地神祇的眼光也与唐廷相同,仍视北方境内的神祇为偏居一隅的神祇,故无心提升其名位。事实上,南方王国对地方传统的关注,甚于同时期北方的中原政权,而蓬勃发展的封神措施,则是王国和地方信仰传统建立直接联系的重要措施。

---

① 陈尚君辑纂:《旧五代史新辑会证》卷三《梁太祖纪三》,第112页。
② 陈耆卿:《嘉定赤城志》卷三一,《宋元地方志丛书》第十一册,第3—4页(总第7311页);吴任臣:《十国春秋》卷七九,第4416页。
③ 吴任臣:《十国春秋》卷三六,第3880页。
④ 吴任臣:《十国春秋》卷七七,第4376—4377页。

前文试图说明,南方王国推行封神运动,是在地统治者有意推崇境内神祇的表现,但是仍有一个问题尚待解决:封神活动究竟和王国的自立有何关系?这个问题不易回答,因为它已经超越庙记碑文所载的表面信仰行为的层次,但是适度推敲南方王国自立过程中,频频出现的封神活动的意义,也许能加深我们认识这些措施可能具有的政治意涵。

封神措施既是由统治者封赠神祇的仪式活动,这类仪式的意涵不可能只是单纯的酬神行为,而是具有多重政治意涵的政治手段。因此,思考统治者通过仪式欲传递何种讯息,以及他们如何通过这类仪式援引地方祠祀的影响力,将有助于进一步了解南方地方王国与境内祠祀信仰的关系。以下将从这两个层面,阐述此时封神活动频繁出现的意义,说明封神措施有助于割据势力完成自身身份的转化,并巩固这些地方王国的统治基础。

(一)在基层社会举行封神仪式,宣示新的统治时代来临。南方地方王国的统治者藉由封神仪式,开始行使原本只有天子才能册封的权力,使得这类仪式具有在基层社会展现新的统治身份的效果。朝廷从事封神活动,除了下诏说明神祇受封的爵号与缘由,同时也遣使祭告神祇。[①] 这些仪式通常是在官、民共同参与的公开场合中举行,而闻见于当地人士。此时不断举行的封神活动,可以清楚地向境内百姓传达统治身份转变的讯息。前文指出,五代时期最早称帝独立的王建,即位之初下诏普封境内重要神祇的举动,即具有宣示新的统治时代来临的效果。进一步来说,封神活动是南方王国和基层社会建立直接联系的仪式。在地方势力转化为独立王国的过程中,藉由赐予神祇尊崇的名位,笼络基层社会,显得格外重要。通过一次次的封神活动,南方诸国实以封神的措施凝聚民心的支持。

(二)封神活动积累新的统治者的威望,巩固统治的基础。大量宣扬神祇保国护境事功的册封仪式,有助于巩固王国初期的统治基础。阅目所及,唐末五代可考的封神缘由,以保国护境为多。以存世的封神史料比较丰富的吴越为例,早期神祇多因保国护境而受封,迟至916年,始有钱塘湖神因救旱有功而受封为广龙润王。[②]

---

① 陈公亮:《严州图经》卷二,第22页(总第6969页)。
② 钱镠:《建广润龙王庙碑》,《全唐文》卷一三〇,第583页。

我们不妨从"援神为用,以图自立"的角度,理解南方王国大量赐封神祇的行为。南方王国试图以开放官爵名位的方式,收编境内的祠祀信仰。这些频繁举行的封神仪式,可以援引神祇的影响力,在局面不稳定的地区,封神措施往往成为"援神为用"的政治手段。

以下先考论统治者巡境于局势不稳的地区加以封神的现象。《十国春秋》记载,909 年五月,钱镠"亲巡苏州,遣其将梅世忠、李开山屯兵于许浦之上游,封故唐曹王明为昭灵侯(原注:明为唐太宗子。淮人围姑苏时,守将祷于其庙,辄自溃去,故加封焉。)"。① 当时淮南和吴越争夺苏州十分激烈,钱氏亲临安抚之余,加封当地的重神,宣扬神祇阴助吴越军队,以稳固不安定的局面。事实上,类似的巡境活动,是钱镠面对内部不安局势,用来加强统治的手段,而且在巡境途中也出现若干封神的活动。

其次,南方诸国加封新征服地区的神祇,以安抚民心。《淳熙三山志》保留了吴越加封新领地福州九仙山神的诏令,诏书提到:"闽府苦于多难,近致承平,得非神福其善而善者兴,祸其淫而淫者败。九仙山光威振远将军,夙严祠宇,久尊是邦,幽赞伊人,炳然慕义,是致封疆大肃,黍稷长馨。"②制词指出,九仙山神"久尊是邦"的重神地位,而神祇使善者兴起,新的统治局面已经趋于承平。在封神的诏令里,吴越也藉机宣扬自己对福州的统治,受到当地重神的护持。

统治者也以封神活动巩固离心力较强地区的统治,甚至出现为叛臣立祠封赠的现象。闽主王延钧在位时,建州刺史王延禀曾经发兵攻打都邑福州,最后兵败被杀。然而内乱告一段落后,王延钧后续的处置颇不寻常,他除了派遣弟弟王延政赴建州"抚慰吏民",③两年后还为王延禀立祠祭祀,并赐封号为灵昭王。④

王延钧为叛臣立祠封赠的动机耐人寻味,这种行为看似不合情理,却有其现实的治政考虑。闽地开国以后,建州与福州朝廷的关系时常处于

---

① 吴任臣:《十国春秋》卷七八,第 4380 页。
② 梁克家:《淳熙三山志》卷八,第 7706 页。
③ 吴任臣:《十国春秋》卷九一,第 4591 页。
④ 吴任臣:《十国春秋》卷九八,第 4664 页。

紧张的状态，①而王延禀镇守的时间颇长(918—931)，又深受居民爱戴，②因此，即使他起兵作乱，王延钧仍然必须正视他在建州的影响力。为了拉拢民心，闽主仍然为王延禀建祠封崇，以安抚当地社会。此后各种统治建州的力量，也都通过封神的措施借重其影响力。③

上述事例中，南方王国举行册封仪式，宣扬神祇的护持，以增加统治的威望。他们援引祠祀信仰的影响力之余，也和基层社会建立直接的联系，以巩固对局势不稳地区的统治，封神活动作为政治手段的特色，在这些事例中充分显露出来。因此，就封神措施的结果而言，南方诸国提升了境内神祇的名位，无疑也增加其自立为国的基础。

此处无意抹煞封神措施可能具有的信仰意义，但是笔者毋宁更关注封神仪式的政治作用。南方王国自立时必须重新自我定位，才能挣脱地方的身份格局，这个过程几乎占去这些王国 1/3 至 2/3 的统治时间，④因此，封神措施频繁出现于重塑新的支配身份的过程中而别具政治意涵。笔者认为，由于南方王国兼有地方与国家的双重特性，具在地的统治视野，遂将封神的范围扩大至各地的神祇，在他们有意援神为用的情况下，造就南方地区勃兴的封神运动。

四、地方请封活动进入常轨

五代时期南方诸国统治者(朝廷)主动封神的措施，彰显出此时封神

---

① 徐晓望：《闽国史》，台北：五南图书有限公司，1997 年，第 61 页。

② 黄仲昭修纂：《八闽通志》卷五九，福州：福建人民出版社，2006 年，第 525 页。

③ 943 年王延政于建州独立称帝，加封王延禀神祇为武平肃王，947 年南唐入主建州以后，更封为宏烈王。吴任臣：《十国春秋》卷九八，第 4664 页。

④ 南方诸国，除了前蜀于 908 年立即独立外，未称帝者，如吴越与殷楚分别于 923 年、927年取得开国地位，建置百官。《资治通鉴》卷二七二，第 8880 页；卷二六二，第 8674 页；卷二六七，第 8724 页；卷二七六，第 9008 页。另参见孙先文所作"吴越统治者受封情况一览表"，孙先文《吴越钱氏政权研究》，安徽大学历史系硕士学位论文，2004 年，第 55页）走向称帝者，多经过一段时间的酝酿，刘陟于 917 年称帝，后建国号大汉；吴的称帝过程颇为曲折，杨渭于 919 年建立吴国，至 927 年杨溥在位时，因权臣徐知诰有意藉由称帝活动而谋夺权力，才正式称帝。(邹劲风：《南唐国史》，南京：南京大学出版社，2003 年，第 53—54、71—74 页）至于闽的称帝行动，迟至 933 年才渐次展开，但是十二年后，闽国也走向灭亡。徐晓望：《闽国史》，第 69、113—120 页。

活动的特色。在这些统治者的有心推动下,带动境内封神的风潮,同时也出现地方官为酬报神祇灵佑而上请封号的现象,以下援引数例加以说明。据《太平寰宇记》的记载,后蜀之周公山,"州县以灵验闻,伪蜀乾德六年(924),封显圣王"。① 《咸淳临安志》记载通圣侯庙,"五代末,县令陆仁璋因祈祷有应,申请封为通圣侯"。② 至于吴越的保宁将军祠,后周广顺三年(953),当地"苦于旱暵而祷求雨泽,不旋顷而获应,故乡邑奏之朝廷,遂封为保宁将军"。③

此时存世的封神史料,通常只载有赐封的名号与时间,而且许多神祇受封时间的记载不够精确(如泛指吴越、南汉),因此,很难通过不同形态的封神活动的排序,清楚地呈现诸国地方请封活动进入常轨的过程。不过,前引诸例说明,此时地方官祷祝灵验后,也为有功的神祇请封名位。特别是湖州新市镇的土地神,其神祇的性质和受封的缘由,反映出吴越地方请封活动已经展开。

有迹象显示,此时某些领土较大的王国境内,地方的请封活动早已进入常轨,地方官祷祝神祇的时候,也以奏封爵位作为事先许诺的酬报。顿金《仰山加封记》记载:

> 中书门下牒:先据袁州刺史王安状申,伏以当州名山古迹,南仰灵祠,……凡有启祈,无不响应。顷以本州郭内,频遭灾火,人户不安。苗稼亢阳,泉源涸竭,遂虔诚祷祝,专诣殿堂,乞火烛顿销,人心宁帖,及希降于雨旸,遂许具状申闻。伏见此庙七郎,先朝天祐十一年(914)内封感胜侯礼部尚书,九郎封司农少卿,既灵异以昭彰,宜迁崇于爵秩。伏乞特加封赠,庶助境疆。……奉敕:民为神主,神乃民宗,苟有昭彰,谅宜封赠。袁州仰山庙,……䎚乃本州,列其灵祐,乞加旌奖,以福蒸黎。赠礼部尚书感胜侯萧某宜加赠尚书右仆射,仍进封广惠公;赠司农少卿萧某宜加赠工部尚书,仍封昭灵侯。……顺义

---

① 乐史撰,王文楚等点校:《太平寰宇记》卷七七,北京:中华书局,2007年,第1551页。
② 潜说友:《咸淳临安志》卷七四,台北:大化书局,1980年,第11页(总第4565页)。
③ 太史章:《朱将军庙记》,《全宋文》卷二七〇九,第251页。

五年(923)十一月三日记。①

　　吴顺义五年属于五代前期，观察王安奏封的经过，他的请封动机已经扣合至某次祷祝灵验的事迹，而且在奏封神祇时，亦列载了神祇灵佑的事功以及前此封赠的名位。官员呈报这些内容，主要提供朝廷审核的依据，封赠的诏书也说明，刺史与朝廷皆以仰山神佑护袁州有功，作为加封名位的理据。如果说前文所论南方诸国主的事后追封，有意为有功的神祇争取名位，那么此处地方官的请封扣合至神祇某次灵佑的事功，显示出地方请封制度的运作已趋完备。

　　随着南方王国的封神活动进入常轨，领土较大的王国如吴国(南唐)，赐封的对象也扩及各地的土神与土地神。吴国曾赐号赣州土神石固"昭灵"，而抚州的土地神祠，五代时期亦号灵佑应显秦王。②

第二节　南方武人对陈果仁信仰的崇奉与封赠

　　前文试图说明南方诸国自立过程中封神活动展开的现象，但是对于了解唐末五代南方武人阶层封崇神祇的动态发展过程，上述的讨论仍然很有限。因此，笔者打算接着以唐末江浙一带大盛的陈果仁(一作陈杲仁)信仰为例，申论南方割据自立的武人，促进封神活动蓬勃发展的过程。

　　陈果仁原是隋末依附于沈法兴势力的三吴土豪，他成神之后，先是受到唐末江浙一带武人与割据势力的崇奉，而为其奏请封赠爵位。至五代时期，南方独立王国对他进一步封赠名位，吴越钱镠不仅奉其为护国神，而且奏请封爵为福顺王；南唐甚至追尊帝号。此一信仰迭受割据势力封崇的过程，能揭示南方地方势力自立时推动封神运动的现象。不过，陈果

①　《全唐文》卷八六九，第 4084 页。
②　康河修、董天锡纂：《嘉靖赣州府志》，《天一阁藏明代方志选刊》第三十八册《志六》，上海：上海古籍书店，1982 年重印，第 30 页；《宋会要辑稿》礼二〇之一九，总第760 页。

仁信仰受到重视,与其生平事迹被人重新形塑而成为江浙地区平寇英雄的历史形象有密切关系。

　　陈果仁,正史无传,据《旧唐书·沈法兴传》的记载,隋朝末年,他只是依附于沈氏势力的核心成员。大业九年起,三吴地区扰攘不安,在地土豪趁势而起,大业十四年(618),东阳盗贼娄世干举兵围攻郡城,炀帝命令沈法兴与元祐讨伐,当时陈果仁担任元祐的部将,参与了这次行动。宇文化及杀害隋炀帝后,沈法兴有意自立,遂与陈果仁等密谋拘执元祐,自东阳发兵北返,逐鹿于江东一带。此间沈氏先袭杀毗陵郡的路道德,据守其城。陈果仁受沈氏之令,击溃据守丹阳的乐伯通。沈氏据有江表十余郡后,遂以承制之名设置百官,陈氏任司徒一职。①

　　地方文献关于陈果仁的历史记忆,则与正史完全不同。或许经过有心人士重塑地方传说,使陈氏摇身一变,成为隋末平寇的保境英雄。有关此一历史形象的形塑,天宝初年,僧人德宣所撰《隋司徒陈公舍宅造寺碑》一文,发挥关键作用。此碑为最早记载陈氏生平的地方文献,作者可能是依据地方传说加以改写而成的,在德宣有意虚美陈氏功业的前提下,凸显陈氏隋末讨平江、浙寇乱大将军的形象。② 这种形象实为促成陈果仁信仰于唐末五代往外扩张,屡受封崇的重要原因。

　　德宣的碑文深具影响力,奠定了江浙地区对陈果仁的历史记忆,此后各种地方文献的记载,基本上都接受陈氏是隋末"平寇英雄"的形象。中唐时期齐光义的《陈公神庙碑》指出,有关事功的部分,已详于德宣的碑文,并说隋末全吴之地幸赖陈氏以安,而沈法兴归附后复叛,最后自取败亡。③ 到了唐末,顾云撰《武烈公庙记》时,叙述陈氏平寇的生平功业与陈、沈二人的互动,仍然依循德宣重新建构的生平事迹。④

　　接着,笔者将进一步指出,唐末动荡的时局里,陈果仁信仰如何受到江浙一带武人的崇奉而扩张。这些武人认为,在唐末东南动乱的时局里,

① 《旧唐书》卷五六《沈法兴传》,第2272—2273页。
② 德宣:《隋司徒陈公舍宅造寺碑》,《全唐文》卷九一五,第4279页。
③ 《全唐文》卷八一三,第3842页。
④ 《全唐文》卷八一五,第3854页。

神祇将再现其生平事功,扫平寇乱,并不断地奏请朝廷赐封神祇爵位。

陈果仁的信仰肇端于常州,立祠于生前的兵仗库。武则天垂拱元年(685),祠庙开始创设大殿,①信仰逐渐受到重视。最初的发展得益于僧人的支持,由于陈氏嘱咐夫人轸氏舍宅创建杜业寺(后更名福业寺),寺中僧人感念其恩德,每年仲夏主持祭祀的活动,并协助推动修祠的事业。至迟在中唐时,此神已是常州当地重要的信仰,为地方官府祭祀的对象。②

随着唐末江浙地区发生动乱,陈果仁信仰开始往外传播。在有限的记载里,除了邻近常州的台州,最晚在咸通时期已经立庙外,③毗邻的太湖地区也于咸通五年(864)立庙,皆为信仰往外扩张之迹证。④

唐末江浙地区掀起崇奉陈果仁信仰的风潮,作战的将帅与割据势力支持最力。在他们的推动下,他俨然成为当地最重要的守护神。唐僖宗乾符二年(875)四月,浙西狼山镇遏使王郢因不满赏赐太少而作乱,裴璩受命征讨,于乾符四年(877)二月顺利平定乱事。⑤ 裴氏在战事中曾祷祝于此神,乱平之后,他奏请皇帝赐封爵号,封陈果仁为武烈公,并另置新庙于睦州的南郭门。⑥

乾符五年(878)六月,高骈任镇海军节度使。六年(879)正月,他派遣将兵大破黄巢军队。⑦ 在出发前夕,高骈遣使祷祝于陈果仁神。细绎当时崔致远所撰《移浙西陈司徒庙书》的内容,便能了解这些武帅何以特别青睐此神。

---

① 史能之:《咸淳毗陵志》卷一四,《宋元地方志丛书》第六册,第 4 页(总第 3575 页)。
② 齐光乂:《陈公神庙碑》,《全唐文》卷八一三,第 3842 页。
③ 陈耆卿:《嘉定赤城志》卷三一,第 7302 页。
④ 单庆修:《至元嘉禾志》卷一二,《宋元地方志丛书续编》上册,第 12—13 页(总第 655 页)。
⑤ 《资治通鉴》卷二五二,第 8186,8197 页;卷二五三,第 8190 页。
⑥ 陈公亮:《严州图经》卷二,第 21 页(总第 6969 页)。《严州图经》记载陈果仁首次封赐的时间为乾符二年,恐误,因为《资治通鉴》将王郢之乱弭平时间系于乾符四年。《资治通鉴》卷二五三,第 8190 页。
⑦ 关于高骈对黄巢之乱的态度,参见黄清连《高骈纵巢渡淮——唐代藩镇对黄巢叛乱的态度研究之一》,《大陆杂志》80 卷 1 期,第 123—173 页。

滔滔逝水,幽冥虽殊;……苟或同心立事,必能异代论交。……且此誓除国难,齐命舟师,……今于敝境,已立严祠,……必能依统帅指挥,永可振司徒勋业。……今也赤眉稔恶,岂宜征战无功。将申烈烈之威,实假冥冥之功。所冀八公山上遍设雄师,五里雾中能呈异术,则必阴子春之破贼,吴大帝之封王,共立功名,若合符契。[1]

高骈期待神祇再振"司徒勋业",重现生前的事功,希望和神祇同心立事,共立功名。陈氏平寇的英雄形象,构成这篇祝文的重要基础。

自唐末浙江王郢之乱起,江浙一带许多重要的武帅与割据势力都曾祷祝于陈果仁神。除了裴璩、高骈外,唐末割据润州、睦州的周宝,也曾祷祝获应,顺利拒退孙儒与黄巢;[2]唐僖宗中和三年(883),出身浙西的土豪陈晟,屯兵于睦州的铜官山,也在此地建立新庙。[3]

这些人特别垂心于陈果仁信仰,其来有自。历史记忆的传承与召唤,对信仰的扩张具有重要影响。陈果仁于隋末平定江浙动乱的事迹,吸引江浙一带武人的目光,高骈的祭文便表示,期待能与神祇"同心立事",平定骚扰辖境的黄巢之乱。这些武人似乎将个人平定辖境各种"盗寇"的期望,投射到对陈果仁信仰的崇拜,期待神祇能再现荡平动乱的历史。因此,此一信仰于唐末江浙地区的大盛,可谓历史记忆的召唤。对他们而言,陈果仁不只是庇佑众生的神祇,其生前的平寇事业也是这些武人追求的目标,所以出现各种地方势力争相崇奉的盛况。

唐末陈果仁信仰迭受崇奉,广明、中和年间,方志中颇有陈果仁信仰加封爵号的记载。[4] 其后随着淮南、吴越政权的建立,武人出身的霸主仍

---

[1] 崔致远撰,党银平校注:《桂苑笔耕集校注》卷一六,北京:中华书局,2007年,第536—537页。

[2] 夏之文:《修忠佑庙碑记》,《全宋文》卷三九七一,第180页。

[3] 陈公亮:《严州图经》卷二,第21—22页(总第6969页)。

[4] 《嘉定赤城志》记载广明二年(881)进封为忠烈王。陈耆卿《嘉定赤城志》卷三一,第4页(总第7302页)。《咸淳毗陵志》则说:"乾武(当作符)四年封忠烈公,中和四年(884)加感应。"史能之:《咸淳毗陵志》卷一四,第4页(总第3575页)。两处的记载有所出入,至于《嘉定镇江志》则说陈果仁信仰唐乾符四年封忠烈公,中和四年封感应侯,应系加封"感应"二字之误。卢宪:《嘉定镇江志》卷七,《宋元地方志丛书》第五册,第6—7页(总第2876页)。

于境内继续推动陈果仁信仰的扩张,陈果仁的地位也随之不断提高。后梁开平二年(908),钱镠请封于梁,晋封号为福顺王,并令诸州立庙崇奉,①实奉陈果仁为该国的守护神。当时与吴越处于敌对状态的吴国(南唐),对此神的崇奉与封爵也不遗余力。淮南杨渥在位时(904—920),晋封号为武烈王,至南唐保大十三年(应作十四年,即957),因此神阴兵襄助柴克宏而加封为武烈帝。②

简言之,唐末五代陈果仁信仰于江浙一带的大盛,东南地区武人与割据势力扮演了关键角色。他们特别青睐此神,这种状况与当地社会对陈果仁历史形象的认知有关。僧人德宣刻意形塑陈果仁生平讨伐寇贼的英雄形象和经历,使其在唐末江浙地区的动乱中特别具有吸引力。各种地方势力对祂的祈祷,其实也是历史记忆的召唤,人们希望神祇能再现荡平江浙一带动乱之神威。在这个事例里,历史记忆与现实世界交错在一起,陈果仁信仰的扩张、爵位的加封和历史记忆的召唤,三者密不可分。这是一段乱世心理需求、历史记忆与宗教信仰互相掺杂的祠祀信仰发展史,而身处一方的地方割据势力则为其中的要角。

第三节　封神活动"南热北冷"的现象

接着,笔者试图通过南方王国与五代王朝封神措施的对比,进一步说明此时的封神活动,仍是带有南方地方色彩的传统。南方地方王国封神活动蓬勃发展的历史面貌,和北方相对沉寂的现象,形成鲜明对比,封神活动呈现出"南热北冷"的现象。

---

① 吴任臣:《十国春秋》卷七八,第4380页。
② 《咸淳毗陵志》将此事系于保大十三年,见史能之《咸淳毗陵志》卷一四,第4页(总第3575页)。但是《资治通鉴》提到周显德二年(即保大十三年),周帝谕吴越出兵常州,至显德三年(958)三月,吴越才出兵攻克常州,未几为柴克宏所败。《资治通鉴》卷二九二,第9534、9540—9541页;卷二九三,第9549—9550页。

一、南方诸国普遍封神

五代十国时期,南方王国热衷封神是很突出的历史现象。依现存的文献判断,除了荆南、楚两国封神活动的讯息较少外,其他的吴越、前(后)蜀、南汉、杨吴与南唐等国的封神活动,皆呈现蓬勃发展的现象。由于这些地区留存的史料详略不一,因此,此处只能从整体的角度,梳理当时南方封神活动的发展面貌。接着,笔者将试图从各国封神活动的若干迹象,论证当时此类活动已趋于普遍化。

1. 前蜀:即位后普封境内重要神祇。

前蜀于南方诸国中首先独立称帝。唐朝灭亡的来年(908),王建建立前蜀时即下令封崇境内重要的神祇:"应有名山大川、灵祠圣迹,皆丰凶所系,水旱是司,并宜追赠公侯,用酬元贶。"王建普遍赐爵于境内重要的神祇,说明五代初期的统治者,已将赐封名号作为酬神的重要措施。

2. 南汉:国祚虽短,在缺乏宋元方志的记载下,仍有不少封神活动的事例存世,而且远及今天的贵州一带。

南汉的封神史料值得重视,因为它反映了岭南这一新兴开发地区(唐代则为边陲地带)封神活动发展的样貌。南汉于 917 年建国,若干迹象显示出当地封神活动也出现蓬勃发展的迹象:(一)阅目所及,《宋会要辑稿》《南汉纪》等书保存了二十余封神的事例;[①](二)当时即使远离南汉政治中心的广州至今天的贵州一带,仍有潮水神庙、南山神祠与古庞山神祠等的神祇披封的例子存世;(三)南汉境内亦有博泉神被封为龙母夫人,南山神被封为甘泽公,[②]职司降雨的龙神被封予"甘泽公"的封号,也指出南汉的地方已有为救旱有功的神祇奏封爵号的现象。

---

① 参见《南汉纪》卷二,傅璇琮等主编:《五代史书汇编》第十册,第 6617 页;《宋会要辑稿》礼二〇之二六、五九、九二、九六、九七;礼二一之二一、二三;《南汉丛录》卷二,同前引书,总第 6590—6591 页。

② 以上封神的事例,分见《南汉纪》卷二,傅璇琮等主编:《五代史书汇编》第十册,第 6617 页;《宋会要辑稿》礼二〇之九六、九七;吴任臣:《十国春秋》卷六〇,傅璇琮等主编:《五代史书汇编》第八册,第 4192 页。

3. 闽：据《淳熙三山志》记载,福州地区五代十国时期封爵的事例多于北宋时。

闽地的统治者称帝的时间更晚(933年),国祚仅有十余年,但是作为政治中心的福州,留存唐末五代的封神事例却多于北宋。此处之所以能推断当地长期封神活动的趋势,实有赖于《淳熙三山志》一书。这本志书记载前代封神的历史,其翔实程度超越其他宋元方志,故可以略窥当地数百年封神的历史。

表3-1是笔者根据《淳熙三山志》与其他文献制作而成的,大体可见唐末五代迄北宋时期福州的封神概况。依据该表,唐末五代福州一地有若干神祇被不断累封,且封神的数量远多于北宋时期。总计有十七座祠庙于唐末五代时期被封,其中十六座祠庙于王氏入闽至吴越入宋(897—978,共83年,吴越于946年入主福州)期间被封。而只有三座祠庙在北宋(978—1125,共148年)继续受到赐封,另有六座祠庙为北宋新封者,其中四座只有赐额,未及封赠名位。闽国及入主福州的吴越,热衷于封崇福州地区的神祇,显然超越了北宋朝廷。

表3-1 福州地区唐末五代迄北宋封赐活动简表

时　　间	封赠的对象	封赠的名号与赐额	出　　处
唐咸通六年(865) 后梁贞明元年(915) 北宋熙宁八年(1075)	白马三郎神	龙骧侯 弘润王 敕封冲济广应王	《淳熙三山志》卷八,第7700—7701页;《十国春秋》卷九〇,第4579页
唐乾符五年(874)	都巡感庙	感应侯?	《八闽通志》卷五八,第513页
唐乾宁四年(897) 后梁初 后梁末帝贞明五年(919)	刘行全神	武宁侯 累封昭感王 崇顺王	《淳熙三山志》卷八,第7704页
唐天佑元年(904)	甘棠港神	灵显侯	《十国春秋》卷九〇,第4571页
梁开平元年(907)	闽县𥐨琦里古庙	昭福祠	《五代会要》卷一一,第147页;《册府元龟》卷一九三,第2330页

续　表

时　间	封赠的对象	封赠的名号 与赐额	出　处
闽忠懿王(898—925) 932 年 937 年 947 年 947 年(此时福州已归吴越)① 宋神宗熙宁八年(1075)	(惠安明应王) 陈氏	宁远将军,封武宁侯,增至显应王 服远昌运王 振义保成王 贞闽安吉王 宣威感应王 惠安明应王	《淳熙三山志》卷八,第 7703 页
后唐长兴二年(931)② 北宋庆历以前③	闽粤王神	富义王 显圣武勇王	《淳熙三山志》卷八,第 7699—7700 页
后唐长兴三年(932) 闽永隆二年(940) 942 年 946 年 947 年(吴越主闽)	钟山寺土地神	感化将军 玄应将军 洪音侯 武灵王,夫人封号昭德 肃安王	《淳熙三山志》卷八,第 7704—7705 页
闽通文二年(937) 闽永隆五年(943)	陈九郎神	宁应侯 改昭义侯,寻升武胜王	《淳熙三山志》卷八,第 7705 页

---

① 表格中所列封神的具体年代,系根据《淳熙三山志》的记载推断而得来的:"惠安明应王,乌山石之西,王姓陈氏,旧隐是山,没而显灵,唐元和后始立庙,……大中时罗中丞祈雨辄立应,咸通间李大夫运饷湖湘亦获阴佑,至闽王忠懿乃表其事曰宁远将军,封武宁侯,增至显应王,后唐长兴三年(932)改服远昌运王,后五年(937)改振义保成王,又十年(947)改贞闽安吉王,后归吴越,封宣威感应王。……皇朝熙宁八年(1075)改封今号。"(梁克家:《淳熙三山志》卷八,第 7703 页)但是"贞闽安吉王"之封,若依文献推断,定在 947 年,其时福州已归吴越,与"后归吴越,封宣威感应王"一段,又有所冲突,待考。

② 《淳熙三山志》记载的年代、赐封者与名号,皆与《册府元龟》与《十国春秋》不同,此处从后者的说法。

③ 志书记载此庙"皇朝因之,号显圣武勇王(原注:见庆历记)",据此可以推断此庙至少在北宋仁宗庆历以前受封于宋朝。

续　表

时　间	封赠的对象	封赠的名号与赐额	出　处
闽通文三年(938) 闽永隆元年(939) 南唐保大年间(943—957)①	炉烽庙	高义侯 稽圣侯 灵瑞王	《淳熙三山志》卷九,第7717页
闽永隆元年(939)	九仙山神	(自光威振远将军)封安境侯	《淳熙三山志》卷八,第7706页
闽永隆元年(939)	大小亭庙	浮济将军、昭远将军	《淳熙三山志》卷九,第7716页
闽永隆四年(942)	通津庙	通津侯	《淳熙三山志》卷九,第7717页
后晋开运二年(945)(时李仁达主福州之政)	效节护君侯庙	效节护君侯	《淳熙三山志》卷八,第7706页
闽	元明王庙	? 王	《八闽通志》卷五八,第513页
宋太祖乾德二年(964)(时吴越治福州)	梅川庙神陈氏	? 侯	《淳熙三山志》卷九,第7718页
宋太祖开宝五年(972)(时吴越治福州)	永福洑口庙	灵通护境王	《淳熙三山志》卷九,第7718页;《宋会要辑稿》礼二〇之一五一,总第826页
宋真宗天禧元年(1018)	昭灵庙张仙师	保禧真人	《淳熙三山志》卷九,第7717页
宋徽宗崇宁二年(1103)	宁境庙刘强神	赐额惠应,封顺宁侯,后加正应	《淳熙三山志》卷九,第7718页
宋徽宗政和五年(1115)	龙迹山广施庙	赐额广施	《淳熙三山志》卷八,第7705页;《宋会要辑稿》礼二〇之五五,总第783页

---

①　志书记载南唐保大中封为灵瑞王,但当时福州位于吴越治下,且福州未曾入南唐,待考。

时　间	封赠的对象	封赠的名号与赐额	出　处
宋徽宗政和八年（1118）	侯官县福顶庙	赐额昭惠	《淳熙三山志》卷九，第7716 页
宋徽宗宣和三年（1121）	闽清县龙王庙	赐额显利	《淳熙三山志》卷九，第7718 页
宋徽宗宣和五年（1123）	昭利庙（奉祀陈岩长子）	赐额昭利	《淳熙三山志》卷八，第7704 页

上述的统计数字，并未考虑此时若干祠庙不断累封的现象。例如钟山寺的土地神，从闽主王延钧建立庙宇后便不断地受封。在闽国时代，十五年内历经四次封赠，受封的频率甚至高于宋世所有的神祇，而且由将军一路升至武灵王，名号也及于神祇的家属。

4. 吴（南唐）：封神普遍化之后，南唐朝廷议礼之士，开始担心城隍神请封活动热络的现象。

存世文献中记载吴（南唐）封神的事例较少，但从当时朝廷礼官的言论，已可嗅出封神活动逐渐兴盛的气息。南唐礼学家陈致雍当时便担心各州请封城隍神的现象，在《议废淫祀状》中，他以唐代最初封神的标准，认为城隍神既是土地之神，不合依岳渎之例封为公侯，批评当时南唐诸州欲请封城隍神的现象。① 但是从后来封神活动的发展来看，他的议论没有发挥太大的作用。②

5. 吴越：请封之余也自行封神，且及于相对边缘的台州与睦州。

由于北方中原王朝更迭频繁，南北之间的联络不顺畅，封神活动的推展还有赖于诸国在境内的自封。未走向称帝的王国时以行制之名，将象征荣耀的官爵名位赋予境内的神祇。在这方面，吴越是最具代表性的例子。

吴越通过请封或自封展开封神活动，也及于当时处于该国相对边陲

① 《全唐文》卷八七三，第4100 页。
② 明代《徽州府志》记载："五代南唐，凡城隍俱封辅德王，今德兴县尚存南唐诰文。"彭泽修等纂：《徽州府志》卷五"祠庙门"，《天一阁藏明代方志选刊》第二十一册，第33—34 页。

的地区,这里仅举台州与睦州为例。当时吴越的政治中心在杭州与越州,但是台州也有不少封爵的事例。根据《嘉定赤城志》的记载,台州五县的城隍,"吴越时皆封以王爵"。[1] 至于睦州地区,早期叛服不定,吴越对当地的控制并不稳固,但是此时至少有四座当地的祠庙受封,有的至宋世还保留着当时封神的诰命。[2] 由于封神主要是以天子身份封赠神祇名位,这些自封神祇的措施也展现了吴越最高统治者的身份地位。

显然,从唐宋国家祠祀措施长远的发展来看,大量赐封地方神祇名位的措施不是始于宋代,五代十国时期,在南方诸国主(朝廷)的有意推动下,封神已成为这些王国酬谢神祇的重要手段。

前文主要从南方诸国自立的过程及其地方政权的特性,理解封神活动的展开,不过从地域文化的观点出发,五代时期南方封神活动的蓬勃发展其来有自。在此之前,六朝亦出现若干的封神活动,显示出南方诸国推行封神运动,仍有其特殊的立国风俗文化基础。

历史上,南方地区对统治者赐予神祇名位的做法并不陌生。自六朝伊始,孙吴统治时期,除了赐封蒋子文为中都侯(次弟子绪为长水校尉)外,[3]孙权、孙皓另赐更尊崇的封号于其他神祇,孙权曾经派遣中书郎李崇持辅国将军、罗阳王印绶,奉迎临海罗阳县的神祇王表,[4]而孙皓则拜三郎神为王。[5]

六朝时期,除了蒋子文屡受封号,各朝陆陆续续都有封神的记录,其中宋明帝的封神活动特别值得注意。史载宋武帝永初二年(421)普禁淫祀,至明帝时,改变做法,不仅加号于蒋子文与苏峻等,四方诸神也"咸加爵秩"。[6] 即使到了梁、陈二代,封神活动并未停止,而且受封的神祇有些

---

[1]　陈耆卿:《嘉定赤城志》卷三一,第 8 页(总第 7304 页)、第 13 页(总第 7306 页)、第 16 页(总第 7308 页)、第 18 页(总第 7309 页)、第 21 页(总第 7310 页)。

[2]　据《严州图经》记载,唐末五代时期,当地有广信王庙、宁顺庙、镇宁侯庙与仁安灵应王庙等四座祠庙受封,其中宁顺庙与广信王庙不止一次受封。陈公亮:《严州图经》卷二,第 18—20 页(总第 6967—6969 页)。

[3]　关于六朝时期,蒋子文信仰的发展与其受封的历史,参见林富士《中国六朝时期的蒋子文信仰》,林富士、傅飞岚主编:《遗迹崇拜与圣者崇拜》,台北:允晨文化出版公司,2000 年,第 163—204 页。另参见魏斌《"山中"的六朝史》,《文史哲》2017 年第 4 期,第 3—4 页。

[4]　《太平广记》卷二九三《王表》,第 2333 页。

[5]　乐史撰,王文楚等点校:《太平寰宇记》卷一〇七,第 2135 页。

[6]　《宋书》卷一七,第 488 页。

距离政治中心的建康颇远。①

　　以地域文化的观点而言,唐末五代南方兴起封赠神祇的活动,具有历史渊源。依据前章所论,这些王国大量追尊神祇名位的措施,反映出他们的统治者正视当地社会普遍存有的好事鬼神之俗。② 他们对神祇加官晋爵的措施,实有特殊的立国基础:祠祀信仰在当地社会有广泛的影响力。南方王国具备在地的统治视野,故能正视此一祀神之俗,以大量的名位收编辖境的祠祀信仰,最终在"好鬼"之地确立封神的传统。

二、五代王朝无意封神

　　现存的文献显示,五代王朝在境内的封神活动很少。个人认为封神活动"南热北冷"的历史现象,不宜被简化为南北存世的封神史料详略不同造成的结果,③而系五代王朝与南方诸国封神的态度不同所致。阅目所及,北方中原王朝赐封境内神祇的主要目的,仍为表彰有功于皇帝个人或国家的神祇。就此而言,五代时期中原王朝封神的动机,反而与唐代早期接近。

　　首先是皇帝个人受神祇的庇佑而赐封的事例。后唐明宗崩殂后,闵帝继位,凤翔节度使李从珂与在中朝执权柄的朱弘昭、冯赟执互相猜忌,遂决意起兵。④ 起兵之前,他派遣房暠祷祝吴岳神获应,⑤后来顺利取得帝位,遂加封吴岳为灵应王,以旌表神祇阴佑之功。同样的,晋高祖石敬

---

① 陈公亮:《严州图经》卷二,第19—20页(总第6968页);乐史撰,王文楚等点校:《太平寰宇记》卷一六九,第3228页;谈钥:《嘉泰吴兴志》卷一三,第12页(总第6785页)。
② 参见本书第三章第一节末尾讨论《隋书》所载南方普遍存在祀神的风气。
③ 宋元时期留存的方志,以东南地区为主,但是个人认为南方存世封神的文献较多,事实上仍然反映南方封神活动较北方热络的现象,主要有两点理由:一、阅目所及,除了存世数本北方的宋元方志之外,《全宋文》中北宋时期的文献、《太平寰宇记》、《五代会要》与《宋会要辑稿》等书,很少记载五代王朝自祀境内神祇的活动。这些方志以外的文献,仍然佐证五代王朝无心封神的态度;二、现存宋元方志主要集中在东南的吴越与闽国所在地,南汉、南唐与前(后)蜀等辖境未有宋元方志存世,但是依前所论,这些王国也出现蓬勃发展的封神活动。
④ 陈尚君辑纂:《旧五代史新辑会证》卷四五,第1504—1512页。
⑤ 王钦若等编:《册府元龟》卷三四《帝王部・崇祭祀三》,第372页。

瑭昔年镇守太原时,长期受唐叔虞与台骀二神阴助,遂于天福六年(941)下诏封唐叔虞为兴安王,台骀为昌宁公。①

其次,皇帝也赐封阴助国家战事有功的神祇。后晋天福二年(937)六月,北方境内发生动乱,范延光与张从宾等人举兵反叛,声势浩大。八月乱平,晋高祖下诏加封李靖神为灵显王,即缘于"出师之时,将帅虔祷,颇闻阴佑,成此战功"。② 同样的,天福六年(941),后晋内部再度发生动乱,安从进举兵反叛,晋高祖派遣陈思让等将领讨伐,两军相遇于唐州湖阳县的蓼山。陈氏向山神祈祷,此役如果战胜,便为奏立庙额。事成之后,天福七年(942)二月下诏,赐蓼山神祠神主为蓼山显圣之神。③

从六朝不间断的封神活动,到唐末五代南方王国(及其前身)大幅展开的封神运动,显示出中古时期封神一直是带有南方地域文化传统特色的活动。相对的,五代时期北方中原王朝境内,没有出现蓬勃发展的封神活动。这些王朝以大一统政权自居,只重视某些功在皇帝、国家的神祇,加上缺乏来自境内地方请封的动力,现存五代王朝封神活动的记载(表3-2),仍以册封南方吴越、楚国等地神祇为大宗,而未出现如南方王国境内地方请封进入常轨的现象。

表 3-2　五代封崇北方境内神祇一览表

时　间	封赠的对象	封赠的名号	赐封的原因	出　处
后唐长兴四年(933)七月	泰山三郎	威雄大将军	泰山僧为皇帝治病,请封泰山三郎	《五代会要》卷一一,第147页
后唐清泰元年(934)六月	吴山	自成德公加封为灵应王	皇帝个人祷应冀获冥助而顺利即位	《五代会要》卷一一,第147页

① 王钦若等编:《册府元龟》卷三四《帝王部·崇祭祀三》,第373页。
② 同上。
③ 同上。

时　　间	封赠的对象	封赠的名号	赐封的原因	出　　处
后晋高祖天福二年(937)八月	李靖	自太保加号灵显王	晋高祖酬谢神祇昔日的冥助	《五代会要》卷一一,第147—148页;李公弼:《唐卫公国晋封灵显王碑铭》,《全宋文》卷四〇八,第427页
后晋高祖天福六年(941)	唐叔虞、台骀神	封唐叔虞为兴安王,台骀为昌宁公	晋高祖酬谢昔日在太原受二神阴助	《册府元龟》卷三四,第373页
后晋高祖天福七年(942)二月	蓼山神祠	蓼山显圣之神	酬谢神祇讨伐安从进叛乱有功	《册府元龟》卷三四,第373页
后晋高祖天福七年(942)十月	襄州利市庙	显正王	酬谢神祇阴助收复襄州	《五代会要》卷一一,第148页
五代后周世宗	河南彭德府之窦宗庙	护国昭灵侯	与收复河东之役有关	《嘉靖彭德府志》卷四,第23页

第四节　封神活动的内容与特色

本节笔者打算从三方面,探讨唐末五代时期南方封神活动的内容及特色:一、封赠的对象,包括神祇的出身与来源;二、封赠的名位;三、赐封神祇地位的提升。

一、封赠对象的分析

唐末五代时期,南方王国封赠的神祇以人物神与山川神为主。南方地区民众信奉的神祇繁多,如树神等。① 但是按《礼记·祭法》的规定,只有山川与有功的人物得以立祀,此一原则可能限制了王国的封神对象。可考的封神事例里,福州九仙山龟七郎神祇是唯一的例外。②

值得注意的是,唐末南方在地武人势力崛起后,他们青睐人物类神祇的庇护力量,因此,这类神祇开始获得封赐。③ 大体而言,唐代朝廷的祭祀活动深受儒家礼经的影响,重视山川神祇的佑护力量,国家出兵作战往往祷祝于山川神祇。④ 至于朝廷兴立人物祠的用意,专在纪念人物在世的功业。唐末以降,南方武人阶层兴起后,日益重视人物类神祇的庇护,所以保境英雄类的神祇,不断受到割据势力与独立王国的崇奉与封赠,前文讨论的陈果仁信仰即颇具代表性。

整体而言,南方王国的建立,有利于提升境内人物类神祇的地位,而武人统治阶层崇奉人物神的活动,也立基于当地的祠祀信仰文化。例如陆龟蒙《野庙碑》指出当地人物神盛行,百姓径称野庙所奉者为将军、郎、姑、姥等。⑤ 南方武人和唐朝统治者封赠的神祇有别,反映出南北祠祀信仰传统的不同特色。这一点与本书第二章所论南北祠祀信仰一重人物、一重山川的特色相吻合。

其次,讨论当时南方诸国赐封神祇的来源。受封者是否为纯粹的民间性质的地方祠祀信仰,抑或是官府原有的祭祀对象,这个问题历来受到学者重视,多数研究宋代封赐制度的学者认为,这些活动具有吸纳民间祠祀信仰的机制。在这方面,笔者比较赞成皮庆生的见解,他认为至少到北宋为止,封赐的对象仍以官府原有的祭祀对象为主。⑥ 事实上,无论在五

---

① 赵璘《因话录》卷六《羽部》记载:“南人长林中大树,谓之有神。”即叙述南方崇奉树神的现象。载上海古籍出版社编、丁如明等校点《唐五代笔记小说大观》上册,第 869 页。

② 梁克家:《淳熙三山志》卷八,第 7706 页。不过,赐封告牒称“龟七郎”,此神似乎已经人格化了。

③ 须江隆已指出,唐末以后,封赐的对象开始有人物类的神祇。须江隆:《唐宋期における祠廟の廟額・封号の下賜について》,第 101 页。

④ 唐太宗:《祀北岳恒山文》,《全唐文》卷一〇,第 51 页;张说:《祭霍山文》,同前引书卷二三三,第 1055—1056 页。

⑤ 《全唐文》卷八〇一,第 3778 页。

⑥ 皮庆生:《宋代民众祠神信仰研究》,第 281 页注 3。

代还是在宋代,讨论这个问题都存在一定的困难,因为我们不易辨别,受封的神祇何者原为官府祭祀的对象,何者只是纯粹的民间祠祀信仰。从唐末五代封神活动的发展,至少有两种现象可以支持皮氏的论点:

（一）当时南方诸国封赠的神祇,不少是官府原有的祈祭对象,例如张王、昭亭山神、仰山神、伍子胥神（杭州）等,都是唐代当地官府重要的祷祝对象。① 依常理判断,当南方诸国开始推展封神活动时,这些和官府关系密切的神祇容易受到赐封。

（二）南唐令文规定,受封的神祇每岁由州县提供祭品,长官拜祭,享用州县春秋的常祀。② 南唐下诏州县官府春秋二时祭祀受封的神祇,换言之,原本不在地方官府祭祀之列的神祇一旦受封,也需纳入地方祀典。

因此,南方诸国的封神活动,主要是对旧有的地方重神进行加封。从宋元方志的记载来看,此时南方新兴的祠祀信仰不少。以闽地为例,此时出现造神运动的风潮,冒出不少新的神祇,③不过,当地的封神活动主要仍是对旧神的加封。闽国属于外来政权,并未特别封崇原生地的神祇,唯一受封的新移民的信仰是炉烽庙,此庙奉祀的主神,迟至 938 年才受封为高义侯。④ 距王氏于唐末立足闽地,已经接近半个世纪。

二、封赠名位的分析

盛唐以来,封神活动的主要内涵即为封爵赠官,与宋世主要赐封爵位有所不同。从武则天赐封嵩山神起,封赠的名位除了爵位外,还包括散

---

① 周秉绣辑:《祠山志》卷三《事迹》,《中国道观志丛刊续编》第八册,扬州:广陵书社,2004 年,第 3 页（总第 212 页）。据皮庆生的研究,《祠山志》成书于南宋嘉熙三年（1239）,于元、明两代曾修订重刊,见皮庆生《宋代民众祠神信仰研究》附录一,第 325—335 页。崔龟从:《宣州昭亭山梓华君神祠记》,《全唐文》卷七二九,第 3373 页;《袁州祭神文三首》,《韩愈集》卷二三,第 318 页;朱恂:《仰山庙记》,《全唐文》卷八七一,第 4094 页;白居易:《祝皋亭神文》,顾学颉校点:《白居易集》卷四一,第 901 页。

② 陈致雍:《庙像无妇人配座议》,《全唐文》卷八七四,第 4104 页。

③ 颜章炮:《晚唐至宋福建地区的造神高潮》,《世界宗教研究》1998 年第 3 期,第 135—144 页。

④ 梁克家:《淳熙三山志》卷九,第 7717 页。

官、职事官。① 至玄宗朝，朝廷进而对岳镇海渎体系诸神等国家重神赐封爵位。

"纷杂"是唐五代赐封神祇名位的特色。从现存的记载来看，此时国家赠官的名位颇为纷杂，有些属于文散官，例如中唐时期，舒州刺史张万福奏封当地的皖公山神为金紫光禄大夫，即为文散官正三品；②有些属于职事官，例如温州田居始神，唐末死于王事，"浙东观察使刘宏表其事，赠御史中丞。唐昭宗大顺二年间（891），刺史朱诞奏海上破贼，侯有冥助，赠右骁卫将军"。③ 前者是对死臣追赠文职，后者则是地方割据势力为有功的神祇奏请赐赠武职之位。不过，何以有些神祇追赠散官，有些神祇赠职事官，原因未明。

进入五代十国以后，仍然延续唐廷对神明世界封爵与赠官的措施，有时赐封的名位兼具爵位与官位。如《严州图经》记载，睦州建德县的广信王庙，"梁正（贞）明四年（918）赠尚书左仆射，封广福侯，……告命今存"。④这是五代时期，后梁政权对吴越治下的神祇，进行封爵赠官的活动。

就封赠名位的高低而言，以官位起家自然不如爵位。唐朝政府赐赠官位的做法，初期可能是赠予地位较低或功劳较小的神祇，不过有些神祇累受封赠，最后也能获封爵位。如张王信仰最初受赠水部员外郎、司农少卿，至908年加赠礼部尚书，始封为广德侯。其后陆续受赠仆射、司徒，爵位也从侯位一路进封广德公、广德王。⑤ 官爵名位的不断提升，反映从唐至吴（南唐），此神的分量与地位也跟着提高，同时说明南方地方王国的建立，有助于提升境内神祇的名位。

五代时期南方王国对神祇赠官封爵的做法，系继承唐代既有的基础，但是此时若干国家开始发展出将军号等新位阶，以因应封赠对象的扩大。

---

① 朱溢：《论唐代的山川封爵现象》，第95页。
② 乐史撰，王文楚等点校：《太平寰宇记》卷一二五，第2476页；郁贤浩：《唐刺史考》第三册，香港：中华书局，1987年，第1525页。
③ 《永乐乐清县志》卷五，《天一阁藏明代方志选刊》第二十册，第44页。
④ 陈公亮：《严州图经》卷二，第19页（总第6968页）。
⑤ 皮庆生：《宋代民众祠神信仰研究》，第338页。皮庆生曾经详加分析张王信仰的发展和扩张的历史，参见前引书，第34—96页。

例如吴越与闽国,皆以将军号作为爵位以下的新位阶,甚至在将军号之下另有校尉的位阶。《八闽通志》记载汀州九龙庙受封的历史,神祇受赠的名位便有校尉、将军与爵位三种阶序分明的位阶:"九龙庙,五代晋天福二年(937),伪闽封明威校尉。五年(940),封兴瑞将军。寻复封阳数潜灵王。"①汀州九龙神从明威校尉、兴瑞将军,一路擢升至阳数潜灵王,说明闽国当时封赠的名位系统,是由校尉、将军、爵位三者构成一个位阶分明的体系。这里校尉、将军都是官位,和前此赐赠的散官与职事官不同的是,官位前面已经带有说明受封缘由的称号。不仅如此,中原王朝对南方神祇的赐封也出现将军号。《嘉定赤城志》记载,台州黄岩县的徐将军庙的神祇,后汉乾祐中,封助治将军。② 这是现存文献中,北方赐赠南方神祇将军号的唯一事例。

　　尽管唐五代赐赠官位的留存事例,远不如封爵的事例多,但是此时赠官名位的纷杂,以及五代时期发展的将军号(校尉)位阶,说明赐赠官位始终是神祇受赠的重要内涵。从唐五代封神活动的发展来看,中唐以后,朝廷为了封赠岳渎体系等国家重神以外的神祇,以散官与职事官赐予各地的神祇。至五代时期,赠官名位仍然纷杂,因此,某些国家开始以将军号(校尉)等官位,收摄前此纷杂的赠官名位。只是这种创制不为宋世继承,遂使神祇受赠官位的历史隐没不彰。

　　值得注意的是,当时南方诸国林立,不同王国对神祇封赠名位的措施明显有别。除了史料较少的荆南、楚国不易判断外,其余大致上可分为两部分:一、前(后)蜀与南汉,皆封爵号,未见赠官的记载;二、五代、吴越、闽、吴(南唐),都有赠官的记载。前者神祇的起家官显然比后者高。

　　此时,有些王国封赠的名位更带有地域的色彩。根据《咸淳临安志》的记载,杭州于潜县的西天目山神,梁乾化五年(915)吴越钱镠奏请封号时便说:"天目山众圣,其居百药所出,自臣讨伐凶徒之时,皆降阴兵佑助,乞依神庙,例封山王。"③阅目所及,唐五代时期未有封山神为"山王"的事

①　黄仲昭修纂:《八闽通志》卷五九《祠庙》,下册,第548页。
②　陈耆卿:《嘉定赤城志》卷三一,第14页(总第7307页)。
③　潜说友:《咸淳临安志》卷七四,第10页(总第4564页)。

例,倒是(南朝)梁代建造慧聚寺时,马鞍山神因显现灵迹,曾被梁武帝封为"大圣山王"。① 因此,钱镠要求的应是当地山神被封"山王"的过往成例。当时钱镠在境内自行封赠山神,也依例封为"山王"。②

唐五代的封神措施,最初不是一种有意的创制,国家为了封赏特定的神祇,直接移用世俗官僚体系的名位系统,封赠职事官与散官等职位,因此,当时封赠的名位比较纷杂,不若宋世封神制度确立后,名位次第井然有序。

封神措施最初直接移用世俗的名位系统,即着眼于官爵名位是统治者赋予臣子的荣耀,因此,对神祇封爵赠官的主要目的,在于赐予其象征荣耀的名位。和旧有的酬神措施以物质为主(血食立庙)相较,封神措施的"新"意在于授予名位,永久表彰神祇的事功。而且一旦神祇披封官爵后,皇帝的诰命被树立于庙中,既展现神祇的荣耀,也代表着神祇曾对乡里、国家作出贡献。最终成为当地历史记忆的一部分,而见载于后世的方志。③

事实上,封神制度的施行,也完全依据世俗官僚机构的运作思维。统治者赐予有能力的神祇名位,而神祇之所以能加官晋爵,也必须不断地"表现"事功。在封神活动的蓬勃发展下,神祇"升迁"与否主要依据其"能力"进行定夺。前文讨论袁州刺史王安奏封仰山神,即为颇具代表性的事例。当时王安的请封行动,主要基于神祇再次展现佑护辖境的"能力",而仰山神得以加官晋爵,即因再次展现能力而获此殊荣。

五代时期南方诸国封神的措施,主要承继唐代的传统,专在封赏神祇,而与祠庙的关系较小,这一点和宋世封神之前必须先行赐额的做法有很大不同。此时国家对祠祀信仰与佛、道二教的赏赐做法明显有别,国家对祠庙奉祀的神祇赠官封爵,对佛寺、道观赐额则专在恩礼寺观,一重神

---

① 黄炳:《昆山惠应庙记》,《全宋文》卷四〇九,第 21 页。
② 如 919 年,钱镠封安国县独山神为"镇水山王"。吴任臣:《十国春秋》卷七八,第 4391 页。
③ 陈公亮:《严州图经》卷二,第 19 页(总第 6968 页)。

祇,一重寺观。不过,当时封神的措施,没有明显区隔神祇与祠庙的观念,①神祇与祠宇仍未形成两个独立的赐封范畴。

　　唐五代国家对释、道二教与祠祀信仰的封赏措施不同,源于两者的属性迥异。释、道二教为组织性的宗教,各寺观奉祀的对象具有普遍性,因此,赐额主要赋予不同寺院合法的地位、免税的权利,藉以荣宠特定的寺院。通常祠庙奉祀的主神有别,封神活动的目的在于加封庙中的神祇,至于祠宇等空间场所则不是赐封的重点所在。当时国家的宗教政策,是以赐额与封爵赠官两种性质不同的措施,分别对待佛、道教与祠祀信仰。

　　对于封赐措施的性质,学者历来多持合法化的观点,认为系国家赋予地方祠祀合法地位的依据。本章则试图指出封神范围的扩大,是南方王国建国援神为用以图自立的结果。事实上,合法化的观点无法解释为何最初赐封的对象,是合法性无虞的国家岳渎重神等神祇,其后扩大赐封的对象,也是地方官府原本祭祀的神祇,而非一般的民间信仰。从封神措施的发展来看,这项措施自始不是朝廷有意管制地方祠祀合法与否的创制,因此,在很长一段时间里,封赠名位的纷杂反而是其特色,而且是在地方请封逐步扩大的产物。到了唐末五代,南方王国在自立建国的过程中,试图以世俗官爵名位收编、笼络地方信仰,和地方社会建立直接的联系,才展开这场蓬勃发展的封神运动。

三、赐封神祇地位的提升

　　封神活动主要是由统治者下诏封赠神祇官爵名位,皇帝的诰命被树立于庙中,以宣扬神祇的荣耀,因此,时人认为神祇获封后则"标懿号而千秋不朽"。② 然而,国家的封神活动,除了以庙中的诰命彰显神祇尊崇的名位外,是否还有其他的方式凸显受封神祇的地位? 这方面的材料相当有限,不过,在有些国家(如南唐),神祇受封之后,神仪与其所在的庙宇确实

---

① 钱镠:《建广润龙王庙碑》一文,摘引后梁封神的敕文,言及"钱塘湖龙王庙宜赐号广润龙王,镜湖龙王庙宜赐号赞禹龙王"。《全唐文》卷一三〇,第 583 页。

② 钱镠:《新建风山灵德王庙记》,《八琼室金石志补正》卷八一,第 634 页。

发生了显著的变化,以凸显其特殊地位。

依南唐封神制度的运作,神祇一旦受封,必须按照赐赠的名位调整神祇的衣饰,以及所在的祠庙布局,以符合新的身份。陈致雍《庙像无妇人配座议》指出,南唐的神祇有受封爵者,有其庙宇之制:

> 准祠部牒,据礼宾使何延锡状,为元应王、副崒公各授官封册,所服冠裳及女人有塑像同座共享,兼画像属等,乞赐改正移易,庶合典礼者。右:检封祠之制,……今元应王遗迹置祠,副崒公或山川之神,各有受封爵。有受封爵,有其庙宇之制。殿堂之上,左右列侍卫臣仆像人,居然如其诸侯外朝正寝之式。……其王各依准衣服令等降,饰以衮冕九章之服。妇人无爵,衣褕狄九章,于礼为中,仍请差工人就礼院画衣服章数制度施行者。①

具体而言,有两个方面:一、神祇所在的殿堂,依俗世诸侯治事之宫室加以布置;二、神祇的仪容则依衣服令,差工人就礼院描画王侯之衣服,以称爵位之名。即使册封帝号,祠宇之制仍须依照帝王身份加以改变。徐铉《册赠武烈帝碑》记载,陈果仁受封为武烈帝后,祠宇的布局即以“正南面之尊”,并配饰“龙旗銮辂”,以符合帝号之称。② 祠宇形制的改变,并配合新的称号,相当醒目,容易突出受封祠庙的特殊地位。

受封的神祇所具有的特殊地位,不止一端。闽国境内,主持受封祠庙事务的庙祝皆为命官。历代太常卿辖下设有太祝令,负责“掌读祝文,出纳神主”。③ 根据《淳熙三山志》福州“九仙安境侯庙”条下的记载,闽国亦设有太祝院,太祝院下的祝生担任受封祠庙的庙祝,负责祝典的进行,原注并云:“时庙祝皆命官。”④实际上是将受封的祠庙,纳入国家祭祀活动的范畴。此庙初封光威振远将军,起家的官位较低,仍然以命官担任庙祝,

---

① 陈致雍:《庙像无妇人配座议》,《全唐文》卷八七四,第4104页。
② 《全唐文》卷八八三,第4143页。
③ 王文锦等点校:《通典》卷二五《职官七》,北京:中华书局,1992年,第694页。
④ 梁克家:《淳熙三山志》卷八,第7706页。而且命官的告牒仍保留于方志中。

说明闽国对它的重视。唐代的五岳庙皆以命官担任庙祝,闽国境内受封的祠庙,显然享有五岳等国家重神的特殊地位。

由于缺乏其他王国相关的材料,难以推断前述闽国与南唐的封祠之制是否为普遍的现象。但是这些零星的讯息均透露出,当时封神活动赐封神祇官爵名位,不只是象征荣耀的"懿号"而已,上述的制度措施说明某些国家有意提升受封神祇在既有神明体系中的地位。

以下扼要地阐述以上讨论的观点。

五代十国时期南方王国的祠祀信仰史,仍然是一段尚待挖掘、厘清的历史,此处的讨论只是初步的尝试,笔者梳理王国封神运动的崛起和南方地方势力自立建国的关系,得到一项初步的结论:在历来不为人所重视的南方地方王国,确立了后世封神制度的传统。

对于理解封神运动勃兴的动力,个人更重视兼具地方与国家双重性格的南方王国所扮演的角色。回到本章开头所点出的,从盛唐迄五代封神活动的发展来看,这是一段封赠神祇名位不断扩大的历史,也是越来越多地方神祇受到推崇的历史。既有研究认为北宋中叶以后封赐活动开始大盛,笔者则试图从唐末五代南方割据势力自立为国的过程,重新认识大规模封神运动展开的历史动力,也梳理了唐宋之际封神活动转趋兴盛的历史面貌。以上研究试图说明,五代时期具有地方政权特性的南方王国,既有赐封官爵的名器,复有统治一境的视野,才是促成封神运动勃兴的主要动力。他们推展的封神运动,在唐宋之间国家祠祀措施转变的过程中,显然是不可或缺的一环。

其次,这段确立封神传统的历史,对于理解国家与祠祀信仰的关系,亦提供了新的思考角度。唐末五代时期处于新旧势力交替之际,李唐的统治威望迅速崩解,新的统治秩序尚待建立。在这种情况下,南方地方势力以及其后的地方王国的统治者,毋宁更期待境内祠祀信仰的支持,他们大量开放官爵名位收编祠祀信仰,可说是一种以开放名位换取信仰力量支持的政治手段。他们试图以此援引神祇的影响力,俾使王国的统治基础深入基层社会,成为积累统治威望的重要凭借。就此而言,这段确立封神传统的历史,不啻是南方王国援神为用以图自立的历史。

再次，五代时期封神活动南热北冷的现象并非偶然，当时南方王国汇集了有利于推动封神活动的因素：一、这些王国的前身为地方势力，自立为国之后，仍保有统治一境的视野，这种"地方王国"的性格给予地方祠祀更多的关注；二、这些王国立国于鬼神影响力较大的南方地区，统治者较能正视此一风俗而善加援用；三、南方诸国主兼具"地方治理者"与"一国之主"的双重角色。因此，南方王国及其统治者，在历来被视为淫祀风气有待清整的南方地区，孕育出了宋世以下国家重要的祠祀政策传统。

第五节　北宋封神的"复盛"

最后，笔者将略加申论北宋时期朝廷面对南方封神传统在态度上所发生的变化，说明此一传统与北宋中期以后封赐大盛的现象可能的联系。旨在揭示上述的讨论对了解唐宋封神措施的演变所具有的意义。

北宋前期，南方的封神传统基本上经历了从"压抑"到"复苏"的过程。北宋初立，太祖、太宗均相当重视祠祀信仰，朝臣研议二人的谥号时，皆提到两人崇奉群祀，积极经营、修葺名山大川的祠宇，[1]但是二人一如五代的君主，鲜少进行封神活动。

真宗、仁宗以后，朝廷（皇帝）的态度开始出现变化，不仅封神活动增加，而且南方地区几个重要的信仰，如昭亭山神、仰山神与广德张王信仰，都重新受到赐封。其中，昭亭山神于真宗景德元年（1004）五月，诏封广惠王号，赐额"敏应"；仰山二神则于真宗大中祥符二年（1009）四月，分别封灵济王、明显公；至于南唐屡受封赠的广德张王信仰，宋仁宗则于康定元年（1040）三月下诏赐封为灵济王。[2]

这里涉及一个重要的问题，即北宋重新统一天下后，如何对待前代的

---

① 　宋绶、宋敏求编：《宋大诏令集》卷七《谥议上》，第 31—32 页。

② 　分见《宋会要辑稿》礼二〇之八八，总第 794 页；礼二〇之八四，总第 792 页；礼二〇之八六，总第 793 页。

封神传统。检视上述南方地区几个重要的信仰重新受封名号即不难发现，北宋朝廷毋宁是在尊重原有封号的基础上加以改封，并非赐封位阶最低的侯号。在赐封南方神祇的大多数措施中，宋廷仍然表现出尊重前代传统的态度，这种态度显示出，此时不少的封神活动是传统的"复苏"与"再现"。

宋真宗、仁宗在位期间，南方几个重要的神祇重新受封，具有指标性的意义。这些事例说明，宋初曾经受到朝廷忽视的南方封神活动，此时又重新获得重视。朝廷态度的转变也见于当时的庙记。宋仁宗天圣九年（1031），潘说所作《重修祠山庙记》一文便指出，北宋前期地方官奏封广德张王信仰屡受忽视的现象："惟王奠居南纪，克膺丰祀，然守臣屡尝于草奏，何中旨未霈于真封。"①潘说直言宋初地方官屡次奏封张王信仰，未能顺利获封，道出宋代前期朝廷忽视南方封神传统的真相。因此，真宗、仁宗以后几个重要信仰开始获得宋廷的赐封，在一定程度上代表旧日南方封神传统的复苏。此后，宋廷的封神活动转趋蓬勃发展，至宋神宗以下，封赐活动大行，特别是神宗与徽宗两朝尤其兴盛。② 宋廷的祠祀措施，反而改采前代南方王国积极封神的做法。

此一转变恐怕不是偶然的。它正好发生在北宋南方人物开始崛起、入仕中央的时代，③特别是神宗与徽宗两朝，朝廷已是南方人主政的局面，这些迹象显示出宋廷对南方封神传统态度的改变，改采积极封神的做法，可能与南方官僚集团的崛起有关。究竟南方王国确立的封神传统，如何引起北宋对地方祠祀作为的转向，以及此一转向与南方官僚集团崛起的关系，也许是未来可以进一步探讨的课题。④

---

① 周秉秀辑：《祠山志》卷一〇《碑记》，《中国道观志丛刊续编》第八册，第 14—15 页（总第 535—536 页）。

② 须江隆：《熙宁七年的诏——北宋神宗朝期の赐额·赐号》，第 55 页。

③ 贾志扬：《宋代科举》，台北：东大图书公司，1995 年，第 198—199 页；周藤吉之：《宋代官僚制と大土地所有》，东京：日本评论社，1950 年，第 9—19、29—30 页；Robert M. Hartwell, "Demographic, Political, and Social Transformations of China, 750-1550", *Harvard Journal of Asiatic Studies* 42, No.2 (1982), pp.414-415.

④ 柳立言先生在《宋代的社会流动与法律文化：中产之家的法律？》一文曾指出，宋仁宗时代南方官僚集团崛起后，国家处理南方别籍异财的风俗的态度，出现重大变化，从宋初的严禁转为"同籍异财"的规定，使南方别籍异财的风俗局部复活。《唐研究》第十一卷，第 133 页。

小　结

前章曾论及祀神风气是此地风俗的特点,本章所论五代南方王国的封神运动则显示出,在南方王国自立的过程中,正视本地祀神之风,并试图"援神自立"的历史现象。探讨这场封神运动,对于理解宋世以降大一统王朝的赐封措施,应可带来源自不同视野的认识。

进而言之,笔者希望本章的讨论,最终能促进以新的眼光看待唐宋封神措施的发展,从而重新检视宋世封赐制度的发展。如果此章的论点可以成立,神宗朝以下封赐活动的大盛是"复盛",而且体现宋廷封神措施"南方化"的转变。[①] 在唐宋之间南方整体力量崛起的历史背景下,本章指出南方地方王国确立了后世的封神传统,对于理解唐宋变革的历史现象,[②]或许提供了一幅鲜为人知却影响后世深远的历史图景。

事实上,此处所言对后世影响深远,不仅是赐封制度,下一章将进一步讨论北宋封神复盛后,对国家和士大夫群体产生的深刻影响:北宋中后期,国家开始兴起赐封劝忠之风,士大夫群体也兴起祀贤的风气。

表 3-3　张王信仰受封名位简表

受封时间	赐封者	赐封的封号与缘由	出　处
唐玄宗天宝中	唐玄宗	玄宗因祈祷有应,赠水部员外郎。	《祠山志》卷一,第 8 页
唐昭宗乾宁二年（895）	唐昭宗	平孙儒后以功迁,赠司农少卿。	《祠山志》卷一,第 9 页

① 此处所言宋廷祠祀措施"南方化"的转变,是指宋廷改采积极封神的态度,踵继前代南方王国的脚步。北宋前期朝廷如何面对南方封神的传统,限于篇幅,此处无法细论,俟将来进一步探讨。
② 有关唐宋变革说及其影响,参见张广达《内藤湖南的唐宋变革说及其影响》,《唐研究》第十一卷,第 5—71 页。另外,柳立言先生撰文厘清最初唐宋变革说的内涵,并且反省此一学说后来援用时出现的问题,参见柳立言《何谓"唐宋变革"》,《中华文史论丛》2006 年第 1 辑,第 125—171 页。

续　表

受封时间	赐封者	赐封的封号与缘由	出　处
杨渥承制（唐天佑五年，梁开平二年，908）	淮南节度使杨渥承制加赠	天佑五年，天旱，吴国主祝文诣庙祈祷而降雨，故杨渥承制加赠礼部尚书，封广德侯。	《祠山志》卷一，第9页
吴乾贞二年（928）	杨溥	祈祷雨泽，克日雨足，赠仆射，仍为广德侯。	《祠山志》卷一，第9页
南唐保大十二年（954）	李璟	李璟累祷悉应，故册为司徒，进封广德公。	《祠山志》卷一，第9页
南唐保大十四年（956）	李璟	南唐保大十四年钱塘兵攻宣城，王以兵援，是岁九月十四日册封为广德王。	《祠山志》卷一，第9页

第四章　旌忠庙与贤人祠

最后,在前两章的基础上,笔者想进一步探讨宋世以降一种明显的历史变化:出现大量的旌忠庙与贤人祠。这两种祠庙的大量出现,不是偶然的,它代表国家和士大夫有意以祠祀在地方社会操作政治的新变化。前者是朝廷开始采取立庙赐额的劝忠活动,后者则是北宋中期以降士大夫群体祀贤之举,有意藉此表彰特定人物的典范,其中大量奉祀本朝贤人是前此所未见的。

上述令人注目的现象,反映出国家和士大夫群体开始大量操作祠祀,作为政治行动的元素,不管是台北圆山耸立的忠烈祠,或是明清常见的乡贤祠与名宦祠,它们的历史渊源皆涉及前两章所论的变化。此处的考论希望说明北宋中期以后,朝廷和士大夫官僚群体积极操作祠祀,藉以表彰人物典范与核心的政治价值。以期最终能对这两种祠庙的出现,带来更纵深的历史认识。

第一节　赐封劝忠之风兴起

台北市民大概都知道圆山附近有一座忠烈祠,但对它多少有点陌生,很少人会来此"庙"祭祀祈福。凭借"忠烈"祠之称,多数市民知道这里供奉忠烈之士。不过,很少人能清楚指出祠中奉祀的是抗日战争中牺牲将士官兵的牌位。这座祠庙有其特殊的地位:每年官方要派人前来祭祀祠中忠烈之士的英灵。这座由官方建立的祠庙,欠缺常民信仰的基础,却受到官方的重视和高规格的祭祀。那么,忠烈祠这类特殊的祠庙是如何出

现的？此处讨论的主题即是忠烈祠最初出现的历史面貌，希望从历史的
角度，解释国家何以发展出树立旌忠庙的传统。

　　大约在两宋之际，朝廷和士大夫官僚树立旌忠庙，通过建祠赐额的手
段进行劝忠的活动。这类祠庙的特色是官方色彩浓厚，通常是由官方主
动发起建庙，且往往获得御赐的庙额。庙额的名号虽繁，但多带有"忠"
字，以褒显奉祀对象的忠行。两宋之交旌忠庙的诞生，只是故事的开始，
下逮明清，国家在对外征战或者面临政权生存危机时，常常通过树立旌忠
庙，宣扬"忠"的价值，这也成为近世的政治传统之一。本节旨在探究这类
祠庙最初出现的历史，探讨徽宗朝至高宗朝树立建庙旌忠的传统的过程。
具体而言，以下将讨论宋徽宗崇宁年间（1102—1106）至宋高宗绍兴十二
年（1142）宋金议和之间，官方建庙旌忠的活动。

　　笔者讨论旌忠庙，着眼于它是此时国家开始采取的新的劝忠手段。
从国家操作祠祀的角度来看，两宋之际的旌忠庙确实有其不可忽视的历
史地位，这是中国历史上，国家首度有意通过大规模的建祀活动，传布核
心的政治价值。

　　《礼记·祭法》标举人物的立祀原则，因此，祭祀人物典范的传统由来
已久。宋世以前，除了建祠奉祀特定的忠臣外，有的皇帝如唐玄宗，亦以
树立各种历史人物典范的祠庙，来展现其儒家治国的政治理念，而忠臣之
祀也厕身其中。两宋之际国家树立旌忠庙的用意则与此不同，这时朝廷
和士大夫官僚追祀当代忠臣烈士，往往怀着比较强烈的危机意识，试图以
建祀旌忠的手段渡过政权存续的危机。这些建祀活动本身即是一种积极
的政治行动，官方采取建庙旌忠的措施，展现出积极采借祠祀形式的新思
维。本节梳理赐封成为旌忠手段的元素的历史脉络，以期说明宋代官方
开始积极操作祠祀，宣扬核心政治价值（忠）的现象。

　　具体而言，个人无意以旌忠庙讨论宋代奖劝忠义的活动，而是试
图回答以下的问题：何以两宋之交开始出现赐封与劝忠结合的新手
段？这涉及两个问题：一、赐封祠祀信仰的措施，如何衍生出宣扬核
心政治价值的手段；二、在何种历史背景下，统治阶层确立了赐封劝忠
的传统。

关于第一个问题，一如标题所点出的，涉及赐封与旌忠的关系。两宋之际的旌忠庙不同于以往的忠臣祠，这类祠庙往往带有"忠"字的庙额。稍微熟悉北宋国家赐封的历史，便会意识到赐封旌忠之举，可能源于稍早的大量赐封祠祀信仰的措施。对宋代国家开始大量赐封的历史现象，相关的研究论著颇多，但是很少论及朝廷大量赐封地方祠祀后，也开始受到牵引，积极操作祠祀，试图达到建祠旌忠的目的。笔者认为，分析这类特殊的祠庙何以出现的历史，将会对宋代官方与祠祀之间复杂的关系有更深层次的认识。

第二个问题涉及赐封劝忠之举和南宋初期政治史的关系。作为新的劝忠手段，旌忠庙比较集中出现于南渡初期兵荒马乱之际，当时局势动荡，建祠实较赠官、赠财等活动费事，但是在朝廷和士大夫官僚的推动下，建祠赐额成为当时重要的旌忠手段之一。在诸多表忠的措施里，旌忠庙有一项特色，亦即以常民熟悉的祠祀形式，向四方宣扬忠义的价值。如此，他们是如何看待两宋之际国家所面临的政治危机的？他们认为当时政权存续危机的根源究竟为何，而决意诉诸建祠旌忠的方法？以下的讨论也将试图回答此一问题。

一、徽宗朝赐封表忠之举

北宋中期以降的赐封劝忠之举，始于赐封本朝人物祠，但是最初的赐封之举劝忠意味较淡，意在褒显人物成神之后的神迹。这些事例不多，却揭示赐封祠祀信仰的措施，实为宋廷赐封追表忠臣事功之来源。

大体上，徽宗朝以前，赐封本朝人物祠的例子甚少，阅目所及，仅有李继和祠（仁宗朝）、苏缄祠与王吉祠（哲宗朝）三例。除了王吉祠是以神迹获赐"忠佑"的庙额外，①其他两座边臣祠也是因为神迹而获得赐封。仁宗

---

① 哲宗元符二年（1099）十二月曾下诏："以石州明灵侯为明灵公，胡公神庙为灵佑庙，故北坊作使王吉为忠佑庙，从河东经略司请也。"《续资治通鉴长编》卷五一八，第12336页。王吉庙和其他二庙一起受封，从一同赐封的二庙封号判断，此庙是以神迹受封。不过，王吉死于元符二年十月（同前引书卷五一七，第12303页），十二月即受封，令人费解，故李焘原注即云：王吉当考。

朝的李继和祠,是宋代本朝臣子的祠庙首度获得赐封者。据《续资治通鉴长编》卷一五〇记载:

> 追封镇国节度使李继和(963—1003)为安国公,以其庙为安国庙。初,继和知镇戎军,创为城渠,又有威惠,吏民为立祠。及西贼入寇,庙中数有神光及夜闻甲马声,故特表异之。①

宋仁宗庆历四年(1044)李继和祠获封的背景,为西夏赵元昊(1003—1048)结束长达七年入侵宋境的行动,西北边境局面暂时趋于缓和。② 宋真宗年间,李氏曾知镇戎军(997—1002),③威惠及民,此时地方奏报神迹请求赐封,欲借重李氏在当地的影响力,以达威服西夏人、安抚边境的目的。④ 另一个事例则是哲宗朝获得赐封的苏缄祠,《宋会要辑稿》"苏忠勇公祠"条记载:

> 苏缄(1016—1076),知邕州。哲宗元祐七年(1092)七月赐额"怀忠",仍封忠勇公。以知州事谢季成言:"神宗熙宁中,交趾围城,缄血战四十余日,粮尽,举族死之。缄竭节于国,有德在民,乞立祠赐额。"从之。⑤

据此,宋哲宗元祐七年邕州知州谢季成请封的主要理据,是苏缄死节殉国的事迹。不过,本传记载苏缄殁后,交人谋寇桂州,曾出现苏氏领兵前来相助的神迹。⑥ 且苏缄封爵"忠勇公",宋人也认为这是"祥应之假乎

---

① 《续资治通鉴长编》卷一五〇,第 3638 页。
② 赵元昊有意入侵前后达七年,见《宋史》卷二四四,第 13999 页。
③ 李之亮:《宋川陕大郡守臣易替考》,成都:巴蜀书社,2001 年,第 530 页。
④ 《宋会要辑稿》"李继和祠"条记载当时地方请封的缘由:"庆历四年六月镇戎军言镇国军节度使李继和先知本军,政有威惠,蕃夷畏服,军民因立庙像。西贼寇境,戎人拜庙,不敢纵掠,乞赐封崇。"《宋会要辑稿》礼二〇之四〇,总第 770 页。
⑤ 《宋会要辑稿》礼二〇之三九,总第 770 页。
⑥ 《宋史》卷四四六《忠义一·苏缄传》,第 13158 页。

天,爵号之加于朝"所致,并非其尽节事君的初衷。[1] 据此,元祐年间苏缄祠的获封仍与神迹有关。苏缄为国死事,卒于神宗熙宁九年(1076),当时皇帝已经赠官赐谥,授其子官职,并赐予甲第和田业,[2]以表彰苏氏之忠行。哲宗朝,朝廷进一步下诏赐额封爵,系谢季成应地方人士的请求而奏封的结果,[3]主要表彰苏氏成神之后所展现的神迹。

　　这时国家奖劝臣子为国尽忠之行,主要依循既有的做法(如赠官赐谥,以子嗣为官,赐予后嗣田宅等财产),朝廷偶尔也会下诏建庙,奉祀有功于一方的边疆功臣。[4] 然而上述被赐封的本朝人物祠却是后世赐封劝忠之举的肇端,它们获得的庙额已透露出端倪。这些被赐封的神祇或祠庙,受封之理据是神迹,但庙号已带有"忠"字,开始揭橥人物在世为国尽忠之事功。这些早期不起眼的少数事例,实揭示出赐封地方祠祀系两宋之交赐封劝忠新措施的源头。

　　到了徽宗朝,逐渐实行赐封表忠之举。此时本朝人物祠获得赐封端视其"在世事功",而非死后展现的神迹。在朝廷的支持下,一些前代主持边事的功臣祠获得赐额,例如熙州王韶祠、岚州的折御卿祠等皆是。折御卿祠与王韶祠,分别于崇宁二、三年获赐庙额"显忠"与"忠烈"。[5]《宋史》记载二人皆以功业建庙,[6]其中,王韶祠最初建祀的缘由比较清楚。宋哲宗绍圣三年(1096)七月,朝廷下令熙河建立王韶庙。[7] 由于王韶(1030—1081)卒于神宗元丰四年(1081),以此推估,绍圣三年的立祠应非本地自

---

[1]　真德秀于《忠孝祠记》一文中曾表示,林攒和苏缄二人之赐封,不是二人之本衷,他说:"若乃祥应之假乎天,爵号之加于朝,褒表于一时,而焜耀于千载,则非二公之所计也。"《全宋文》卷七一八二,第 396 页。

[2]　《宋史》卷一五《神宗本纪二》,第 289—290 页。

[3]　《续资治通鉴长编》对此的记载略同,但是提到建庙之举是"从州人之请"。《续资治通鉴长编》卷四七五,第 11322 页。

[4]　《宋会要辑稿》记载:"何承矩、李久则二公知雄州,哲宗绍圣元年(1094)闰四月诏:诏(疑衍字)于太平兴国寺立祠。元符三年(1100)四月诏:建立祠堂州学,以河北缘边安抚司言二人守雄州,措置兴葺,有功一方。"《宋会要辑稿》礼二〇之四一,总第 771 页。

[5]　《宋会要辑稿》礼二〇之一六八、三九,总第 834、770 页。

[6]　《宋史》卷一〇五《礼八·诸神祠》,第 2562 页。其中,折御卿在世的功业是在征伐北汉的军事行动中所建立的。

[7]　《宋史》卷一八《哲宗本纪二》,第 345 页。

发性的信仰活动,《宋史》本传言其以功业建庙,应有所本。

　　王韶在宋神宗熙宁中拓边于熙州、河州,是北宋中期开拓西北边境颇具代表性的人物。① 前述哲宗、徽宗两朝朝廷建祀与赐封之举,皆是拓境西北的政治氛围下的产物。宋哲宗绍圣年间朝廷先下诏建祠奉祀,到了宋徽宗崇宁三年(1104)五月,朝廷以其开拓熙、河有功,进一步赐予庙额"忠烈"。② 由于此年四月王韶子王厚(?—1106)与童贯(1054—1126)收复鄯、湟等州,正拓地于熙、河一带,赐额之举可能源于此次的军事行动。

　　徽宗朝国家赐封本朝忠臣祠,主要见于西北边境的人物祠,但亦及于岭南地区。崇宁年间,曹觐祠和赵师旦祠也开始获赐庙额。曹觐、赵师旦(1011—1052)二人皆死于宋仁宗皇祐年间广西发生的侬智高之乱,在这场乱事中,岭南地区的曹觐(知封州)、赵师旦(知康州)死守。事后,朝廷追赠官职、录用子孙以示奖劝,③并未建祠奉祀。后来田瑜安抚广南时,顺应居民之请求,开始建庙奉祀。④ 到了哲宗元祐三年(1088),朝廷因广南东路经略司之请,进一步下诏将封州曹觐、康州赵师旦二庙载于祀典,旌表其忠义之行。《续资治通鉴长编》元祐三年十二月条记载:

　　　　诏封州曹觐、康州赵师旦庙载在祀典。以广南东路经略司言,向邕寇侬智高犯二广,觐与师旦为封、康守,能率州兵力战以死,稽留数日,广城得以设备,卒不可破,请旌其忠故也。⑤

---

① 王韶在熙宁年间西北的拓边活动中扮演重要的角色,参见李华瑞《宋夏关系史》,北京:中国人民大学出版社,2010 年,第 59—65 页。另外,关于北宋中后期西北拓边的活动,参见曾瑞龙《拓边西北——北宋中后期对夏战争研究》,北京:北京大学出版社,2013 年。
② 《宋会要辑稿》礼二〇之三九,总第 770 页。
③ 《续资治通鉴长编》卷一七三,第 4173 页。
④ 《宋史》卷二九九,第 9984 页;卷四四六,第 13153—13154 页。王安石《赠光禄少卿赵君墓志铭》亦提到:"康州之人,亦请于安抚使,而为君置屋以祠。安抚使以君之事闻天子,赠君光禄少卿。"官其子弟。唐武标校:《王文公文集》卷九四,第 973 页。
⑤ 《续资治通鉴长编》卷四一九,第 10158 页。

当时广南东路经略司应系知广州蒋之奇（1031—1104）兼任。① 他上奏请求旌表二人之忠行，朝廷下诏将二祠纳入祀典，足见哲宗朝赐封尚未成为朝廷旌忠的主要手段。到了徽宗朝，在一些西北边臣的祠庙获得赐额的背景下（参见表一），崇宁三年九月，这两座前朝烈臣祠也获赐庙额"忠颜"与"忠景"。②

上述事例中，朝廷先建祀后赐额的做法，反映宋徽宗（1082—1135）在位时，赐封开始成为表忠举措的元素。哲宗朝下诏为王韶建祀，将曹、赵二祠纳入地方祀典，系依循既有的表忠做法，然而到了崇宁年间，三祠开始获得御赐的庙额，以表彰诸人在世之忠行，说明此时赐封已成为劝忠举措的元素。

大体上，徽宗崇宁年间赐额本朝人物祠，主要集中于西北边境。崇宁年间以后，因为朝廷有意拓地西北，士大夫官僚的眼光也关注功在西北的本朝忠臣。且在赐封表忠的风气影响下，地方官亦有意通过赐额，旌表前此西北边境功臣在世的功业。宋徽宗宣和五年（1123），宇文虚中（1079—1146）曾奏请赐予种世衡、范仲淹二祠的庙额时说：

> 故参知政事范仲淹（989—1052）知庆州，筑大顺城，为一路扞蔽。辟洛苑副使种世衡（985—1045）知环州。至今诸路战守之备，多二人规画。今庆阳府有仲淹庙，环州有世衡庙，合古者有功于民、以死勤事之法，乞各赐庙额。③

宇文虚中当时任职河北河东陕西宣抚使司参谋事，他屡次议论西北边事，欲为两位对西北边事有功者立庙。从请封的内容来看，他主要诉诸二人御敌之功，以及规划西北诸路的攻守战备之功，并援引《祭法》以为赐额的理据。最后朝廷下诏分赐二祠庙额"忠烈"与"威靖"。④

---

① 李昌宪：《宋代安抚使考》，济南：齐鲁书社，1997年，第379页。
② 《宋会要辑稿》礼二〇之四二，总第771页。
③ 宇文虚中：《乞赐范仲淹种世衡庙额奏》，《全宋文》卷三三五三，第126页。
④ 《宋会要辑稿》礼二〇之三九，总第770页。

何以徽宗朝开始出现赐封表忠的措施，笔者认为，在这方面，徽宗个人可能扮演了重要的角色。尽管上述事例中，未见徽宗个人的意向主导，但是以下郭成（1047—1105）这个事例，足以说明他乐于以赐额旌表本朝的功臣。

郭成本是哲宗朝西北边境的名将，他生平最显著的事迹是在哲宗绍圣四年（1097）进筑平夏城，并于元符元年（1098）打败了大举入侵平夏城的西夏军队。郭氏卒于徽宗崇宁四年（1105），当时皇帝已下诏赠财，赐其子婿官职。至宣和年间，又因廉访使者上闻其事迹，徽宗遂下诏将平夏城的郭成祠载于祀典，并赐予庙额。王之望（1103—1170）在郭成的行状中曾记载此事：

> （郭成）既全平夏，擒二酋，威震西鄙，虽小儿女子皆知公名。及其卒也，往往嗟咨流涕。而平夏之人德公尤深，祠公于城之西，水旱疾疠必祷，祷必应，庙享日严。宣和元年（1119），廉访使者王孝杰（应作竭）以闻，上亲洒宸翰曰："郭成尽忠报国，有功于民，宜载祀典，其议所以名其庙者。"有司请榜其额曰"仁勇"，诏可。[1]

王孝竭当时担任廉访使者，他上闻朝廷的内容，应系郭成名振西北的在世事功。[2] 徽宗手诏提及郭成尽忠报国，有功于民，命有司研议赐额之事。

事实上，宋徽宗赐封旌表的做法，也见于一般的祠祀信仰。崇宁四年（1105）下诏："天下州县长吏，山川鬼神在典秩者，饰完庙貌，洁严祀事；若

---

[1]　王之望：《故客省使雄州防御使泾原路兵马钤辖兼第十一将郭公行状》，《全宋文》卷四三七一，第6—7页。《宋会要辑稿》言郭成庙于崇宁元年赐额，明显有误。《宋会要辑稿》礼二〇之一六八，总第834页。此处所谓廉访使者，即宋初之走马承受，在大观元年（1107）始改为廉访使者，故当以郭成行状所载宣和元年为是。《宋史》卷一六七《职官七·走马承受》，第3962页。

[2]　若依行状所述，王孝竭奏闻的内容，是平夏城居民水旱灾向郭成祠祷祝的灵验事迹，但是依宋代封赐制度的运作，如欲以神迹请求封赐，应该是由转运使保奏。此处王孝竭任廉访使者，上奏的内容应与神迹无关。

祷祈有感,方策无文者,悉以名上,将加爵号,德施甚厚。"① 宋徽宗乐于采取赐封旌表的意向,或可解释次年朝廷开始赐封忠臣庙之措施,因为两者旌表的性质都是相同的。

上述事例显示,崇宁以后,宋廷已逐渐实行赐封表忠的做法。由于朝廷有意再度拓地西北边境(对夏征战),② 故此时赐封表忠之举,主要集中于西北边境。相对的,与辽接境的北方地区则没有任何赐额的记载。赐封表忠做法的确立,反映出统治者操作祠祀以达特定政治目的的意态。这一点涉及赐封措施性质的问题。

赐额本是皇帝御赐庙额以示荣宠之举,宋人以为赐额和封爵皆属于御赐的荣宠,葛胜仲《初莅任祀神文(四)》有一段话说得很清楚:"天子不爱爵宠以发扬潜懿,复以徽称荣其庙者,以神有功德于民也。"③ 祠庙庙额的"徽称"代表御赐的荣耀,仍会引起基层百姓的回响。④ 因此,即使祠庙是由皇帝下诏建立,有时地方官仍会进一步争取庙额。例如宋高宗建炎四年(1130)朝廷已下诏为杨邦乂(1085—1129)赠官、立祠,但是到了绍兴元年(1131)冬,叶梦得(1077—1148)再上奏请求改葬、赐谥时,也同时要求朝廷赐额,最后获赐"褒忠"之庙额。⑤ 地方官请额的目的,显然是为了争取御赐庙额背后所代表的荣宠,故即使移地别建祠庙,仍要奏请重新降下原有的赐额。⑥ 于此可见,在北宋朝廷大量赐封祠祀信仰的影响下,这种御赐的荣宠也扩及本朝的人物祠。

徽宗崇宁年间以后,宋廷开始通过赐额旌表本朝人物,大体上皆与"忠"臣事迹有关。这些受赐的忠臣祠,多奉祀前朝的西北边臣,而不及于当时在西北作战失败、死于王事的边臣。当时朝廷旌表的重点不是边臣

---

① 华镇:《新安县威显灵霈公受命庙记》,《全宋文》卷二六五七,第 144 页。
② 李华瑞:《宋夏关系史》,第 97—104 页。
③ 《全宋文》卷三〇七八,第 114 页。
④ 萧序辰:《赐昭济庙额记》记载,宣和七年二月,得旨赐昭济庙额。七月敕下,"两邑之人具牲丰洁,扶老携幼,趋赴祠下,道路相属,欢呼之声震响山谷"。邑人刻石,置之中庭,"以侈耀天子新命,以传不朽"。《全宋文》卷三七七〇,第 32 页。
⑤ 杨万里:《宋故赠中大夫徽猷阁待制谥忠襄杨公行状》,《杨万里集笺校》卷一一八,第八册,第 4524 页;李心传:《建炎以来系年要录》卷五一,北京:中华书局,1956 年,第 893 页。
⑥ 《宋会要辑稿》礼二〇之六,总第 753 页。

的死节之行，而是他们担任西北边臣时的事功，如王韶、范仲淹、种世衡和郭成等人的事迹。只有少数及于前朝的烈臣（如岭南曹觐、赵师旦二祠），这一点不同于南渡以后官方建祠之意，旨在追表当下死事的烈臣。

　　受到这股风潮的影响，官吏也开始为前代的忠臣祠请求赐额。宋徽宗大观四年（1110），李駧出守遂州，有感于后唐武信军节度使夏鲁奇（882—931）的死节事迹不为秉笔者所知，"百载之后复未有显号以扬公之美"，故商请转运使，奏请朝廷赐封。政和元年（1111）九月，朝廷遂下诏赐予"旌忠"的庙额。① 他循转运使奏请赐额，系依封赐地方祠祀制度，但是用意在旌表夏鲁奇"死节"的异行。从赐封表忠制度的实际运作，亦可见其脱胎自封赐祠祀信仰制度的轨迹。

　　另一个例子也说明此时赐额旌忠活动的兴起。宋徽宗宣和四年（1122）四月，编撰国史的王孝迪上言，后唐庄宗朝裴约（？—923）镇守泽州时，遇李继韬反叛，尽节而死，唐庄宗为之立祠。后唐迄今二百年，李氏之名"未编于祀典"，故"乞诏太常揭美名，加侯爵以宠之，俾岁时有司奉祠"。朝廷下诏："裴约尽节前代，可从其请，以为忠义之劝。"② 后世方志亦载其赐封侯爵，列于地方祀典之事。③ 上述赐封前代忠臣的事例，说明了赐额旌忠之风已经兴起。

　　忠是传统中国社会核心的政治价值，徽宗朝赐额表忠做法的确立，反映出国家开始积极操作祠祀，以为核心政治价值之载具。此时赐额已成为表忠的新元素，朝廷以赐予带有"忠"字的庙额，来表彰边臣在世的事功，基本上与成神之后的神迹无涉。这种做法显然是受到前此大量赐封祠祀信仰之影响。但是就过程而言，统治者确立赐封表忠的做法，亦经历一段时间的酝酿。从赐封地方祠祀到赐封表忠之间，时间上有一段落差。

---

① 李駧：《旌忠庙记》，《全宋文》卷二五七一，第 278 页。《宋会要辑稿》所载略有不同，以李駧庙于徽宗政和元年八月赐"忠节庙"为额，宣和四年九月封勇义侯，仍改赐今额"旌忠庙"。《宋会要辑稿》礼二〇之三六，总第 768 页。当以庙记所载为是。

② 《宋会要辑稿》礼二〇之三一四，总第 752 页。

③ 《山西通志》也记载此事："宋宣和四年，敕封侯爵，列之祀典，有尚书省故牒，金刺史许安仁书牒文，勒石并为之记。"觉罗石麟等监修，储大文等编纂：《山西通志》卷五九，台北：台湾商务印书馆，1983 年，第 11 页（总第 77 页）。

大体上，宋神宗（1048—1085）在位时，赐封措施已经盛行，但是一直等到徽宗崇宁年间以后，才渐次确立赐额表忠的做法。

北宋晚期朝廷何以发展出赐封与劝忠结合的做法？如果拉长时间来看，这是受到前章所论五代南方王国推动的封神传统之牵引。北宋中叶以后，封赐活动的大盛，实为南方官僚集团入仕中央后，将原本带有南方地域色彩的封神传统，进一步推衍为全国性的制度。长远来看，赐封成为旌忠的元素，系国家积极操作祠祀之表现。这种变化，体现了唐宋之间南方本地力量崛起后，对大一统政权操作祠祀态度的影响。到了南宋初期，赐封劝忠的做法又更进一层，当国家面临生存危机时，朝廷和士大夫官僚积极树立旌忠庙，公开宣扬忠义价值，建祀之举更重视其追烈的象征意义。

二、南宋初期建祀追烈的变化

宋徽宗靖康元年（1126），金兵迅速南下，直捣宋廷权力中枢所在地开封，俘虏钦宗、徽宗二帝北返。康王赵构（1107—1187）则在权力中枢真空的危机中即位，是为宋高宗。但是宋高宗从建炎元年（1127）即位起，新政权不断遭遇挑战。高宗曾经东避海上，遭逢内部兵变［建炎三年（1129）明受之变］，而且外有金人威胁，内则小型动乱不断。至绍兴十二年（1142），南宋和金人签订和议，收回大将的兵权后，赵构的新政权才趋于巩固。①

南宋初期政治情势的变动相当剧烈，官方有意以建祠赐额的手段褒扬忠义。他们延续徽宗朝赐额旌表忠臣的做法，然而在内忧外患纷至的

_____

① 寺地遵认为绍兴十二年时，南宋与金签订和约，并收回大将兵权，是南宋政权确立的重要时点，参见寺地遵著，刘静贞、李今芸译《南宋初期政治史研究》，台北：稻乡出版社，1995 年，第 23—33 页。南宋初期对金政策的分析，参见徐秉愉《宋高宗之对金政策》，台湾大学历史研究所硕士学位论文，1984 年。另外，有关南宋初期的政局，请参黄宽重《郿琼兵变与南宋初期的政局》，收录氏著《南宋军政与文献探索》，台北：新文丰出版公司，1990 年，第 51—89 页；黄宽重：《从和战到南北人》，收录氏著《史事、文献与人物——宋史研究论文集》，台北：东大图书股份有限公司，2003 年，第 3—26 页。

情况下,此时旌表的对象已转为当下为国捐躯的死事与死节之臣。

南渡之初,即有人建议建祠奉祀死事烈臣,以奖劝忠义之行。建炎三年十月,金人攻陷黄州,知州赵令峨(? —1129)死事。当时有人诋毁赵氏降敌,孙伟便移书张浚(1097—1164),力辨其忠节之行,[1]同时建言应为赵氏建祠奉祀。

> 尝闻熙宁中,邕州守将苏缄骂敌遇害,神宗皇帝赠以节度使,庙食其州,岭南父老至今能道其事。自顷国家多难以来,如令峨之死节者无几人,今令峨尽室皆亡,虽推恩无人可授,若用苏缄故事,实为无穷之劝矣。[2]

前文已指出,苏缄死事之初,神宗只有赠官、赙财,当时并未建祠奉祀,但是依孙氏的理解,苏氏庙食邕州后,岭南人迄今皆能讲述其事迹,故欲援引苏缄的故事建祠追烈,以为无穷之劝。[3]

孙伟欲通过建祠追烈以扩大奖劝忠义的言论,在当时恐怕不是孤立的想法。建炎和绍兴初年,地方官与方面大员已经开始为当下死事的烈臣建庙请额。这些长吏于兵荒马乱之际,有意藉此表彰在对金作战或扫荡内乱的行动中为国牺牲的烈臣,这些行动可谓他们对现实中的政权危机的具体回应。

首先是旌表对金作战死事的烈臣。南渡初期,金兵不断挥军南下,主持军务的方面大员和边境守臣,直接面临金兵的威胁,时而以立祠赐额的方式旌表忠义之行。孙伟任职于张浚幕下,当时张氏出抚川、陕,专制一方,屡屡立祠旌表死节之行。高宗绍兴元年二月,刘惟辅(? —1134)死事,张浚闻后,即承制追赠其昭化军节度使,并为其立庙成州,赐额"忠烈";[4]李彦仙

---

① 李心传:《建炎以来系年要录》卷三四,第670页。
② 徐梦莘:《三朝北盟会编》卷一三三,台北:文海出版社,1962年,第4—5页(总第56—57页)。
③ 不过,这项行动并未立刻施行,一直到隆兴元年张浚宣抚两淮时,以父老之言,奏乞立庙,遂赐忠显之额。周必大:《赵训之忠节录序》,《全宋文》卷五一一八,第146页。
④ 李心传:《建炎以来系年要录》卷四八,第868页;《宋史》卷四五二《忠义七·刘惟甫传》,第13298页。

(1095—1130)坚守陕州,建炎四年正月死事,张氏也于绍兴二年(1135)年底立庙商州,赐额"忠烈"。① 当时金人南下,除了对川、陕一带构成威胁以外,也入侵东南一带,因此淮南边境上亦有若干立祠赐额的活动,例如楚州的王复祠、滁州的刘位祠与楚州的赵立祠,等等。(参见表4-1)

表4-1　北宋中期至南宋绍兴、隆兴朝赐封旌忠事例简表

赐封时间	庙额、封爵	立庙地点	奉祀人物	出　处
庆历四年(1044)六月	赐安国公庙额,封安国公	镇戎军	李继和	《宋会要辑稿》礼二〇之四〇
元祐七年(1092)	赐额怀忠,仍封忠勇公	邕州	苏缄	《宋史》卷四四六《忠义一·苏缄传》;《宋会要辑稿》礼二〇之三九
元符二年十二月(1099)	赐额忠佑	麟州神堂寨作坊	王吉	《宋会要辑稿》礼二〇之四一;《续资治通鉴长编》卷五一八
崇宁二年(1103)	赐额显忠	岚州宜芳县	折御卿	《宋会要辑稿》礼二〇之一六八
崇宁三年(1104)	赐额忠烈	熙州	王韶	《宋会要辑稿》礼二〇之三九;《宋史》卷一八《哲宗本纪二》
崇宁三年(1104)九月	赐额忠颜	封州	曹觐	《宋会要辑稿》礼二〇之四二
崇宁三年(1104)九月　靖康初	赐额忠景　愍惠侯	康州	赵师旦	《宋会要辑稿》礼二〇之四二;《广东通志》卷三九
崇宁四年(1105)闰二月　大观元年(1107)八月	赐额忠勇　封忠烈侯	水洛城	刘沪	《宋会要辑稿》礼二〇之四二;《续资治通鉴长编》卷一六〇

① 《宋史》卷四四八《忠义三·李彦仙传》,第13211—13212页。

续　表

赐封时间	庙额、封爵	立庙地点	奉祀人物	出　处
政和元年(1111) 宣和四年(1122)	赐额忠节 赐额旌忠 封勇义侯	遂宁府	夏鲁奇	《宋会要辑稿》礼二○之三六
政和二年(1112)	赐额思仁	海州	孙冕	《宋会要辑稿》礼二○之四二
宣和元年(1119)	赐额仁勇	平夏城	郭成	《宋会要辑稿》礼二○之一六八;《宋史》卷三五○《郭成传》;王之望:《泾原路兵马钤辖郭公行状》,《汉滨集》卷一五
宣和四年(1122)	封爵	泽州	裴约	《宋会要辑稿》礼二○之四
宣和五年(1123)	赐额威靖	环州	种世衡	《宋会要辑稿》礼二○之三九;宇文虚中:《乞赐范仲淹种世衡庙额奏》,《全宋文》卷三三五三,第126页
宣和五年(1123)	赐额忠烈	庆州	范仲淹	《宋会要辑稿》礼二○之三九;宇文虚中:《乞赐范仲淹种世衡庙额奏》,《全宋文》卷三三五三,第126页
建炎三年(1129)七月后至绍兴二年(1132)	赐额忠烈	徐州?楚州?①	王复	《宋会要辑稿》礼二○之四八—四九;《宋史》卷四四八《忠义三·王复传》;《宋史》卷四四八《忠义三·赵立传》
建炎四年(1130)五月	赐额义烈	宣州	刘晏	《三朝北盟会编》卷一三八;《建炎以来系年要录》卷三三

① 家传言徐人立庙,但《宋史》提到立庙楚州而非徐州,有疑。但王逨所撰家传,似又指涉徐州之庙。

赐封时间	庙额、封爵	立庙地点	奉祀人物	出　处
建炎四年(1130)六月以后	赐额旌忠	越州	唐琦	《宋会要辑稿》礼二〇之四八;《宋史》卷一四八《忠义三·唐琦传》
建炎末以后？	赐额愍忠	不详	李亘	《宋史》卷四五二《忠义七·李亘传》
绍兴元年(1131)冬	赐额忠烈	成州	刘惟甫	《建炎以来系年要录》卷四二、四八;《宋史》卷四五二《忠义七·刘惟辅传》
绍兴元年(1131)	赐额忠烈	建康府	卞壶	叶梦得:《忠烈庙记》,《全宋文》卷三一八三,第348页
绍兴二年(1132)正月	赐额褒忠	建康府	杨邦乂	叶梦得:《褒忠庙记碑》,《全宋文》卷三一八三,第350—351页;《宋会要辑稿》礼二〇之四一;《建炎以来系年要录》卷五一;杨万里:《宋故赠中大夫徽猷阁待制谥忠襄杨公行状》,《诚斋集》卷一一
绍兴二年(1132)二月	赐额显忠	楚州 泗州 涟水军	赵立	《宋会要辑稿》礼二〇之四八—四九;《宋史》卷二一六
绍兴二年(1132)十二月 绍兴九年(1139) 孝宗乾道八年(1172)	赐额忠烈 赐额义烈 赐额忠烈	商州 陕州 阆州	李彦仙	《建炎以来系年要录》卷三一、卷六一;《宋会要辑稿》礼二〇之六;《宋史》卷四四八《忠义三·李彦仙传》
绍兴三年(1133)	赐额忠烈	湖州	颜真卿	《嘉泰吴兴志》卷一三
绍兴四年(1134)正月	赐额登勇	太平州	马俊	《建炎以来系年要录》卷五三;《宋会要辑稿》礼二〇之四九

赐封时间	庙额、封爵	立庙地点	奉祀人物	出　处
绍兴五年(1135)	赐额旌忠	不详	寇准	《宋会要辑稿》礼二〇之三九
绍兴六年(1136)	赐额刚烈	滁州	刘位	《宋会要辑稿》礼二〇之四三
绍兴九年(1139)	赐额愍节	同州	郑骧	《宋会要辑稿》礼二一之五〇;《宋史》卷四四八
绍兴九年(1139)	赐额愍忠	陕州	钟绍庭	《建炎以来系年要录》卷一三三;《宋会要辑稿》礼二一之六一
绍兴十年(1140)	赐额忠义	兴州	吴玠	《宋会要辑稿》礼二〇之四七—四八
绍兴二十三年(1153)	赐额旌忠	信州	张叔夜	《宋会要辑稿》礼二〇之四八
绍兴二十八年(1158)	赐额愍节①	延平	范旺	《宋会要辑稿》礼二〇之一六九——一七〇;宗庠:《愍节祠记》,《全宋文》卷四一九六,第 317—318 页;《宋史》卷四四九《忠义四·范旺传》
绍兴三十二年(1162)正月	赐额愍忠	武昌府	萧中一	《宋会要辑稿》礼二〇之四三
绍兴三十二年（1162）正月、二月	赐额旌忠	建康本寨和州	姚兴	《宋会要辑稿》礼二〇之四八;《建炎以来系年要录》卷一九七;《宋史》卷四五三《忠义八·姚兴传》

---

① 《宋史》提到,绍兴六年转运使以状闻时,即赐额忠节,并且赠官,但是《会要》与庙记未提到六年赐额一事,一直到绍兴二十八年因灵验而上请赐额。

续 表

赐封时间	庙额、封爵	立庙地点	奉祀人物	出 处
绍兴三十二年(1162)六月 乾道三年二月 (1167)	赐额闵忠	光州	陈亨祖	《宋史》卷三四《孝宗本纪》、卷四五三《忠义八·陈亨祖传》
绍兴三十二年 (1162)	赐额登勇	海州 临安府	张玘	《宋会要辑稿》礼二〇之四九;朱熹:《张魏国公行状》,《朱文公文集》卷九五上
隆兴元年(1163)	赐额忠显	黄州	赵令峣	周必大:《赵训之忠节录序》,《文忠集》卷五三;《宋会要辑稿》礼二一之四〇
隆兴元年(1163)	赐额忠节	建康府	王琪	刘岑:《忠节庙记》,《全宋文》卷三八八四,第 319 页;《建康府志》卷四四
隆兴二年(1164)	赐额褒忠	镇江	魏胜	《宋会要辑稿》礼二一之六二;《宋史》卷三六七《魏胜传》
隆兴间?	赐额旌忠	西和州	强霓	《宋史》卷四五二,第 13307 页

　　※说明:本节讨论宋代旌忠庙的发展止于两宋之际,此处列表及于绍兴末年至隆兴初年,意欲显示当宋金之战再起,赐封旌忠之措施已成为国家的常态。

　　南宋初期金兵南下,所在望风投降,直接和金兵作战的官吏更珍视这些忠烈的事迹,这类追表死事忠臣的行动一直持续进行着。例如周聿于绍兴九年(1139)宣抚陕西时,除了重新为李彦仙立庙于死事的陕州,也为前此死守同州、陕州的郑骧(? —1127)与钟绍庭建庙请额。① 至绍兴十二年宋金和议,金人的威胁暂时消除后,官方亦不再进行赐封劝忠的活动。(具体情况参见表一)

―――――――――

① 李心传:《建炎以来系年要录》卷一三三,第 2138 页。

其次是旌表亡于内寇的死事之臣。高宗建炎年间至绍兴初年,南宋境内扰攘不安,小型动乱不断发生,①地方官亦尝试建祠请额,以旌表那些死于讨伐动乱的臣子。例如建炎四年五月,刘晏(? —1130)和盗贼戚方战于宣州,死事。事后,知宣州李光(1078—1159)立即上闻事迹,除了赠官龙图阁待制、官其四子外,并为刘氏建祠奉祀,奏请庙额,卒获赐庙额"义烈"。②

上述事例说明,南宋初期建庙追烈的行动,代表官方积极采借祠祀形式,回应现实上政权面临的存亡危机。在生死存亡之际,国家表忠的做法亦有新发展。与既有的劝忠方式相比,建祠追烈的旌忠庙能公开宣扬忠的价值是一大特色。以往赠官、赐田宅、录用忠臣后嗣,闻知的对象有限。此时国家以建祠(赐额)追烈的方式,扩大了劝忠的对象和作用。前文论及孙伟"若用苏缄故事,实为无穷之劝"之语,即是这种思维的最佳注解。

两宋之际,朝廷表忠的对象和内涵已发生变化。徽宗朝最初是以赐额表彰前朝西北边臣的事功和忠行,此时在内忧外患纷至的严峻形势下,旌表的对象往往是当下为国死事之烈臣。南渡初期,赵构政权时时面临金兵南下之威胁,官方积极采取建祠赐额的方式,不断公开宣扬忠义之行,试图挽救政权所面临的生存危机。

这种建祠追烈的变化,充分体现于以下讨论的马俊祠。宋高宗绍兴四年(1134),太平州慈湖镇巡检寨为马俊立祠,赐额"登勇",即是建祠追烈颇具代表性的事例。马俊出身低微,只是一介小兵,隶属于周青左右。绍兴二年,周青、陆德、张顺等人有意叛变,试图拥众渡江,马俊得知其事后,暗中活动,欲刺杀周青不成,最后周氏受伤,贼党散去,马俊夫妻亦因此罹难。事后,地方上闻马氏的事迹,建炎三年十月朝廷下诏赠官,四年正月进一步建祠赐额。③ 马俊身份低微,生平亦未建立任何平乱的功业,

① 王世宗:《南宋高宗朝变乱之研究》,台北:"国立"台湾大学出版委员会,1989 年。
② 徐梦莘:《三朝北盟会编》卷一三八,第 8—9 页(总第 91 页)。
③ 《宋会要辑稿》礼二〇之四九,总第 775 页;李心传:《建炎以来系年要录》卷五三,第 945 页;《宋史》卷四八九《忠义四·马俊传》,第 13228 页。《宋史》作慈湖砦,与《会要》不同,且时间亦与《要录》有别。

然而他不从诸人谋乱且密谋诛杀叛臣的义行,成为国家下诏建祠赐额的主要缘由。南渡初期,官方更重视死节事迹所体现的忠义价值,所以旌表的人物不一定具有显著的功业。此例中,官方不在乎马俊的出身与功业,建祠行动体现了国家追烈死臣的用意,已不同于徽宗朝主要表彰西北边臣的事功。

国家既然重视人物事迹体现忠义的象征意义,建祠的地点通常选择在历史事件发生的场所。即使土地暂时失守,朝廷下诏建祠时,也会言明俟将来局面平稳后,再建庙于死事之所。①

三、未完成的忠义全神堂

南宋初期,建祠劝忠的做法日益受到关注。当时陆续有人建请普遍建祠奉祀死事之臣。《建炎以来系年要录》绍兴五年(1135)七月条记载:

> 言者论比年以来,忠臣义士以身徇国者,往往湮没无闻。如去年蕃伪围闭濠州,国奉卿确守忠义,朝廷虽官其后,以报死节,然四方之人未尽知也。又如赵立、薛庆、李彦先之徒,皆镇抚使之得其死者,间虽锡之庙貌,闻亦未广。谓宜明诏天下,凡自靖康以来,四方死事之人,悉令载之祀典,此诚激使英雄忠勇之术。诏淮西帅臣相度。②

奏请之人是谁已不可考,他认为录用后嗣的做法是不够的,希望朝廷能推广建祠追烈死臣的措施,以下诏建祠、纳入祀典的方式,扩大国家酬报死节之臣的宣传效果,使四方之人尽知朝廷追烈之意。最后中央下诏,命令毗邻北境的淮西帅臣相度筹办。

未几,南宋朝廷即有意在各州郡普建褒忠庙,奉祀忠义死节之士。

---

① 《宋会要辑稿》礼二一之六二,总第867页;礼二〇之四八,总第774页。再如,姚兴祠亦先立其砦,收复淮西之后,又立庙战所。《宋史》卷四五三《忠义八·姚兴传》,第13327页。
② 李心传:《建炎以来系年要录》卷九一,第1514页。

《建炎以来系年要录》绍兴七年(1137)二月癸酉条记载此事：

> 直徽猷阁湖北京西宣抚副使司参谋官薛弼请褒靖康以来尽节死难之臣。诏：州郡于通衢建立庙廷，揭以褒忠之名。旦望致酒脯之奠，春秋修典礼之祝。使忠义之节，血食无穷。诏：枢密院三省赏功房开具自靖康元年后来，不以大小、文武、吏士，应缘忠义死节之人姓名取旨。[①]

薛弼(1088—1150)时任岳飞(1103—1142)的参谋官，他的建言很快获得朝廷的具体响应。笔者推测，中央对此事所展现的积极态度可能和张浚入掌朝政，成为实质主政的权相有关。他担任地方大员时即已经积极建祠奉祀烈臣，主政之后，进一步下诏州郡普建褒忠庙，并将其纳入地方官府的祀典，以奉祀靖康年间以来尽节死难之臣。诏令强调文武不拘，出身不限，一以忠义死节为依归，但是入祀对象必须经过枢密院与三省赏功房认可，才能进入忠义的"全神堂"，[②]做法相当谨慎。

以国家和祠祀的关系而言，南宋初期朝廷有意建祠追烈，是中国历史上国家首度欲以大规模建祠的方式，宣扬"忠义"等核心政治价值。宋世之前不乏为忠臣举祀，但南渡初期国家建祠追烈的活动与此不同。前文所论南宋初期不断有人奏请建祠追烈，本意即在渡过当下政权存续之危机。绍兴七年，朝廷有意普建褒忠庙，揭示了此时统治阶层积极操作祠祀的心态：建祠追烈已成为统治者挽救现实存亡危机的重要手段。

不过，这项行动最后似未付诸实施，各郡并未建立褒忠庙，推究其原因，应与朝廷始终未能确立忠义的"全神堂"的系谱有关。南渡以后，一直有人呼吁朝廷要尽早建立靖康、建炎以来的忠义名录。绍兴九年，喻汝砺(? —1143)曾奏请降诏史臣进行编纂忠义死节名录的工作：

[①] 李心传：《建炎以来系年要录》卷一〇九，第 1769 页。
[②] 此处"全神堂"一词系借用王汎森先生的用语，参见王汎森《清代儒者的全神堂——〈国史儒林传〉与道光年间顾祠祭的成立》，《中研院历史语言研究所集刊》79 期 1 分册，第 63—93 页。

臣（喻汝砺）窃念之，自靖康、建炎而来，将帅守宰、义夫烈妇，岂无捐躯徇国，犯患触祸，负杰异之操如古人乎？若不及时早加褒擭，岁月荒老，无所订正。伏愿申诏史臣，采自靖康而来，蒙患死难，暴人耳目，较然不欺者，书之为死节之士。复撴近日楼炤之所搜访、周聿之所论荐者，书之为守节之士。庶几彰国家临危有仗节之士，励世有消萌之术。诏送史馆。①

南渡初期朝廷面对内忧外患，奖劝忠义已成为此时重要的政治关怀。地方大员陆续奏报死节的事迹，请求朝廷褒录，高宗也不断下诏褒录死节之士，②并且"访求国初功臣后裔、中兴以来忠义死节之家子孙"。③ 南宋立国之初，统治阶层面临金人南侵的压力，积极提倡忠义价值，曾经展开一波重塑忠义价值的行动。

然而，南宋前半叶朝廷始终无法确立忠义的"全神堂"系谱。绍兴十三年（1143），秦桧（1090—1155）大权在握，他曾授意王扬英奏请下诏编纂《靖康建炎忠义录》，并以王氏兼国史院检讨官负责其事，④最后仍未克竟其事。所以孝宗朝韩彦直入见皇帝时，依然建请孝宗下诏"搜访靖康以来死节之士，以劝忠义"。⑤

何以当日秦桧权倾一时，仍然无法编定官方版的忠义录？笔者推测此事之所以窒碍难行，可能是触及敏感的当代政治史（如靖康之变或明受之变）所致。朝廷如果下诏颁定忠义名录，便牵涉许多在朝官员（及其父祖）在这些事件中的行为该如何评价的问题。然而靖康以来的政治史，原本就是一笔算不清楚的账。例如靖康事变发生后，在现实利害的考虑下，当时开封的朝官选择拥立张邦昌，后来为求自保，人人都在争取此一事件

① 李心传：《建炎以来系年要录》卷一三二，第2125页。
② 高宗一朝褒录忠节之士的工作一直进行，例如《建炎以年系年要录》绍兴二十六年六月条记载："（李）宗周，新秦人，父（李）翼宣和末守边死事，既而宗周入辞，上锡以金带，且索翼忠义事迹以进，遂改知永康军。"李心传：《建炎以来系年要录》卷一七三，第2859页。
③ 《宋史》卷一六〇《选举六》，第3750页。
④ 李心传：《建炎以来系年要录》卷一四八，第2391—2392页。
⑤ 《宋史》卷三六四《韩彦直传》，第11370页。

的诠释权,以致出现"靖康之变,士大夫纪录,排日编缀者多矣"的现象。①
稍后宋高宗建炎三年的明受之变,也出现当政者的纪录亦各言其功的现
象。② 朝廷编纂忠义名录,一旦涉及厘清当代政治史的真相,在众说纷纭
下,竟成为一项不易完成的艰难工作。

　　赵构政权建立之初,如何处理围城之役朝官"失节"的行为,便是宋廷
相当棘手的问题。不少围城失节的朝官后来陆续加入赵构政权,使此一
问题更加复杂。忠义之辨往往和现实的政治斗争纠结在一起,③看似单纯
的确立忠义名录的活动,却深刻影响着官僚集团成员的仕途前景。因此,
即使权相秦桧有意为之,宋廷最后仍然无法下诏颁定靖康、建炎以来忠义
死节的名录。

　　前述朝廷搜录、颁定忠义录的困境,或许解释了即使国家不断地搜访
忠节事迹,仍然有不少人担心这些事迹将来可能无法流传。洪迈(1123—
1202)《容斋五笔》卷六"李彦仙守陕条"便说道:

　　　　靖康夷虏之祸,忠义之士,死于守城,而得书史传者,如汾州之张
　　克戬、隆德之张确、怀之霍安国、代之史抗、建宁寨之杨震、震武之朱
　　昭是已。唯建炎以来,士之得其死者盖不少。兹读王灼所作《李彦仙
　　传》,虽尝具表上进,然虑实录、正史未曾采用,谨识于此。④

　　李彦仙死事之行,南渡初期已蒙朝廷下诏赠官、建祠,但是洪迈担心
实录与正史不采用他曾上奏进献的传记,故附于私家笔记,以确保李氏的

_____

① 　王明清:《挥麈后录》,《宋元笔记小说大观》卷四,上海:上海古籍出版社,2001 年,第四
　　册,第 3672 页。因此,有些人即使有意提倡忠义,亦避谈当代忠义之士而言及稍早北宋
　　的人物,例如陈与义《跋郭节度父墓志铭》倡言郭成的边臣事功时说:"天下方有难,非
　　血诚壮烈不足以解国家之忧,殿帅勉之!"陈与义撰,吴书荫等点校:《陈与义集》,北京:
　　中华书局,2007 年,第 533 页。
② 　王明清《挥麈后录》曾提到,关于苗刘之变,"是时宰辅,如朱、吕、二张,具有记录,矜夸复
　　辟之功,悉皆不同,有如聚讼,不若颖彦之明白无偏。今录于左"。因此,他特别要保留
　　王廷秀对此事变不同的说法。《挥麈后录》卷九,第 3726—3732 页。
③ 　寺地遵著,刘静贞、李今芸译:《南宋初期政治史研究》,第 57—58 页。
④ 　孔凡礼点校:《容斋随笔》,北京:中华书局,2005 年,第 895—896 页。

死节事迹得以流传。南宋朝廷始终未能确立忠义名录,便意味着这份名单仍有可能出现变动,洪氏的顾虑即表现出这种不确定感。后来,朱熹(1130—1200)提到和州曾刻印一种官本的《忠义录》,据称是从实录辑出加以编纂的本子,并非经过朝廷下诏颁定的忠义名录。①

值得注意的是,当时和南宋敌对的刘豫(1074—1143)政权,也同样实行立庙表忠的做法。《建炎以来系年要录》建炎四年十二月条记载:

> 伪齐刘豫立陈东(1086—1127)、欧阳澈(1091—1127)庙于归德府。封东为安义侯,澈为全节侯,取张巡(709—757)、许远(? —757)庙制,立为双庙以祠之。②

刘豫是年在金人扶翼下建立大齐政权,他建庙奉祀陈东、欧阳澈二人,意在凸显高宗诛杀忠谏之士的恶行。此时敌对双方建祠奉祀忠臣之举,显示出当政者更愿意推广建祠旌忠的活动,以祠祀形式倡导核心政治价值。

南宋建祀旌忠的活动,大约在绍兴十二年宋金和议之后暂告一段落。到了绍兴末年,宋金再战,又兴起另一波建祠的行动(表4—1)。限于篇幅和题旨,此处不再详论官方这波建祠的活动。此时旌忠庙的再次出现不是偶然的,说明南宋已经确立了赐封劝忠的传统。

---

① 《朱子语类》卷一三○记载:"和州有官本《忠义录》,刻靖康以来忠义死节之人,从实录编出。"黎靖德编,王星贤点校:《朱子语类》,北京:中华书局,2004年,第3137页。此时私家收录忠义事迹更形困难。南渡之初,黄潜善、汪伯彦执政时,即有《靖康小雅》收录靖康死事之臣傅察等十二人事迹。(纪昀等撰,四库全书研究所整理:《四库全书总目提要(整理本)》卷六一,北京:中华书局,1997年,第845页)不过,这项工作涉及当代史,容易招致怨尤,而且绍兴中期以后,秦桧主导禁止修撰私史,私家撰写忠义传的活动一度受挫。有关秦桧禁私史藉此斗争李光及其党人,参见黄宽重《秦桧与文字狱》,岳飞研究会编:《岳飞研究》第四辑《岳飞暨宋史国际学术研讨会论文集》,北京:中华书局,1996年,第159—167页。比较有系统的私家《忠义录》,首见于孝宗朝龚颐正所撰的《中兴忠义录》,此书收录的对象,"上自李若水、刘韐,贵臣名士,下及一妇人、卒伍之微,皆录之"。陈振孙:《直录斋书录解题》,中华书局编:《宋元明清书目题跋丛刊》卷七,北京:中华书局,2006年,第一册,第28页(总第627页)。
② 李心传:《建炎以来系年要录》卷四○,第750页。

四、缙绅失节与向常民劝忠的新措施

前文已论及，两宋之际建祠赐额的活动固然出于解决政权危机的迫切要求，但是官方在原有的赠官、赠财的措施外，为何要特别采取赐封劝忠的新手段？统治阶层如何看待此时政权危机的来源，以致重塑忠义价值时要诉诸祠祀形式？先来看一个例子。叶梦得在绍兴七年知建康府时，曾奏请朝廷赐额卞壶（281—328）庙。《乞晋卞将军庙额状》载：

> 右，臣伏见本府有晋尚书令卞壶墓一所，……历代封植，载在祀典。自金人渡江，残毁殆尽，窃虑岁久渐致湮没。臣已委官检计，重建庙宇。方时多艰，如壶等辈，数百年间，不过三五人，宜有褒显，以诒（诏？）后世。欲望圣慈特依应天府张巡、许远、蔡州颜真卿（709—784）例，赐以庙额。庶以兴起四方仗节死难之士，共明君亲之义。①

依叶氏所言，两宋之交前代死事之臣，已有张巡、许远和颜真卿等人祠庙获得赐额，他奏请赐额卞壶庙，只是援例而行。叶梦得很快得到回应，朝廷降旨同意。值得注意的是，叶氏特别记载朝廷下诏赐额之后百姓的反应："初，建康之民去公远，莫能尽知公之节。及天子褒显暴耀，新宫屹然，衣冠咸会，于是士女奔走，欷歔太息，或至流泪，皆有感激奋励，知以身殉国之义。"②

叶氏的记载有助于了解两宋之际建祠旌忠活动之缘起。卞壶庙久列于建康的地方祀典，他特别奏请庙额，主要目的是要吸引百姓的目光。他指出，御赐庙额的荣耀，能唤起建康之民开始注意晋朝名臣卞壶的忠义事迹。卞壶主要活跃于东晋，去宋已远，建康士民已不知晓其忠节之行，然

---

① 《全宋文》卷三一六三，第 29 页。《全宋文》作"以诒后世"，《景定建康志》作"以昭后世"，文意较通，此处从之。马光祖修：《景定建康志》，《宋元方志丛刊》卷四四，第二册，第 25 页（总第 2056 页）。
② 叶梦得：《忠烈庙碑》，《全宋文》卷三一八三，第 348 页。

而在庙额的加持下,百姓将重新注意卞氏的忠义之行,达到"兴起四方仗节死难之士"的目的。

南宋初期官方赐建"旌忠庙",实欲推广忠的思想价值。赐封劝忠作为新的劝忠手段,其最大的特色是通过建祀赐额,对四方之民公开宣扬忠的价值。叶氏提到百姓"感激奋励"的反应是否如实,已不得而知,但是他的记载提醒我们,在御赐庙额的加持下,欠缺信仰基础的忠臣庙,能藉此吸引百姓的目光。宋代的文献很少记载常民对旌忠庙的看法,叶氏的记述是难得一见的文献。此处亦难评估建祀追烈的实际效果,个人对旌忠庙的讨论毋宁侧重于官方赐封劝忠的用意。在北宋中期以降封赐众多祠祀信仰的基础上,官方已能掌握皇帝所赐庙额对四方之民可能发挥的影响力。就此而言,南宋初期统治阶层之所以采取赐封劝忠的新手段,原因在于其劝忠的对象已经有所扩大。此时朝廷和士大夫欲向常民劝忠,故采取建祠赐额的方式,诉诸庶民熟悉的祠祀形式进行劝忠。

两宋之际,官方在重建忠义价值时,开始注意扩大向常民宣传的工作,也许源于目睹靖康、建炎年间缙绅失节的现象。王十朋(1112—1171)《旌忠庙》一诗有言:"国家往往艰难中,缙绅节义扫地空。靖康有一忠愍公,建炎独有唐侯忠。"①战乱时缙绅失节本出于现实利害的考虑,但是南宋士人面对靖康、建炎以来巨变的省思,也惊觉"祖宗以来,平时奖群臣之恩至厚者,盖虑一旦缓急之间,贵其尽节死职,以忠报朝廷"。然而面对金兵南侵,缙绅的实际表现却是"虏兵所加,靡然风偃,知名之士几无而仅有"。② 类似的感叹,经常出现在南宋士人的文集里。

王十朋诗中的旌忠庙是越州所立的唐琦祠。在他笔下,唐琦的义行适与当时失节的缙绅形成强烈的对比。建炎三年金人侵犯越州,守臣投降,当时担任卫士的唐琦却挺身而出,骂贼至死。他的事迹最初先流传于

① 王十朋撰,梅溪集重刊委员会编:《王十朋全集·诗集》卷一一,上海:上海古籍出版社,1998年,第183页。又,王十朋《跋霍怀州传》亦言:"予每叹金人之祸中原,比唐安史之乱为甚。唐守土之臣死事者颇多,靖康间独寂寥无闻,何耶？今始见何子应作《霍怀州传》,舍生取义,名节凛然,可与睢阳二公同称烈丈夫矣。丁卯(开禧三年)四月。"(同前引书卷二三,第967页。)
② 王明清:《挥麈第三录》卷二,第3777—3778页。

乡里,至建炎四年傅崧卿知越后才开始建祠奉祀,祭文透露其立祀的心态:

> 虏内侵六年,国家之难、生民之祸至此极矣,前世未有也。士大夫畏避,至不敢诵言虏为贼,其能为吾宋伏节死难者与有几?侯以卫士武人,生不知书,遇乱愤发,顾不能爱其死,狙击虏酋,谩骂降帅,至死犹不绝口。其义岂惟今之人所希见,古书传所载何以尚兹![1]

傅崧卿知越时,赵宋政权仍然摇摇欲坠,士大夫普遍抱持畏避金人的态度,甚至不敢诵言金人是贼。国难当头,傅氏言语之间透露出他已经不信任自己所属的士大夫群体。他眼见不知书的唐琦竟能骂贼而死,欲以建庙赐额的方式,表彰其烈士义行。傅氏上闻唐氏的事迹后,朝廷仅下诏于"元击贼处立祠",[2]除此之外并没有任何褒赠的措施。于此可见官方建祠追烈的行动,更重视唐琦事迹在宣扬忠义价值的代表性。

现有的宋代文献,往往只简短记载官方建庙旌忠之举,因此很难具体评估其劝忠的实际作用。此处所论,更多的是官方操作祠祀奖劝忠节之行的用意。两宋之际,在缙绅失节的情况下,官方的表忠行动不再只限于奖劝官吏,而是以祠庙承载忠义的价值,对四方之民传布核心的政治价值,因此,这类追祀烈臣的措施公开宣示的意味浓厚。[3]

这些旌忠庙的存在,说明南宋朝廷面对北方外患的压力,有意提倡忠的价值,因此这类祠庙多数集中分布于淮南一带宋金直接接触之处。绍

---

[1] 沈作宾修,施宿等纂:《嘉泰会稽志》卷六,《宋元方志丛刊》第七册,第 9 页(总第 6803 页)。

[2] 《宋会要辑稿》礼二〇之四八,总第 774 页。

[3] 稍后,绍兴末,南宋为归降人萧中一、陈亨祖建庙赐额,便是颇具代表性的事例。萧中一原是契丹人,在金朝知邓州,欲投降宋朝,为乱兵所杀。陈亨祖亦是改投宋朝的"归正人"。他权知淮宁府事,后与金人作战,城破被杀。事后,朝廷分别立庙于武昌府和淮宁府,赐额愍忠和闵忠。(《宋会要辑稿》礼二〇之四三,总第 772 页;礼二〇之一六九,总第 835 页)南宋下诏建祠奉祀,着眼于其"归正"投宋的行为。论其实,二人并未为南宋立下任何汗马功劳,萧氏甚至未曾正式入朝。南宋朝廷特地在边境追祀二人,主要为了向边民宣示其劝奖归降者效忠宋朝的行为。

兴五年,因孙奇伟上奏,朝廷下诏指明要淮西帅臣相度筹办。到了孝宗朝,朝廷两度下令修缮旌忠庙,皆以淮南地区为限。① 这些地区是宋金交战最激烈的地区,死节事迹自然较多且毗邻北方边境。无论从获得治下百姓的认同,或是鼓舞对金作战的士气而言,官方建祀追烈的行动,确实有其现实上的考虑。

两宋之际,在官方倡导下确立了建祠旌忠这项传统。就劝忠而言,建祀旌忠是新的手段;就祠祀封赐而言,旌忠是新的内涵。大体上,这些官方主动树立的旌忠庙,缺乏深厚的常民信仰的支持,但是宋廷赐建旌忠庙,欲使常民了解国家追祀烈臣之用心。如果考虑庙额皆是御赐的荣宠,则此时国家追烈的行动别具意义,即皇权以祠庙直接向常民传布忠义的价值。在新的劝忠手段里,皇权奖劝忠行的方式已向下渗透至基层社会。

整体而言,在地方官府经费有限的情况下,旌忠庙的总数量并不多。两宋之际的旌忠庙或由地方立祠,事后请求赐额,或是朝廷直接下诏建祀赐额者。由于御赐的庙额代表国家恩礼神祇的层级较高,获赐的祠庙被纳入地方官府祀典,接受春秋二时的飨祀,同时官府也负有修建祠庙的责任。由于经费的问题直接限制地方祀典神祇的数量,②也使得旌忠庙的整体数量远不如士大夫推动的贤人之祀。

尽管如此,南宋一朝赐封旌忠的活动一再出现,"旌忠庙"已然成为此时政治文化的元素之一,但这只是一个开端。南宋以后,建祠赐额是朝廷旌表忠臣常见的做法,就此而言,笔者认为赐封劝忠构成了近世政治文化

---

① 《宋会要辑稿》记载:"乾道八年(1166)正月三日,淮南西路安抚司言:'朝廷旌忠之命,所以报死士而激义气。今和州含山县渭子桥之战,统制官姚兴以单寡之师,婴方张之虏,奋不顾身,与之力战,卒死于敌。朝廷嘉其忠勇,锡以庙号,立于战场之侧。然芦苇之中,盈尺之地,茆茨以生,风摧雨剥,所不堪视。且以一庙观之,其他可知。乞下有司检举一路赐庙之数,令州县支系省钱严加修造,以激昂忠义。'诏姚兴一庙,令先行修葺,仍下淮东、西路,向来忠义死节之士,庙有颓毁,并检照保明奏闻。"《宋会要辑稿》礼二〇之五一六,总第753页。另外,淳熙十一年下诏:"诸以忠义立庙者,两淮漕臣缮治之。"《宋史》卷三五《孝宗本纪三》,第682页。
② 曾几《重修泰伯庙记》曾提到,东南最富庶的吴郡仍然只祭祀十余个神祇。范成大撰,陆振岳校点:《吴郡志》卷一二,第165页。

的元素之一。此后朝廷建庙旌忠,不再是飨祀某些忠臣的偶然之举,而是统治者提倡忠义价值的基本手段之一。各种带有御赐忠、义、烈等字名号的庙额,代表国家在公开的场合,传布核心的政治价值。

第二节　北宋中期祀贤运动的展开

宋代不仅操作祠祀提倡核心的政治价值,自仁宗朝以降,士大夫群体也开始出现兴建贤人祠的风气。① 士大夫官僚以立祠的方式,开始旌表所心仪的人物典范。

历代不乏官吏修建前贤祠的记载,但是,此一现象在宋代特别突出,士大夫除了创造为数不少的贤人祠,且兴起大规模立祠奉祀当代贤人的活动,与前此的时代形成鲜明的对比。而且,宋代祀贤运动初兴之际,就已经透露出士大夫有心推动的端倪。仁宗嘉祐八年(1063),阎灏于《韩忠宪公(韩亿)祠堂记》中提到:

> 汉元始诏书,祀百辟卿士有益于民者,蜀郡以文翁、九江以召父应诏。岁时郡二千石率官属行礼,而南阳亦为信臣立祠。昭然史策增徽。其后此典一坠,昧没千载。然而有硕德杰望,矜式荐绅,厚泽英绩,周洽民俗,丕恒瑰伟,自与《礼》之法施于民、以劳定国者合,而舆心称愿,以祈荐飨,则此甚盛事,可得已耶?②

宋代士大夫立祠奉祀当代贤人,是崭新的历史变化。中古时期,士人创祠奉祀当代贤人的事例相当罕见,故阎灏指出汉代循吏殁而奉祀的传统,曾经中断千余年。他的记文预示着新的历史变化已经到来,在宋代士

①　关于宋代贤人祠的研究,Ellen Neskar 有开创之功,参见 Ellen G. Neskar, *The Cult of Worthies: A Study of Shrines Honoring Local Confucian Worthies in the Sung Dynasty* (960-1279), PhD diss., Columbia University, 1993。
②　《全宋文》卷一一一九,第 367 页。

大夫群体积极创祠旌贤的行动下,此一汉代传统将重新被发现,以提倡特定的政治理念。

最初士大夫建祠立祀,主要想表彰某些特定的贤人,范仲淹死后,官吏屡屡创祠奉祀,便是颇具代表性的例子。范氏卒于皇祐四年(1052),八年之后,知庆州周沆"因庆民之思,又为作祠堂"。① 范氏在世时,百姓已图像奉祀,记文中强调范氏为士人表率,且距范氏去世已经八年,故立祠活动实出自知州个人的意志。

稍后长山县令韩泽建祠奉祀范仲淹,也抱持同样的心态。英宗治平年间,韩氏到任后,以范氏尝居此地,死后此县居然不传事迹,便告诉县民:"范公爵位如此其达,功烈如此其显,岂非兹邑之胜事耶? 何久而不为之祠?"②最后与邑豪共同建祠奉祀。

范仲淹年幼时虽曾随母亲改嫁而居于长山县,但是,此例中,他和长山县的联系,是依赖外来的地方官重新建立的。韩氏立祠的理由,主要着眼于范氏个人一生功业的表现,他以立祠活动重新建立范仲淹和长山县的联系,同时,也希望以立祀行动纪念范氏的功业。

地方官为了奉祀特定的贤人,有时会刻意寻求立祀地点和人物之间的联系。张耒《司马温公祠堂记》记载,元祐五年(1090)王仲儒为温县县令,告诉邑人司马光功德卓著,本来应该要配食社稷,天下通祀,而温县是司马光的封国,岂能不加以奉祀。"于是度地作堂,画公像而礼祀焉"。③司马光死后被追赠公爵,始封国于温,在世事迹与温县无涉,王仲儒却以此为奉祀的依据。

上述立祠诸例中,都是已有明确的奉祀对象,再刻意寻求人物和地方的联系,这与后来祀贤风气兴起后先有祀贤的想法,再访寻和当地有关的前贤,是有所不同的。初期多数创祠祀贤的活动,地方官建祠的目的是为了纪念特定的贤人,祀贤本身尚未成为驱使立祠的动力。

---

① 蹇周辅:《范公庆州祠堂碑阴记》,《全宋文》卷一五一二,第 308 页。
② 韩泽:《淄州长山县建范文正公祠堂记》,《全宋文》卷一五二八,第 208 页。
③ 《全宋文》卷二七六八,第 105 页。

整个北宋时期创祠祀贤的数量不如南宋，[①]但是，神宗、哲宗时期有几项新的变化说明了（立祠）旌贤风气逐渐兴起：一、子孙建祠奉祀先祖，且目为贤人祠；二、将原本非立祠形式的旌贤媒介改为祠庙；三、出现搜访一地群贤的现象。

首先是子孙在公开场合奉祀自己的先祖，且目之为贤人之祀。司马光《陈氏四令祠堂记》记载熙宁年间，陈知俭担任京西转运使时，为父祖辈陈省华及其子陈尧佐、陈尧叟与陈尧咨三人，建祠于四人曾居住的济源佛舍，他自言："某之建是祠堂，非敢自矜奕世之美，盖欲来者见之，知爱民好学，可以大其家，有以劝也。"[②]宋代官吏于寺观奉祀先祖的现象日益普及，观陈知俭立祠之意，显然不是要建立私人的祠堂，而是将此祠置于公开场合，希望能藉此敦劝士人"知爱好学"。

另一个例子也发生在熙宁年间。薛映，华阳人，卒于景祐年间。其后代子孙至蜀作官，访询亲族与祖坟皆不可得，遂绘薛映画像于玉局观，并托吕陶作记。吕氏认为薛氏子孙此举不只表现尊先贵本之意，而且足以"荣里闾之观"，"慰士林之思"，亦视此举为贤人之祀。吕陶出身蜀地，记文也表现出浓厚的地方意识，他认为蜀地贤士大夫最多，而薛氏功业足以夸耀蜀地。[③]

其次，此时兴起祀贤的风气，士大夫群体以立祀活动表彰贤人，提倡特定的政治理念。他们开始将原本非立祠形式的纪念凭借，转化为立祠奉祀的形式，吴江县旌表范蠡、张翰与陆龟蒙三人方式的转变即是例证。最初当地是以图像立亭的方式纪念三人，后来才改为建祠奉祀的形态。熙宁三年（1070），林权知吴江县，缅怀古人，建鲈乡亭，图绘三人像于亭中。[④]

① Ellen Neskar 曾做统计宋代历代修建贤人祠的活动，据此，配合宋代政治史的演变，讨论贤人祠修建活动的发展，相关的表格参见 Ellen G. Neskar, *The Cult of Worthies: A Study of Shrines Honoring Local Confucian Worthies in the Sung Dynasty* (960—1279), p.7. 寓目所及，宋代有不少贤人祠的修建活动，无法确知具体的修建年代，但是，这方面的信息似未反映在他所做的统计表格。
② 《全宋文》卷一二二四，第 236 页。
③ 吕陶：《薛文恭公尚书真像记》，《全宋文》卷一六一〇，第 53—54 页。
④ 朱临：《三高赞并序》，《全宋文》卷一〇三一，第 47 页。

至哲宗朝,石处道担任知县,绘像颓圮,因僚佐言宜葺此亭,"于是像而祠之"。① 三人皆为吴江县归隐之士,旌表的方式从建亭图像改为立祀的活动。

即使纪念前代的贤人,早已有某种旌表的凭借,此时也开始改为建祠奉祀的形式。例如元祐年间建康的卞壸墓墓前立祠即是。根据叶梦得《忠烈庙碑》记载,建康有卞壸墓,"历代奉祀惟谨,而庙貌不立。伪唐保大中,始作忠孝亭于墓北"。庆历三年(1043),叶清臣再行封植,并立石为表。至元祐八年(1093)曾肇始易亭为祠,图绘其像,"载之祀典,春秋命有司从事"。② 曾肇改亭为祠并将其纳入地方祀典,足见当时奉祀前贤的风气已经兴起,地方官也开始改变原本旌表贤者的方式。

旌贤风气兴起后最大的变化,便是士大夫开始搜访一地贤人加以表彰(奉祀)。宋代立祠旌贤和前代最大的不同处在于,唐代地方官多为修整原有的祠庙,很少是从无到有的创祠活动;宋代则有许多祀贤的活动,是士大夫群体刻意创祠的结果,而不再像唐代只是某一人物祠唤起内心历史文化认同的表现。(参见第二章第三节)当旌贤风气兴起后,有些士大夫宦游各地,便开始询访前贤的事迹并加以图像旌表。此时有两种现象显示出旌贤活动的进一步深化:一、旌表(奉祀)群贤的现象;二、出现以某地为范畴搜访群贤,甚至是搜罗殆尽的做法。前者表现出士大夫更强的旌贤意念,故欲扩大表彰的对象,后者则是士大夫官僚有意以某地为范畴旌表群贤。

北宋士大夫群体最初建祠奉祀贤人时尽管目的各异,但主要的用意是表彰特定人物的行谊、事功,因此,特定人物立祀的必要性相当重要。神宗、哲宗以后风气兴起,士大夫的想法也发生转变。他们往往是在肯定旌贤活动的前提下,到各地搜访前贤的事迹。他们认为旌贤本身就是一种需要被推广的活动,于是出现较多以某地为范围,搜访贤人加以旌表的事例。由于旌表群贤的动力和奉祀的仪式,依学校内外而有所不同,以下

---

① 石处道:《三高祠记》,《全宋文》卷二八六三,第 14—15 页。
② 《全宋文》卷三一八三,第 348 页。

将分述之。

　　首先讨论学校以外官吏旌表群贤的现象。熙宁初年,吴中复知江宁县建立思贤堂,便于堂内图绘二十二位前知县。据郑獬《江宁县思贤堂记》记载:

> 　　濮阳吴仲庶以龙图阁直学士来奠是邦,……遂能于闲暇时搜访前人为治之遗迹,恐其零落而不复传,……因得民间所藏画象,自给事中贾公而下凡二十有二人,命善工悉图于翠光亭,而易其牓曰"思贤堂"。……登是堂者,则必想象乎其为人,遂从而知向之治行得失之效……则郡人又将图其像以缀其次。异时来者思仲庶,犹今日之思众贤也无疑。①

　　此时访贤已形成风气,吴仲庶即吴中复,他在肯定这类活动的前提下,利用闲暇开始搜访前人治理的事迹,并加以图像旌表。吴氏访贤的对象,主要是和自己身份相同的前守,堂名"思贤",亦有借鉴过往治政得失的目的。

　　北宋旌表群贤的风气兴起后,前代的贤守就成为一大支脉。建祠祭祀地方官的传统由来已久,有功于民的特定贤守离任后,百姓往往私自图像加以奉祀,但是,宋代出现较多(立祠)旌表贤守的活动,则是崭新的历史变化。这些前代贤守和地方的联系,通常依靠外来地方官的搜访和挖掘,才能跨越时空的隔阂,重新被建立起来。

　　士大夫出身的地方官,无疑是推动旌贤风气的主要力量,他们主要基于地方官的身份认同,以及借鉴前人为治之迹的考虑,留意于以往贤守的事迹。例如,元祐中蒋之奇知广州,建十贤堂,奉祀广州历代贤守

---

① 《全宋文》卷一四七九,第158页。以下此例甚具代表性,说明仁宗时期,太守已为了励俗,寻访某地之前贤。祖无择建唐人郑有素祠,自言:"固当首尊文行,以励邦俗。则搜访前贤遗迹,讵可后与? 于是阅唐人《登科记》,则知公之名有素;观群庠《云台编》,则知公之诗有体;……故卜以吉日,构以坟宇,绘以亭像,敬率郡僚,以文告焉。……则夫所以修完墓宇者,系欲励此邦之俗,而俾后进之有所继也。"《全宋文》卷九三七,第352页。

十人,而建祠奉祀的目的,希望藉此改变当地太守贪婪财货的恶习。①
前此郡人已绘前刺史吴公隐之、宋公璟而下八人的画像筑室祭祀,此时
蒋氏再添滕修、王林二人。② 这些前代的贤守无疑是地方官旌表群贤的
大宗。③

北宋时期比较特殊的建祠(旌贤)场所是学校。宋代州县学校奉祀贤
人是新的历史现象,概略地说,此一现象可视为孔庙奉祀对象的扩大化。
亦即原先孔庙只普遍奉祀孔子、孔门弟子以及历代大儒,④到了北宋,学校
开始祭祀对个别学校有意义的前贤。但是,学校最初建祠旌表的动力,源
于儒门外部的刺激,下文将加以说明。

相传周代有"祀先贤于西学之制",⑤但是,宋世以前罕闻学校祭
祀贤人。唐代国子监所在的孔庙,有孔门十哲、七十子和历代大儒二
十二贤从祀。⑥ 宋世以后,许多地方的孔庙皆图绘、塑像孔门弟子和
历代大儒,即使是偏远地区也不例外。各地孔庙从祀的对象和数量不

---

① 《宋史》卷三四三《蒋之奇传》,第 10916 页。
② 仲并:《吴郡三贤堂记》,《全宋文》卷四二四三,第 327 页。但是《永乐大典》引《广州志》
言,元祐年间经略张颉曾取前代贤牧十人,《永乐大典》卷七二三七,北京:中华书局,
1986 年,第 2950 页。《宋史》则将此事归于蒋之奇。另外,《宋史·张田传》提到其作钦
贤堂,"绘古昔清刺史像,日夕师拜之"。《宋史》卷三三三《张田传》,第 10707 页。
③ 元祐年间,蜀郡太守胡宗愈,亦图绘宋初以来历任太守五十五人像以自省。胡宗愈:
《重修东斋记》,《全宋文》卷一六五○,第 351 页。这类例子颇有一些,例如朱倚《番易思
贤堂记》记载元祐五年,安氏建堂图像旌表自晋至宋,前代贤守九人,此时尚未立祀。
《永乐大典》卷七二三六,总第 2934 页。但据李之亮考证,此时守臣为何正臣,待考。李
之亮:《宋两江郡守易替考》,成都:巴蜀书社,2001 年,第 152—153 页。九贤是指吴周
鲂、晋虞溥、梁陆襄、隋梁文谦、柳庄、唐马植、李复、颜真卿、宋范仲淹,皆是治郡有德政
者。李贤等奉敕撰:《大明一统志》卷五○,台北:文海出版社,1965 年,第 8 页(总第
3243 页);孔凡点校:《容斋随笔》卷三,第 36 页。
④ 宋代以前,孔庙从祀的对象主要是孔门弟子和前代传经之儒。北宋政和三年
(1113),王安石父子一度配享、从祀,为孔庙从祀史上一大异数。至南宋理宗淳祐
元年(1241),理学诸子,周、张、二程及朱熹预从祀之列,则是本朝传道大儒从祀之始。
不过,从祀人数仍然有限。关于历代孔庙从祀对象的演变,参见黄进兴《学术与信仰:
论孔庙从祀制与儒家道统意识》,收入氏著《优入圣域:权力、信仰与正当性》,第 217—
299 页。
⑤ 王梦鸥:《礼记今注今译》第二十四《祭义》,台北:台湾商务印书馆,1992,第 768 页。
⑥ 《旧唐书》卷二四,第 919—920 页。大约在贞观二十一年(647)首开异时儒者从祀的先
例。黄进兴:《"圣贤"与"圣徒":儒教从祀制与基督教封圣制的比较》,收入氏著《圣贤
与圣徒》,第 94 页。

尽相同，①具有一定的地方色彩，但是，奉祀的对象有一个共同点，即孔门弟子和历代大儒，他们曾对历代儒学的发展做出贡献，故具有普遍奉祀的地位。

北宋中期以降，学校也开始出现祭祀活动，他们不再如孔庙那般普遍奉祀孔门弟子和历代大儒，此时奉祀的对象出现"个别化"的现象。所谓"个别化"的现象，系指学校挑选祭祀的对象时，开始考虑人物和个别学校及其成员的关系。大体上，北宋时期学校主要（祭祀）旌表两种和个别学校发展有关的人物：一、有功于学校者，主要包括建学的官员和授业的儒者；二、可以为学子榜样的当地贤人。

先讨论有功于学者，这种情况通常是个别学校祭祀有功于学的个人。蔡襄《谢公堂记》记载，仁宗宝元二年（1039），河南府学图绘对府学有功的前知州谢涛像，并且加以奉祀。

> 自公捐世，诸生日相视嗟戚，……曰："昔后魏刘道斌治弘农，修建学校，郡人追绘其像于孔子祠。……今或图公像于学，以厌群慕，不为无所则。"乃疏其说于府，而遂图之，以时礼焉。②

谢涛于天圣年间通判河南府事，对于府学的建置功劳不小。除了建请河南府学比照开封升格国子监外，还延请旧儒从事教学工作，并亲自和学生讲评辞章。因此，谢氏死后，学子援引北魏刘道斌的先例，图像立祠于学中。

---

① 这类例子甚多，此处仅举几个偏远地区的例子，以见其梗概。翁纬知海盐县（大中祥符元年）《县学记》："正殿被衮之右偏，亚圣在焉。闵损以降九人，左右行例，其余六十二人，绘诸屋壁。自炎汉而下，巨儒硕士，别序余堵。"《全宋文》卷三〇五，第131页。余靖《洪州新置学记》也提到，"自高第弟子至汉魏大儒，坐而侍，壁而立，于堂于庑，列像有次。"同前引书卷五六九，第54页。余氏也曾言及康州孔庙之布局："先圣、先师及世所谓十哲者，皆扶土为像于殿以致恭；七十子而下，又设色肖形于庑以存制。"余靖：《康州重修文宣王庙记》，同前引书卷五六九，第58页。蒲宗孟《重修（夔州）至圣文宣王庙记》提到，夔州孔庙的布局："中严孔子之座，冕旒服章悉用本庙之制，而颜渊以下从燕居之仪，翼侍左右，并图周汉以来及唐之大儒二十余人于壁间。"同前引书卷一六三一，第34页。
② 《全宋文》卷一〇一七，第186页。

　　河南府学学子的追祀行动,着眼于被追祀者对个别学校的贡献,这是庙学体系中新的祭祀思维。他们援引刘道斌的孤例以为奉祀的理据,反映前此孔庙所奉皆为对儒学有功的孔门弟子和历代大儒,着眼于被祭祀者对整体儒学史发展所做的贡献,祭祀的对象具有普遍性的意义。因此,河南学子只能援引数百年前北魏的先例,时间上出现不小的断层。①

　　北宋中期以后,有些学校开始祭祀有功于学的个别官员和教授,例如苏州州学。仁宗景祐年间,范仲淹开始大举兴学,并邀请胡瑗首先担任教授。最迟于北宋神宗元丰七年(1084),苏州州学已经建祠奉祀范仲淹,并以胡瑗配享。② 在淳熙九年(1182)成书的《中吴纪闻》,又提到州学增祀曾经担任教授的朱长文。③

　　促成学校改变奉祀对象的动力,显然不是来自儒门内部的刺激。河南府学的立祀活动,开始出现在地化与个别化的现象,可能是受到佛教传统近源的刺激。中古以来,寺院奉祀建寺有功的官吏(施主)已屡见不鲜,④成为佛教行之已久的传统。由于佛教此时在宗教和社会文化层面影响甚巨,追祀有功于个别寺院者的想法外扩及儒门体系,并不令人意外。

　　有别于以往孔庙只祭祀孔门弟子和传经大儒,北宋中期以降,州县学校开始祭祀对个别学校有功的人员,反映此时学校具有更多的社会基础。

---

① 不过,蜀地的学校,似早有奉祀有功于学者。汉代以来,文翁即立祠于蜀地之学,后来又祭祀有功于学的高睽。宋祁《成都府新建汉文公祠堂碑》记载:"初,公为礼殿,以舍孔子及七十二子之像,殿右庑做石室,舍公像于中。晚汉学焚,有守曰高睽,能兴完之,后人又作睽像,进偶公室。岁时长吏率掾属诸生,奉笾豆蓍醪荐之于前。"《全宋文》卷五二六,第92页。寓目所及,蜀地以外的学校则未见这种现象。
② 朱长文撰,金菊林校点:《吴郡图经续记》卷上,南京:江苏古籍出版社,1999年,第13页。朱长文《苏州学记》记载,元祐年间修建吴学,创立范仲淹和胡瑗二人的祠庙。范成大撰,陆振岳校点:《吴郡志》卷四,南京:江苏古籍出版社,1999年,第30页。
③ 《中吴纪闻》卷四记载:"郡庠亦有三贤堂,绘文正范公并安定胡先生及光禄朱公像于其中。"龚明之:《中吴纪闻》,《中国风土志丛刊》卷四,扬州:广陵书社,2003年,第三十五册,第2页。
④ 这类例子颇多,此处仅举数例以见其梗概。例如梁陆僧瓒舍宅建广德重玄寺,其女经营其事,"既死,祠于寺之东庑"。范成大撰,陆振岳校点:《吴郡志》卷一二,第172页。再如郭子仪奏建广化寺,最初亦祠于寺中。崔税:《金沙王庙记》,《全唐文》卷八五一,第4013页。

这种新的变化显示出,在北宋地方儒学教育的演进过程中,各地学校不再只是中央朝廷倡儒兴学的产物,除了共同的儒家文化认同之外,个别的学校也逐渐建立属于自己的历史和文化认同。

尽管北宋学校祭祀对象"个别化"的发展,最初可能受到佛教传统的影响,但是,学校祭祀之礼自始即为孔庙祭祀的扩大化,学校各种祀贤之礼,皆为孔庙祭礼的延伸。张舜民《四贤堂碑阴记》一文,提到他到蒲州上任礼谒孔庙之后,接着拜谒学中的四位先贤。

> 关梁蕆事之三日,例见吾孔子于学中。既拜堂下,又引而之东西序,有偏坐者四焉,其礼如见孔子。舜民阴怪而问之,典谒者曰:"此所谓四贤堂也。""敢问贤者为谁?"曰:"司马迁、王通、韩愈、柳宗元也。前守兹土者,既新吾学,又取蒲人之有闻于后世者,设堂侑之,意使天下知蒲州人物之盛,且以勉学者。"予叹曰:"……苟取其文章而略其德业,则奈何其为教哉?吾欲进裴度、张巡、阳城而退子厚,以为六数,合于圣人鸣鼓之义而患不能,故书其碑之阴,以告在学之徒,若后之守土者。"①

蒲州官府礼谒州学四位先贤,"其礼如见孔子",张舜民"怪而问之"的反应,可知此时到任谒贤之礼刚刚发展,朔望行礼也是如此。扬州州学感念陈升之创建学校有功,于陈氏死后,立即图像于经史阁,"朔望行礼如先师云"。②

即使是学校春秋释奠先贤之礼,也是祭孔之礼的延伸,定州州学设立韩琦祠即是颇具代表性的例子。元丰元年(1078),韩绛知州时,始于州学立韩琦祠,韩绛及其继任者吕公著在任职期间,"既释奠于夫子,常率僚佐及诸生以一献之礼置祝设币,修敬于公之祠。邦人感悦,归美二公,后遂

---

① 张舜民:《四贤堂碑阴记》,《全宋文》卷一八一六,第317—318页。也有图像乡贤于孔庙的事例,傅拳:《四贤堂记》,同前引书卷二一〇七,第20—21页。
② 孔仲武:《陈成肃公画像记》,《全宋文》卷二一九三,第303页。

为故事"。① 定州释奠韩琦的"故事",已拈出州学释奠先贤是地方自行发展出来的传统。

学校祀贤之礼系祭孔之仪的延伸,这种礼仪上的延伸,主要是因为庙学一体的建置使得学校内部举行的祭礼自始就具有特殊性。然而,两者在祭礼方面的接轨,也使学校逐渐成为旌表儒家理想的人物典范——贤者的场域。

其次是足以为在学士子典范的地方先贤。和前述学校追祀有功于学的个别官吏和教授不同,早期在学校场域里追祀地方先贤的活动通常是由地方官发起,他们往往基于教化的目的群聚地方先贤加以旌表。例如,张舜民不满前守奉祀贤者重文章轻德业的取舍标准,反映学校重文的特色。张氏何时就任蒲州待考,但是,他已经有意升降学校奉祀的贤人。观诸记文的标题和内容,张氏似乎未付诸实际的行动,但是其进退诸贤取舍之间,所欲劝勉的对象为在学之徒。②

值得注意的是,北宋时期地方官在推行奉祀群贤的活动时表现出学校内外有别的现象,下面所说的李亨伯在梧州建祠祀贤的活动便颇具代表性。李氏在绍圣年间知梧州,任内兴学有功,并且分建七贤堂与六贤堂,祭祀当地的贤守和乡贤。亦舒勉《六贤堂记》记载:

> 太守李公亨旧好古乐善,历求汉唐以至本朝,得名臣巨公有兴是邦者七人焉,改立堂祠之于水泉之上,以慰邦人之思。又即黉舍塑六贤之像,并以其本末刻之于石,使学者岁奉其香火,谒先圣已,则退而旅拜六贤于祠堂之下,瞻其像,想见其风采,而生希慕之心,如在乡

---

① 王严叟:《定州韩魏公祠堂记》,《全宋文》卷二二二七,第103—104页。又,苏州州学祭祀范仲淹和胡瑗二人,亦是释奠之后举行,《吴郡图经续记》(成书于元丰七年)言:"宣圣殿旁,旧有文正公祠,以安定先生配,岁时释奠者,皆焚香拜首。"朱长文撰,金菊林校点:《吴郡图经续记》卷上,第13页。

② 另一个例子见于哲宗元符年间梓州的官学。据陈鹏《剑南东川乡贤堂记》记载,运使大夫张氏留意讲求历史上东川当地贤者的事迹,命范、石二人取旧史和风俗通谱所载当地贤者六十二人,图绘其像于学校内的乡贤堂,也是着眼于教育开导的目的。《全宋文》卷一八三一,第210页。

党焉。①

李亨旧建七贤堂,所祀为汉郡守陈稚升等七人;②建六贤堂,所祀汉陈钦等六人,皆是梧人。③ 两个祠堂兴建的地点和立祀的用意大不相同:奉祀前贤守的七贤堂,立于水泉之上,欲以"慰邦人之思";当地六位前贤,则塑像于学校,俾学子岁时释奠先圣后及于六贤之祀,欲使学子瞻像后,"生希慕之心,如在乡党"。李亨旧建祠祀贤的事例提醒我们,北宋时期学校内外奉祀不同类别的群贤,是当时祀贤活动的特色。

地方官旌表不同类别的群贤,往往反映出不同的追奉思维。前文的讨论显示,北宋群聚诸贤的活动所做的区分是比较清楚的,学校内外旌表群贤的类别并不相同,反映出地方官追奉前贤守和地方先贤两种群贤的思维有别:为了自我治政需要,他们旌表前代太守;为了劝勉学子,则在学校表彰地方乡贤。这些表彰不同类别人物典范的活动,无疑是士大夫群体政治意识的集中体现,它们是宋代士大夫群体意识抬头后,开始积极树立人物典范的产物。

由于地方官旌表(奉祀)前代太守,主要是官员自我身份认同所致,这种身份认同基本上是跨越地方的,不同于北宋学校旌表贤者主要强调被奉祀者与个别学校的关系,这或许可以解释学校祭祀群贤守为何需要等到南宋才开始出现。④

整体而言,北宋时期旌贤的风气主要由士大夫官僚群体所推动,是跨域的士大夫官僚群体旌贤意念展现的结果,故与各地文化发展程度不一定有关。在某些文化边陲地区,反而较早出现奉祀群贤的现象,例如前述哲宗绍圣年间知梧州的李亨伯在当地建祠祀贤,便是颇具代表性的事例。

---

① 《永乐大典》卷七二三七,总第 2948—2949 页。

② 金鉷等监修,钱元昌等编纂:《广西通志》卷四四,《景印文渊阁四库全书》第五六六册,第 45 页(总第 307 页)。

③ 李贤等奉敕撰:《大明一统志》卷八四,第 22 页(总第 5177 页)。

④ 不过,北宋时期个别建学有功的官员,得以奉祀于学校,甚至立生祠于学校。欧阳修所撰胡宿的墓志记载,学者在胡氏知湖州时已立生祠于学中。欧阳修:《赠太子太傅胡公墓志铭》,李逸安点校:《欧阳修全集》卷三五,第 515 页。

前面的讨论尚未触及一个问题：为何在旌表群贤的活动中，同时存在图像和立祠奉祀两种方式？不管是图像还是立祀，都是旌表人物的方式，但是，北宋时期旌表群贤的活动多以图像（而非建祠祭祀）的方式进行，这种现象可能反映出此时建祠奉祀群贤的困境，以下的例子可为佐证。

政和四年（1114），北海修建"论古堂"和"孔融祠堂"。前者的修建过程，据刘杲卿的记文所载，系北海太守与通判二人披阅载籍，自汉至五代，分学术、孝友、节义、正直、隐德、高义、政事等七大类，选出数十位先贤，并建立论古堂，以图像方式旌表诸贤。而且，他特别强调这是空前的创举，认为古之循吏有惠爱、有劝风化者，"未尝有参订图史，驰骋上下千余载，索先贤而绘像，示一郡之仪形如我二公者"。[1] 与此同时，他们也将原先纪念孔融的文举堂，改建为祠堂以便于奉祀。[2] 北海单独奉祀孔融、图像群贤的做法，道出此时官吏奉祀群贤的困境。

宋代地方官许多创祠奉贤的活动，缺乏常民信仰的支持，必须仰赖地方官府的支持和维系。这些活动都是从无到有的创祠行动，官吏既因旌贤的理念创设祠庙，没有常民信仰所赖的"神迹"，因此，如何维系新立的祠庙是一大考验。早期祀贤的活动没有奉祀一地诸贤的想法，[3]有心的官吏寻找特定的贤人加以立祠奉祀，此时往往将新立的贤人祠直接纳入地方官府的祀典。张方平《唐太尉赵公祠堂记》一文记载，他创立唐末陈州太守赵犨祠的经过。文中提到赵犨的遗像本在陈州开元寺，熙宁七年张氏二度领州时，始建祠奉祀。

祠堂既立，为率僚属陈馈奠，乃告所司，春秋荐时，事比群祀，以其二弟从。又为镌新书本传于石，立于堂之东楹，使陈人知遗育之至

① 刘杲卿：《论古堂记》，《全宋文》卷三一三五，第 353 页。
② 邵昂：《北海相孔融祠堂记》，《全宋文》卷三一三七，第 382 页。
③ 例如，治平三年（1066），张瓖《孝肃包公祠堂记》一文提到，庐江千世以来只有周瑜一人名于史，宋兴之后也有马亮有材未能用、皇甫选有学不及显，只有包拯一人双全："公昔为乡郡，有佛寺曰兴化寺，僧仁岳尝被公遇，今以其居之西偏屋辟而为祠，立公之像，白于州。州询诸士，士曰然；询诸民，民曰宜；乞辞于守，守固曰无愧。"可见英宗时期，太守已有就一地细数贤人的想法，但是最后只奉祀包氏一人。《全宋文》卷五九八，第 251—252 页。

于今,公之力也。①

张方平建祠后,直接将新庙纳入地方祀典,享受陈州官府春秋二时的祭祀,故言此祠的祭祀“事比群祀”。在州县学校未成为奉祀贤人的重要场域时,纳入地方官府的祀典,恐怕是官吏安顿贤人祠的主要方法,前文论及的卞壶祠也是如此。

神宗以后,旌表群贤风气兴起后,如何奉祀群贤便成为很大的问题。宋代地方官府财力有限,基本上无法支持大量创祠祀贤的活动,然而,缺乏常民信仰支持的贤人祠,往往必须仰赖官方的支持,才能维持祠庙的运作。早期建祠奉祀个别贤者数量有限,官吏安置新立的贤人祠不是太大的问题。从神宗、哲宗两朝旌表群贤的风气兴起后,官府难以继续采取建祠奉祀的方式旌表群贤,反而出现较多图像群贤的事例。此一困境的解决,要等到南宋学校成为主要祀贤的经营管理之所后,②旌表群贤的活动也转以建祠奉祀的形式为主。

以上扼要讨论北宋仁宗以降,士大夫兴起(立祠)旌贤的活动。以往的研究较少聚焦北宋时期,且未留意此时已有不少图像旌表群贤的活动,这些活动绝非出于一二人的偶然之举,实反映出士大夫群体之中不断有人从事(立祠)旌贤的活动。③ 士大夫群体表彰人物典范,源于他们自居为政治社会主体的意识。此一意识大体于十一世纪上半叶已经勃兴,由于士大夫欲以天下为己任,担当天下的责任,而且在他们的价值取向上,此

① 《全宋文》卷八一七,第 162 页。
② 南宋地方政府的财政困境,较北宋时期严重,参见梁庚尧《宋代财政的中央集权趋向》,《中国华民史专题论文集·第五届讨论会》,台北:“国史”馆,2000 年,第 561—581 页;包伟民:《宋代地方财政史研究》,上海:上海古籍出版社,2001 年,第 164—195 页。
③ 南宋初期,仍有以图像表彰群贤的现象,并未被完全取代。洪遵建瞻仪堂,群聚历代太守画像供民瞻礼,即是一例。范成大《瞻仪堂》云洪遵“取凡公私所藏故侯之像,颇补其遗缺,列画其上”。范氏且说道,郡国方志,“必论次前世贤守长爵里、姓字之大略著于篇,谓君子尝居之。其地质僻陋,犹借此以为宠。今吾州不独能志其人,而肖貌具在,章绶相辉,凛凛如对生面,它郡未闻有此。……抑吴人习于亲上,至久远且弗弥,忘气俗之嫩旧矣。洪公盖始本出之,盛事固不宜无纪”。范成大撰,陆振岳校点:《吴郡志》卷六,第 62 页。所言他郡未闻有此,可见图像群贤加以旌表的现象在绍兴时期仍未趋于普遍。

一理想亦占有主导性的地位。① 在这种自居为政治社会主体的意识驱动下，士大夫官僚群体更积极形塑可以效法的前贤典范。

　　简言之，宋代士大夫群体在各地旌表（奉祀）人物，主要在形塑某些人物行谊的典范。相对地，唐代地方官主动修整人物祠，通常基于自身缅怀历史人物的功业与懿行。这些祠庙召唤了地方官内心的历史文化认同，官吏才会主动修整祠庙，因此，唐代地方官很少进行从无到有的创祠活动。（参见第二章第三节）宋代士大夫的心态则大不相同，他们主动在各地兴建前贤祠，试图树立某些前贤的典范文化。尽管现实中安置群贤之祀不易，祀贤仍未形成大规模的运动，但是，在地方官府财力有限的情况下，不断有官吏从事（立祠）旌表贤者的活动。这些旌贤活动应可视为士大夫展现其自居为政治社会群体主体意识的结果，而且，立祠隐然成为他们展现政治理念的重要元素。

　　不过，士大夫群体推动立祠旌表贤人的风气，仍与大量的封赐活动有关。以往的研究主要从官吏教化与政治、思想文化等因素，讨论士大夫建祠的行动，②但是，这些研究较少触及一个问题：宋代士大夫旌贤时何以采取立祀的形式？此时无法解决奉祀群贤的困难，士大夫仍然乐于旌表前贤，在做法上也出现明显转变。欲究明造成此一新的历史变化的原因，仍须考虑北宋以来祠祀信仰大量涌入士大夫群体理政视野的影响。

　　深一层解读，宋代士大夫改采立祠旌贤的措施，不是孤立的历史现象。前节曾论及两宋之际，官方通过立祠赐额提倡忠义等核心的政治价值。而立祠祀贤的风气，则是士大夫群体以立祠旌表贤者，旌表他们所认同的人物典范。在这方面，大量祠祀信仰开始获得皇帝的赐封，对士大夫以祠祀展现其政治理念，扮演了关键角色。

　　早在真宗、仁宗朝封神传统复盛之初，已有士人感受到此一新变化。

────────────

① 余英时：《朱熹的历史世界》上篇第三章《同治天下：政治主体意识的显现》，第294、300页。他讨论宋代士大夫"以天下为己任"的集体意识，也立基于唐宋两代的比较结果。（第289页）

② Ellen G. Neskar, *The Cult of Worthies: A Study of Shrines Honoring Local Confucian Worthies in the Sung Dynasty (960–1279)*. 郑丞良：《南宋明州先贤祠研究》，台湾中国文化大学历史研究所博士学位论文，2008年，第17—58页。

仁宗康定元年(1040)十月,太常博士胡宿在议论火祀时便指出:"祥符中交修大礼,拱揖诸神,虽偏方远国,山林之祀,不出经据,偶在祀典者,尚秩王公之爵,增牲牢之品。"①胡宿曾建请仁宗下诏地方官府,将水旱祈祭灵验的神祇纳入地方祀典,②也曾建请将太湖建庙立祀,纳入湖、苏、常三州的地方祀典,③他本身即相当关注地方祠祀的荣宠与恩礼,真宗朝某些缺乏经据而位处偏僻的山林之神,却能享有御赐的王公爵位,让他印象深刻。另一个例子是刘辉,他在仁宗嘉祐二年所做的《平水庙记》说道:

> 夫山岳河海,能生货毓材、吐云吁雨以利民者,国家则策以王号,宠在祀典,岁有常飨,牲器醴币如其爵。今南方有平水者,亦庙而王之,不知是神能如山岳河海以利民耶? 抑不知止如魑妖沿祸福以为灵耶? 抑南方习俗喜神而尊之耶? 余不暇辨其初也。④

据《赤城志》的记载,平水王庙在台州白鹤山以西,奉祀的主神是西晋周清(一说祀大禹)。俗传周清在世时,往来温州、台州经商,且有周氏化龙的传说。大中祥符九年,此神因显现神迹而获封王号。⑤ 然而,刘辉在记文中却表现出不认同的态度,也质疑此神是否有如山岳河海之神般的能耐,否则何以获得封赐。

前章曾论及五代时期南方王国形成的封神传统,是御赐的荣宠从岳渎重神,扩及各地神祇。北宋真宗、仁宗二朝,南方形成的封神传统转趋复苏之初,神祇获得新朝的封号,固属不易。胡宿、刘辉二人对某些神祇

---

① 《宋会要辑稿》礼一九之一一,总第 744 页。田锡于《题罗池庙碑阴》一文也提到:"予闻四渎视诸侯,五岳视三公,为灵神甚贵,在祀典尤崇……安得公之生也惠惟及于一州,公之亡也神犹介于退隅? 唯裔夷感慕,而灵祠修洁。迓神之威有荃桡兮桂舟,馈神之奠有椒浆兮兰羞。无金策追封之赠,无衮衣加宠之优。"齐硕修、陈耆卿纂:《赤城志》卷三一,《宋元方志丛刊》第 7 册,第 11 页(总第 7521 页)。文中田锡感叹柳氏未如岳渎有追策之封,只在偏僻之柳州做神。可见田锡实有封神之意念。
② 《宋会要辑稿》礼二〇之二,总第 751 页。
③ 胡宿:《论太湖登在祀典奏》,《全宋文》卷四五六,第 36—37 页。
④ 《全宋文》卷一六六一,第 133 页。
⑤ 齐硕修,陈耆卿纂:《赤城志》,《宋元方志丛刊》卷三一,第七册,总第 7521 页。

的获封不表认同之余,也感受到少数地处偏僻的神祇,以神迹获得封号的历史变化。

宋神宗以后封赐活动大盛,大量的神祇得到皇帝的荣宠,影响所及,士大夫也开始为具有神迹的贤人祠庙请求赐封。① 宋代有不少前贤祠获得赐封,相关的事例收录于《宋会要辑稿》。这些祠庙获得赐封,与被奉祠者本身的在世功业无关。观察这些庙号或封号,通常带有表彰神的威惠或灵迹的字眼,而且,被奏请赐封的缘由皆与灵迹有关。② 地方官奏请赐封贤人祠足以说明御赐的荣耀,也牵引官吏积极为贤人祠争取庙额与爵位。

神宗朝以后,在朝廷大行赐封的情况下,士大夫钦崇的贤人典范与贤人祠明显位于边缘的处境。这些贤人祠多为地方官府原本祭祀的对象(详见附录二的讨论),但是,在封赐制度的运作下,官吏只能以神迹争取庙额或封号,贤人在世的懿行反而受到忽略。即使有些贤人祠因神迹而受封,许多地方神祇因为不断展现神迹,最后获封的王号与公号,远比获封的贤人祠来得高。

孔门弟子和从祀的儒者也处于同样的困境,他们虽然是少数不必依靠神迹而能获赠爵位的例外,但是,受封的爵位也不如许多地方性的神祇。这些儒者因为有功于儒学发展而获赠爵位,这些爵位和赐封神祇的爵位性质相同,皆为朝廷的封赠措施,并不因为儒者的身份而有所不同。宋哲宗元祐六年,潮州太守修缮韩愈祠,事毕之后,便以神宗元丰七年,朝廷曾经下诏封韩愈为昌黎伯,故揭榜昌黎伯韩文公庙。③ 来年,朝廷下诏以韩愈祠为昌黎伯庙。④ 潮州太守将朝廷赐赠韩愈昌黎伯的爵号,揭榜于韩愈祠的行为,反映出在时人的认知里,儒者受赠的爵位和神祇的封爵是

---

① 哲宗元祐三年,杨杰请求特封季札神爵位,最后获赐庙额"嘉贤"。杨杰:《乞加季札祠冢封爵奏》,《全宋文》卷一六四〇,第 190 页;《宋会要辑稿》礼二〇之二三,总第 762 页。另参曾几《重修泰伯庙记》,范成大撰,陆振岳校点:《吴郡志》卷一二,第165 页。

② 相关例子,参见《宋会要辑稿》礼二〇之二一一一四〇,总第 761—770 页。

③ 苏轼:《潮州韩文公庙碑》,《全宋文》卷一九九三,第 12—13 页。

④ 《续资治通鉴长编》卷四七五,元祐七年七月己亥条,第 11321 页。

等同的。①

　　将神宗、哲宗朝旌贤风气的兴起,置于贤人事迹及贤人祠在封赐大盛下的不利处境加以理解,则士大夫的行动更耐人寻味。当大量的神祇获得皇帝的赐封,各地祠祀信仰进入朝堂,促成士大夫改采立祠的形式旌表贤者。然而,正当许多神祇获得封赐时,士大夫们青睐的贤人祠缺乏神迹,不利于争取御赐庙额与爵位的恩荣,而且贤人在世的功业与懿行,也不受到封赐制度的重视。因此,他们一方面改以建祠奉祀的方式旌表贤者,另一方面,也采取积极旌贤的做法,试图在自己的能力范围内形塑各种前贤的典范。这些立祠旌贤的活动,可谓士大夫群体对封赐活动大盛的回应。

　　真宗、仁宗朝以降,封赐活动大盛,吸引士大夫官僚更关注祠祀,他们不仅奏请封赐贤人祠,也改变原有旌贤的方式,促成神宗、哲宗朝(立祠)旌贤风气的兴起。各地祀贤活动发展快慢不一,但是,最迟在两宋之际,事贤之礼已成为一种独立的礼仪类别。绍兴五年,蜀地曹彦时的《伊川先生祠堂记》提到李瞻知峡州建程颐祠的经过,内中有言:

　　　　巴峡……然四十年间,寂无追奉先生而祠之者,峡之俗尚鬼而多淫祀,独于事前贤往哲之礼,阙而不讲,官于此者亦未尝过而问焉。②

　　曹氏认为巴峡盛行淫祀之风,故不讲究"事前贤往哲之礼"。他已将奉祀前贤往哲的活动,视为某种应该独立存在的礼仪类别,这是北宋士大夫祀贤活动进一步发展的结果。在时间上,这和前节所论两宋之际以立

---

① 事实上,早在王古刚刚确立封赐神祇的次序时,便有地方官要求赐封孟子爵命。神宗元丰六年十月,曾孝宽言孟子有庙在邹县,却未加爵命,朝廷下诏封孟子邹国公,明年下诏更新庙貌,并赐庙额。《续资治通鉴长编》卷三四○,元丰六年十月戊子条,第 8186 页;孙傅:《先师邹国公孟子庙记》,《全宋文》卷三三一九,第 273 页;《宋会要辑稿》礼二○之八,总第 754 页。相对地,另一个唐代儒学复兴运动的提倡者柳宗元,因位于柳州的神祠不断展现神迹,在北宋崇宁三年已获封为文惠侯,高于韩愈的昌黎伯。吴致尧:《文惠侯赞并序》,《全宋文》卷三七七○,第 26 页。

② 《全宋文》卷四○九一,第 170 页。

祠赐额的方式劝忠，提倡核心的政治价值若合符节。

与此同时，士大夫站在北宋中期以降祀贤活动发展的基础上，也开始批评汉唐以后贤人祠隐没不彰的历史现象。他们指责学士大夫祷祝淫祠和寺观，致使"正礼大坏"。胡寅《复州重修伏羲庙记》（大约作于南北宋之际）即提到：

> 汉唐而后，道术不明，异端并作，学士大夫昧于鬼神之情状，凡戕败伦理，耗斁斯人，下俚淫祠，巫祝所托，以窃衣食者，则相与推尊祗奉，徼冀福利。至于古先圣帝明王，有功有德，仁人义士，辅世导民不可忘也，则或埋没而莫之承，或文具而致其享。郡邑长吏政教不善，感伤和气，一有水旱、虫火之灾，顾汲汲然族缙旅黄，攀跪数拜，谒诸偶像。适会灾变自止，因即以为土木之赐，禳祷之效，日滋日迷，正礼大坏。[1]

在胡氏的认知里，汉唐时期异端并作，士大夫要负很大的责任，他们祷祝淫祠和寺观致使贤人祠隐没不彰。他对汉唐的指责，自然是在北宋士大夫群体建祠祀贤的历史基础上，宋代提倡建祠祀贤的活动，始能重新唤回"正礼"于应有的位置。

曹彦时之文作于宋高宗绍兴五年，大约和前节孙伟的建言同时，这并不是历史的偶然。二人的言论显示出，在封赐活动大盛的影响下，两宋之际建祠已经受到统治阶层的重视，不管是朝廷的旌忠庙或是士大夫的贤人祠，尽管奉祀目的不同，但是他们采借祠祀形式，提倡重要的政治理念和价值则殊无二致。

宋代的朝廷和士大夫群体，大量运用常民熟悉的祠祀形式，提倡政治价值和政治理念，他们确实展现了更强烈的宰制意图。这些行动也是祠祀信仰登堂入"仕"产生的变化。那些原本处于社会基层的祠祀信仰大量获得御赐的荣耀，也牵引国家和士大夫官僚群体，积极采借祠祀的形式，

---

[1] 《全宋文》卷四一八二，第79页。

使其成为宋代政治文化的基本元素之一。

小　结

　　本章试图进一步指出南方封神传统"复盛"后，引发国家和士大夫群体积极操作祠祀的变化。北宋中期以降大量出现的旌忠庙和贤人祠，即是此一结果。

　　前文从动态的历史发展过程把握国家和士大夫官僚群体积极操作祠的转变，在这个过程中，前章所论南方地区封神传统复苏，并被推衍为全国性的制度是关键所在。朝廷和士大夫官僚开始大量建立旌忠庙和贤人祠，发动的源头是南方王国形成的封神传统的"复盛"。

　　五代南方王国在本地祀神风气下有意援神立国，形成一股封神运动。这股封神风潮对后世影响深远，前章曾论及宋代封赐活动大盛的本质，是将南方地区的地域传统推衍为全国性的制度，而且是随着南方官僚集团的崛起自然推移的结果。就此而言，宋代开始出现大量的旌忠庙与贤人祠，也是唐宋之间南方整体力量上升间接促成的历史变化。

　　宋代朝廷和士大夫官僚对祠祀的作为，涉及更深刻的心态上的变化。他们已进一步将祠祀视为积极政治行动的元素，试图以祠祀表彰人物典范，并宣扬核心的政治价值。大量贤人祠和旌忠庙的出现，代表了国家与祠祀两者关系新的历史趋向。正如我们在绪论即点出的，宋代的变化只是一个开端，这是近世政治社会史的一大特征。

结　　论

本书聚焦于国家和南方祀神风气之互动,讨论唐宋之间国家与祠祀信仰关系的重大变化。最后,笔者将从三方面进一步阐述本书讨论的结果:一、从唐宋之间国家与南方祀神风气的互动,最后祠祀日益成为理政的重要关怀,试图对唐宋变革历史面貌提供新的认识;二、从国家介入祠祀信仰,到利用祠祀操作基层政治的历史变化,重新认识国家权力与祠祀信仰的关系;三、区分国家祠祀措施不同层面的运作实态,使国家与祠祀关系的研究框架的内涵更丰富。

一、国家与南方祀神风气

中国历史上国家权力与祠祀信仰的关系一直是祠祀研究的焦点,但是不同时期两者的关系也有所变化。笔者认为探讨这层关系应着眼于历史发展的过程,而不径视为讨论国家祠祀措施的前提。在讨论此一问题时,仍需要从更广泛的角度,考虑国家对待各种不同信仰的措施。本书从动态的历史发展过程,梳理唐宋之间国家如何正视南方祀神风气,从而对祠祀措施和态度发生较大的变化,以究明地方祠祀如何走进统治视野的历史;另一方面,笔者亦试图论证国家在大幅介入地方祠祀后,反而受其牵引,日益重视祠祀在政治行动中可能发挥的作用。上述唐末至两宋之际国家与祠祀关系的重大变化,或可为唐宋变革期勾勒出一幅鲜为人注意却值得重视的历史图景。

本书考察这段历史,欲从两方面讨论唐宋历史的演变:第一,通过跨代的视角,分析基层的常民祠祀文化如何受到朝廷和统治阶层的重视,进而使祠祀成为上层运用的政治文化,而北宋中期以降开始大量出现的旌忠庙与贤人祠即是例证;第二,原本处于边缘的南方祀神风气,如何因南方力量的崛起开始受到朝廷的关注。

具体而言,本书是以唐宋之间国家和南方祀神风俗的互动为主轴,从两个层次说明此一历史变化。第一个层次是国家大幅涉入基层祠祀信仰活动的变化。本书首先指出,原本唐代国家和各地祠祀的关系,是由地方官府层级各种祠祀活动的惯习所维系,具有高度自主性的特征。然而,唐宋之间两者关系出现重大转变,国家开始大幅涉入各地的祠祀信仰,这主要表现在两方面。

一是宋廷开始建立地方祠祀的具体规范。此时国家建立祠祀信仰的规范,奠基于朝廷正面处理南方祀神风俗的经验,而这一点本于南方在宋帝国内部地位的大幅提高的结构性因素。在此一因素的影响下,北宋前期朝廷正视南方的统治,并直接处理此地祀神风俗。这段历史也说明,朝廷直接处理各地祠祀信仰问题的经验,对建立相关的制度规范是很重要的。只有从宋廷直接指挥处分地方施政的历史背景下,才能理解国家为何开始摆脱礼经立祀原则的束缚,建立基层社会中常民祠祀活动的具体规范。

一是国家开始大量以赐封手段与各地祠祀信仰建立直接的联系。唐宋时期封赐措施的发展是一段比较曲折的历史,必须以跨代的眼光从动态的历史进程重新加以认识。这段封神措施的发展,肇端于盛唐,至唐末五代南方地方王国建立时,欲通过封赐手段,达到援神为用以图自立的目的,遂确立了封神制度的传统。宋初曾一度受到新朝廷的忽视,一直到北宋中期,在南方官僚集团崛起之后,此一地域传统才开始牵引朝廷改采积极封神的措施。

这段唐宋封神措施的发展史,很难只归诸宋代积极建立正祀依据的结果,封神措施的扩大,是随着国家形态和实质内涵发生变化而自然推移演变的发展结果。本书欲阐明兼具地方与国家双重性格的南方王国,在推动大量的封赐措施中所扮演的关键角色。而且,只有到了北宋中期,南方官僚集团主宰统一帝国之后,这项原本带有南方地域传统的措施,才有可能推衍为全国性的制度。

　　第二个层次的变化，是宋代以后朝廷和士大夫开始借重祠祀在地方传播政治意识的形态。经过唐宋之间国家开始大幅涉入各地祠祀信仰的变化的洗礼，宋代朝廷和士大夫官僚更重视祠祀在地方社会的教化作用，他们将祠祀视为政治行动的元素，积极操作祠祀，以表彰人物典范或宣扬核心的政治价值。经过前几章的讨论，笔者认为，这种操作祠祀的作为，反映心态上比较深刻的改变，此时开始出现大量的贤人祠和旌忠庙，说明国家、士大夫官僚与祠祀关系新的历史趋向。宋代的变化只是一个开端，后来成为近世时期政治社会史的一大特征。

　　唐宋之间国家与祠祀关系发生重大变化，这不是孤立的历史现象，事实上，它和此时南方力量的崛起有很大的关系。本书未直接讨论南方的崛起对国家祠祀措施产生重大转变的影响，但是各章具体的研究触及不少南方因素。在附录一，我们看到原生于南方的城隍信仰，如何受到地方官府的推动而扩张，成为重要的祈祭对象。三至四章的讨论指出，南方力量的崛起对唐宋之间国家祠祀措施的变化产生了很大影响：一方面，南方的好祀风俗刺激宋廷建立常民祠祀活动的制度规范；另一方面，五代南方王国所建立的封神传统到了北宋中期以后，又凭借当地官僚集团的崛起，牵引朝廷改采积极封神的措施，并引发官方采取以祠祀旌贤、劝忠的新变化。

　　本书所讨论的唐宋之间国家与祠祀关系的重大转变，试图提供唐宋变革时期一幅不一样的历史图景，在这幅历史图景里，书中所触及的各种南方因素显然是不可或缺的。既然唐宋之间祠祀逐渐成为治政更重要的关怀，是在唐宋之间南方力量崛起的过程中发生，由此也引发另一个值得进一步探索的问题：宋世以下，在南方力量居于宰制地位的情况下，南方的祠祀信仰和好祀风俗在帝国的祠祀政策和祠祀信仰世界里，究竟扮演何种历史角色？

二、国家与祠祀信仰关系的再认识

　　在这部分，笔者想从两方面进一步申论，探讨这个课题对认识国家与祠祀信仰的关系可能具有的意义。

首先是国家为何更关注祠祀信仰。中国历代王朝皆留心于信仰的控制，但是不同时期关注的焦点有别。整个中古时期，佛教往往是国政的焦点，相对地，祠祀信仰受到忽视。到了中古末期，情况有了转变。唐宋之间，这些分散各地的祠祀信仰开始进入国家统治的视野。原本处在社会底层的祠祀信仰，在什么情况下成为治政的关注议题？以往的研究侧重于讨论唐宋两代国家控制各地祠祀信仰的作为，但是对国家为何认知这类信仰的重要性，无法提出具有说服力的观点。一个可资对比的例子是佛教，整个中古时期，佛教对于一元化的王治图景构成了严重挑战，使其成为国家持续关注的焦点。[1]

相对地，唐宋之间国家大幅涉入祠祀信仰的变化，往往是国家介入地方施政的表现，或是试图以祠祀信仰涉入基层社会的结果，并非自始即明确具有管制祠祀信仰的用意。本书试图说明，国家对待这些分散各地的祠祀信仰，最初并没有一个整体性的政策，这些作为往往发端于国家处理个别（地区）信仰的行动。国家只有在大量指挥处分地方施政，或是欲以封神措施建立和基层社会的联系，才会开始正视祠祀信仰的存在。此一研究显示，这段国家逐步关注祠祀信仰的历史，是国家不断介入地方（社会）的产物，此时国家对祠祀信仰的作为，是经过长期的酝酿才发展出来的。

宋世以降贤人祠与旌忠庙的大量出现，代表国家有意以祠祀在地方社会操作政治的新变化。然而，只有在国家介入地方社会，进而关注祠祀信仰问题此一思路下，才能理解为何国家大幅介入祠祀信仰后，也开始受到牵引，以祠祀在基层社会积极地操作政治行动。

其次，这段国家与祠祀信仰关系的历史，对于大传统与"民间信仰"之间的关系可能带来不同的认识。宋世以下，国家欲利用祠祀扩大操控基

---

[1]　陈弱水：《排佛思潮与六、七世纪中国的思想状态》，收入氏著《唐代文士与中国思想的转型》，第122—140页。

层社会的意识形态,是相当醒目的历史变化。① 此一研究显示,祠祀的政治作用日益受到重视,甚至成为宋世以降政治文化的重要元素之一,背后代表的不只是统治阶层更细致的向下教化的努力。国家通过祠祀深入地方的教化活动,亦说明国家在日益卷入地方祠祀的过程中,也认识到祠祀信仰在地方社会可能发挥的政治作用。② 此一转变不是偶然的历史结果,只有当国家大幅涉入地方祠祀,对祠祀的态度和作为才会发生根本的改变。当然这也意味着地方祠祀对国家祠祀措施的一种反馈。因此,本书抉发唐宋之间国家与祠祀信仰的关系,是一种互为影响的关系,祠祀最后成为宋世以下政治文化的基本元素便是最好的例证。

唐宋之间,国家大量的赐封措施,创造神祇标准化的象征,开始整合各地的信仰文化,③这种影响绝对不是单方面的,地方祠祀(特别是南方祀神风气)显然也改变了国家的态度和作为。如果不从这种反馈理解宋世以下旌忠庙与贤人祠的发展,我们很难解释为何宋代以后,以“祠祀”的形式在地方社会进行劝忠、旌贤的活动特别受到国家的青睐。长期以来,对于大传统和民间信仰之间的关系,存在着前者是后者的范型、前者模仿后者两种分析角度,从后来的发展来看,前一种说法获得较多的支持。④ 然而,唐宋之间国家涉入地方祠祀事务,进而以祠祀操作政治行动的变化,

---

① 学者讨论宋代以降士人文化与庶民文化之间的关系,除了传统二元对立、教化观之外,新近的研究则强调两者之间有共同的文化思考模式,彼此之间也存在着交流和影响。参见廖咸惠《宋代士人与民间信仰:议题与检讨》,收入《“民间”何在　谁之“信仰”》,北京:中华书局,2009 年,第 60—62 页。

② 有意思的是,两宋之际当祠祀走入政治意识的中心,官方日益以祠祀在地方社会操作政治时,中央朝廷欲以成文礼典颁行天下的努力却宣告失败。宋徽宗政和六年(1116)曾经下诏,将《政和五礼新仪》颁行天下,欲使民间据此行礼。不到十年,即以失败收场。张文昌:《唐宋礼书研究——从公礼到家礼》,台湾大学历史研究所博士学位论文,2006 年,第 171—175 页。两相对照,或许说明此后国家为何乐意以民众熟悉的祠祀形式,在地方社会传布政治价值和政治理念。

③ James Watson, "Standardizing the Gods: The Promoting of T'ien Hou ('Empress of Heaven') Along the South China Coast", in David Johnson, Andrew J. Nathan, and Evelyn S. Rawski eds., *Popular Culture in Late Imperial China*, Berkeley: University of California Press, 1985, pp.292 - 324.

④ De Groot 与 Marcel Granet 二人对中国民间宗教和古典文化的关系,前者认为民间宗教是古典传统的衍生形态,后者认为官方和文本传统是民间宗教的模仿。王铭铭:《社会人类学与中国研究》,桂林:广西师范大学出版社,2005 年,第 140—144 页。

至少说明两者之间是互相影响的。①

三、不同层面的国家祠祀措施

中国中古时期的研究里,国家一词往往指涉中央朝廷,反映在祠祀的研究里,学者主要从中央朝廷制订的礼典出发,探讨祠祀政策以及国家对祠祀信仰的实际作为。有别于此,本书从国家组织和行为多元异质的观点出发,将国家祠祀措施进一步区分为中央朝廷、地方官府与官僚阶层的祠祀措施,重新考察唐宋之间国家与祠祀的关系,以呈现比较丰富的历史面貌。

对此时中央朝廷的祠祀措施,本书从一种发展的眼光指出,唐宋之间朝廷大幅介入祠祀信仰,是这场历史变化很重要的特征,不管是建立常民祠祀的具体规范,抑或是大量赐封神祇,都反映了此一变化。然而这种变化也说明朝廷自始对祠祀信仰便没有整体性的政策。

值得注意的是,此时中央朝廷的大幅介入,并未改变地方官府祠祀活动既有惯习的特性,此一层级的官府的祠祀措施依然维持了很大的自主性,他们仍然可以自行选择祈祭的对象。事实上,我们如果从宋代贤人祠和城隍信仰的发展,亦可了解地方官府祠祀活动高度自主的特色。宋代贤人祠经过地方官(府)大力推动后,已形成一种全国性的在地现象。至于城隍信仰历经唐代地方官府大力推动后,依然是宋代地方官府的主要祭祀对象,在官府实际的祭祀活动里,相较于朝廷规定全国通祀的社稷,其也更为人重视。一直到明代以后,中央朝廷才着手整顿城隍信仰体系,并开始规范官府的祀贤活动。这些现象说明,地方官府的祭祀活动具有很大的自主性,而且也可能使得某些祠祀信仰(如城隍之祀)形成全国性的在地现象。

---

① 研究孔庙的学者黄进兴先生很早就从比较宗教的观点提出一个发人省思的问题:究竟作为国家祀典的孔庙和民间宗教是属于截然有异的信仰系统? 后者仅是前者的残型? 抑或后者是前者的基型? 黄进兴:《序:孔庙因缘》,收入氏著《优入圣域:权力、信仰与正当性》,第6页。

至于官僚阶层,其在祠祀措施和制度中则扮演了居中传播和整合的角色。这一点在到任谒孔之仪的形成中看得最清楚明白。北宋士大夫官僚阶层基于高涨的儒家意识,自行发展出到任拜谒孔子的仪式。此礼是受到官府礼谒群祀传统的刺激而发展出来的,经由某些官吏的倡议,进一步发展成为朝廷明令一体施行的正式制度。官僚既扮演到任礼谒文化的传播者,又是地方官府到任谒孔文化的创造者,最后并据以建立相关的制度规范。

本书讨论国家与祠祀关系转变的关键时期,通过跨代的研究,以一种动态发展的眼光,理解唐宋朝廷、官僚阶层和地方官府对祠祀作为和态度的变化。这三种祠祀措施都属于国家祠祀措施的一环,彼此有别,却也互相影响,只有在国家行为多元异质的观点下,才能考察这些措施各自变化的面貌,以及三者之间的关系。

本书讨论不同层次的国家祠祀措施,也引发出另一个值得思考的问题:在具体的历史研究里,国家的内涵是否应该适度扩充?以往中古史的研究,国家往往就是指朝廷,本书的研究显示,在讨论国家祠祀措施时,只关注朝廷的作为可能会遗漏许多重要的历史环节。例如各地官(府)祠祀措施一直有高度的自主性,必须从惯习的角度,理解这些措施的性质和实际运作的情况。此一研究从祠祀措施的层面揭示国家行为多元丰富的面貌,也试图阐明朝廷、地方官府和官僚阶层三者和祠祀的关系,或许是未来讨论国家与祠祀关系比较好的分析框架。

限于主题和篇幅,本书也留下若干问题以待将来进一步讨论。以上的讨论侧重于国家的作为和态度的变化,仍未有系统地探讨地方社会对国家新的祠祀措施的反应。唐宋时期,有关祠祀信仰与地方社会的文献比较零散,进行深入的分析有一定的困难,本书触及相关的问题时也面临此一困境。然而,宋世以降地方士人群体大量增加,这股力量究竟在这场变化中扮演何种角色?他们出身基层社会,对于祠祀在政治领域日益吃重的现象抱持何种态度?又发挥何种作用?新的统治阶层和这场国家与祠祀关系的变化,也许是未来可以进一步探讨的课题。

附录一

唐代城隍信仰与
官府的立祀

——兼论其官僚化神格的形成①

城隍神是传统中国社会最重要的信仰之一,长期以来,城隍神一直被视为"民间"信仰,然而,亦存在一久悬未决的问题,即:何以城隍神很早便有浓厚的官方色彩,其神格亦具鲜明的官僚化特征? 本文着眼于城隍信仰和地方官府的关系,重新梳理宋世以前此一信仰扩张的历史,并试图回答此一问题。

本文首先指出城隍神信仰两阶段的扩张现象:此一信仰首先于吴越普及化,故盛唐、中唐之际,若干官吏因参与地方官府祭祀活动,质疑祭祀城池守护神于礼无据;其次,从中唐至唐末,信仰进而扩及天下,此时人们对城隍立祀的认知也出现变化:人们从最初欲寻求可以守护城池的英雄人物神,转为奉祀某种具有守护城池职能的神祇。这解释了为何某些地区的城隍神面目清楚,且历久不变,某些地区则并非如此。在信仰新一波扩及天下的过程中,城隍的神格出现日益专业化、官僚化的特征,且淡化了这些地区信仰和地方的联系,神祇的面目也转趋模糊化。最后,本文也考虑了城隍信仰扩及天下和地方官府立祀的可能关系。此时城隍信仰的

① 本文的主体原是笔者博论第二章第五节,后来结合第二章部分内容改写而成的,初稿曾受邀发表于政治大学历史系主办的"中原与域外:唐宋史、中西交流与域外汉学"国际学术研讨会(2011 年 5 月 27—28 日)。复蒙《新史学》匿名审查人惠赐宝贵的修改建议,最后刊登于《新史学》23 卷 2 期,第 1—41 页,谨此致谢。在此书出版之际,考虑城隍信仰的流变是颇受关注的课题,决定以《新史学》发表的单篇论文呈现,以利读者掌握个人对城隍信仰的讨论,故部分内容与本书第二章的部分内容重叠,谨此说明。

发展,出现若干新趋向,如纳入地方官府祀典,出现行政都邑守护神的形象、神格官僚化特征,以及和地方官对等而治,节制境内山川的神格等等。这些新变化也佐证了各地官府组织可能是城隍信仰普遍建祀的关键力量。

一、前　言

城隍神是中国传统社会中最重要的信仰之一,历来是学者关注的焦点。现代史学上城隍信仰的研究,奠基于 1935 年邓嗣禹的《城隍考》一文。对宋代以前城隍信仰的发展和扩张,邓氏首先指出,此一信仰最初分布于长江流域,起源于六世纪中叶,唐代渐趋普及。[①] 此一论点基本上为后来许多学者所继承,并进而对信仰的出现和扩张提出新的解释。[②]

---

① 此文全面讨论城隍的起源、奉祀的人氏、奉祀的原因、祀典与神话传说的变迁,以及城隍信仰和释、道二教的关系。文中对唐宋城隍信仰的考察与文献的梳理,更成为后来学者研究早期城隍信仰历史的重要基础。邓嗣禹:《城隍考》,黄培、陶晋生主编:《邓嗣禹先生学术论文选集》,台北:食货出版社,1980 年,第 55—95 页。那波利贞研究城隍信仰的作品问世,略早于邓嗣禹,他认为城隍信仰的起源地区是中国东南沿海。那波利贞:《支那における都市の守護神について》,《支那学》七卷三期,第 349—380 页;七卷四期,第 543—574 页。

② 姜士彬(David Johnson)指出,唐宋城隍信仰的扩张,反映中唐至宋代,长江中下游社会经济发展巨大的历史变化,并认为城市工商阶层兴起后,对信仰的扩张扮演重要的角色。David Johnson, "The City-God Cults of T'ang and Sung China", *Harvard Journal of Asiatic Studies*, Vol.45, No.2 (1985), pp.363‐457. 另外,王涛最近讨论唐代城隍信仰扩张时,也持相同观点。王涛:《唐代城隍信仰与唐代中后期南方城市的发展》,《首都师范大学学报》2006 年第 3 期,第 102—105 页。大约同一时期,中村哲夫也指出,城隍信仰起源于长江中游和汉水流域,系北人南迁后带来筑城的技术,结合土俗的人格神信仰所产生,且指出长江下游地区是初期城隍信仰分布的地区。中村哲夫:《城隍神信仰からみた舊中国の国家と社会》,《近代中国社会史研究序说》,京都:法律文化社,1986 年,第 46、50—51 页。近来赖亮郡对城隍信仰的起源问题提出新见解,他认为城隍是魏晋南北朝北方流民南下定居于侨州郡县,因流民之需要,从土地神分化出来的新信仰。赖亮郡:《唐五代的城隍信仰》,《兴大历史学报》17 期,第 293—347 页。此外,对城隍信仰扩张的动力,邓嗣禹很早便注意毗沙门天王信仰的传入与城隍信仰兴起的问题,但他强调此一信仰纯由中国产生。邓嗣禹:《城隍考》,第 85—86 页。此一思路后来为美国学者韩森(Valerie Hansen)所继承,在一篇讨论城池保护神的文章中,她试图说明唐宋城隍信仰的普及化,可能受到毗沙门天王信仰传入中国后广泛传播的影响。Valerie Hansen, "Gods on Walls", in Patricia Buckley Ebrey eds., *Religion And Society in T'ang and Sung China*, Honolulu: University of Hawaii Press, 1993, pp.75‐113. 作者在文中特别强调,尽管无法具体指出毗沙门天王信仰,究竟如何对城隍信仰的扩张发生影响,但她仍然认为此一推测合理。

　　学者对城隍信仰的起源和扩张,见解殊异,但是亦有共同之处,即将城隍视为民间信仰,考论此一信仰的起源和扩张的历史。然而,正如学者已指出的,在众多信仰中,城隍信仰有其特殊性:祂很早就具有浓厚的官方色彩,城隍祠通常位于州县的衙门附近,[1]而且官僚化的神格特征最为显著。祂不仅具有冥界地方官的鲜明形象,且具有和地方官对等的神格。[2] 然而,迄今为止,对城隍信仰何以出现上述官方色彩和官僚化的神格特征,我们了解的并不多。

　　事实上,宋人陆游已指出"唐世以来,郡县皆祭城隍"的现象,[3]这意味着早期城隍信仰的发展和地方官府关系密切,但是既有研究较少考虑此点对认识城隍发展可能的意义。[4] 近年来,学者着眼于地方祠祀的分层运作,从官府如何认定民间信仰的性质,论及官府和城隍信仰的关系。[5] 本文则着眼于城隍立祠与地方官府的关系,重新梳理宋世以前城隍信仰发展和扩张的面貌。具体而言,本文将讨论城隍官僚化的神格的形成,并以此为线索,从城隍载入地方祀典解释唐世官府祭祀城隍的现象。由于上述现象是在信仰扩张过程中所出现的,追索这些现象,将会挖掘出城隍信仰发展的不同面貌。

---

[1]　David Johnson, "The City-God Cults of T'ang and Sung China", p.438.

[2]　中村哲夫很早便指出唐代的城隍神是阴界的牧民官,两者具有表里对等的关系。中村哲夫:《城隍神信仰からみた舊中国の国家と社会》,第 49 页。另外,姜士彬虽然强调工商阶层是推动城隍信仰扩张的动力,但是他也指出,城隍神是冥界的地方官,而且受到神界官僚体系的规范。他认为唐以前神威大于官威,唐宋时期统治阶层则开始控制神祇世界,这是隋唐中央重新掌握地方官任命的具体反映。David Johnson, "The City-God Cults of T'ang and Sung China", pp.427, 436–444.

[3]　陆游:《渭南文集》卷一七《宁德县重修城隍庙记》,第 96 页。

[4]　这一点或许和明代以后,中央朝廷才开始介入地方官府对城隍的祭祀有关。明太祖改革城隍的祭祀,参见滨岛敦俊《明初城隍考》,《榎博士颂寿纪念东洋史论丛》,东京:汲古书院,1988 年,第 347—368 页;滨岛敦俊:《朱元璋政权城隍改制考》,《史学集刊》1995 年 4 期,第 7—15 页。

[5]　雷闻讨论地方祠祀的分层运作时,将地方祠祀分为三个层次:首先是由国家礼典明文规定的全国通祀,如社稷和释奠孔庙;其次是由地方政府赋予合法地位的祠祀;第三个层次是由地方官府判定为淫祠者。他指出第二与第三个层次的界限并不是绝对的,对它们合法地位的判定,是由地方政府灵活掌握的一种权力。他以众多的城隍祠(与生祠)说明此一现象,并指出当时存在着大量由官府认定的合法的民间信仰。雷闻:《郊庙之外——隋唐国家祭祀与宗教》,第 246 页。

二、从吴越地区扩张至天下

关于城隍信仰早期的发展和扩张,论者已多,对于信仰起源的地区,主张长江流域者最多,也有主东南沿海者;①对于信仰普遍化的时点,有主中唐者(赵翼),②有主中唐迄北宋(姜士彬),有主八、九世纪(中村哲夫),有谓宋元明清(那波利贞),③见解殊异。以下笔者综合前人的研究成果,指出城隍信仰两阶段扩张的现象:此一信仰最初于吴越地区普及,大约从中唐至唐末,因快速扩张而遍及天下。

有关城隍神信仰早期发展的记载,皆认为城隍信仰兴起的时间约在六朝,除了南宋赵与时《宾退录》称芜湖的城隍庙,建于吴大帝赤乌二年(239)。④ 另外,大约成书于八世纪末九世纪初的《太玄金锁流珠引》记载:

> 上古只言社庙,无城隍神。起自吴王芮,墓在吴中。至晋时太守刘文景,于吴中筑城,到墓上。至夜城壁俱倒,土尽被阴兵运除,明旦不见城土,俱不得往,如此七八度。太守即夜,令人捕捉。夜见一天子从地中出,从兵数万众,却捉捕之人,骂之曰:我是吴王芮也,我墓入地二丈,卿何要苦筑,从墓上过。吾每夜使人崩城运土,非是别怪。卿能移城垣屈曲,离墓百步,吾与汝保护此城人物,今生世世平安。

---

① 自邓嗣禹以来,城隍神信仰起源于长江流域的论点,大致为后来学者所继承。赖亮郡亦持此说,其他诸人的观点则略为不同,中村哲夫强调起源于长江中游和汉水流域,姜士彬则持长江中下游流域的说法。比较特别的是那波利贞的观点,他认为城隍起源于南方沿海地区。

② 清代赵翼已指出,"城隍之祀,始于六朝,至唐则渐遍",并言"唐中叶各州郡皆有城隍"。赵翼:《陔余丛考》卷三五《城隍神》,台北:华世出版社,1975 年,第 408 页。

③ 那波利贞认为城隍庙是唐五代宋初,发源于今日江苏、安徽、浙江、福建和广东等南方沿海地区的地方信仰风俗,在宋元明清遍天下。那波利贞:《支那における都市の守護神について》,第 75 页。中村哲夫认为,城隍信仰起源于长江中游与汉水流域,参见中村哲夫《城隍神信仰からみた舊中国の国家と社会》,第 37—46 页。

④ 赵与时撰,齐治平校点:《宾退录》卷八,第 103 页。

　　太守因此留墓,移城立庙,因此即有城隍神官。①

　　前述两则唐宋时期的记载皆指出,三国时期的孙吴为城隍信仰的起源。由于文献的年代较晚,比较不受到研究者的重视,但是两则记载仍反映一定的历史真相,稍后笔者将进一步指出,吴越是城隍信仰最早出现普遍化的地区。

　　至于见诸正史的记载,隋唐以前只有两则"城隍"神的资料,皆在梁陈之交的郢州,一是慕容俨祷祝于郢州(即隋唐以后的鄂州,治所在今湖北武昌)的城隍神,希望获得神祇的冥助,击退来犯的侯瑱、任约;②一是萧纶在郢州设置百官,以牛祭祀城隍神时发生变怪的现象。③

　　从《北齐书·慕容俨传》的记载,约略可见此时郢州城隍神信仰初兴的现象:"城中先有神祠一所,俗号城隍神,公私每有祈祷。"④细绎此段文意,似指郢州当地开始以城中某座神祠为城隍,而且官民方面皆有祷祝的活动。根据赵与时《宾退录》的记载,郢州当地所奉的城隍神是焦明。⑤《南史·焦度传》记载,刘宋元嘉年间,焦明与千余家徙居襄阳,但未言及他和郢州的关系。⑥ 由于他并非历史上的名人,且系刘宋时期南迁之人,南宋时期《宾退录》的记载应该是有所本的。郢州奉祀刘宋时期的新近人物,说明当地于南北朝中期以后开始以某人为城隍神。

　　南北朝另一个以某人担任城隍神的记载则在雍州。《通典》引梁朝鲍

---

① 李淳风:《太玄金锁流珠引》,张继禹主编:《中华道藏》卷二五"城隍神官"条,北京:华夏出版社,2004年,第三十三册,第142页。此处的系年,系依 Valerie Hansen, *Gods on Walls*, p.92.
② 《北齐书》卷二一《慕容俨传》,第281页。
③ 《南史》卷五三,北京:中华书局,1995年,第1324页。对于此事,《隋书》的记载与《南史》不同,系于萧纪据蜀时祭祀城隍神的活动。《隋书》卷二三《五行下》,第658页。此处从《南史》的记载。对这两条史料的记载及相关的史实背景,中村哲夫有详细的考证,参见中村哲夫《城隍神信仰からみた舊中国の国家と社会》,第36—45页。
④ 《北齐书》卷二一《慕容俨传》,第281页。
⑤ 赵与时:《宾退录》卷八,第104—105页。
⑥ 《南史》卷四六《焦度传》,第1152页。

至《南雍州记》云："城内见有萧相国庙,相传谓为城隍神。"①梁朝时期雍州城隍信仰立祀未久,故鲍至言"相传"萧相国是当地的城隍神。史籍所谓"俗号""相传"为城隍神之语,反映城隍神信仰在长江中游某些城市初兴的现象,时间上则晚于前述的吴地。

此处的讨论紧扣"城隍(神)",以界定讨论初期城隍信仰发展的历史。② 笔者无意否认某种守护城池的神祇早已存在的事实,③但是把握"城隍"的称呼,可以避免城隍信仰发展史上不易厘清的起源问题。更重要的是,扣紧"城隍"的称谓,才能讨论此后信仰扩张的历史,因为就在信仰扩张的过程中,"城隍"的用语也趋于普遍化,并开始树立其城池守护神的形象。

上述零星的事例只能说明六朝时期城隍信仰初兴时,已有奉祀某神为城隍神的现象,其他的细节恐怕不易得到厘清。可以确定的是,城隍信仰最初兴起时,就是以某人担任城隍神,本是一种人鬼信仰。④ 此时人们对城隍建祀的认知,主要是寻求某神为城隍神,因此,奉祀的对象是谁也会比较清楚。

值得注意的是,城隍信仰的扩张最初具有地域特色,此一信仰在吴越地区特别发达。前文讨论六朝城隍信仰的发展,之所以采纳唐宋时期的道经和方志关于早期吴地城隍信仰的记载,因为一直到唐代前期,吴越地区的城隍信仰特别兴盛。先来看以下这则例子,中唐时期李阳冰在《缙云县城隍神记》里写道:

> 城隍神,祀典无之,吴越有之,风俗水旱疾疫,必祷焉。有乾元二

① 王文锦等点校:《通典》卷一七七,第 4676 页。
② 关于这一点,笔者赞同姜士彬的想法,他认为必须扣紧"城隍"一语,讨论城隍信仰的发展。David Johnson, "The City-God Cults of T'ang and Sung China", p.391.
③ 例如北魏即有城头神,参见蔡宗宪《北朝的祠祀信仰》,新北:花木兰文化出版社,2011年,第 70—71 页。
④ 关于早期城隍神的信仰,有些学者认为是人鬼信仰,David Johnson, "The Ctiy-God Cults of T'ang and Sung China", pp.388-394. 另外,有些学者则认为是从自然的土地神蜕变而来。赖亮郡:《唐五代的城隍信仰》,第 297—302 页。相关研究回顾,参见郑士有、王贤森《中国城隍信仰》,上海:三联书店,1994 年,第 82—83 页。

年(759)秋七月不雨,八月既望,缙云县令李阳冰躬祈于神,与神约曰:五日不雨,将焚其庙。及期大雨,合境告足,具官与耆耋群吏,乃自西谷迁庙于山巅,以答神休。①

　　唐肃宗乾元二年,李阳冰担任缙云县的县令,因天旱不雨,祈雨于城隍神灵验而作此记。记文一开始有两点对当时城隍神信仰分布的观察:一、至少在中唐时期,城隍信仰仍是"吴越有之"的现象,是当地水旱疾疫重要的祷祝对象;二、城隍信仰"祀典"无之。

　　先讨论城隍神信仰"吴越有之"的现象。六朝时期,郢州与襄州皆有城隍神信仰的记载。开元年间,北方的滑州也有城隍神的记载。② 南下作官的李阳冰指出城隍信仰"吴越有之"的现象,恐怕不是指当时只有吴越地区才有城隍信仰,而是指当地城隍信仰特别发达、为人所重的现象。

　　大约同时,牛肃的《纪闻》也提到吴地城隍神信仰普遍化的现象:

　　　　吴俗畏鬼,每州县必有城隍神。开元末,宣州司户卒,引见城隍神。神所居重深,殿宇崇峻,侍卫甲仗严肃。司户既入,府君问其生平行事。司户自陈无罪,枉见录。府君曰:然! 当令君去,君颇相识否? 司户曰:鄙人贱陋,实未识。府君曰:吾即晋宣城内史桓彝也,为是神管郡耳,司户既苏言之。③

　　《纪闻》所载为开元末期发生的事。据此,此时吴地"每州县必有城隍神"。由于一直到北宋中期,欧阳修仍然指出,城隍信仰"天下皆有,而县则少也",④明言当时县城隍仍然比较少。而牛肃的记载却指出,盛唐时期吴地州县必有城隍神,显示当地的城隍神信仰特别发达。说明此一信仰

---

① 李阳冰:《唐缙云县城隍庙记》,王昶:《金石萃编》卷九一,国家图书馆善本金石组编:《历代石刻史料汇编》"隋唐五代部"二编,第三册,第545页。
② 《太平广记》卷三〇二《神十二·韦秀庄》引《广异记》条,第2396—2397页。
③ 《太平广记》卷三〇三《神十三·宣州司户》引《纪闻》条,第2400页。
④ 李逸安点校:《欧阳修全集》卷一四〇,第2234—2235页。

最初扩张时具有明显的地域色彩。

值得注意的是，吴地"畏鬼"的风俗与城隍入冥的关系。城隍信仰的特色之一，在于"入冥"的职能。到了后世，城隍治小鬼的形象更加鲜明。牛肃的记载提醒我们，吴地畏鬼的风俗，可能是城隍神具有"入冥"职能特征的历史起源。[①]　这可佐证在城隍信仰扩张的初期阶段，吴地与吴俗居于重要地位。

根据前文的讨论，盛唐以前，滑州、鄂州等地亦有城隍信仰，但是据李阳冰和牛肃二人的记载，至迟在盛唐、中唐之交，城隍信仰在吴越地区已趋于普遍化。从实际建祠的例子，也能佐证此一论点。限于史料，吴越城隍信仰普及化的时点，究竟能往前推回到何时，殊难论断。不过，有限的记载显示，唐代前期似乎是关键的时期，因为此一地区某些州的城隍信仰始建祀于唐初。例如台州奉祀城隍神，始于唐高祖武德四年（621）。《嘉定赤城志》记载：

> 城隍庙在大固山东北，唐武德四年建。初吴尚书屈晃妻梦与神遇，生子曰坦，有神变，能兴云雨，后与母俱隐山中。及是以屈氏故居为州治，祀为城隍神，水旱祷祈多验。[②]

依据南宋《嘉定赤城志》所载，台州城隍庙奉祀的是屈坦，当地传说屈坦是三国时代孙吴尚书屈晃之子。屈坦非历史上的名人，《嘉定赤城志》明确指出台州开始奉其为城隍神，始于唐高祖武德四年以屈氏故居为州治的时候，此一记载应有所本。[③]　另一个例子则是越州的城隍祠。根据钱镠《镇东军城隍神庙记》的记载，越州城隍庙奉祀唐初的越州总管庞玉。

---

① 关于唐代城隍神入冥的神话传播的分析，参见陈登武《从人间世到幽冥界——唐代的法制、社会与国家》，台北：五南图书有限公司，2006 年，第 355—359 页。

② 陈耆卿：《嘉定赤城志》，《宋元地方志丛书》卷三一，第十一册，第 7300 页。

③ 一说在唐武德二年（619），北宋大中祥符三年（1010），僧景尧《敕台州宁海县龙母山玉溪院龙王记》一文提到："唐武德二年，太史占星，改海州为台，以屈氏之故第乃为铃阁，咸曰城隍神即其子也。"《台州金石录》卷二，国家图书馆善本金石组编：《宋代石刻文献全编》第二册，总第 45 页。

故唐右卫将军总管庞君讳玉,顷握圭符,首临戎政,披榛建府,吐哺绥民,仁施则冬日均和,威肃则秋霜布令。属墙爱戴,黔庶歌谣,寻而罢市兴嗟,余芳不泯,众情追仰,共立严祠,镇都雊之冈峦,宰军民之祸福。……爰自始建金汤,肃陈祠宇,奠兹中垒。三百年来,虽享非馨,未登列爵。①

庞玉大约卒于唐太宗即位(627 年)之初,②距后梁开平二年(908)钱氏撰写庙记时已然经过 281 年。文中城隍祠立"三百年"之语,则点出庞玉死后不久即为越州人建祠奉祀。记文虽未明言何时奉庞玉为城隍神,但是镇"都雊"之冈峦与奠兹"中垒"之语,于性质上已指出最初立祠的目的即是守护城池。且北宋吴颐也提到"越自隋末始迁子城于此,榛莽不治。至唐右卫将军庞公玉,始营州治,且有善政。其死,州人德之,祀以为城隍神",明言庞玉死后即立为城隍神。③

越州、台州行政区的建置已久,但是二地开始奉祀城隍神皆在唐初,或可推测李阳冰、牛肃二人观察吴越城隍信仰普及化的现象,奠基于初唐以来的发展结果。而台州、越州两地相继开始奉祀某人为城隍神,亦可见吴越城隍神信仰勃兴时,神祇是谁,祂的面目是比较清楚的。

其次,讨论李阳冰的第二点看法:城隍神信仰"祀典无之"。学者认为,"祀典无之"一语,系指唐代国家的成文礼典规范中,没有祭祀城隍神的明文规定。④ 唐代文献中所见"祀典"歧义颇出,有时很难得到确解,笔者倾向于认为,此处的祀典系指《礼记》的《祭法》,整句话的意思应该理解为:城隍神信仰的祭祀不见于礼经的立祠原则。这样的解释也接近于宋人的看法。⑤

---

① 钱镠:《镇东军墙隍神庙记》,《全唐文》卷一三〇,第 582 页。
② 《新唐书》卷一三九《忠义下·庞坚》,第 5546—5547 页。
③ 吴颐:《越州新修城隍庙记》,《全宋文》卷二七九一,第 270—271 页。
④ 雷闻:《郊庙之外:隋唐国家祭祀与宗教》,第 245 页。
⑤ 《新安志》记载:"城隍在唐世州县往往有之,李阳冰以为祀典所无,吴越则有。至开成中,睦州刺史吕述以为合于礼之八蜡祭坊与水庸者,是亦近矣。"据此,宋人也是在古典礼经的脉络下,理解李阳冰所言"祀典"之意。罗愿纂:《新安志》卷一《祠庙》,《宋元地方志丛书》第一册,第 26 页(总第 505 页)。

在唐人的认知里，城隍是守护城池之神。李阳冰在缙云县令任内，修孔庙，兴县学，系有心推行教化的地方官，[1]熟谙儒学的他，明白《祭法》规定的立祀对象，以山川与人物为主，没有城池守护神，故有"祀典无之"一语。事实上，唐代官吏在参与地方祠祀活动时，援引《祭法》以为祠祀之理据，时有所见，他们通常是以经典立祀原则而非国家礼典，作为祭祀各地神祇之理据。[2]

盛唐、中唐之际地方官对城隍信仰的质疑，事实上反映了此一信仰已在局部地区勃兴，而且开始受到注目的历史现象。当时城隍信仰尚未完全普及，所以若干北人南下作官时，也表现出不甚认同的态度。例如天宝年间，苏州刺史赵居贞在整修春申君庙后撰写记文时表示，当地奉春申君为城隍神是不对的，"宜正名于黄相，削讹议于城隍"。[3] 言下之意，赵氏亦不认同城隍信仰。

以上两个质疑、不认同城隍信仰的例子，皆在天宝、乾元之际，此时若干北方出身的官吏南下作官，因参与地方官府的祠祀活动，接触了吴越地区正在勃兴的城隍信仰，他们不认同城隍信仰，认为地方官府的祭祀活动，缺乏古典礼经的依据。[4] 这些质疑反映出若干接受儒家经典教育的官吏，最初接触在局部地区已经兴起的城隍信仰时的态度。

中唐以后，士人与官吏对城隍信仰的态度出现转变，不再出现质疑与不认同的议论，此一转变可能与此时信仰的快速扩张有关。城隍信仰在吴越地区普遍化后，最晚到唐末，此一信仰已进一步遍及天下。刘骧的

---

① 李阳冰：《修夫子庙记》，陈尚君辑校：《全唐文补编》卷五一，第 615 页。
② 关于祀典一词的讨论，参见蔡宗宪《淫祀、淫祠与祀典——汉唐间几个祠祀概念的历史考察》，《唐研究》第十三卷，第 206—209、225—229 页；雷闻：《郊庙之外：隋唐国家祭祀与宗教》，第 250—276 页。
③ 赵居贞：《新修春申君庙记》，《全唐文》卷二九六，第 1345—1346 页。
④ 另一个例子见于肃宗时期，李白记载鄂州刺史韦良宰的德政碑。韦氏认为鄂州城隍是"淫昏之鬼，不载祀典，若烦国礼，是荒巫风"。瞿蜕园等校注：《李白集校注》卷二九《天长节使鄂州刺史韦公德政碑并序》，第 1658 页。韦公指韦良宰，参见郁贤皓《唐刺史考》，第 2097 页。韦氏认为城隍之祀不见于古典礼经，而且当地所奉为"淫昏之鬼"，故不愿朝廷派遣的中使祭祀。韦氏对中使与地方官是否祭祀城隍采取不同的做法，他不愿朝廷的中使祭祀城隍，但是当鄂州官府从事水旱祈祭活动时，他却祷祝于城隍神。李、韦二人认为，城隍之祀虽不载于"祀典"，却是当地官府祭祀的对象。因此，记文所言城隍信仰不载于"祀典"，意指不见于礼经的立祀原则。

《袁州城隍庙记》记载：

> 有天下，有祠祀。有郡邑，有城隍。虽遍天下尚其神，而未有的标名氏者，多因土地以立。惟袁古之城壁，按《汉书》，高帝六年春，大将军灌婴所筑。先未有郡，是古宜春县城。隋开皇十一年（591）置宜春郡，大业三年（607）改为袁州，因山名也，移县于州东五里。古今得以灌将军称祀焉。……有唐二百四十五祀壬午夏六月三日记。①

对理解唐代城隍神信仰扩张的过程和特色，刘襄的观察至为关键。上述引文有两点值得留意：一、依文末的日期推算，此文作于咸通四年（863），刘氏言"遍天下尚其神"，州县（郡邑）皆有城隍，可知此时城隍信仰已不再独盛于吴越，而是遍及天下的信仰；二、刘襄说城隍信仰遍天下，"而未有的标名氏者，多因土地以立"，言下之意，有些地方城隍神"的标名氏"，有些则无而系以土地建祀，据此，唐末城隍信仰普遍存在，却没有统一以某人物神。

刘襄观察当时城隍信仰遍天下的现象，或许稍微疏阔，但是所指普遍化的现象应无疑义。前文已论及北宋中期欧阳修指出城隍信仰天下皆有，县城隍神较少，不过，根据既有的研究，中唐以后城隍信仰不仅传播至黄河流域，也及于岭南的桂州与潮州，②甚至远播到敦煌地区，至少在吐蕃占领时期与归义军时期，城隍神已成为冥佑当地的神祇。③ 从整体来看，刘氏的观察也符合此一发展趋势。

历来对城隍信仰的起源和发展可谓众说纷纭，此处综合前人的研究，欲指出城隍信仰的发展大致可以区分为两个阶段：首先吴越地区的城隍信仰最早趋于普遍化；其次，经过中唐至唐末逾百年的发展，城隍信仰已扩及天下州（县），使此一地域信仰成为遍布天下的信仰。

据刘襄的观察，各地城隍祠未奉祀统一的神祇，有些地方明确标举城

---

①　刘襄：《袁州城隍庙记》，《全唐文》卷八〇二，第 3782 页。
②　雷闻：《郊庙之外：隋唐国家祭祀与宗教》，第 242 页。
③　公维章：《唐宋间敦煌的城隍与毗沙门天王》，《宗教学研究》2005 年第 2 期，第 113 页。

隍姓名,而未明确标举者多奉祀本地的土神。事实上,在城隍信仰扩张过程中,有一个现象值得留意:在城隍信仰较早发展的地区及其外围,城隍祠奉祀的对象是谁比较清楚,而且历久不变,其他地区则否。此一问题涉及人们对城隍立祀看法的转变。以下将借重赵与时《宾退录》的记载,对此加以稽考。

三、日趋专业化和官僚化的神格特征

此节试图提出一个比较大胆的论点,即中唐以后,在城隍信仰快速扩张的过程中,人们对城隍立祀的认知,由最初欲以某神为城隍神守护城池,转变为推动城池守护神这类信仰,这种转变强化了城隍为"都邑之主"的神祇形象。① 关于这一点,必须从南宋赵与时《宾退录》所载城隍神奉祀人物的资料谈起。

赵与时《宾退录》对城隍信仰的记载,素为治史者所重。其不仅保留了不少唐宋城隍封爵赐额的记载,也记载了一份当时他查访所得城隍祠奉祀的名单。这份名单虽未载明各地开始奉祀城隍神的时间,但是若能结合其他文献,则有助于进一步探索唐代城隍信仰扩张的面貌。

> 今其祀几遍天下,朝家或锡庙额,或颁封爵;未命者,或袭邻郡之称,或承流俗所传,郡异而县不同。至于神之姓名,则又迁就附会,各指一人,神何言哉!……神之姓名具者:镇江、庆元、宁国、太平、襄阳、兴元、复州、南安诸郡,华亭、芜湖两邑,皆谓纪信。隆兴、赣、袁、江、吉、建昌、临江、南康,皆谓灌婴。福州、江阴,以为周苛。真州、六合,以为英布。和州为范增。襄阳之谷城为萧何。兴国军为姚弋仲。绍兴府为庞玉,……盖尝历越州总督,……鄂州为焦明……台州,屈坦,……筠州,应智顼,唐初州为靖州时(案:疑衍字)刺史。南丰,游茂洪,开元间尝知县镇。溧水,白季康,唐县令也。惟筠之新昌,祀西

---

① 段全纬:《城隍庙记》,《全唐文》卷七二一,第 3332 页。

晋邑宰卢姓者,绍兴之嵊,祀陈长官。庆元昌国,祀邑人茹侯,三者不得其名耳。耳目所不及者,尚阙如也。①

赵氏指出城隍神之姓名迁就附会,各指一人。他仍然抱持和刘骧相同的疑惑,即何以普遍分布的城隍信仰,却没有奉祀统一的神祇。这份名单只罗列了部分地区城隍神的名字,但是它应是赵氏尽可能考访当时城隍信仰所得到的结果。赵氏自言"耳目不及者,尚阙如也",即使江西地区明载各州城隍祠奉祀灌婴,他仍未提到抚州所奉何人。据此,上述这份由宋世以前历史人物担任城隍神的名单,系赵氏查访后,记载自认为是可信传闻的结果,而"皆谓"之语应系地方传说的传统。值得注意的是,赵氏对宋人史坚序任潼川城隍神、李异被奉为龙舒(舒州)城隍神,认为"尤浅妄不经",他显然不相信宋人新任城隍神的传说。在他的认知里,城隍祠奉祀人物不始于宋代,故有此论。这一点和前述唐末刘骧的观察是一致的。

笔者将前述可考的城隍庙奉祀的具体人物制成简表,据表可知城隍神姓名可考者,主要分布在东南方与长江中游一带,大致相当于今天的江苏(五例)、浙江(三例)、江西(十一例)、安徽(四例)、湖北(四例),以及福建之福州(一例)。

前文已指出,城隍信仰最初即是人鬼信仰,但是何以在各地奉祀人物的情况下,南宋的赵与时经过考索,也只能掌握部分地区城隍祠奉祀的对象。南宋距早期城隍信仰扩张的时间固然已远,即使赵氏自己也承认,"州县城隍,莫详事始",加上耳目所不及,这份奉祀的名单难免有所遗漏,②但是它仍然引出一个无法回避的问题:为何到了南宋后期,城隍信

---

① 赵与时:《宾退录》卷八,第 103—105 页。
② 南宋时期统治不及北疆,赵氏难以考察北方城隍神的封赐情况和庙中奉祀的人物。不过,他后来阅读《国朝会要》,再考索西北诸郡城隍神的封赐而有所补充,但未对城隍神的姓名再作进一步补充。《宾退录》记载此事时说:"余尝最城隍爵号,后阅《国朝会要》,考西北诸郡,东京号灵护庙,初封广佑公,后进佑圣王。大内别有城隍,初封昭贶侯,后进爵为公。拱州昭灵庙,惠烈夫人,盖俗传为宋襄公之媢。开德府显应庙,感圣侯。解州灵佑庙,镇宝侯。浚州黎阳县显固庙,灵护伯。他皆无闻。盖东南城隍之盛,多起于近世。此数者,亦徽庙朝锡命耳。"赵与时:《宾退录》卷九,第 111 页。

仰历经长期发展演变后,只有某些地区的城隍神的面目是清楚的,可以明确说出祂的名字?

笔者认为前述这份崇祀的名单,可能反映出宋世以前这些地区城隍信仰发展的情况。这份名单所列宋世以前的人物中,除了灌婴、范增等人,有许多不是历史上的名人,而且赵氏本人不相信宋人新任城隍神之记载,所言各地"迁就附会"之说,显然不是宋代的新发展。这份名单或许反映城隍信仰成立时这些地区具体奉祀的人物。而且,这些地区和城隍信仰较早发展的地区(吴越和长江中游一带)有许多迭合之处。附表和前文指出较早出现城隍信仰记载的地区,几乎完全迭合。据此,笔者认为《宾退录》虽未明载各地开始奉祀诸人的时间点,但是这份名单应记录不少早期城隍信仰扩张的历史。

在这份早期城隍信仰奉祀对象的名单里,有一特色,即以英雄人物神居多。早期城隍信仰扩张的历史中,担任城隍神的人物大体上以与本地有关的人物英雄居多,刺史、县令次之,而后者常常为建城者,抑或是守护当地有功者。仔细分析这些事例不难发现,武将和英雄占绝大多数,灌婴、纪信、英布、范增、周苛等人都是善战的武将,即使庞玉、应智顼等人是地方官,但也以武事闻名。其他如游茂洪等人则因建县有功,被认为有守护城池的能力。[1]

简言之,早期城隍信仰分布的地区,多奉祀英雄人物和建城者,[2]显示出此时在信仰扩张的过程中,人们欲寻求某位可以守护城池的地方神祇,因此奉祀的对象是很重要的。前引南北朝时期郢州、雍州"俗号""相传"为城隍神之语,即是以某位人物神为城隍神。当时既然重视是谁来守护城池,奉祀对象的身份也会比较清楚,前引唐初越州、台州奉祀庞玉、屈坦为城隍神即为例证。因此,经过历史的长期沙汰,那些城隍信仰发展较早的地区,保留了由谁担任城隍神的记载。

---

[1]　游茂洪开元间曾担任县令,据《正德建昌府志》记载,按旧志:"唐开元中宰游茂洪迁县治之城市,葺庐舍,布恩信,民德之,及卒,歌思不忘,开成二年立庙祀之,是为城隍之神。"夏良胜纂修:《建昌府志》卷一〇,《天一阁藏明代方志选刊》第34册,第16页。

[2]　另一例子是福州古田县奉刘疆为城隍神,亦因创立县治有功。邓嗣禹:《城隍考》,第64页。

城隍信仰最初扩张时,人们欲寻求某位可以守护城池的神祇,这一点亦充分反映于灌婴与纪信两位英雄人物跨域担任城隍神的现象中。据赵与时的记载,灌婴与纪信二人最受青睐,分别担任十余处地方的城隍神。其中灌婴与奉祀地区的关系最清楚,他之所以被奉为江西十余州的城隍神,应与其平定"豫章"诸郡的生平事功有关。《汉书·灌婴传》总结其南征楚地时的功业,说他平定吴、豫章与会稽郡等等,不过,三地之中只有豫章一地特别崇奉灌婴。[①]

笔者推测,灌婴与纪信被奉为城隍神出现跨域的现象,可能反映了城隍信仰兴起后往外扩张的轨迹。二人身兼邻近十余州县的城隍神,说明在城隍信仰扩张的风潮下,某些未建立城隍祠的地区也开始加以仿效,故许多地方皆以灌婴与纪信两位武将为城隍神。其中,江西地区在唐代仍属于新兴开发地区,此地多数奉祀灌婴,推测系受到城隍信仰兴起后往外扩张的影响,而出现同时立祠奉祀灌婴的现象。

史料所限,此处只能依据《宾退录》稍加推论城隍信仰早期扩张的历史。上述事例说明城隍信仰早期扩张时,谁来担任城隍神相当重要。这时人们寻找和本地有关的(英雄)人物来守护城池,所以早期城隍信仰较盛的地区(及其周边地带)即使经过长期的发展演变,信仰和地方的联系仍然被保存下来,奉祀的城隍神的身份也较清楚。

另一个相关的问题是:为何赵氏无法得知其他地区城隍神的具体身份? 是否就是赵氏耳目不及,依据的资料有限所造成的? 这个问题可能更复杂一些,因为他考索城隍信仰赐额与爵命的范围遍及南方各地(后来也及于北方)。为何到了南宋,赵氏已不清楚这些地区的城隍神是谁? 这似乎意味着这些地区城隍神由谁担任并不重要,以致经过长期的发展演变,已经无法得知其所奉何人。

至此,我们得到一个初步的结论:城隍在进一步扩及天下时,伴随着神祇面目趋于"模糊化"的现象。此处所谓这些地区城隍神面目的模糊化,意味着由谁担任城隍神并不重要。此时人们建祠的动力,是基于推动

---

① 《汉书》卷四一,第 2083 页。

某种城池守护神信仰的想法,看重城隍神信仰本身,至于奉祀的对象,较无措意。城隍信仰扩及天下时,亦强化其专业的城池守护神的形象和作用,遂使城隍一词成为"都邑之主"的代称(这不排除城隍神具有多元化的职能)。到了晚唐,城隍神竟成为神明官僚体系的职缺。《太平广记》记载:

> 咸通中,有姓尔朱者,家于巫峡,每岁贾于荆益瞿塘之墟。有白马神祠,尔朱尝祷焉。一日,自蜀回,复祀之。忽闻神语曰:愧子频年相知,吾将舍兹境,故明言与君别耳。客惊问:神安适耶? 曰:吾当为湖南城隍神,上帝以吾有薄德于三峡民,遂此升擢耳。①

据此,咸通时吴越以外的湖南城隍神,已变成神明官僚体系的职缺。此处所论涉及信仰发展的重要演变,亦即人们对城隍神的认知,从最初寻求某位有能力守护城池的(英雄)人物,至此时某些地区的城隍神,已变成神明官僚体系的职位,而奉祀的对象是可以变动的。这种转变说明,城隍的神格走向专业化、官僚化的发展。人们仰赖于某种守护城池的神祇,至于谁来担任城隍神反而不重要,这也许可以解释现存中唐以后的城隍祠记,多未载明所奉何人的现象。到了宋代,情况依旧如此。

官僚体系本身就是专业化科层组织的体现,官职被赋予的角色和职能亦具有普遍性。晚唐城隍神开始成为官僚体系的职缺,是信仰日益被赋予守护城池角色的进一步发展。在人们的认知里,这些地区的城隍神开始被纳入神明世界的官僚体系,更凸显了神祇官僚化的色彩。这种专业化、官僚化的神格特征,本身具有普遍性的意义,也淡化了这些地区城隍神信仰的地方色彩。此处所谓地方色彩转淡,是指各地城隍神尽管奉祀具体的人物,但是士人撰写相关的庙记碑文,却很少提到这些神祇的名字。因此,新一波城隍信仰的建立,神祇"面目模糊化"的现象

---

① 《太平广记》卷三一二《尔朱氏》引《南楚新闻》条,第 2469 页。

相当明显。这或许可以解释城隍信仰扩及天下之后，不少地区的城隍信仰和地方的联系却逐渐淡化，以致日子一久，这些地区所奉何人竟无法得知。

上述城隍信仰扩张的历史，或可解释为何经过长期发展，某些地区城隍祠奉祀的人物历久不变，而某些地区神祇的面目模糊甚至可以被替代。进而言之，对城隍信仰扩张的动力，以上的讨论别具意义。从中唐至唐末（大约一世纪的时间）城隍信仰扩及天下，神格却有日益专业化和官僚化的发展，而且其地方色彩反而转淡，这大幅降低地方上本地力量推动信仰扩张的可能性。这驱使我们必须抛开民间建祠的角度，重新考虑信仰扩张的动力。

探讨城隍信仰快速扩及天下的动力，确有不小的困难。我们无法得知大部分城隍信仰最初的立祠时间和建祠的推动者，因此，前辈学者多从宏观的角度立论，或从唐宋之间外来毗沙门天王信仰的刺激，或从唐宋长江中下游长期的社会经济的巨变，来解释信仰的普遍化。此节所论中唐以后城隍信仰扩及天下时人们对城隍建祠的认知，神格有日趋专业化与官僚化的特征，这种神格的转变和信仰扩张的动力究竟有何关系？如果虑及城隍神格的专业化和官僚化，都体现了某些俗世官僚体系的特征，也许我们可以进一步考虑跨域的地方官府组织和城隍普遍立祠之间可能存在的关系。

四、纳入地方官府祀典

唐代地方官府祭祀境内的神祇，大抵有三种情况：到任拜谒、春秋常祀与水旱祈祭。此处笔者特别考虑城隍信仰扩张和地方官府的关系，很重要的理由是，在城隍信仰遍天下的过程中，它同时成为各地官府主要的祭祀对象。从中唐到唐末，城隍神也是地方官府最重要的祭祀对象之一：官吏不仅到任拜谒，春秋二时祭祀，而且在他们最重视的水旱祈祭活动中，亦视城隍神为优先祷祝的对象。以下将分别加以阐述。

有关唐代地方官到任拜谒城隍神的记载，最早见于开元五年张说就任荆州长史之初,拜谒城隍神的祭文。① 荆州位处长江中游较早出现城隍信仰的地区,不过,至迟在晚唐,北方的怀州亦见地方官到任拜谒城隍神。李商隐《为怀州李使君祭城隍神文》一文,颇为难得地保留了刺史到任谒神的心声:

> 年月日,致祭于城隍之神。某谬蒙朝奖,叨领藩条。熊轼初临,虎符适至。敢资灵于水土,冀同固于金汤。况彼潞人,实逆天理。因承平之地,以作巢窠;驱康乐之民,以为蟊贼。一至于此,其能久乎?惟神广扇威灵,划开声势,俾犯境者,望飞鸟而自遁;……万岁千秋,莫有土崩之势。神其听之,无易我言。②

李使君指的是李璟,这是会昌三年(843)他上任怀州刺史时的谒神祝文。③ 此时怀州北境的昭义节度使和中央朝廷关系紧张,这位朝廷命官上任谒神时,遂祈助于当地的城隍神,以期能够退敌保境。

中晚唐城隍神成为地方官府春秋二时礼谒的对象,恐怕是相当普遍的现象,即使在边远的桂州也不例外。李商隐大中元年(847)八月为桂管观察使郑亚撰写了桂州官府秋报常祀的十余篇祝文,④其中,桂州及其辖下灵川县、荔浦县、永福县与理定县等地的城隍神皆被列入。⑤ 李商隐《为中丞荥阳公祭桂州城隍神祝文》写道:

---

① 张说:《祭城隍文》,《全唐文》卷二三三,第 1055 页。
② 刘学锴、余恕诚:《李商隐文编年校注》第二册,第 770 页。
③ 郁贤皓:《唐刺史考》"怀州"条,第二册,第 589 页。
④ 以大中元年(847)八月李商隐为桂管观察使郑亚所写秋天报祀的二十一篇祭文为例,这二十一篇祝文的内容均为久旱不雨祷神得雨后谢神之祝文。刘学锴、余恕诚:《李商隐文编年校注》第四册,第 1500—1553 页。编者认为,这二十一篇祝文中,除了《祭桂州城隍神祝文》为秋天报祭的祝文外,其他皆是稍旱祈祷得雨后报谢的祝文。郑亚大中元年六月中到任,距秋天报祭的时间颇短,这些祝文的内容除了报谢得雨之外,也是秋天报祭的常祀之作,故《赛荔浦县城隍神文》有言"窃陈薄奠,用答丰年"(第 1510 页),《赛曾山苏山神文》有言"果从望岁,载润嘉生"(第 1515 页),《赛古榄神文》亦言"化太甚旱,为大有年"(第 1530—1531 页),《为中丞荥阳公祭全义县伏波神文》亦言"及申望岁之祈,又辱有秋之泽"(第 1533 页),《赛建山神文》亦言"讵言膏泽,忽致有秋"(第 1546页),可见这些祝文亦是秋天常祀之作。
⑤ 刘学锴、余恕诚:《李商隐文编年校注》第四册,第 1508—1513 页。

　　维大中元年，岁次丁卯，八月甲午朔，二十七日庚申，桂州管内都防御观察处置等使、正议大夫、使持节桂州诸军事、守桂州刺史、兼御史中丞、上柱国、赐紫金鱼袋郑某，谨遣直官摄功曹参军、文林郎、守阳朔县令庄敬质，谨以旨酒庶羞之奠，敬祭于城隍之神。浚洫崇墉，所以固吾圉；春祈秋报，所以辅农功。……敢以吉辰，式陈常典。①

　　桂州地处边陲的岭南，远离城隍信仰的发源地，然而，唐宣宗大中年间当地已有不少州县的城隍信仰，成为桂州官府最重要的祭祀对象。唐代的桂州治下多非汉族群，号为难治之地，开发程度尚浅，很难想象本地社会的力量能推动城隍建祠，并使之成为官府祭祀的对象。②

　　另一方面，在城隍信仰早期分布的地区，祂仍是地方官府水旱祈祭最重要的对象。地方官府从事水旱祈祭的活动，通常会先求助于最灵验的神祇，现存城隍神的祈祭文，主要分布于袁州、黄州、杭州与鄂州，等等，③至少说明这些地区的城隍神仍然具有重要地位。

　　除了潮州以外，有关水旱祈祭的祝文均在长江中游、吴越以及江西等城隍信仰较早出现的地区。地方官主动撰写祝文，以示重视。例如白居易描述他在杭州任上祷祝的情况：

　　维长庆三年(823)，岁次癸卯，七月癸丑朔，十六日戊辰。朝议大夫、使持节杭州诸军事、守杭州刺史、上柱国白居易，以酒乳香果，昭告于皋亭庙神。去秋愆阳，今夏少雨，实忧灾沴，重困杭人。……一昨祷伍相神，祈城隍祠；灵虽应期，雨未沾足。是用撰日祗事，改请于神。④

　　白居易先祷祝杭州地区最重要的伍子胥神，无明显灵效之后，紧接着便祈祷于城隍神，可见此神在当地的分量。韩愈祷祝于袁州的城隍神，也

① 刘学锴、余恕诚：《李商隐文编年校注》第四册，第 1552 页。
② 《为荥阳公与魏中丞状》《为荥阳公桂州谢上表》，刘学锴、余恕诚：《李商隐文编年校注》第三册，第 1326、1296 页。
③ 雷闻：《郊庙之外：隋唐国家祭祀与宗教》，第 241—242 页。
④ 顾学颉校点：《白居易集》卷四一《祝皋亭神文》，第 901 页。

是相当明显的例子,在袁州刺史任上,他因天旱亲撰祝文祈祷,对象除了当地最重要的仰山神外,就是城隍神。①

如何解释上述城隍神普遍建祀的过程中,也成为地方官府主要的祭祀对象?以往讨论城隍信仰的扩张,主要是将祂定位为民间信仰,但笔者认为,地方官府不会随意祭祀,城隍神之所以能成为地方官府主要的祭祀对象,说明祂并非纯粹的民间信仰,而是被纳入地方官府祀典的神祇。关于这一点,有必要略加说明此时地方官府祠祀的运作概况。

在唐代列入地方祀典的神祇,通常是官府重要的祭祀对象,地方需要祈祝时,官吏首先便会检寻地方祀典。对此,刘禹锡的《为京兆韦尹贺雨止表》提供了重要的讯息:

> 臣某言:今月某日,中使吴文政奉宣圣旨,缘今年雨多,恐伤苗稼,诸有灵迹处并宜祈祷者。臣谨检寻祀典,方议遍祠,惟德动天,倏已澄霁。②

这是刘禹锡于贞元十八年(802)渭南县尉任上,为京兆尹韦夏卿所作的贺晴表。表文记载,皇帝下令地方官府祈晴,韦氏为求慎重,第一步就是亲自检寻“祀典”。唐代以后,祀典日益指涉具体的地方祠祀文书,③不过此处指涉为何仍需进一步推敲。约略而言,唐代文献中所见“祀典”一词,大致有三种用法:一指《礼记·祭法》,一指祠祀活动,一指祠祀活动的文书簿录。其中,有关祠祀活动和祠祀文书的记载又有中央与地方之别,有时不易分辨。但是,基于下述三点理由,笔者认为韦氏披寻的是地方官府祠祀的文书簿录:一、韦氏检寻的必然是文书,而不是祠祀活动;二、韦氏从事具体的祈祭活动,不需要检视《礼记·祭法》;三、唐代中央朝廷编纂的成文礼典并未明确规定各地祈祭的对象。因此,笔者认为,京兆尹祭祀的依据是地方祀典文书。此一事例发生在京兆地区,具一定的代表性,有助于了解当时地方官府祈祭的常态。

---

① 韩愈:《韩昌黎全集》卷三三《袁州祭神文三首》,第318页。
② 刘禹锡集整理组点校:《刘禹锡集》卷一三《为京兆韦尹贺雨止表》,第155页。
③ 雷闻:《郊庙之外:隋唐国家祭祀与宗教》,第269页。

　　考虑到唐代地方官府祠祀运作的情况,祀典内的少数神祇(约 10—20
个),①本是官府各种礼神活动主要的祭祀对象。地方官不论到任礼谒、春
秋常祀或是水旱祈祭,主要祭祀的对象是祀典神祇。如许筹《晋东莱太守
刘将军庙记》一文记载,许筹暂代东莱太守一职时,因军吏上疏,拜谒了刘
将军庙,记文中同时提到,此神"飨用春秋",且是当地"祷灾徼祜"的对
象,②即是地方官府对祀典神祇进行各种祠祀活动的佐证。

　　地方官府主要祭祀祀典内的神祇,对象固定,且数量不多,官府不会
随意祭祀。据此,城隍神成为各地官府的主要祭祀对象,实则反映此一信
仰已纳入地方祀典之列。接下来,笔者将进一步说明官府不易维持祀典
神祇之祀,这将有助于我们了解地方官府和城隍普遍建祀可能存在的
关系。

　　唐代地方官府祭祀的神祇数量不多,与现实上财政不易支应酬神之
需有很大的关系。对祀典内的神祠,地方官(府)负有酬神之责,除了春祈
秋报的常祀外,水旱灾祈祭灵验后进行的报祭,也是常见的酬神活动。③
至于耗费不小的修祠工程,④必须动员许多的人力和物力,官府通常也会
选择在辖境无事、政清人和的情况下进行。⑤ 这些修建祠庙的工事往往历

---

① 即使到了宋代,吴郡仍是雄藩大郡,此郡"神祠之载祀典者十数"。范成大:《吴郡志》卷
　一二《祠庙》"至德庙"条,第 165 页。
② 许筹:《晋东莱太守刘将军庙记》,《全唐文》卷七九〇,第 3711 页。
③ 裴处权《祷河侯庙记》提到:"吾且祈且报,庶终侯功。……今日拜侯赐,未若记侯之感
　通。"可见水灾祈祭有验,必回以报祭之礼。见《全唐文》卷七五七,第 3527 页。有关中
　国传统社会中"报"的思想研究,参见杨联陞《报——中国社会关系的一个基础》,段昌
　国等译:《中国思想与制度论集》,第 349—372 页。
④ 史籍所见,修庙经费大约需"钱十万",韩愈曾以私钱十万修缮黄陵庙。韩愈:《韩昌黎
　全集》卷二三《祭湘君夫人文》,第 320 页。由于缺乏唐代单一州、县收支概况,很难具体
　衡量钱十万对地方政府的负担。不过,这项支出对县级政府的财政负担甚大,常常需
　要上级的州(府)出资支应。李方郁便记载,河南尹下令县府修建中岳庙,并以府方支出
　库钱十万助修。李方郁:《修中岳庙记》,《八琼室金石志补正》卷七六,国家图书馆善本
　金石组编:《历代石刻史料汇编》"隋唐五代部"二编,第一册,第 574 页。
⑤ 张磻:《新移丽阳庙记》,《全唐文》卷七三二,第 3391 页。为了方便动员,官府会选择在
　农暇之余兴事。高郢:《姜嫄公刘庙记》,《金石萃编》卷一〇三,第 724 页。另外,韦瓘
　亦记载,观察使孟氏"尝以马君忠亮之绩,神气未灭,寿宫不严,何以昭德,十年十一月
　乃崇大栋梁"。见《全唐文》卷六九五,第 3206 页。有时也有例外的情况,韦昌谋《灵应
　庙记》记载,建庙时间是在六至十月。韦瓘:《修汉太守马君庙记》,《全唐文》卷八一九,
　第 3874 页。

时数月,动员的规模不小,因此,理论上地方官府不可能随意修建祀典以外的其他祠庙。在地方官府财力有限的情况下,官府既有义务修建祀典神祠,其性质自然不同于纯粹的民间祠祀。祀典神祇既享有官府负责祭祀与修葺的特殊待遇,官吏要将特定的神祇纳入祀典,往往是在神祇屡屡救旱有功之后。① 因此,任一神祇欲纳入地方祀典并非易事。中晚唐城隍信仰扩及天下的过程中,城隍神既带有浓厚的官方色彩,且成为各地官府主要的祭祀对象。这种现象反映出城隍已被纳入各地祀典,并非纯粹的民间信仰。

在前文的讨论里,笔者试图说明城隍信仰扩及天下时,同时被纳入各地祀典,成为官府各种祭祀的主要对象,而且神格也出现专业化和官僚化的特征。如果上述这些信仰发展趋向的讨论可以成立的话,也许我们可以进一步指出,城隍信仰扩张的动力主要来自各地地方官(府)。面对城隍信仰日益普遍化的现象,士人群体也改变态度,不再质疑城池守护神不见于礼经的立祀原则,反而开始肯定其功冠群神的地位。文宗开成年间,吕述于睦州刺史任内所作《移城隍庙记》,便以为城隍神合于礼之八蜡祭中"坊与水庸事也",试图寻求祭祀的经典理据,并说城隍"积厚成阴,环兹郡国。论功校重,冠彼神祇",②直接肯定城隍神佑护睦州之功,居于最重要的地位。

五、冥界地方官的神祇形象的来源

学者早已指出,唐代城隍神是冥界地方官,和俗世的官员是表里对等的关系,但是如何看待此一神格出现的历史意义? 这涉及两个层面的问题:一、唐人如何认知官神之间的关系;二、城隍的神格和其他神祇有何

① 这方面,晚唐宋诚《苍山庙记》记载沂州苍山立庙的过程,便是颇具代表性的个案,苍山原本不在当地的祀典之内,乔姓刺史刺守之初,便特别青睐此山。后来当地发生旱灾,在祷祝诸神无效的情况下,因术士卜卦才转而向苍山祈祷。稍后,此山成为当地官府水旱祈祭的重要对象,在屡屡应验之余,乔姓刺史才决定建庙酬神,将祂纳入地方祀典,享受春秋二祀。《唐文拾遗》卷三〇,第4811页。

② 吕述:《移城隍庙记》,《全唐文拾遗》卷二九,第4804页。

异同。对此,以下将稍加考论。

唐代地方官建祠祭祀的活动,其功利性相当明显。为了百姓祈年之需要,地方官大体皆肯定建祠的作用,认为此举符合圣人"神道设教"的训诲,①因此,在地方官府实际的祭祀活动里,事神本身不是自足的目的,而只有第二序意义。② 除了少数人在议论祭祀活动的时候,强调应该抱持"致敬"而非祈福的态度,③在地方官施政的场合,"为政先于农祀"的想法更常见。④ 有的官吏即使在水旱祷文里,表达祭祀不可求利的想法,仍然肯定祀神为人的目的与为民祈福的行为。⑤

唐代真正抱持无神论的人很少,而且在地方官府实际的祈祭活动中,主要是以官、神的沟通为核心。以往讨论官吏祈祭的实践活动主要侧重于功利性的视角,很少讨论仪式中以官、神的沟通为中心所体现的文化内涵。承此,笔者将进一步指出,唐代官吏实践官府的祠祀传统时,祈祭思维也开始出现新的变化。在地方官的祝文里,长吏对水旱的发生,常常表达出"官有罪"与"神有责"的观念,这类祝文充分体现官神共治、荣辱与共的思维。

源于儒家天人相应思想的影响,唐代仍有不少地方官将境内发生的水旱灾归因于自己施政不佳。他们在心态上常常是以"戴罪之身"参与祈祭活动,并在祝文中表露自罪自责的心声。⑥ 因此,有些官员

---

① 孙处元:《重修顺佑王庙碑》,《全唐文》卷二六六,第1208页。另见董侹《荆南节度使江尹裴公重修玉泉关庙记》,《全唐文》卷六八四,第3143页。

② 关于这一点,白居易提到,先王"因事神而设教,因崇祀以利人;俾乎人竭其诚,物尽其美,美致于鬼,则利归于人焉。……虽曰事鬼神,其实厚生业也"。顾学颉校点:《白居易集》卷六五《议祭祀》,第1365—1366页。

③ 李磎:《敬鬼神议》,《全唐文》卷八○三,第3788页。

④ 赵晋用:《赛雨纪石文》,《全唐文》卷三六四,第1657页。

⑤ 《祭洪州城隍(祈晴)文》,熊飞校注:《张九龄集校注》卷一七,北京:中华书局,2008年,第937页。

⑥ 这方面,韩愈两篇祈祭的文字颇具代表性:"维年月日,袁州刺史韩愈谨告于城隍神之灵:'刺史无治行,无以媚于神祇,天降之罚,以久不雨,苗且尽死。刺史虽得罪,百姓何辜? 宜降疾咎于某躬身,无令鳏寡蒙兹滥罚。谨告。'"(《韩昌黎全集》卷二三《祭城隍文》,第318页)又见于《祭仰山神祈雨文》一文:"维年月日,袁州刺史韩愈,谨以少牢之奠,祭于仰山之神曰:'……若守土有罪,宜被疾殃于其身,百姓可哀,宜蒙恩闵,以时赐雨。'"(《韩昌黎全集》卷二三,第318页)

在祷祝文中还会特别向神陈告任内各项政绩，以示自己理政无失，神祇降灾无理。[1] 一旦祷祝灵验，祈雨有成，官员便会表示神祇已开释自己的罪过。[2] 这种观念影响颇巨，即便柳宗元在《天说》里畅言天无赏善罚恶之能，在柳州刺史任内所作的《雷塘祷雨文》中，他仍然向神表达"莅政方初，庶无淫枉，廉洁自持，忠信是仗，苟有获戾，神其可罔"的心声。[3] 但在实际面临旱灾时，他也未能切断施政与灾异之间的联系。

另一方面，唐代长吏祈祭的祝文，也出现新的思维变化，他们开始要求神祇负起水旱失调的职能。在和神交通的仪式中，官员不仅代表一境官民求神赐福，也在祷祝文字中，直陈风雨不时是"神之羞"、是神祇失职的表现，进而要求神祇善尽职责，因而显得与求神赐福的目的格格不入。这些被要求尽责的神祇，多为地方山川之神，反映在时人的认知里，山川之神更具有掌理一境风雨的职责。[4]

唐代只有少数人议论整体祭祀活动的时候，主张"祭祀不祈"的论调。[5] 在地方实际的祈祭活动中，除了常见的邀福于神的观念，在官吏的祝文里，"人神互利"的想法也很常见，例如独孤及《祭吴塘神祈雨文》说："神非人罔以荐馨香，人非神罔以降福祥。"[6] 此时"人神互利"的想法常被多赋予另一层意义：人神互动各有相应之责。如张延嗣《齐王重修敬亭昭威侯庙记》一文提到：

> 夫神之依人，而聪明正直；人之奉神，必专诚精恳。故立庙貌乎

---

[1]　杜牧自陈上任后悉除黄州旧政的弊病云："古先圣哲，一皆称天，举动行止，如天在旁。以为天道，仁即福之，恶即杀之，孤穷即怜之，无过即遂之。今旱已久，恐无秋成。谨具刺史之所为，下人之将绝，再告于神，神其如何？"《樊川文集》卷一四《祭城隍神祈雨第二文》，第 202—203 页。

[2]　《韩昌黎全集》卷二三《又祭仰山神文》，第 318 页。

[3]　《柳河东集》卷四一《雷塘祷雨文》，第 437 页。

[4]　独孤及：《毗陵集》，《四部丛刊》初编卷一九《祭吴塘神文》，第一一二册，第 5 页。

[5]　沈颜：《祭祀不祈说》，《全唐文》卷八六八，第 4080 页。

[6]　独孤及：《祭吴塘神文》，《毗陵集》卷一九，第 5 页；赵居贞：《新修春申君庙记》，《全唐文》卷二九六，第 1345—1346 页。

以备致敬,设祭祀乎以祈福应,享致敬而主福应者,其惟昭威侯欤?①

　　此处谈人与神的互动,必须负起各自应有的责任,不只是人要勤恳奉祀神祇,神祇受祭后也有责任降福。这种想法在唐五代时期日益普遍,亦见于笔记小说的记载。《稽神录》记载某神之语:"凡人之祀我,皆从我求福。我有力不能致者,或非其人不当受福者,我皆不敢享之。"②生动地描述出神祇飨祀与赐福的对应关系,显然唐代人神互利的思维里,不只是一种互惠原则,而且具有职分的观念。③

　　有些官员甚至威吓神祇,如果不降雨纾解旱灾,便焚祠以应。④ 这些撤祀、毁祠的言论,不是要报复神祇,而是基于神祇"受职祀典"的想法。神祇一旦接受地方官府的飨祀后,必须要负相应的责任,撤祀固然是将神祇撤出地方祀典之外,毁祠也不是要消灭神祇,而是认为神祇已经没有资格享受血食,所以要拆毁飨祀之所。⑤ 这些祝文说明为数不少的官吏主张,酬神的报祭活动是以神是否尽职而展开。

　　学者早已指出中国人面对神祇秉持着功利观,⑥"功利观"可以解释地方官府以灵验为期,祷祝于祀典内各种神祇的行为模式,⑦但是,上述对祝文的分析,显非功利观的祷祝行为模式所能涵括。长吏实际上不只是向神邀福而已,而且意在表明神祇受职于地方祀典,必须主福应,否则将撤

---

① 张延嗣:《齐王重修敬亭昭威侯庙记》,《全唐文》卷八七一,第4091页。
② 《太平广记》卷三一四《袁州父老》引《稽神录》条,第2483页。
③ 对于儒家祭祀体系和常民信仰的关系,学者看法略有不同。甘怀真认为,西汉郊祀礼成立之后,至唐中期《大唐开元礼》的刊行,这套以郊祀和天子宗庙为代表的祭祀体系与人民没有关系,参见甘怀真《中国古代的罪的观念》,收入氏著《皇权、礼仪与经典诠释:中国古代政治史研究》,台北:喜马拉雅基金会,2003年,第364—368页。雷闻则强调隋唐国家祭祀的神祠色彩,和人民的信仰息息相关,参见氏著《郊庙之外》,第50页。此处的讨论着重于官吏实践地方官府的祠祀传统,在思维上出现的新变化。
④ 李阳冰:《唐缙云县城隍庙记》,《金石萃编》卷九一,第545页;瞿蜕园等校注:《李白集校注》卷二九《天长节使鄂州刺史韦公德政碑并序》,第1658页。
⑤ 狄仁杰:《檄告西楚霸王文》,《全唐文》卷一六九,第771页。
⑥ 韩森很早就指出,中国民间信仰的特点是以灵验为期。参见 Valerie Hansen, *Changing Gods in Medieval China*, 1127-1276, p.ix。
⑦ 如白居易在杭州刺史任内的祈雨行为,他先后祈祷伍子胥神、城隍神与皋亭神。见顾学颉校点《白居易集》卷四〇《祈皋亭神文》,第901页。

废祭礼。事实上,这种"责神尽职"的想法不见于奉祀对象较具普遍性的佛、道二教之祷祝活动,①反映出祠祀信仰的重要特色。

　　进而言之,唐人要求神祇尽职,更体现对各地神祇扮演的角色出现新的思维,他们开始认为境内的神祇和地方官共同负有守职斯土的职责。白居易在《祭浙江文》中说自己"祇奉玺书,兴利除害,守土守水,职与(浙江)神同",清楚地表达了此一观点。②

　　值得注意的是,神祇和地方官虽同负守职斯土之责,却"各司其职"。一主风雨,一主治民,彼此职责有别,相辅相成。羊士谔在《南镇永兴公祠堂碑》一文里说道:"我(案:官员自称)修德刑,以牧黔首,神作雷雨,用登有年,明训式敷,幽赞神效。"③便是官神共理一境却各司其职的最好写照。

　　在唐人的认知里,这个世界分为阴(幽)、阳(显)两部分,各由神与人掌理,所谓"阳之理化任乎人,阴之宰司在乎神",④由于幽、显二界殊途,在超自然世界里必须"假神祇共理"。⑤ 然而,官神共理一境的新观念,反映出在唐人的认知里,对原本比较松散的祠祀信仰开始有一种统整的思维,认为这些神祇受职于天,受职于人格化的上帝,扮演守职斯土的角色。《太平广记》有一则故事便反映,神祇受职上帝、掌理一方的思维。故事记载李甲入神祠避雨,听见大明山神、黄泽之神与漳河之伯等十余神之间的对话:

　　　　其一曰:"禀命玉皇,受符金阙。太行之面,清漳之湄,数百里间,幸为人主,不敢逸豫怠惰也,不敢曲法而狥私也,不敢恃尊而害下也。

---

①　即使到了宋代,寺观成为地方官府水旱祷祝的对象,官吏仍未要求寺观神祇尽责。曾巩的水旱祈祭文颇具代表性,如《太平州祈晴文》对一般神祠的祷祝文言道:"惟神旧依吾民,而食于此土,扞患除灾,固神之职,敢不以告。"(《全宋文》卷一二七一,第 309 页)其《又大悲祈雨文》与《大悲祈雨文》二文,祈雨于寺院,却无神祇尽责之语。(第 320—321 页)

②　顾学颉校点:《白居易集》卷四〇《祭浙江文》,第 902 页。这种观念很普遍,又见熊飞校注《张九龄集校注》卷一七《祭洪州城隍(祈晴)文》,第 937 页。

③　羊士谔:《南镇永兴公祠堂碑》,《全唐文》卷六一三,第 2779 页。

④　段全纬:《城隍庙记》,《全唐文》卷七二一,第 3332 页。

⑤　顾云:《武烈公庙碑记》,《全唐文》卷八一五,第 3854 页。另外,卢肇也提到"圣人理乎阳,神物理乎阴"的观念。卢肇:《阆城君庙记》,《全唐文》卷七六八,第 3590 页。

兢兢惕惕,以承上帝,用治一方,故岁有丰登之报,民无扎瘥之疾。我之所治也,今兹若是。"其一曰:"清冷之域,……余命帝符,宅兹民庶,虽雷电之作由己也,风波之起由己也。鼓怒驰骤,人罔能制予,予亦非其诏命,不敢有为也,非其时会,不敢沿洄也。正而御之,静而守之,遂致草木茂焉……"又一曰:"岑崟之地,岸崿之都,分块圠之一隅,总飞驰之众类,熊罴虎豹,乌鹊雕鹗,动止咸若,罔敢害民,此故予之所职耳。"大明之神……谓众宾曰:"诸公镇抚方隅,公理疆野,或水或陆,各有所长。然而天地运行之数,生灵厄会之期,巨盗将兴,大难方作,虽群公之善理,其奈之何。"①

长期以来,散处各地的祠庙所奉祀的神祇尽管各主一方,人们对此始终缺乏统整化的思维。到了唐代,这些神祇不管是受命于上帝或上天,都开始被赋予遵奉上天之命"守职斯土"的角色与职能。② 而且,笔记小说里神祇接奉人格化的天(玉皇、上帝)之命,各职一方的形象,也越来越清楚了。③ 受此影响,人物神本是以人物精气未灭的自身因素,作为成神的依据,此时也开始出现人物神受命于上帝的记载。④

然而,对神祇世界的想象,各地神祇仍未呈现出很有系统的位阶与体系,只是依赖上帝(上天)作为最高的统整概念。这与道教试图建构有体系的神祇谱系并不相同。各地祠庙所奉依然是具体的神祇,而非纯然是官僚体系的位阶,而且,鬼神世界保有明显的地域性格,即所谓"鬼神不越疆"。⑤

这种思维上的转变,显然不是有系统地建构神祇谱系所造成的结果,它更多的是一种认知心理上的变化。魏晋南北朝佛、道教兴起后,开始丰

---

① 《太平广记》卷一五八《李甲》引《刘氏耳目记》条,第1135—1136页。

② 《为安平公兖州祭城隍神文》,刘学锴、余恕诚:《李商隐文编年校注》第一册,第72页;《赛越王神文》,见前引书第四册,第1503页。

③ 另一故事也表达神祇承天而镇的想法。牛僧孺:《玄怪录》卷一《郭代公》,丁如明等校点:《唐五代笔记小说大观》下册,第356页。

④ 皇甫枚:《三水小牍》卷下《黑水将军灵异》,丁如明等校点:《唐五代笔记小说大观》下册,第1191页。

⑤ 《太平广记》卷三三八《卢仲海》引《通幽录》条,第2681页。

富天界与死后世界的想象，甚至形成井然有序、位阶比较分明的鬼神世界。[1] 在释、道二教信仰扩张之后，人们也逐渐从比较体系化的眼光，理解各地的祠祀信仰。但整体而言，此时的地祇信仰世界是比较松散的。

唐代各地神祇开始被赋予神明官僚体系一员的角色，这不是有心编整神谱纳入各地神祇所致，而是唐人的认知世界受到组织性宗教无形影响的结果。反映在官吏祈祭的思维里，他们也抱持神祇是彼之共治伙伴的观念，如此才能理解祝文为何屡屡出现"勿作神羞"的字眼。官吏参与地方官府水旱祈祭的活动，不只是祈求神祇赐福降恩的仪式，同时也是阳、阴二界共治者沟通的场合，所以长吏时常站在对等的立场，要求神祇尽责。祈祭的文献显示，阴阳二界的伙伴对于水旱灾的发生，是要共同承担责任，神与官是两面一体、荣辱与共的治政伙伴。[2]

通过分析唐代礼神仪式的文化内涵，我们得到一个初步的结论：官吏实践祈祭仪式时，开始出现新的思维变化，他们不再只是向神祇邀福，同时也抱持官神共理一境的思维。受到组织性宗教无形的影响，此时人们开始将各地神祇视为神明官僚体系的一员。尽管欠缺有体系的神谱加以统整，但是神祇作为地方官共治者的角色日益明显，也被要求负起职司一方风雨的责任。

---

[1]　两汉时期对幽冥世界的观念零碎纷杂而欠缺系统，参见龚韵蘅《两汉灵冥世界观》，台北：文津出版社，2006 年，第 51—53 页。龚韵蘅也指出，汉末道教经典《太平经》，开始将冥界冠上俗世行政机构的名称（第 53 页）。魏晋南北朝以后，这种情况出现变化，佛、道二教开始建构丰富而有系统的天堂与地狱图景，参见萧登福《汉魏六朝佛道二教之天堂地狱说》，台北：学生书局，1989 年。有关中国中古时期佛教传入后，影响一般人的死后世界观，以及地下世界官僚化的现象，参见庄明兴《中国中古的地藏信仰》，台北："国立"台湾大学出版委员会，1999 年，第 108—113 页。

[2]　董侹记载地方官祷祝于修阳山庙时说："今雕丧殆尽，而神不恤，使清凌全州，鞠为茂草，岂独余之辜，抑神之耻。"董侹：《修阳山庙碑》，《全唐文》卷六八四，第 3143 页。石本道明最早指出，宋代的祝文出现神明官僚化的现象。他把这个现象放在唐宋贵族制崩坏，士大夫官僚社会出现的历史变革加以解释，参见氏著《神々の官僚化——宋代祝文にみえる文学発想について》，《国学院杂志》100 卷 11 号，第 34—68 页。另外，林煌达亦指出，宋代祝文也有将地方发生自然灾害，归诸官吏为政不德，神祇失职的现象，参见氏著《从宋人文集之"祝文"看士大夫的神人观》，《中正历史学刊》2000 年第 3 期，第 15—16 页。研究唐代祠祀的学者，也注意到城隍神有如地方官同僚的现象。参见许凯祥《唐代水旱灾的祈祭——以政治为中心》，东海大学历史研究所硕士学位论文，2005 年，第 220 页；赖亮郡：《唐五代的城隍信仰》，第 342 页。

六、节制山川、对等而治的神祇形象

上述官神共治、各司其职的新思维,可谓是孕育唐代城隍信仰官僚化神格的思维基础。官吏参与各种祠祀活动,与个别神祇建立一对多的横向联系,他们也开始将境内的神祇,视为冥界的共治者,就此而言,城隍作为在幽冥世界共治者的神祇形象并无特殊之处。事实上,祂的官僚化神格的特色不在"有",而在于鲜明,在于节制境内诸神的地位。当城隍神成为地方官府主要的祭祀对象,地方官日益肯定祂的地位,甚至认为祂功冠群神时,祂也开始和俗官对等而治,并逐渐确立其节制境内山川的神祇形象。文末将略加申论,在地方官府促成信仰大幅扩张的过程中,同时也成就城隍与官吏对等而治的神格。

唐代祝文与庙记显示,地方祀典内不同的神祇,在人们心目中的地位高低有别(城隍神的地位也不一定是最高的),但是这些神祇并不像世俗的官僚机构,彼此有着很明确的层级与隶属关系。到了城隍信仰大幅扩张后,这种情形出现了微妙的变化,开始出现具有节制一境冥界地方官形象的神祇。寓目所及,只有城隍神才具有这种地位和形象。以下两篇祷祝城隍神的文字,可以说明这种现象。先是盛唐时张九龄的《祭洪州城隍神文》提到:

> 维开元十五年(727),岁次丁卯,六月壬寅朔,十日辛亥,中散大夫、使持节都督洪州诸军事、洪州刺史、上柱国、曲江县开国男张某,谨以清酌脯醢之奠,敬祭于城隍神之灵,……道虽隔于幽明,事或同于表里。……人者,神之所以为祀,祀不可以为利,义不可不福。阖境山川,能致云雨,岂无节制?愿达精诚,以时弭灾,无或失稔。则理人有助,是所望于神明。尚飨![1]

---

[1]　熊飞校注:《张九龄集校注》卷一七《祭洪州城隍(祈晴)文》,第 937 页。

五代十国时期,吴越钱镠《请都城隍驱蝗疏》一文更明白指陈,城隍神奉上帝敕旨"掌管吴越十三州风雨晦明":

> 神奉上帝敕旨掌管吴越十三州风雨晦明,镠奉天子恩诏,纠察吴越十三州庶民疾苦。伤禾矛贼,神能王之,僭号乱民,镠能除之。……伏乞神祇速驱蝗蝻,使其永堕钱江。①

如果张九龄的祭文,对城隍神是一境冥界主的语意未详(仅言城隍神应该节制该管之"能致云雨"的阖境山川),五代的钱镠则清楚指出,城隍神是奉上帝敕旨与他共治一境。这两篇盛唐与五代的文字似乎说明,随着中晚唐时期城隍神信仰依行政都邑扩张,祂作为一境冥界主的角色日趋明显,甚至取得与地方官对等而治的节制地位。两篇祭文或可为后世城隍神之冥界地方官的鲜明形象找到唐五代时期的渊源。

最后,笔者想补充说明一点:唐代城隍神开始与地方官对等而治,并出现节制境内山川的形象,其所以能膺此殊荣,则与祂是行政"都邑"的守护神有关。前文已指出,唐人认为城隍是都邑之主,此时商业市镇尚未出现,因此,城隍信仰遍天下的过程,主要是以行政都邑守护神的面貌出现的。城隍神紧密结合行政都邑的特点,使祂占据有利位置,具备了和俗官对等而治的神格。

结　　论

在传统中国社会,城隍信仰无疑是最重要的信仰之一。此一信仰的发展和流变,始终是学者关注的焦点之一,引起众多的研究和讨论。然而,在众多信仰中,城隍官僚化的神格最鲜明,其冥界地方官的神祇形象,素为治史者所熟悉。但是此一神格特征是如何以及何以出现,却始终是

---

① 钱镠:《请都城隍驱蝗疏》,《全唐文补编》卷一一三,第1415页;中村哲夫:《城隍神信仰からみた舊中国の国家と社会》,第49页。此处讨论角度稍有不同,主要是从城隍信仰发展的历史脉络讨论其神格的出现。

一悬而未决的历史问题。

对此,本文重新梳理宋世以前城隍信仰的发展史,获得初步的结论:此一神格特征是在城隍信仰扩及天下的过程中发展出来的。根据上文的讨论,此一信仰的发展可分为两个阶段。祂首先普及于吴越,由于盛唐以前城隍信仰在吴越等地已经勃兴,若干官吏因参与地方官府祭祀活动,质疑祭祀城池守护神于礼无据,反映信仰已在局部地区普遍化的历史现象。

其次,从中唐至唐末,是城隍信仰进一步扩及天下的重要时期。在这个过程中,城隍信仰的神格专业化和官僚化的特征日益明显。本文利用赵与时《宾退录》考索各地城隍神名氏的事例,试图阐述在信仰扩张过程中,人们对城隍立祀的认知也出现变化:从最初欲寻求可以守护城池的英雄人物神,转为奉祀某种具有守护城池职能的神祇,某些地区(如湖南)的城隍信仰竟成为神明官僚体系的职位。这种对城隍建祀的认知变化,可以解释城隍信仰史上一个有趣的现象:为何某些地区的城隍神面目清楚,能说出其具体姓名,且历久不变,某些地区则否。在城隍信仰新一波扩及天下的过程中,其日益专业化、官僚化的神格特征,淡化了这些地区城隍信仰的地方色彩,现存唐代城隍祠记和相关祭文,很少具体指出神祇的姓名即是例证。此一发展可以解释何以在各地城隍普遍奉祀人物神的情况下,某些地区的城隍神面目,却有趋于模糊化的现象。

既然城隍神官僚化的神格特征,是随着信仰扩及天下出现的,本文还进一步考虑了此一神格的出现,和信仰扩张的动力可能的关系。具体而言,本文认为城隍信仰展现出日趋专业化、官僚化的神格特征,可能源于信仰推动者是地方官府组织。以往对唐宋时期城隍信仰的发展,较少考虑城隍信仰扩及天下和地方官府立祀的关系,本文则试图拈出地方官府可能是城隍信仰扩及天下的重要动力。此时城隍信仰的发展,出现若干新趋向,如行政都邑守护神的形象、神格官僚化特征,以及和地方官对等而治、节制境内山川的神格等。这些新变化皆指向和官府组织有关,而城隍信仰扩张的同时,也被纳入地方官府祀典,亦佐证了各地地方官府组织可能是城隍普遍建祀的关键力量。

对城隍信仰如何扩张,本文无意进行全面的讨论,但是笔者认为,适度考虑城隍信仰扩张和官府立祀的关系,将有助于认识城隍信仰为何发展出若干重要的特征,诸如城隍官方色彩浓厚、官僚化神格,以及和地方官对等而治的神祇形象等。本文从这个角度出发,重新梳理唐世及唐以前城隍信仰的历史,也探讨了这些信仰特征何以出现的历史脉络。事实上,宋人早已注意到唐宋郡县官府祭祀城隍的现象由来已久,陆游《宁德县重修城隍庙记》言道:

> 城者,……其有功于人最大,……故自唐以来,郡县皆祭城隍,至今世尤谨,守令谒见,其仪在他神祠上。社稷虽尊,特以令式从事。①

陆游明白指出"自唐以来,郡县皆祭城隍"的现象,印证了本文所论城隍神为地方官府主要祭祀对象的观点。唐宋时期,中央朝廷尚未介入城隍祭祀活动,郡县祭祀城隍本是一种官府祠祀惯习的表现,并非朝廷下诏通祀的结果。而且,陆游特别提到,到了宋代,在地方官府层级的祭祀中,城隍神礼谒之仪又在其他神祇之上。这一点和社稷虽尊,特以令式从事不同,仍然表现出官府祠祀惯习的特色。因此,各地城隍神不一定是当地最盛的信仰,受到朝廷封赠的名位也不一定崇高,但是仍然受到各地官府的重视。反映在宋元方志的记载,便是城隍庙位于祠庙门之首,②这是宋世地方官府进一步推崇城隍神的结果。

本文初稿曾受邀发表于政治大学历史系主办的"中原与域外:唐宋史、中西交流与域外汉学"国际学术研讨会(2011 年 5 月 27—28 日),复蒙《新史学》匿名审查人惠赐宝贵的修改建议,谨此申谢,最后刊登于《新史学》2012 年第 23 卷 2 期,第 1—41 页。

---

① 《渭南文集》,《陆放翁全集》卷一七,台北:世界书局,1962 年,第 96 页。
② 小岛毅:《城隍庙制度の确立》,《思想》792 期,第 204—205 页。

附录二

宋代的封赐与祀典

——兼论宋廷的祠祀措施①

中国历史上国家如何对待各地祠祀信仰的态度和措施,历来是学者研究的焦点,即以宋代而言,学者探讨北宋中期朝廷大量赐封各地神祇的现象,已积累不少研究成果。② 所谓赐封,系指赐予祠庙庙额,封赠庙中神祇爵位,这是宋代祠祀措施令人注目的历史变化。对于这项制度,目前学界主要的看法,认为这是宋代国家建立正祠的措施。此一观点大体上继承松本浩一先生早年提出的见解,认为封赐的祠庙是正祠,与淫祠不同,封赐和打击是宋廷统制祠庙的两面手法。③

上述观点在说明宋代官方的许多建祀活动时,仍留下一些有待讨论

① 本文的主体原是博论第五章第四节,其后进一步修改为单篇论文。初稿曾于 2012 年 7 月 7—8 日,发表于北京首都师范大学主办的"中古中国的信仰与社会"学术研讨会。会中蒙吴羽先生评议,在修订这篇文稿的过程中,受益良多,谨此申谢。后来几经修改,发表于《唐研究》。请参见杨俊峰《宋代的封赐与祀典——兼论宋廷的祠祀措施》,《唐研究》卷一八,第 75—98 页。本书出版时,虑及此文讨论宋代的国家祠祀措施,仍有可供参酌的观点,在修订时也调整了原有博论第五章的章节结构,拿掉博论五章第四节的内容,以利读者更清楚掌握本书的论点。

② 有关宋代祠祀信仰的二手研究回顾,参见皮庆生《宋代民众祠神信仰研究》,第 7—17 页。

③ 松本浩一:《宋代の賜額・賜号について——主として〈宋会要輯稿〉にみえて史料から》,野口铁郎编:《中国史における中央政治と地方社会》,1985 年度科研费报告,第 282—294 页。此一看法几乎为大多数的学者所接受,须江隆:《唐宋期における祠廟の廟額・封号の下賜について》,《中国——社会と文化》9 期,第 110—113 页;水越知:《宋代社会と祠廟信仰の展開——地域核としての祠廟の出現》,《东洋史研究》2002 年第 60 期 4 册,第 10—14 页;雷闻:《郊庙之外:隋唐国家祭祀与宗教》,第 273 页;皮庆生:《宋代民众祠神信仰研究》,第 296 页。

的问题。例如，宋代地方官府建立众多的贤人祠，[①]多未获得朝廷赐封，如果赐封是朝廷认可祠祀的手段，何以官府本身存在大量未赐封的祠庙？是否官方创建的贤人祠，合法性无虞，故无需寻求赐封的认可？但是在做此推论时，我们是否有把握地方官府能清楚了解中央认定的标准？以下两个事例，可资进一步考论。

朝廷下诏建祠时，有时亦不加以赐封，越州的唐琦祠即是一例。建炎三年（1129）金人侵犯越州，卫士唐琦骂贼至死。傅崧卿知越时，欲以建祠赐额，表彰其烈士义行。最后朝廷仅下诏于"元击贼处立祠"。[②] 如果赐封是国家对合法祠祀的认可，朝廷既已准许立庙，为何不愿应允地方之请，对唐琦祠加以赐封？

杨邦乂祠则是朝廷下诏建祀、地方事后请额获准的例子。宋高宗建炎四年（1130）朝廷先下诏立祠，绍兴元年（1131）冬，叶梦得（1077—1148）知建康时，再上奏请求朝廷赐额。最后朝廷赐予"褒忠"之庙额。[③] 杨邦乂祠既为朝廷所立，合法性自无疑虑，则叶氏何以累年之后要再寻求赐封？

上述官方建祀活动中，地方是否请求赐封，朝廷是否进行赐封，往往出现不一致的情况。不管是朝廷或地方官（府）皆熟稔封赐制度的性质与运作，然而，在这些事例中，地方请封与否，朝廷赐封与否，似未见共同以赐封来认可祠祀的做法。与此相对的是，在实际禁毁淫祠时，很少是以赐额的有无来认定祠祀的合法与否。[④] 上述这些现象是否提醒我们，对宋代封赐措施的理解，还有其他的可能性？以下笔者打算从封赐制度的确立与封赐的对象，重新检视宋代的封赐措施，同时，以此为基础，评估封赐大

---

① 关于宋代贤人祠的研究颇夥，Ellen Neskar 有开创之功，参见 Neskar, Ellen. "The Cult of Worthies: A Study of Shrines Honoring Local Confucian Worthies in the Sung Dynasty (960-1279)", PhD diss., Columbia University, 1993。另外，有关宋、明先贤祠的研究概况，参见林丽月《俎豆宫墙：乡贤祠与明清的基层社会》，黄宽重主编：《中国史新论：基层社会分册》，第 328—331 页。

② 《宋会要辑稿》礼二〇之四八，总第 774 页；沈作宾修，施宿等纂：《嘉泰会稽志》，中华书局编：《宋元方志丛刊》卷七，第七册，总第 6803 页。

③ 杨万里：《宋故赠中大夫徽猷阁待制谥忠襄杨公行状》，《杨万里笺校》卷一一八，第 8 册，第 4524 页；李心传《建炎以来系年要录》卷五一，第 893 页。

④ 例如，胡颖、胡石壁：《非敕额者并仰焚毁》，中国社科院宋辽金元史研究室点校：《明公书判清明集》卷一四，北京：中华书局，2002 年，第 541 页。

盛后对官方的祠祀措施所产生的影响。

　　具体而言,本文首先探讨宋代封赐制度确立的历史过程。宋神宗元丰六年(1083)王古建言先赐额后封爵,确立了宋代的通制。但是在此之前,朝廷已有一些赐封的措施。既有研究主要从国家对待地方祠祀的整体作为,解读王古建言的用意,较少关注这些措施本身,但是笔者认为,考论北宋前期的赐封事例,对理解王氏的建言相当重要。本文将在宋代前期封赐次序混乱不一的背景下,重新考虑王古议论的历史意义。

　　其次,将讨论封赐对象为何的问题。宋代官方对待各地祠祀信仰的措施,本是以将其纳入各地官府的祀典为主。以往讨论封赐制度时,较少注意封赐措施和既有地方祀典两者之间可能存在的关系。① 本文将围绕封赐与祀典两者的关系,讨论赐封对象与既有祀典神祇之间可能存在的对应关系,俾于评估宋代封赐大盛后,对既有官方祠祀措施可能带来的影响。

　　在上述研究的基础上,文末将进一步检视宋廷编纂有系统的祠祀文书的活动。宋廷编纂有系统的祠祀文书,列载各地祠祀信仰,但是在这些编纂活动的背后,朝廷是否有明确建立正祠,以掌控祠祀信仰的意图?于此,仍然必须回答一个问题:宋廷在什么情况下,开始想要建立这些祠祀文书?本文末尾将厘清宋廷编纂这类祠祀文书的历史脉络,这将有助于我们从整体上评估宋廷祠祀措施的历史意义。

一、再探 1083 年王古议定赐封之制

　　宋代封赐措施大抵兴于真宗、仁宗朝,至神宗朝大盛,②在此一历史背

---

① 有些学者认为宋廷改封神祇,系宋政权重新塑立新朝的祀典秩序的表现。水越知:《宋代社会と祠廟信仰の展開——として地域の祠廟》,《东洋史研究》第 60 期 4 册,第 5 页。这方面,皮庆生的观点值得重视,他指出,北宋早期的赐封对象,多为祀典内的神灵。皮庆生:《宋代民众祠神信仰研究》,第 281 页注 3。另外,关于祀典一词的讨论,参见蔡宗宪:《淫祀、淫祠与祀典——汉唐间几个祠祀概念的历史考察》,《唐研究》第十三卷,第 206—209、225—229 页;雷闻:《郊庙之外:隋唐国家祭祀与宗教》,第 250—276 页。

② 须江隆:《熙宁七年の诏——北宋神宗朝期の赐额·赐号》,第 55 页。

景下，宋神宗元丰六年，王古开始建议封赐措施实行先赐额后封爵的次序，奠定了宋廷封赐制度的基石：

> 元丰六年闰六月十七日，太常寺言："博士王古乞自今诸神祠加封，无爵号者赐庙额，已赐额者加封爵。初封侯，再封公，次封王，生有爵位者从其本。妇人之神封夫人，再封妃。其封号者初二字，再加四字。如此，则锡命驭神，恩礼有序。凡古所言皆当，欲更增神仙封号，初真人，次真君。"并从之。①

通观王古的建言，他主要考虑封赐制度运作层面的问题，建言旨在完善原有的封赐制度，确立封赐的次序，而不是建立一项新制度。这一点对认识王氏建言的用意颇为关键。以往学者看重"锡命驭神"四字，强调封赐是宋廷统制祠祀信仰的措施，而较少考虑王古何以强调封赐措施要"恩礼有序"。如果拉长时间来看，他建言的用意之一，意在解决北宋前期赐额与封爵次序混乱的现象。以下将从北宋前期封赐制度运作的实际情况，讨论此一建言出现的历史背景。

真宗、仁宗二朝的封赐活动时而先赐额，时而先封爵，其中，真宗朝还一度呈现北方赐额、南方封爵的现象。此时获得赐封的地方神祇，以南方为多，且南方初次封赠时皆为赐予神祇爵位。南方地区封神的事例，除了马援庙（新息王）、张恶子祠（英显王）、焦光祠（明应公）、显应王庙（显应王）外，汪华（灵惠公）、昭亭山神（广惠王）、仰山二神（灵济王、明显公）之外，陆弼（灵济公）与吴城山龙祠（顺济侯）等封号皆带有惠、济等字，应系祷祝灵验后地方奏封的结果。（见表1）至于北方初次获得赐封者，如镇戎军的东山寨硖山朝那湫龙祠（灵泽庙）、卫州百门庙（灵源庙）与磁州崔府君祠（崔府君庙），则系赐予祠庙庙额，与南方封赠神祇爵位的情况有别。真宗朝的封赐措施竟一度呈现南北异制的现象。

① 《续资治通鉴长编》卷三三六，元丰六年闰六月辛卯条，第8100页。另参见《宋会要辑稿》礼二〇之六—七，总第753—754页。

表1 真宗朝封赐活动简表

赐封时间	赐封对象	赐额或封号	赐封缘由	文献出处
咸平元年（998）	百门庙（卫辉府，治所在今河南省汲县）	赐额灵源庙	朝廷遣使祈雨有应	《宋会要辑稿》礼二一之五一
咸平二年（999）	马援庙（辰州，治所在今湖南省沅陵县）	新息王	辰州上言水旱祈祷有应	《宋会要辑稿》礼二〇之二六
咸平四年（1001）	张恶子祠（剑州梓潼县，治所在今四川梓橦县）	英显王	戍卒作乱，事后追封	《宋会要辑稿》礼二〇之五五—五六
咸平五年（1002）	磁州（治所在今河北省磁县）之崔府君祠	赐额崔府君庙		《宋会要辑稿》礼二一之二五
景德元年（1004）	宣州（治所在今安徽宣城）昭亭山神	广惠王	只言知州裴庄上请朝命	《宋会要辑稿》礼二〇之五八、八八
景德三年（1006）	邠州（治所在今陕西省彬县）灵应公庙	旧为保顺公，改封灵应公。	水旱祈祭灵验，守臣上言修庙	杨亿：《邠州灵应公庙记》，《全宋文》卷二九七，第1—2页
大中祥符元年（1008） 大中祥符四年五月（1011） 大中祥符四年五月（1011）	泰山、河渎	泰山封天齐王，加号仁圣，进封河渎为显圣灵源公。 加号东岳天齐仁圣帝，南岳司天昭圣帝，西岳金天顺圣帝，北岳安天元圣帝，中岳中天崇圣帝。 又加号东岳淑明后，西岳肃明后，南岳景明后，北岳靖明后，中岳正明后。		《宋会要辑稿》礼二一之三

赐封时间	赐封对象	赐额或封号	赐封缘由	文献出处
大中祥符初年（1008） 大中祥符三年（1010）六月	睦州（治所在今浙江省建德市）宁顺庙	显应正节圣妃 加封显应正节圣惠妃，子加封崇福承烈广利王，化氏加封保宁协顺夫人。	景德四年（1007）守令祈雨保奏，来年赐封 此处提到杭越二州到庙祷雨有感（应该是地方奏封）	《淳熙严州图经》卷二，总第4327页
大中祥符二年（1009）四月	袁州（治所在今江西宜春市）仰山二神萧氏祠	正殿封灵济王，夫人李氏封齐国夫人；西殿封明显公，夫人潘氏封楚国夫人。	袁州乞封	《宋会要辑稿》礼二〇之八四
大中祥符二年（1009）八月	三水府神	改封马当山上水府为福善安江王，采石中水府为顺圣平江王，金山下水府为昭信泰江王。		《宋会要辑稿》礼二一之三
大中祥符三年（1010）	歙州（治所今安徽省歙县）汪华庙	灵惠公	水旱祈祭灵验而请封（从灵惠公判断）	《宋会要辑稿》礼二〇之页三四—三五
大中祥符五年（1012）五月	杭州（治所今浙江省杭州市）伍子胥庙	英烈王	主洪涛，致祷有应；五月下诏提及祈祷有应，六月才封王，似乎是事后加封，但不知地方是否有请封？	《宋会要辑稿》礼二〇之二八
大中祥符六年（1013）九月	潼川府射洪县（今四川射洪县）陆弼祠（即白崖山神）	灵济公（从伪蜀所封洪济王降封）		《宋会要辑稿》礼二〇之三八

续　表

赐封时间	赐封对象	赐额或封号	赐封缘由	文献出处
大中祥符六年（1013）	隆兴府新建县（今江西省南昌市），吴城山龙祠	顺济侯		《宋会要辑稿》礼二〇之六五
大中祥符七年（1014）四月	润州（治所在今江苏省镇江市）焦岫明祠（焦光祠）	明应公	因京江多覆溺，祈祭有应；又据《嘉定镇江志》卷七"祠庙门"，系真宗因感梦而赐封。	《宋会要辑稿》礼二〇之五〇
天禧二年（1018）四月	镇戎军（治所在今甘肃省镇原县）东山寨硖山朝那湫龙祠	赐庙额"灵泽"	旱灾祈祭有应	《宋会要辑稿》礼二〇之六五
天禧二年（1018）	泉州（治所在今福建省泉州市）显应王庙	显应王	地方以前代已有封王之基础请封	《宋会要辑稿》礼二一之三

仁宗朝，封赐措施的运作仍然混乱，有先封神者，如南唐屡受封赠的广德张王信仰，宋仁宗则于康定元年（1040）三月下诏赐封："广德军祠山广德王庙祈求有应，未被真封，宜封灵济王。"系在前代封王的传统上重新受封为灵济王。至徽宗崇宁三年，始赐予庙额"广惠"。① 有些则先获赐庙额，例如府谷县百胜寨师子神祠，仁宗景祐三年，因祈雨灵应，诏赐庙额"灵感"，至徽宗政和三年，始封昭祐侯。② 亦有同时获得赐额与封号者，如嘉祐四年四月，"诏赐澶州龙女三夫人冠帔，仍赐庙额、封号"。③ 此后，朝廷赐封的次序仍然混乱，时而先封神，如灵石县的介子推祠，神宗元丰元

---

① 《宋会要辑稿》礼二〇之八六—八七，总第 793—794 页。有关张王信仰的个案分析，参见皮庆生《宋代民众祠神信仰研究》，第 34—96 页。
② 《宋会要辑稿》礼二〇之一四一，总第 821 页。
③ 《宋会要辑稿》礼二一之五二，总第 862 页。

年先封洁惠侯,至徽宗崇宁三年二月赐庙额"昭德";①时而先赐额,如张义保的木硖山湫神祠,神宗元丰三年十月先赐庙额"灵泽",至哲宗绍圣四年十月才封灵济侯。②

上述北宋前期封赐措施运作混乱的现象,有助于我们重新考虑王古建言的用意。王古身为太常博士,是否有意藉由封赐措施落实"驭神"之理念,不易论断,但是可以确定的是,太常博士负掌理封赐之责,他的建言主要是想要解决北宋前期赐封次序纷乱的现象,他想要确立一套比较完善的制度,俾于进行赐封神祇的活动。

王古确立先赐额后封神的次序,体现了唐宋之间,封神的措施由单纯赐赠官爵至赐额封爵的变化。宋世以前,朝廷只对庙中的神祇赐封爵号,未对祠庙赐额,此后宋廷封赐的措施,大体转为先赐庙额,次及封神,褒崇神祇反而转居其次。倪登《汾州西河县永泽庙记》言:

> 虽然,旌封之典著在甲令,日常太常礼官谓宜先锡庙额,固自有次第也。惟徽名之建,实自公始。③

在宋人的认知里,封爵和赐额的性质不同,只有封爵才是旌封庙中神祇之仪典,而庙额的"徽名"则专重祠庙。因此,已经获得赐额的祠庙在时人眼中,仍因"爵号未崇,无以昭神贶",而欲进一步为庙中神祇奏请封爵。④

宋代的神祇获赐爵位之后,地位也跟着提高,获封爵位后的荣宠具体表现在服仪、祀号与祭典上。当时赐封神祇尊崇的地位,主要是以服仪呈现,地方必须依"太常礼院之式",自行准备和爵位相称的法服。⑤ 而且,在举行祭祀活动时,祀号和祭典也会依次提升。封赐的敕文明载,一旦神祇

---

① 《宋会要辑稿》礼二〇之二三,总第762页。
② 《宋会要辑稿》礼二〇之一一六,总第808页。
③ 《全宋文》卷二九八八,第320页。
④ 鲁詹:《焕灵宣惠侯庙记》,《全宋文》卷三六三五,第73页。
⑤ 上官彝:《渊德侯庙记》,《全宋文》卷二五九一,第220页。皮庆生讨论宋代祠赛社会中仪仗中的舆服之禁,已指出神祇受封后仪像会随之发生变化。皮庆生:《宋代民众祠神信仰研究》,第132—133页。

获封的爵位晋升,则"祀号、祭典与次俱升"。① 御赐的爵号显然不只是虚
名而已,它伴随着祭礼规格的提升。

甚者,若干地区受封的祠庙布局依着爵位一起调整。例如,北宋早
期,在南唐旧境中的许逊庙和仰山神庙受封王爵之后,祠庙皆改为"抗仪
王者"的布置。大中祥符年间,许逊庙观进为宫,而爵号亦由公进为王,
"于是州吏峻其严祀之宫室与王者等"。② 另外,张耒《灵济王求雨文》亦提
到,受封为灵济王的仰山神,"受国爵命,衮服南面,抗仪王者"。③ 由于宋
代并未规定神祇受封爵号之后,祠庙的布局必须跟着调整,两座南唐旧境
内祠庙的例子应系南唐遗风之绪,④是本地传统的展现,而不是宋朝一代
的通制。

早在真宗、仁宗朝封神措施初兴时,已有士人对此感到不解,认为那
些偏僻的山林之神为何能获封爵位,享受更高规格的祭礼。仁宗康定元
年(1040)十月,太常博士胡宿在议论火祀时便指出:"祥符中交修大礼,拱
揖诸神,虽偏方远国,山林之祀,不出经据,偶在祀典者,尚秩王公之爵,增
牲牢之品。"⑤胡宿曾建请仁宗下诏地方官府,将水旱祈祭灵验的神祇纳入
地方祀典,⑥也曾奏请将太湖建庙立祀,纳入常、湖、润三州的地方祀典。⑦
他本身相当关注地方祠祀的荣宠与恩礼。然而真宗朝某些缺乏经据而位

---

① 《封灵润公敕》赐封威胜军武乡县龙泉神为灵润公,敕文提到:"有功于民则祀之,国之
典也,惟威灵之所感格,惠泽之所沾被,弥著而弥广,则祀号、祭典与次俱升。"觉罗石麟
等监修,储大文等编纂:《山西通志》卷一八三,纪昀等纂:《景印文渊阁四库全书》第五
四二—五五〇册,第 74 页。此神于大观二年(1108)已封敷应侯,此时再进封灵润公,故
敕文特言祀号和祭典都要跟着提升。仁宗嘉祐二年(1057),刘辉《平水庙记》亦言及"牲
器醴币如其爵",《全宋文》卷一六六一,第 133 页。
② 王安石:《重建许旌阳祠记》,《全宋文》卷一四〇八,第 63 页。
③ 《全宋文》卷二七七一,第 166 页。
④ 杨俊峰:《五代南方王国的封神运动》,《汉学研究》28 卷第 2 期,第 352 页。
⑤ 《宋会要辑稿》礼一九之一一,总第 744 页。田锡于《题罗池庙碑阴》一文也提到:"予闻
四渎视诸侯,五岳视三公,为灵神甚贵,在祀典尤崇……安得公之生也惠惟及于一州,
公之亡也神犹介于遐陬? 唯裔夷感慕,而灵柯修洁。迓神之威有荃桡兮桂舟,馈神之
奠有椒浆兮兰羞。无金策追封之赠,无衮衣加宠之优。"《全宋文》卷九四,第 244 页。文
中田锡感叹柳氏未如岳渎有追策之封,只在偏僻之柳州做神。可见田锡实有封神之
意念。
⑥ 《宋会要辑稿》礼二〇之二,总第 751 页。
⑦ 胡宿:《论太湖登在祀典奏》,《全宋文》卷四五六,第 36—37 页。

处偏僻的山林之神，却能享有御赐的王公爵位，这一点让他印象深刻。另一个例子是刘辉，他在仁宗嘉祐二年所作的《平水庙记》说道：

> 夫山岳河海，能生货毓材，吐云吁雨以利民者，国家则策以王号，宠在祀典，岁有常飨，牲器醴币如其爵。今南方有平水者，亦庙而王之，不知是神能如山岳河海以利民耶？抑不知止如魑妖沿祸福以为灵耶？抑南方习俗喜神而尊之耶？余不暇辨其初也。①

据《赤城志》的记载，平水王庙在台州白鹤山以西，奉祀的主神是西晋周清（一说祀大禹）。俗传周清在世时往来温州、台州经商，且有周氏化龙的传说。大中祥符九年，此神因显现神迹而获封王号。② 然而，刘辉在记文中却对此神表现出不认同的态度，也质疑此神是否具有山岳河海之神般的能耐，否则何以能获得封赐。胡宿、刘辉二人对某些神祇的获封表视不认同之余，也感受到少数地处偏僻的神祇，开始以神迹获得封号的历史变化。③

宋代大量的神祇受封后，促进神祇形象的人格化和封臣化，故宋人更能够接受神祇流动与跨域的现象。曾升《利泽庙记》记载，太守立祠后，"以父老状上州，州以次闻部使者，而愿丐封号于朝矣。异时王爵出于上，灵施不独私一邑，而有以均及于四海，其自斯堂始哉"！④ 点出神祇受到皇帝赐封后，有助于其跨越地域的界限。此时大量的神祇受封，其作为皇帝

---

① 《全宋文》卷一六六一，第 133 页。
② 齐硕修、陈耆卿纂：《赤城志》卷三一，《宋元地方志丛书》第十一册，总第 7305 页。
③ 一个有意思的对比是孔门弟子和从祀的儒者，他们是少数不必依靠神迹而能获赠爵位的例外，但是，受封的爵位也不如许多地方性的神祇。这些儒者因为有功于儒学发展而获赠爵位，这些爵位和赐封神祇的爵位性质相同，皆为朝廷封赠的措施，并不因为儒者的身份而有所不同。元祐六年，潮州太守修缮韩愈祠，事毕之后，便以元丰七年，朝廷曾经下诏封韩愈为昌黎伯，故揭榜昌黎伯韩文公庙。（苏轼：《潮州韩文公庙碑》，《全宋文》卷一九九三，第 12—13 页）来年，朝廷下诏以韩愈祠为昌黎伯庙。（《续资治通鉴长编》卷四七五，元祐七年七月己亥条，总第 11321 页）潮州太守将朝廷赐赠韩愈昌黎伯的爵号，揭榜于韩愈祠的行为，反映在时人的认知里，儒者受赠的爵位和神祇的封爵是相同的。
④ 《全宋文》卷二七八一，第 402 页。

封臣的神祇形象更突出,世俗官僚宦游四方的现象,有利于神祇进一步跨域传播,人们在心态上比较能接受神祇的流动和信仰的传播。①

　　比较有争议的是祠庙赐额的性质。由于寺院(道观)有独立的教团组织、经济基础和律典,一直是世俗政权潜在的威胁,因此,中古以来国家往往以赐额的方式赋予寺观合法性的地位。长远来看,宋廷对祠庙开始赐额的做法实源于寺观的赐额,故多数学者论及宋廷祠庙的赐额,认为此举是国家赋予祠庙合法地位的措施。② 依前所论,王古的改制兼及赐额与封爵,意在解决北宋前期赐额和封爵次序混乱的现象,且宋人以为赐额和封爵,皆为御赐有功神祇的荣宠。如葛胜仲《初莅任祀神文》所言:"天子不爱爵宠以发扬潜懿,复以徽称荣其庙者,以神有功德于民也。"③最初国家对寺观赐额,本因其供奉的对象具有普遍性,故仅以名额赐予不同的寺观,并赋予其免税与度僧的权利,以示荣宠。受此影响,北宋朝廷对祠祀信仰的恩礼,也开始区分祠庙和庙中的神祇,但是,祠庙庙额的"徽称",本质上是御赐的荣耀,仍会引起基层百姓的回响。④ 赐额之前必须经过朝廷的审核,其意在恰当地赐予御赐的荣耀。

　　有时,朝廷已下诏立祠,纳入地方祀典的神祇,后续亦有封赐之举。例如会稽曹娥庙,神宗熙宁十年(1077)十月,先下诏将其载于地方祀典;

---

① Valerie Hansen 最早指出,宋代地方神祇出现跨域传播的现象。Hansen, Valerie. *Changing Gods in Medieval China*, 1127－1276, Princeton: Princeton University Press, 1990, Chpt. 6, pp.122－159.另外,皮庆生对宋代神祇跨域传播的动力,提出新的见解。他认为士人与释道人士是祠祀信仰向外传播的主要动力。皮庆生:《宋代民众祠神信仰研究》,第 224—254 页。

② 唐宋时期国家以赐额方式,赋予寺院合法的地位,参见刘长东《宋代佛教政策论稿》第四章"宋代寺院合法性的取得程序",成都:巴蜀书社,2005 年,第 131—175 页;黄敏枝:《宋代政府对于寺院的管理政策》,《东方宗教》1987 年第 1 期,第 109—111 页。刘长东指出,宋廷撤毁的非法寺院,主要是"无额"的寺院,庙额的有无是朝廷认定寺院合法与否的判准。然而,朝廷下令打击淫祠的行动中,庙额并未被朝廷视为认定祠庙合法的依据。事实上,只有极少数地方官(如胡颖)禁绝淫祠时,是以敕额的有无作为祠庙合法与否的判准。

③ 《全宋文》卷三〇七八,第 114 页。

④ 萧序辰《赐昭济庙额记》记载,宣和六年(1124)两邑上奏此神的灵迹于州司,州司验寔保明,上之漕司,漕司验寔后再上奏朝廷。七年(1125)二月,得旨赐昭济庙额。七月敕下,"两邑之人具牲丰洁,扶老携幼,趋赴祠下,道路相属,欢呼之声震响山谷"。邑人刻石,置之中庭,"以侈耀天子新命,以传不朽"。《全宋文》卷三七七〇,第 32 页。

徽宗大观四年(1110),又敕封灵孝夫人;政和五年(1115)十一月,进一步加封。① 再如范旺死事,宋高宗绍兴六年,因本州保奏,获得朝廷褒赠,并下诏建祠,至二十八年始因祈祷感应,赐额"愍节"。② 宋廷对已经下诏建祠、入祀的祠庙事后再进行封赐,用意并非赋予其合法的地位,而是要进一步赐予代表御赐恩礼的庙额和爵位。

二、封赐对象:祀典神祇

前文梳理了王古确立宋廷的封赐制度的历史背景后,为了评估封赐措施的影响,接着要进一步探讨宋代封赐的对象。既有研究已指出封赐的对象是各地神祇,系"民间"的祠祀信仰,这一点应无疑义。但是如果检视这些受封的神祇将会发现,这些受封的神祇,他们并非纯粹的"民间"祠祀,他们多数具有官方色彩,而且是原本列载于地方官府祀典的神祇。关于这一点的讨论涉及封赐和祀典的关系。

对宋代封赐措施的理解,时而和祀典一语纠葛在一起,但是,两者基本上属于不同性质的祠祀措施,对此,学者已明确指出两者之间的差异。③ 简单地说,祀典大体上是指地方官府的祀典,而纳入地方祀典的神祇,一般享有地方官府春秋二时的飨祀;封赐措施则是皇帝赐予庙额与爵位。两者的性质不同,一重物质的酬报,一重庙额与爵位的荣耀。

如欲进一步分析封赐和祀典的关系,仍必须注意两者酬报神祇的层级不同,一是中央朝廷,一是地方政府。当北宋中期朝廷改采积极的封神措施后,地方官也为各地祀典内的众多神祇奏请赐封。例如吴郡的泰伯庙,始建于东汉,原本即列于当地官府的祀典,此时也获得赐封。曾几《重修泰伯庙记》记载:

---

① 《宋会要辑稿》礼二一之五二,总第 862 页。
② 《宋会要辑稿》礼二〇之一六九——一七〇,总第 835 页。又,哲宗元祐六年五月壬申下诏:"德州汉东方朔庙以祈祷有应,载祀典。"《续资治通鉴长编》卷四五八,元祐六年五月壬申条,第 10963 页。至绍圣三年下诏:"德州汉大中大夫东方朔庙,以达隐为额,又封辩智侯。"马端临:《文献通考》卷一〇三,第 941 页。
③ 皮庆生:《宋代民众祠神信仰研究》,第 275 页。

吴门巨藩,神祠之载祀典者十数,而泰伯庙为雄甚。……国朝元
祐间,太守黄履历考前政,若梅询、若范仲淹、若孙觉辈数公,淫潦有
祈,靡不响答,列其事于朝,有诏号至德庙。崇宁元祀,守臣吴伯举请
疏王爵,有诏封至德侯。①

　　泰伯庙的信仰颇盛,且由来已久。② 据曾几所写的庙记,泰伯庙原本
列于吴郡的地方祀典,先是哲宗元祐七年,太守黄履列呈灵迹,奏请赐封,
卒获"至德"之庙额。至徽宗崇宁元年,吴伯举再请封爵,诏封至德侯。二
人为列于地方祀典的神祇奏请赐额封爵,目的在争取皇帝御赐的荣耀。
再来看另一个例子。如新安县的韩擒虎庙,"久列典祀",系地方祀典内的
神祇。崇宁五年(1106),此庙顺利获封之后,"通邑欢呼",官吏为求慎重,
"备威仪奉引,具三酹之礼,告献庙庭"。③
　　地方官奏请赐封的对象,既是地方祀典的神祇,这些奏封的行动,是
否是地方官府为了取得朝廷的认可? 此处有一关键的问题:宋代地方官
府的建祀是否需要寻求朝廷的认可? 以下这两个例子,或可说明宋代州
县官府的礼神活动,仍然保有惯习的特色,他们可以自行决定祭祀的对
象。神宗熙宁年间,知陈州张方平为赵犨立祠后,直接将其纳入地方祀
典,"春秋荐时,事比群祀",④这显示北宋地方官府有权决定春秋二时祭祀
的对象。到了南宋,这种情况并未改变。王十朋《与赵安抚乞降祝版祀上
虞舜庙》提到:

　　据上虞县尉陈迪功札子称:本县有帝舜庙一所,父老相传,自置
县以来即有此庙。兼县有舜井、象田、百官等处古迹至多,而一方水
旱疾苦,有请于庙,无不飨应,合在祀典。欲望台慈详酌,许令本县每

① 范成大撰,陆振岳校点:《吴郡志》卷一二《祠庙》"至德庙"条,第165页。
② 《太平广记》卷二八○记载:"吴泰伯庙,在东阊门之西,每春秋季,市肆皆率其党,合牢
醴,祈福于三让王,多图善马彩舆与女子以献之,非其月,亦无虚日。"《太平广记》卷二
八○《刘景复》引《纂异记》条,第2235—2236页。
③ 华镇:《新安县威显灵霈公受命庙记》,《全宋文》卷二六五七,第144—145页。
④ 《全宋文》卷八一八,第162页。

岁春秋备办牢醴,从使府给降祝版,遣官致祭,少为大功明德之报。本县近已具状申府,欲乞施行。①

王十朋此时任职绍兴府的签判,他写给知绍兴府赵令詪(赵氏时充两浙东路安抚使,故称赵安抚)的书信清楚指出,上虞县向绍兴府奏请要祭祀本县的舜庙,只需绍兴府同意此事,直接降下祭祀所需的祝版。于此可见州县亦可自行决定祭祀境内神祇,而无待请示朝廷。

文献上亦有官吏奏请朝廷下诏,将神祇载入地方祀典的事例,要如何理解此一现象?寓目所及,这类例子不超过五个,远不及奏请封赐的数量。北宋地方官奏请朝廷赐封,已有一套相当完整的制度,②制度上是否要求地方奏报,也反映在现存事例的多寡。如果纳入地方祀典的神祇须经过奏请审核,理应出现许多上奏朝廷的记载,因此,对于这些少数奏请纳入地方祀典的例子,笔者倾向认为这是地方在争取皇帝亲自下诏载于祀典的荣耀。当封赐活动大盛后,某些人物祠无法以神迹争取庙额时,请求中央朝廷下诏入祀,也成为另一种荣耀的象征。③

由于地方官府有权抉择祭祀的对象,故官吏不认同祭祀对象时,可以拒绝礼谒,④甚者拆毁已列于祀典的庙宇挪作他用。宋仁宗庆历五年(1045)便曾发生这样的例子,益州的后土庙本来载于地方祀典,被当州

---

① 梅溪集重刊委员会编:《王十朋全集》卷二一,第924页。
② Valerie Hansen, *Changing Gods in Medieval China*, 1127 - 1276, Chap. 4, pp. 79 - 104.
③ 根据《唐鲁郡颜文忠公新庙记》记载:"元祐六年,弘农杨君元永为邑之二年也,建言于州曰:按《祭法》,能御大灾,能捍大患则祀之,以劳定国,以死勤事则祀之,……今庙宇不能芘风雨,愿闻诸朝,少加崇丰,俾有司得岁时奉祀。知军州事安定梁侯彦深,下车未久,起废更弊,州既以治,睹是举也而乐之,即具以闻,太常议典礼以上春官,咸曰:宜如请。……其十一世孙安上者言县谓:庙地僻左,荒棘跨岭,……祈自出缗钱买地祊河之东,以徙置之,庶几子子孙孙与其邦人奔走承祀弗懈。"《全宋文》卷一八二三,第49页。
④ 例如黄震任越州通判,曾作《唐将军祝文》,文中特别提到,他独谒唐琦祠,"而他不顾世俗之淫祀"。《全宋文》卷八〇六〇,第419页。除了拜谒唐琦祠之外,见诸祝文者还有社稷、城隍、禹庙、钱镠祠等。同前引书,第417—418页。

"毁拆瓦木,添修州学",朝廷得知此事后,下诏重新修建。①

宋代文献的记载,容易使人混同祀典与封赐而不加分辨,这和当时地方祀典神祇和封赐的对象多所重叠有关。特别是到了南宋,有些地区地方祀典的神祇多有庙额和爵位。例如绍兴年间,宗谔《建集灵庙记》记载:

> 连之封内,民以数椽屋立土木像,供香火;荐牲血,岁时坎鼓铿金,以从事于鬼神之事者,浩不可纪,往往多出于闾阎鄙语之淫祀。考其载在祀典,正而不它者,才二十余所,大率皆有额爵。惟六侯之神最为灵显,独其爵额功德昭著,民所畏信,久而不忘。②

如何解释宗谔所言南宋初期连州一地的祀典神祠二十余所,"大率皆有额爵"的现象? 个人认为,这来自两方面的推力:一方面,封赐活动大盛之后,地方官为原先列载于祀典的神祇,奏请御赐庙额与爵位;另一方面,若获得御赐荣耀的祠庙,原本不在地方祀典,官吏通常也会将之纳入祀典,接受官府春秋二时的祭祀。吴郡能仁寺的陆僧瓒之女祠即是一例,据林戊的记载:

> 元符元年(1098),……吴中大旱。遍祷群祀,略无应者。……涉冬,至二年春夏之交,……通判军州事、朝请郎祝公,适领郡事。乃用故事,早暮分祷于所宜祀者。一日会承天寺,客言:此乃梁卫尉卿陆僧瓒,舍其第为之,昔号广德重玄寺。陆卿有女不嫁,经营其事。既

---

① 仁宗庆历五年七月下诏:"访闻益州城北门外旧有后土庙,载于祀典,修建年深,彼方之民崇奉精至。近闻本州毁拆瓦木,添修州学,宜令以官财依旧修盖。"《宋会要辑稿》礼二一之二七,总第850页。不过,祀典内的神祇仍然受到较多的保障,宋仁宗庆历七年三月二十三日下诏:"诸处神庙不得擅行毁拆,内系祀典者如有损坏去处,令与修整。"同前引书礼二〇之二,总第751页。
② 《全宋文》卷四二八三,第192页。又,郑铨《寇莱公祠堂记》亦提到,成都官府祭祀对象多有封爵的现象:"按《成都古今记》,正觉院与见报司俱不载。惟《前记·祭祀门》有王者八,而利国王在焉;有公者十,而寇莱公在焉。《前记》乃赵清献公所集,当时既载祀典,则庙与院不宜俱失。……春秋之祭,官并祭莱公与利国王甚久。"同前引书卷四〇五三,第365页。

死,祠于寺之东庑。……公闻即谒,且言明日致祷……未及命驾,注雨应至……邦人无复水旱之忧,岁大有年。乃具事白于外台,使者以闻。诏书褒美,特封慧感夫人,秩视公侯,列于典祠。①

宋哲宗元符元年,吴郡太守祝安在遍祷群祀无应的情况下,遂祈雨于原本不在地方祀典内的灵佑庙。记文指出,此神获封"慧感夫人"后,"秩视公侯,列于典祠",说明此祠获封后亦纳入地方祀典。由于御赐额爵的恩礼层级较高,不在祀典的神祇一旦获封后,自然也会纳入其中。

如果欲评估封赐措施的影响,亦须考论当宋代封赐活动进一步扩大,封赐的对象是否及于祀典外的神祇(特别是南宋)?② 在这方面,我们依然面临一定的困难,毕竟多数受封的神祇原本是否列在祀典,仍然很难一一判断。即使如此,到了宋宁宗庆元时期,国家令文预设封赐的对象,仍为祀典内的神祇。庆元令提到:"诸道释神祠祈祷灵应(原注:谓功迹显著,惠利及民,载于祀典者),宜加官爵封号庙额者,州具事状保明申转运司,本司委邻州官亲询究到,委别州不干碍官覆实讫,具事实保奏。"③宋代未明文规定获封的神祇必须列于地方祀典,故不见于载籍者亦不妨碍神祇

① 范成大撰,陆振岳校点:《吴郡志》卷一二,第 172 页。另一例子见于南宋,赵希鹄《绍兴府诸暨县松山敕赐文应庙记》提到,诸暨朱买臣祠,"嘉熙四年九月三日敕赐文应庙,秩于祀典。命下之日,闾里欢呼。……淳祐甲辰二月初吉记"。《全宋文》卷七九六一,第 409 页。
② 皮庆生认为,宋代的祀典和封赐是地方祠祀信仰取得合法的两条途径,而且,地方祠祀取得合法性的途径,有从以祀典为主,转向以赐额、封号为主的变化。他曾指出早期封赐者多为祀典内神祇,但是强调两者分离的发展趋势,而且,他认为祀典神祇在民众信仰已有边缘化的趋势。相对的,宋代大量地方神祇获得朝廷的赐封,与地方社会及其信仰的兴起互为因果。皮庆生:《宋代民众祠神信仰研究》,第 276—282 页。
③ 《仁济庙加封敕牒碑》,陆心源:《吴兴石金记》卷一二,国家图书馆善本金石组编:《宋代石刻文献全编》第二册,第 582 页。"到"字宜作"再"字,见《宋敕赐忠显庙牒碑》亦引庆元此令,阮元:《两浙金石志》卷一二,《石刻史料新编》第一辑,台北:新文丰出版公司,1982 年,第十四册,第 39 页(总第 10489 页)。事实上,北宋徽宗崇宁四年下诏鼓励奏请封爵,所欲封者亦是在"典秩"的神祇,华镇《新安县威显灵需公受命庙记》一文记载:"天下州县长吏,山川鬼神在典秩者,饰完庙貌,洁严祀事;若祷祈有感,方策无文者,悉以名上,将加爵号,德施甚厚。"《全宋文》卷二六五七,第 144 页。

的获封。① 此令对封赐对象的假设，仍是地方祀典内的神祇，说明了国家对于封赐对象的预设和认知。庆元令的规定，佐证此处所论赐封的对象是祀典神祇的观点。

学者讨论宋代大行赐封时，已指出大多数获封的神祇系民间祠祀。此处梳理封赐与祀典的关系，希望能更进一步点出，这些获封的神祇不是纯粹的民间信仰，他们还有浓厚的官方色彩。这些神祇本是列载于地方官府的祀典。恰当地说，官吏竞相为祀典神祇奏请封赐的活动，其意在为神祇争取恩礼层级的进一步提升，而不是为了取得朝廷对祭祀对象的认可。如果上述的观点成立，则宋廷大量封赐各地神祇，并未冲击既有的官府祀典的运作，朝廷新的封神措施，仍然立基于既有的地方官府和各地神祇的关系。

北宋中期以后，朝廷进行大量的封赐，有更多机会接触各地的祠祀信仰，这对中央掌理地方祠祀的措施又带来哪些影响？文末探讨北宋后期朝廷开始有意编纂地方祠祀文书，试图回应此一问题。

三、编纂地方祠祀文书

以往讨论编纂祠祀文书的活动，主要将其置于宋廷如何管制祠祀信仰的脉络下加以理解，但是接下来，笔者将试图说明，封赐措施固然带来建立列管祠祀文书的契机，但北宋大部分时期，朝廷对此事的作为并不积极。

北宋朝廷自始即涉入地方官府的祠祀运作，除了不断下令修缮特定的祠庙，②也会介入个别祠庙的管理与运作。③ 这些作为是宋廷不断介入地

---

① 王崇极《顺应侯庙记》提到，代郡有牛头山神，"惟是记籍无所稽者，……遍祷境内群祀，久而不应。"太守祈雨有应，"太守既具列其事，置驿以闻。秋九月，天子以顺应侯命之，二十日告祠以彰示群听。……既请于朝，天子不同载记之阙，需扬德音，以报神惠"。《全宋文》卷一八二九，第 167—168 页。庆历中，太守张元退曾祈祷于此，可能是当地水旱祈祭的对象。另外，图经不载亦不妨碍神祇获得赐封。章惇：《秦州天水县太祖山湫封灵源侯牒》，《全宋文》卷一七九七，第 363—364 页。

② 这类例子颇多，例如，宋真宗下令修葺唐叔虞祠，《宋会要辑稿》礼二〇之二二，总第 761 页。再如宋真宗下令修周处庙，同前引书礼二之五七，总第 865 页。

③ 宋仁宗景祐二年(1035)六月九日，知枢密院事李咨言："袁州仰山庙宇破损，州民缘化钱一二千贯，即无主领。望委本州曹官管勾修盖，量差兵匠应副。"从之。《宋会要辑稿》礼二〇之二，总第 751 页。

方施政的个别事例。

宋初的制度规定,州吏呈报尚书南曹的历子,虽有祠庙一项,但是只限于岳渎河海祠庙,①属于国家岳镇海渎体系。到了太宗至道二年,曾有官员建议恢复唐代尚书二十四司载籍的制度,内含祠庙一项。② 最后是否施行则不得而知。

宋代中央的祠官领有若干祠庙,岁时直接遣使行礼。③ 因为各地上缴图经,朝廷可以掌握若干地方灵迹,当地方发生水旱时,据此遣使祈祭。④ 但是,朝廷一直未要求地方建置祀典文书,列载地方官府祭祀的对象,这种情形一直到北宋后期才略有转变。北宋哲宗绍圣二年(1095),尚书礼部侍郎黄裳等建言:“乞诏天下州军,籍境内神祠,略叙所置本末,勒为一书曰某州祀典。”诏从之。⑤ 至此,宋廷开始明确下令地方编纂本地祀典,但黄裳的建言只要求各州自行编纂即可,并未要求将各地祀典上报朝廷。⑥ 尽管如此,此事仍为宋廷留心编纂地方祀典之始。

依前所论,宋代朝廷封赐的对象主要是地方祀典的神祇,这代表对既有神祇的恩礼层级的提升,官方恩礼的对象并未出现太大的变化。而且,一直到北宋晚期,在实际行礼的需求下,朝廷才试图建置有关地方祠祀的完整文书。宋徽宗大观二年九月礼部尚书郑允中奏言:

> 勘会祠部所管天下宫观寺院,自来别无都籍拘载名额,遇有行

---

① 太平兴国三年(978)二月,董淳《州吏批书南曹历子事奏》提到:“诸州录事掾、县令、簿、尉,先给南曹历子,州吏批书多所漏略。今于令式收其合书者,如馆驿、义仓、官市牛皮、筋角、前代帝王陵寝、岳渎河海祠庙、商税……等并书。”《全宋文》卷四二,第 70 页。
② 《续资治通鉴长编》卷三九,至道二年二月壬申条,第 829—830 页。
③ 《咸淳临安志》卷七二记载:“谨按《高宗会要》,杭之庙食隶祠官者凡十三,而四在畿内:曰忠清、祚德、神应、通惠而旌忠不与,岂阙文哉。”领于天子之祠官,则有朝廷遣使持版祝。潜说友纂修:《咸淳临安志》卷七二,《宋元地方志丛书》第七册,第 1 页(总第 4545 页)。
④ 《续资治通鉴长编》卷四七记载:“先是,上以两浙灾疫,深所轸念,命三馆检讨灵迹以闻,于是遣使遍祭其山川祠庙,为民祈福。”《续资治通鉴长编》卷四七,咸平三年五月甲辰条,第 1019 页。
⑤ 《宋会要辑稿》礼二〇之九,总第 755 页。
⑥ 《乾道四明图经》卷七记载,昌国县之黄公祠,“晋天福三年(938)置其祠,载于旧图经,非系祀典,故事未详”。张津等纂修:《乾道四明图经》卷七,《宋元地方志丛书》第八册,总第 4983 页。可见黄裳的建议确实有付诸实行,地方也比较清楚神祇的来历。

遣,不免旋行根寻。今欲署都籍拘载,先开都下,次畿辅,次诸路,随路开逐州,随州开县镇,一一取见。从初创置因,依时代年月,中间废兴、更改名额及灵显事迹,所在去处开具成书。(小贴子称:"天下神祠庙宇数目不少,自来亦无都籍拘载,欲乞依此施行。"从之。)①

奏议中所谓"名额"即指朝廷所赐的寺院、道观与神祠的"额"。根据郑允中的建言,都籍收录的对象只限于曾受赐额的信仰,内容则包括创置年代、兴废的过程和灵验事迹。

此为北宋中央编纂地方祠祀的簿籍之始。礼部奏请编纂都籍的内容和目的,有助于了解此时朝廷创建祠祀文书的心态。按礼部之议,最初实出于寺观"行遣"的需要,意在编纂都籍,列管有名额的特定寺观,不包括祠庙,其后始及于赐额的祠庙。郑氏建言由所在之地开具成书,往上呈报。这种由地方逐级呈报的方式,反映徽宗朝以前,中央仍然没有完整文书列载赐额的寺观和神祠。此议既出于礼部,所谓"遇有行遣"之需,应系礼部执行任务的实际需要。② 中央建置列管的祠祀文书,主要是为了方便行礼之用。

过了四年,宋徽宗政和元年(1111),朝廷又有进一步汇整各地祀典之议。此议之起,源于秘书监官吏编纂全国性志书时,发现各州上呈的地方祀典的神祇不甚合宜。

政和元年七月二十七日,秘书监何志同言:"详定《九域图志》内《祠庙》一门,据逐州供具到,多出流俗一时建置,初非有功烈于民者。且如开封府扶沟县秋胡庙、封丘县百里使君、程隐君庙之类,逐县皆称载在祀典,及移问太常寺,并无典籍可考云。以王畿之近,而庙祀未正乃如此,则远方陬邑概可见矣。欲望申敕礼官,纂修《祀典》,颁

① 《宋会要辑稿》职官一三之二三,总第 2661 页。
② 对于此时礼部的建议,学者以为朝廷此举有意以都籍登录,管控寺观和神祠。须江隆:《唐宋期における社会構造の変質過程——祠廟制の推移を中心として》,《东北大学东洋史论集》2003 年第 9 期,第 252 页。不过,须江隆并未对"遇有行遣"的起因,多做说明。

之天下,俾与《图志》实相表里。"又言:"诸州祠庙多有封爵未正之处,如屈原庙在归州者封清烈公,在潭州者封忠洁侯;及永康军李冰庙,已封广济王,近乃封为灵应公。如此之类,皆缘未有祀典该载,致前后封爵反有差误。"诏:"太常寺、礼部遍行取索,纂类《祀典》。将已赐额并曾封号者作一等;功烈显著,见无封额者作一等;民俗所建,别无功德及物,在法所谓淫祠者作一等。各条具申尚书省参详可否,取旨。其封爵未正如屈原、李冰之类,岂有一身两处庙貌、封号不同者? 宜加稽考,取一高爵为定,悉行改正。它皆放此。仍就礼部、太常寺见今官吏行遣,兹盖修举本职,不得辄有申请差官差并书写人等。"①

前文提到哲宗时期,黄裳曾经奏请朝廷下令各州自行编纂本地的祀典,政和元年何志同的建议则是朝廷有意编纂一部祠祀文书汇整各地祀典之始。何氏"未有祀典该载"之语也清楚指出,此前宋廷并未建置汇整各地祀典的文书。北宋末年此一祀典编纂完成以后,至南宋持续进行。②但是,此处必须强调一点,此举事出偶然,只能说是修纂《九域图志》等全国性志书的副产品。

不过,修纂全国性的志书收录全国各地的神祇,无意间也开启了中央检视各地祀典神祇是否合宜的契机。有些朝官认为,地方官府祭祀的对象出于流俗建置,依《祭法》应被视为淫祠者。他们的质疑佐证宋代地方官府选择群祀,仍然带有浓厚的惯习色彩。迟至北宋末叶,朝廷一直未对此加以干预。

值得注意的是,朝廷对地方祀典神祇的分类。诏令欲将上缴的地方

① 《宋会要辑稿》礼二〇之九——一〇,总第 755—756 页。关于宋神宗至徽宗的祠祀措施,另参见须江隆《熙宁七年の诏——北宋神宗朝期の赐额·赐号》,收入《东北大学东洋史论集》8 期,第 67—68 页。
② 淳熙十年,沈枢《辅世忠烈王庙之记》记载安吉之李靖祠:"考其赐额,封侯始于政和,自侯而公始于隆兴。然王封卫国公见于生前,矧郑之管城旧亦有祠,已封王爵。故干道五年(1169),邑之士民援是以有请者再焉。按管城之祠载于国朝会要,……且检会本朝祀典,推崇有加。自建隆至大观,锡封王爵已加忠烈。今答灵应,宜以辅世忠烈为庙号。"《全宋文》卷四六七四,第 420 页。可见此时中央已有一部祀典,可以检寻祠庙赐封的情况。

祀典内的神祇分为三类：有封赐、无封赐有事功、民俗所建却无功德及物者。此一分类透露所有封赐的神祇皆纳入地方官府的祀典内，故何志同认为，编纂这部文书汇整各地祀典，可以厘正前此各地神祇爵位、名号散乱不一的现象。此一分类也支持前文讨论封赐对象系祀典神祇的观点。

宋徽宗一朝礼乐文化事业臻于北宋的高峰，自崇宁、大观以后，徽宗君臣欲上继神宗遗意，远复三代旧制，遂措意于制礼作乐，先后铸九鼎，作大晟乐，以示上应天命。而且大规模修纂礼典（《政和五礼新仪》），颁行天下，欲进一步规范社会秩序，①充分体现徽宗君臣欲追步三代，登于文治盛世的意愿。上述编纂全国性志书（《九域图志》）、赐额名录和汇整各地祀典文书等文化事业，也是此时兴盛的文治事业的一环。然而，宋廷修纂两部和地方祠祀相关文书的机缘，一是现实上礼部行遣之职务需求，一系编纂全国志书偶然之举。从徽宗朝两次编纂地方祠祀文书的缘起，未见朝廷欲藉此管控地方祠祀之用意。这一点和中古时期国家早已建立簿籍，列管佛、道二教寺观做法明显有别。

宋代封赐活动至神宗朝以下大盛，朝廷涉入地方祠祀事务日深，也带来建置地方祠祀文书的契机。哲宗朝，朝廷要求各地编纂本地祀典，到徽宗朝建置都籍，建置《祀典》汇整各地祀典，反映北宋朝廷逐步重视编纂地方祠祀文书。但是这个过程进展相对缓慢，而且在这个过程中，朝廷实无意通过建置地方祠祀文书，管控地方祠祀信仰合宜与否。细究这些祠祀文书，不管是都籍、各地祀典或汇整各地祀典文书的活动，所涉仍为官方行礼有关者。而且一直到徽宗朝，中央才有意在全国范围上建置地方祠

---

① 刘静贞先生曾从徽宗个人有意成为圣王、圣君的角度，理解徽宗朝各种礼乐文化事业。刘静贞：《法古？复古？自我作古？——宋徽宗文化政策的历史观照》，收入王耀庭编《开创典范：北宋的艺术与文化研讨会论文集》，台北："国立"故宫博物院，2008 年，第 447—470 页。另外，张文昌讨论北宋礼典修撰的历史，也指出宋徽宗君臣措意于新礼的编纂，欲成就徽宗朝的"一代礼典"，颁行天下，将庶人礼仪正式纳入规范，此为《政和五礼新仪》有别于此前修纂礼典最大的不同，参见张文昌《唐宋礼书研究——从公礼到家礼》，台湾大学历史研究所博士学位论文，2006 年，第 167—181 页。另外，有关徽宗朝的政治改革，参见 John Chaffee, "Huizong, Cai Jing, and the Politics of Reform", in *Emperor Huizong and Late Northern Song China*, Cambridge: Harvard University Press. 2006, pp.31‑77。

祀的相关文书,整个过程,却带有一点偶然性。宋廷这些行动,并未展现出强烈的管控祠祀信仰的企图。

小　结

对于宋代国家大量赐封的措施,学者历来多认为是朝廷认定祠祀合法与否的手段,此一观点在说明宋代许多官方的建祀与请封行动上,也留下一些可资讨论的空间。因此,这篇短文想暂时抛开"合法化"的论述,另从三个层面重新考虑北宋中期大行封赐之后,对宋代官方祠祀措施所产生的影响。首先是探讨宋代封赐之制确立的历史背景。宋神宗元丰六年,王古建言先赐额后封神,确立了宋代的封赐制度。此后封神之前须先赐额,而这项转变往往使封赐被认为是赋予祠庙合法化的措施。但是笔者认为,理解这项措施的用意时,恐怕还要回归到王古当初建言的历史背景。在此之前,朝廷已有一些赐封的措施,但是存在封神与赐额次序不一的现象。王古身为太常博士,职司封赐,他更关心现实上封赐制度运作混乱的现象,他建议先赐额后封神的做法,毋宁想解决北宋前期赐额与封爵失序的问题。在完善制度的考虑下,他确立了宋代封赐制度的运作方式。至于他本人对各地祠祀信仰的合法议题,是否具有比较强烈的关怀则不易论断。

在梳理北宋中期封赐制度确立的制度史背景后,本文进而考论封赐措施与既有祀典的关系。朝廷封赐与地方祀典是两种不同层级恩礼神祇的措施,北宋中期以后,朝廷大量赐封各地神祇,这些神祇固然是民间信仰,但是仔细追究,他们还有另一层较少为人关注的身份:他们多数是已列载于地方祀典的神祇。一直到南宋庆元时期,国家令文默认的赐封对象仍是祀典神祇。

明白封赐对象本是地方祀典神祇,有助于进一步思考封赐措施的内涵和意义,可能会带来不同的思考方向。地方官府上奏请求封赐的行动,主要目的是希望能为辖境的祀典神祇争取御赐的荣宠,而不是寻求朝廷认可其礼谒的祠祀。宋廷本无意干涉地方官府祭祀的对象,审核封赐的对象,只是为了恰当赐予皇帝的荣宠。进而言之,宋代的政府在收拢各地祠祀信仰的作为,并没有走得很远。中央和地方在恩礼各地神祇的步调上还是比较一致的。宋代大行封赐所带动的变化,主要是对神祇恩礼层级的提升,而非恩礼对象的大幅增加。朝廷进行赐封既立基于旧的地方官府祀典基础,地方也不会支应许多额外的祭祀与修祠的经费,造成庞大财政的负担。当然,就礼神的作用而言,朝廷藉由大量封赐基层的祠祀信仰,是以御赐的荣耀和这些信仰建立直接的联系。宋廷不再只是仰赖地方官府进行酬报,封赐措施使宋廷和各地祠祀信仰有了结合的契机。由于实施这项恩礼神祇的新措施,基层社会因地方信仰接受来自皇帝的荣宠,对政权产生更大的凝聚力。

从宋廷的角度来考虑,封赐对象本系地方官府的祭祀对象,这些神祇较无是否合宜祭祀的问题,朝廷大行封赐之初,并未考虑以文书统而列管。因此,大行封赐固然为编纂地方祠祀文书带来契机,但朝廷有系统地编纂地方祠祀文书,远落后于实际封赐的行动。一直要到宋徽宗时期,朝廷基于行遣的任务需求与修纂全国性志书,才开始进行这类文书的编纂活动。

参考文献

一、史　料

[唐] 白居易撰，顾学颉校点：《白居易集》，北京：中华书局，1999 年，全四册

[东汉] 班固：《汉书》，北京：中华书局，1962 年，全十二册

[宋] 蔡襄撰，吴以宁点校：《蔡襄集》，上海：上海古籍出版社，1996 年

[宋] 杨万里：《杨万里集笺校》，北京：中华书局，2007 年

[唐] 李翱：《李文公集》，《四部丛刊》初编集部，台北：台湾商务印书馆，1965 年

[唐] 独孤及：《毗陵集》，《四部丛刊》初编集部，台北：台湾商务印书馆，1965 年

[唐] 司空图：《司空表圣文集》，《四部丛刊》初编集部，台北：台湾商务印书馆，1965 年

[宋] 曾巩撰，陈杏珍等点校：《曾巩集》，北京：中华书局，2004 年，全二册

曾枣庄、刘琳主编：《全宋文》，上海：上海辞书出版社，2006 年，全三六〇册

[宋] 陈公亮：《严州图经》，《宋元地方志丛书》第十一册，台北：大化书局，1980 年

[宋] 陈耆卿：《嘉定赤城志》，《宋元地方志丛书》第十一册，台北：大化书局，1980 年

陈尚君辑校：《全唐文补编》，北京：中华书局，2005 年，全三册

陈尚君辑纂：《旧五代史新辑会证》，上海：复旦大学出版社，2005 年，全十二册

[宋] 陈与义撰，吴书荫等点校：《陈与义集》，北京：中华书局，2007 年二版

[宋] 陈振孙：《直录斋书录解题》，北京：中华书局，2006 年

[唐] 陈子昂：《新校陈子昂集》，台北：世界书局，1980 年

[宋] 程颢、程颐撰，王孝鱼点校：《二程集》，北京：中华书局，2004 年，全二册

[明] 崔铣纂修：《嘉靖彰德府志》，《天一阁藏明代方志选刊》第四十五册，上海：上海古籍书店，1982 年重印

［唐］崔致远撰，党银平校注：《桂苑笔耕集校注》，北京：中华书局，2007年，全二册

［元］单庆修：《至元嘉禾志》，《宋元地方志丛书续编》上册，台北：大化书局，1990年

［清］定求等奉敕编：《全唐诗》，北京：中华书局，1992年，全二十五册

［清］董诰等纂修：《全唐文》，台北：大化书局重编本，无年代，全四册

［唐］杜牧：《樊川文集》，台北：汉京文化事业，1983年

［唐］杜佑撰，王文锦等点校：《通典》，北京：中华书局，1988年，全五册

［宋］范成大撰，陆振岳校点：《吴郡志》，南京：江苏古籍出版社，1999年

［南朝宋］范晔：《后汉书》，北京：中华书局，1973年，全十二册

［宋］范仲淹撰，李勇等校点：《范仲淹全集》，成都：四川大学出版社，2002年，全三册

［宋］龚明之：《中吴纪闻》，《中国风土志丛刊》第三十五册，扬州：广陵书社，2003年

国家图书馆善本金石组编：《历代石刻史料汇编》"隋唐五代部"，北京：图书馆出版社，2000年，全四册

国家图书馆善本金石组编：《宋代石刻文献全编》，北京：国家图书馆出版社，2003年，全四册

国家图书馆善本金石组编：《隋唐五代石刻文献全编》，北京：国家图书馆出版社，2003年，全四册

［唐］韩愈：《韩愈集》，北京：中国书店，1994年

［宋］洪迈撰，孔凡礼点校：《容斋随笔》，北京：中华书局，2005年，全二册

［宋］洪迈撰，何卓点校：《夷坚志》，北京：中华书局，2006年，全四册

［宋］黄岩孙：《仙溪志》，《宋元地方志丛书续编》下册，台北：大化书局，1990年

［明］黄仲昭修纂，福建省地方志编纂委员会整理：《八闽通志》，福州：福建人民出版社，2006年，全二册

［清］稽璜等奉敕撰：《清朝文献通考》，台北：新兴书局，1958年，全三册

［清］纪昀等：《四库全书总目提要》，北京：中华书局，1997年，全二册

［清］觉罗石麟等监修，储大文等编纂：《山西通志》，（清）纪昀等纂：《景印文渊阁四库全书》第五四二—五五〇册，台北：台湾商务印书馆，1983年

［清］金鉷等监修，钱元昌等编纂：《广西通志》，（清）纪昀等纂：《景印文渊阁四库全书》第一八九册，台北：台湾商务印书馆，1983年

［明］康河修，董天锡纂：《嘉靖赣州府志》，《天一阁藏明代方志选刊》第三十八册，上海：上海古籍书店，1982年重印

［宋］乐史撰，王文楚等点校：《太平寰宇记》，北京：中华书局，2007年，全九册

［宋］黎靖德编，王星贤点校：《朱子语类》，北京：中华书局，2004 年，全八册

［唐］李百药：《北齐书》，北京：中华书局，1997 年，全二册

［唐］李淳风：《太玄金锁流珠引》，张继禹主编《中华道藏》第三十三册，北京：华夏
　　出版社，2004 年，全四十九册

［宋］李昉等编：《太平广记》，北京：中华书局，1995 年，全十册

［宋］李昉等编：《文苑英华》，北京：中华书局，2003 年，全六册

［唐］李商隐撰，刘学锴、余恕诚校注：《李商隐文编年校注》，北京：中华书局，2003
　　年，全五册

［宋］李焘：《续资治通鉴长编》，北京：中华书局，2004 年，全二十册

［明］李贤等奉敕撰：《大明一统志》，台北：文海出版社，1965 年，全三册

［宋］李心传：《建炎以来系年要录》，北京：中华书局，1988 年，全四册

［唐］李延寿：《南史》，北京：中华书局，1995 年，全六册

［宋］梁克家：《淳熙三山志》，《宋元地方志丛书》第十二册，台北：大化书局，1980 年

［唐］令狐德棻等撰：《周书》，北京：中华书局，1997 年，全三册

［唐］刘餗撰，程毅中点校：《隋唐嘉话》，北京：中华书局，1997 年

［宋］刘文富：《淳熙严州图经》，《宋元地方志丛书》第十一册，台北：大化书局，
　　1980 年

［后晋］刘昫：《旧唐书》，北京：中华书局，1995 年，全十六册

［唐］刘禹锡撰，高志忠校注：《刘禹锡诗编年校注》，哈尔滨：黑龙江人民出版社，2005
　　年，全四册

［唐］刘禹锡撰，刘禹锡集整理组点校：《刘禹锡集》，北京：中华书局，2004 年，全二册

［唐］柳宗元：《柳河东集》，北京：中国书店，1994 年

［宋］卢宪：《嘉定镇江志》，《宋元地方志丛书》第五册，台北：大化书局，1980 年

［清］陆心源辑：《宋史翼》，《二十五史三编》第七册，长沙：岳麓书社，1994 年

［唐］罗隐：《罗隐集》，北京：中华书局，1983 年

［宋］罗愿纂：《新安志》，《宋元地方志丛书》第一册，台北：大化书局，1980 年

［元］马端临：《文献通考》，杭州：浙江古籍出版社，2000 年

马蓉等点校：《永乐大典方志辑佚》，北京：中华书局，2004 年

［宋］欧阳修等：《新唐书》，北京：中华书局，1995 年，全二十册

［宋］欧阳修撰，李逸安点校：《欧阳修全集》，北京：中华书局，2001 年，全六册

［明］彭泽修，王舜民纂：《徽州府志》，《天一阁藏明代方志选刊》第二十一册，上海：上

海古籍书店,1982 年重印

[宋] 潜说友:《咸淳临安志》,《宋元地方志丛书》第七册,台北:大化书局,1980 年

[宋] 秦观撰,周义敢等编注:《秦观集编年校注》,北京:人民文学出版社,2001 年,全
二册

[清] 丘浚等监修:《山东通志》,《景印文渊阁四库全书》第五三九册,台北:台湾商务
印书馆,1983 年

[清] 阮元:《两浙金石志》,《石刻史料新编》第一辑第十四册,台北:新文丰出版公司,
1982 年二版

上海古籍出版社编,丁如明等校点:《唐五代笔记小说大观》,上海:上海古籍出版社,
2000 年

[南朝梁] 沈约:《宋书》,北京:中华书局,2003 年,全八册

[宋] 沈作宾修,施宿等纂:《嘉泰会稽志》,《宋元地方志丛书》第十册,台北:大化书
局,1980 年

[宋] 史能之:《咸淳毗陵志》,《宋元地方志丛书》第六册,台北:大化书局,1980 年

[唐] 释道世撰,周叔迦、苏晋仁校注:《法苑珠林校注》,北京:中华书局,2003 年,全
六册

[宋] 司马光:《资治通鉴》,北京:中华书局,1992 年,全十册

[西汉] 司马迁:《史记》,北京:中华书局,1987 年,全十册

[宋] 宋敏求:《唐大诏令集》,北京:中华书局,2008 年

[宋] 宋敏求:《长安志》,《宋元地方志丛书》第一册,台北:大化书局,1980 年

[宋] 宋绶、宋敏求编:《宋大诏令集》,北京:中华书局,1997 年

[宋] 苏颂撰,王同策等点校:《苏魏公文集》,北京:中华书局,2004 年,全二册

[清] 孙希旦撰,沈啸寰、王星贤点校:《礼记集解》,北京:中华书局,1995 年,全三册

[宋] 谈钥:《嘉泰吴兴志》,《宋元地方志丛书》第十一册,台北:大化书局,1980 年

[元] 脱因修,俞希鲁纂:《至顺镇江志》,《宋元地方志丛书》第五册,台北:大化书局,
1980 年

[宋] 王安石撰,唐武点校:《王文公文集》,上海:新华书店,1974 年,全二册

[宋] 王谠:《唐语林校证》,北京:中华书局,1987 年

[宋] 王溥:《唐会要》,上海:上海古籍出版社,1991 年,全二册

[宋] 王溥:《五代会要》,北京:中华书局,1998 年

[宋] 王钦若等编:《册府元龟》,北京:中华书局影印本,2003 年,全十二册

［宋］王十朋撰，梅溪集重刊委员会编：《王十朋全集》，上海：上海古籍出版社，1998 年

［唐］王维撰，陈继民校注：《王维集校注》，北京：中华书局，2005 年，全四册

［北齐］魏收：《魏书》，北京：中华书局，1997 年，全八册

［宋］魏野：《东观集》，《四库全书珍本七集》，台北：台湾商务印书馆，1977 年

［唐］魏征、令狐德棻：《隋书》，北京：中华书局，2000 年，全六册

［宋］文莹撰，郑世刚、杨立扬点校：《玉壶清话》，北京：中华书局，1984 年

［清］吴任臣：《十国春秋》，傅璇琮等主编：《五代史书汇编》第七—八册，杭州：杭州出版社，2004 年

［清］吴廷燮：《唐方镇年表》，北京：中华书局，2003 年，全三册

［南朝梁］萧子显：《南齐书》，北京：中华书局，1997 年，全三册

［宋］徐梦莘：《三朝北盟会编》，台北：文海出版社，1962 年，全四册

［清］徐松：《宋会要辑稿》，台北：新文丰出版公司，1976 年，全八册

［宋］薛居正：《旧五代史》，北京：中华书局，1995 年，全六册

［清］严可均辑：《全上古三代秦汉三国六朝文》，北京：中华书局，1991 年，全四册

杨讷点校：《吏学指南》，杭州：浙江古籍出版社，1988 年

［唐］姚思廉：《陈书》，北京：中华书局，2002 年，全二册

［唐］姚思廉：《梁书》，北京：中华书局，2003 年，全二册

［唐］佚名：《沙州图经》，《续修四库全书·史部·地理类》第七三二册，上海：上海古籍出版社，1997 年

［明］佚名纂：《永乐乐清县志》，《天一阁藏明代方志选刊》第二十册，上海：上海古籍书店，1981 年重印

［元］佚名纂修：《无锡县志》，《宋元地方志丛书续编》上册，台北：大化书局，1990 年

［清］永因辑：《宋稗类钞》，台北：广文书局，1967 年

［唐］圆仁撰，白化文等校注：《入唐求法巡礼行记校注》，石家庄：花山文艺出版社，1992 年

［宋］张津等：《乾道四明图经》，《宋元地方志丛书》第八册，台北：大化书局，1980 年

［唐］张九龄撰，熊飞校注：《张九龄集校注》，北京：中华书局，2008 年，全三册

［宋］张唐英：《蜀梼杌》，傅璇琮等主编：《五代史书汇编》第九册，杭州：杭州出版社，2004 年，全十册

［唐］张鷟撰，赵守俨点校：《朝野佥载》，北京：中华书局，1979 年

［唐］长孙无忌等撰，刘俊文点校：《唐律疏议》，北京：中华书局，1993 年

赵尔巽等：《清史稿》，北京：中华书局，1977 年，全四十八册

［宋］赵与时撰，齐治平校点：《宾退录》，上海：上海古籍出版社，1983 年

中国社科院宋辽金元史研究室点校：《明公书判清明集》，北京：中华书局，2002 年

［元］周秉绣辑：《祠山志》，《中国道观志丛刊续编》第八册，扬州：广陵书社，2004 年

周绍良主编：《唐代墓志汇编》，上海：上海古籍出版社，1992 年，全二册

［宋］朱长文撰，金菊林校点：《吴郡图经续记》，南京：江苏古籍出版社，1999 年

《大唐开元礼附大唐郊祀录》，北京：民族出版社，2000 年

《清实录·世宗宪皇帝实录》，北京：中华书局，1986 年

《永乐大典》，北京：中华书局，1986 年，全十册

二、近人研究论著

John Chaffee, "Huizong, Cai Jing, and the Politics of Reform", *Emperor Huizong and Late Northern Song China*, Cambridge: Harvard University Press. 2006, pp. 31 - 77.

Valerie Hansen, "Gods on Walls", Patricia Buckley Ebrey eds. *Religion And Society in T'ang and Sung China*, Honolulu : University of Hawaii Press, 1993, pp.75 - 113.

Valerie Hansen, *Changing Gods in Medieval China*, 1127 - 1276, Princeton: Princeton University Press, 1990.

Robert Hartwell, "Demographic, Political, and Social Transformations of China, 750 -1550", *Harvard Journal of Asiatic Studies* 42, No.2 (1982), pp.365 - 442.

David Johnson, The "City-God cults of T'ang and Sung China", *Harvard Journal of Asiatic Studies*, Vol.45, No.2 (1985), pp.363 - 451.

Liao, Hsien-huei, "Visualizing the Afterlife: The Song Elite's Obsession with Death, the Underworld, and Salvation", 《汉学研究》第 20 卷第 1 期（2002 年 6 月），页 399 - 440

Lin, Fu-shih, "Chinese Shamans and Shamanism in the Chiang-nan Area During the Six Dynasties Period (3rd-6th Century A.D.)", PhD diss., Princeton University, 1994.

David McMullen，"The Real Judge Dee：Ti Jen-chieh and the T'ang Restoration of
705"，*Asia Major*，3rd serial，Vol.6，No.1（1993），pp.1‐81.

Ellen Neskar，"The Cult of Worthies：A Study of Shrines Honoring Local Confucian
Worthies in the Sung Dynasty（960‐1279）"，PhD diss.，Columbia University，
1993.

Patrick Dunleavy，Brendan O'Leary 著，罗慎平译：《国家论：自由民主政治学》，台北：
五南图书公司，1994 年

Stephen Teiser，"Chinese Religions：Popular Religion"，*Journal of Asian Studies* 54
No.2（1995），pp.378‐390.

James Watson，"Standardizing the Gods：The Promoting of T'ien Hou（'Empress of
Heaven'）Along the South China Coast"，David Johson，Andrew J. Nathan，and
Evelyn S. Rawski eds.，*Popular Culture in Late Imperial China*，Berkeley：
University of California Press，1985，pp.292‐324.

包伟民：《宋代地方财政史研究》，上海：上海古籍出版社，2001 年

卞孝宣：《刘禹锡年谱》，北京：中华书局，1963 年

蔡宗宪：《北朝的祠祀信仰》，台湾大学历史研究所硕士学位论文，1999 年

蔡宗宪：《淫祀、淫祠与祀典——汉唐间几个祠祀概念的历史考察》，《唐研究》第十三
卷，北京：北京大学出版社，2007 年，第 203—232 页

曾瑞龙：《拓边西北——北宋中后期对夏战争研究》，北京：北京大学出版社，2013 年

陈登武：《从人间世到幽冥世：唐代的法制、社会与国家》，台北：五南图书公司，
2006 年

陈弱水：《排佛思潮与六、七世纪中国的思想状态》，收入陈弱水《唐代文士与中国思想
的转型》，桂林：广西师范大学出版社，2009 年，第 122—140 页

陈弱水：《思想史中的杜甫》，《中研院历史语言研究所集刊》1998 年总第 69 本 1 册，第
1—43 页

陈志坚：《唐代州郡制度研究》，上海：上海古籍出版社，2005 年

陈祖言：《张说年谱》，香港：香港中文大学出版社，1984 年

戴显群：《唐代的南选制度》，《福建师范大学学报》（哲学社会科学版）1998 年第 3 期，
第 94—100 页

邓小南：《多途考察与宋代的信息处理机制：以对地方政绩的核查为重点》，收入邓小
南主编《政绩考察与信息渠道：以宋代为重心》，北京：北京大学出版社，2008 年，第

55—81 页

邓小南:《祖宗之法:北宋前期政治述略》,北京:三联书店,2006 年

邓正来:《国家与社会研究框架的建构与限度——对中国乡土社会研究的评论》,收入
　　王铭铭、王斯福主编《乡土社会的秩序、公正与权威》,北京:中国政法大学出版社,
　　1997 年,第 608—645 页

杜文玉:《五代十国制度研究》,北京:人民出版社,2006 年

段承校:《唐代"南选制度"考论》,《学术论坛》1999 年第 5 期,第 109—112 页

方震华:《唐宋政治论述中的贞观之政治国典范的论辩》,《台大历史学报》2007 年总
　　第 40 期,第 19—55 页

甘怀真:《〈大唐开元礼〉中的天神观》,收入甘怀真《皇权、礼仪与经典诠释:中国古代
　　政治史研究》,台北:喜玛拉雅基金会,2003 年,第 177—198 页

甘怀真:《唐代官人的宦游生活——以经济生活为中心》,收入《第二届唐代文化研究
　　会论文集》,台北:学生书局,1995 年,第 39—60 页

甘怀真:《唐代京城社会与士大夫礼仪之研究》,台湾大学历史学研究所博士学位论
　　文,1993 年

甘怀真:《西汉郊祀礼的成立》,收入甘怀真《皇权、礼仪与经典诠释:中国古代政治史
　　研究》,台北:喜玛拉雅基金会,2003 年,第 33—77 页

甘怀真:《中国古代的罪的观念》,收入甘怀真《皇权、礼仪与经典诠释:中国古代政治
　　史研究》,台北:喜玛拉雅基金会,2003 年,第 347—374 页

甘怀真:《唐代家庙礼制研究》,台北:台湾商务印书馆,1991 年

高柯立:《宋代的粉壁与榜谕:以州县官府的政令传布为中心》,收入邓小南主编《政
　　绩考察与信息渠道:以宋代为重心》,北京:北京大学出版社,2008 年,第 411—
　　460 页

高明士:《皇帝制度下的庙制系统——以秦汉至隋唐作为考察中心》,《台湾大学文史
　　哲学报》1993 年总第 40 期,第 55—96 页

高明士:《唐代敦煌官方的祭祀礼仪》,收入《一九九四年敦煌学国际研讨会论文集(宗
　　教文史)》卷上,兰州:甘肃民族出版社,2000 年,第 35—74 页

高明士:《唐代东亚教育圈的形成——东亚世界形成史的一侧面》,台北:"国立"编译
　　馆中华丛书编审委员会,1984 年

葛兆光:《中国思想史》第二卷《七世纪至十九世纪中国的知识、思想与信仰》,上海:
　　复旦大学出版社,2001 年

公维章：《唐宋敦煌的城隍与毗沙门天王》，《宗教学研究》2005 年第 2 期，第 113—
　　119 页

宫川尚志：《（增补修订）六朝宗朝史》，东京：国书刊行会，1974 年

龚胜之：《2000 年来中国瘴病分布变迁的初步研究》，《地理学报》1993 年总第 48 期，
　　第 304—316 页

龚韵蘅：《两汉灵冥世界观》，台北：文津出版社，2006 年

顾立诚：《走向南方——唐宋之际自北向南的移民与其影响》，台北：国立台湾大学出
　　版委员会，2004 年

侯旭东：《北朝村民的生活世界——朝廷、州县与村里》，北京：商务印书馆，2005 年

胡云薇：《千里宦游成底事，每年风景是他乡——试论唐代的宦游与家庭》，《台大历史
　　学报》2008 年总第 41 期，第 65—107 页

黄纯怡：《国家政策与左道禁令——宋代政府对民间宗教的控制》，《兴大历史学报》
　　2005 年总第 16 期，第 171—198 页

黄胡群：《祈福与教化：唐代儒家官僚推行地方祭祀的理念与落实》，东吴大学历史系
　　硕士学位论文，2007 年

黄进兴：《"圣贤"与"圣徒"：儒教从祀制与基督教封圣制的比较》，收入黄进兴《圣贤
　　与圣徒》，台北：允晨文化实业，2001 年，第 89—179 页

黄进兴：《学术与信仰：论孔庙从祀制与儒家道统意识》，收入黄进兴《优入圣域：权
　　力、信仰与正当性》，台北：允晨文化实业，1994 年，第 217—311 页

黄宽重：《从和战到南北人》，收入黄宽重《史事、文献与人物——宋史研究论文集》，台
　　北：东大图书公司，2003 年，第 3—26 页

黄宽重：《郦琼兵变与南宋初期的政局》，收入黄宽重《南宋军政与文献探索》，台北：
　　新文丰出版公司，1990 年，第 51—89 页

黄宽重：《秦桧与文字狱》，收入岳飞研究会编《岳飞研究（第四辑）——岳飞暨宋史国
　　际学术研讨会论文集》，北京：中华书局，1996 年，第 159—167 页

黄玫茵：《唐宋间长江中下游新兴官僚研究（755—960）》，台湾大学历史学研究所博士
　　学位论文，2006 年

黄玫茵：《唐代江西地区开发研究》，台北："国立"台湾大学出版委员会，1996 年

黄敏枝：《宋代政府对于寺院的管理政策》，《东方宗教》1987 年第 1 期，第 109—141 页

黄清连：《高骈纵巢渡淮——唐代藩镇对黄巢叛乱的态度研究之一》，《大陆杂志》1990
　　年总第 80 卷第 1 期，第 123—173 页

黄清连：《唐代的文官考课制度》,《中研院历史语言研究所集刊》1984 年总第 55 本 1 册,第 139—200 页

黄清连：《享鬼与祀神》,收入蒲慕州编《鬼魅神魔——中国通俗文化侧写》,台北：麦田出版社,2005 年,第 175—220 页

黄永年：《说狄仁杰的奏毁淫祠》,史念海主编：《唐史论丛》第六辑,西安：陕西人民出版社,1995 年,第 58—67 页

贾志扬：《宋代科举》,台北：东大图书公司,1995 年

姜伯勤：《唐敦煌城市的礼仪空间》,《文史》2001 年第 2 期,北京：中华书局,2001 年,第 229—244 页

蒋竹山：《宋至清代的国家与祠神信仰研究的回顾与讨论》,《新史学》2004 年第 8 卷 2 期,第 187—219 页

金井德幸：《南宋の祠廟と賜号について——釈文珦と劉克莊の視点》,宋代史研究会编：《宋代の知識人——思想・制度・地域社会》,东京：汲古书院,1992 年,第 257—286 页

金相范：《唐代祠庙政策的变化——以赐号赐额的运用为中心》,收入姜锡东、李华瑞主编《宋史研究论丛》第七辑,保定：河北大学出版社,2006 年,第 1—20 页

金相范：《唐代礼制对于民间信仰观形成的制约与作用：以祠庙信仰为考察的中心》,台湾师范大学历史研究所博士学位论文,2001 年

赖亮郡：《唐五代的城隍信仰》,《兴大历史学报》2006 年第 17 期,第 293—348 页

赖瑞和：《唐代基层文官》,台北：联经出版公司,2004 年

雷闻：《郊庙之外：隋唐国家祭祀与宗教》,北京：三联书店,2009 年

李昌宪：《略论宋代知州制的形成及其历史意义》,《南京大学学报（哲社版）》1996 年第 4 期,第 73—76 页

李昌宪：《宋代安抚使考》,济南：齐鲁书社,1997 年

李华瑞：《宋夏关系史》,北京：中国人民大学出版社,2010 年

李小红：《宋代信巫不信医问题探析》,《四川大学学报》（哲社版）2003 年第 6 期,第 106—112 页

李之亮：《宋川陕大郡守臣易替考》,成都：巴蜀书社,2001 年

李之亮：《宋两江郡守易替考》,成都：巴蜀书社,2001 年

梁庚尧：《宋代财政的中央集权趋向》,《中国华民史专题论文集・第五届讨论会》,台北："国史"馆,2000 年,第 561—581 页

梁治平：《清代习惯法：社会与国家》，北京：中国政法大学出版社，1999 年

廖咸惠：《祈求神启：宋代科举考生的崇拜行为与民间信仰》，《新史学》2004 年第 15
　　卷 4 期，第 41—92 页

廖咸惠：《宋代士人与民间信仰：议题与检讨》，收入《"民间"何在　谁之"信仰"》，北
　　京：中华书局，2009 年，第 55—77 页

廖咸惠：《唐宋时期南方后土信仰的演变：以扬州后土崇拜为例》，《汉学研究》1996 年
　　总第 14 卷第 2 期，第 103—134 页

林富士：《中国六朝时期的蒋子文信仰》，林富士、傅飞岚主编：《遗迹崇拜与圣者崇
　　拜》，台北：允晨文化实业，2000 年，第 163—204 页

林煌达：《宋初政权与南方诸国降臣的互动关系》，《东吴历史学报》2004 年第 12 期，第
　　129—157 页

林丽月：《俎豆宫墙：乡贤祠与明清的基层社会》，收入黄宽重主编《中国史新论：基层
　　社会分册》，台北：联经出版公司，2009 年，第 327—372 页

刘安志：《关于〈大唐开元礼〉的性质及行用问题》，《中国史研究》2005 年第 3 期，第
　　95—117 页

刘静贞：《法古？复古？自我作古？——宋徽宗文化政策的历史观照》，收入王耀庭编
　　《开创典范：北宋的艺术与文化研讨会论文集》，台北："国立"故宫博物院，2008 年，
　　第 447—470 页

刘静贞：《北宋前期皇帝和他们的角色》，台北：稻乡出版社，1996 年

刘浦江：《正统论下的五代史观》，《唐研究》第十一卷，北京：北京大学出版社，2005
　　年，第 73—94 页

刘诗平：《唐代前后期内外官地位的变化》，《唐研究》第二卷，北京：北京大学出版社，
　　1996 年，第 325—345 页

刘淑芬：《中古佛教政策与社邑的转型》，《唐研究》第十三卷，北京：北京大学出版社，
　　2007 年，第 233—291 页

刘祥光：《明代徽州名宦祠研究》，收入高明士主编《东亚传统教育与学礼学规》，台北：
　　"国立"台湾大学出版中心，2005 年，第 101—175 页

刘馨珺：《从生祠立碑谈唐代地方官的考课》，收入高明士主编《东亚传统教育与法制
　　研究》（二），台北："国立"台湾大学出版中心，2005 年，第 241—284 页

刘长东：《宋代佛教政策论稿》，成都：巴蜀书社，2005 年

柳立言：《何谓"唐宋变革"》，《中华文史论丛》2006 年第 1 期，上海：上海古籍出版社，

2006 年,第 125—171 页

柳立言:《宋代的社会流动与法律文化:中产之家的法律?》,《唐研究》第十一卷,北京:北京大学出版社,2005 年,第 117—158 页

罗联添:《柳宗元事迹系年》,台北:"国立"编译馆中华丛书编审委员会,1981 年

毛汉光:《从士族籍贯迁移看唐代士族之中央化》,《中国中古社会史论》,台北:联经出版公司,1988 年,第 235—337 页

妹尾达彦:《隋唐洛陽城の官人居住地》,《東洋文化研究所紀要》1997 年第一三三册,第 67—111 页

妹尾达彦:《唐代河東塩池・池神廟の誕生とその変遷》,《中国史学》1992 年第 2 期,第 175—209 页

苗书梅:《宋代知州及其职能》,《史学月刊》1998 年第 6 期,第 43—47 页

皮庆生:《宋代民众祠神信仰研究》,上海:上海古籍出版社,2008 年

蒲慕州:《追寻一己之福——中国古代的信仰世界》,台北:麦田出版社,2004 年

钱穆:《国史大纲》,台北:台湾商务印书馆,1991 年修订版

日野開三郎:《五代史の基調》,《日野開三郎東洋史学论集》卷二,东京:三一书房,1980 年

芮和蒸:《论宋太祖之创业建国》,《"国立"政治大学学报》1968 年总第 18 期,第 37—273 页

尚永亮:《唐五代逐臣与贬谪文学研究》,武汉:武汉大学出版社,2007 年

辻正博:《唐代贬官考》,《东方学报(京都)》1991 年第 63 期,第 265—390 页

石本道明:《神夕の官僚化——宋代祝文にみえる文学発想について——》,《国学院杂志》1999 年第 100 期 11 册,第 34—68 页

石璋如等著:《中国历史地理》(二),《现代国民基本知识丛书》第二辑,台北:中华文化出版事业社,1954 年

水越知:《宋代社会と祠廟信仰の展開——として地域の祠廟》,《东洋史研究》2002 年第 60 期 4 册,第 1—38 页

寺地遵著,刘静贞、李今芸译:《南宋初期政治史研究》,台北:稻乡出版社,1995 年

松本浩一:《宋代の賜額・賜号について——主として〈宋会要輯稿〉にみえて史料から》,野口铁郎编:《中国史における中央政治と地方社会》,1985 年度科研费报告,第 282—294 页

孙先文:《吴越钱氏政权研究》,安徽大学历史系硕士学位论文,2004 年

王汎森：《清代儒者的全神堂——〈国史儒林传〉与道光年间顾祠祭的成立》，《中研院历史语言研究所集刊》2008 年总第 79 本 1 册，第 63—93 页

王铭铭：《社会人类学与中国研究》，桂林：广西师范大学出版社，2005 年

王世农：《宋代通判略论》，《山东师范大学学报》（社会科学版）1990 年第 3 期，第 33—38 页

王世宗：《南宋高宗朝变乱之研究》，台北："国立"台湾大学出版委员会，1989 年

王寿南：《隋唐史》，台北：三民书局，1994 年

魏斌：《唐代赦书内容的扩展与大赦职能的变化》，《历史研究》2006 年第 4 期，第 21—35 页

吴丽娱：《营造盛世：〈大唐开元礼〉的撰作缘起》，《中国史研究》2005 年第 3 期，第 73—94 页

萧璠：《汉宋间文献所见古代中国南方的地理环境与地方病及其影响》，《中研院历史语言研究所集刊》1993 年总第 63 本 1 册，第 67—171 页

须江隆：《唐宋期における祠廟の廟額・封号の下賜について》，《中国——社会と文化》1994 年第 9 期，第 96—119 页

须江隆：《唐宋期における社会構造の変質過程——祠廟制の推移を中心として》，《东北大学东洋史论集》2003 年第 9 期，第 247—294 页

须江隆：《熙寧七年の詔——北宋神宗朝期の賜額・賜号》，收入《东北大学东洋史论集》2001 年第 8 期，第 54—93 页

徐晓望：《闽国史》，台北：五南图书公司，1997 年

许凯祥：《唐代水旱灾的祈祭——以政治为中心》，东海大学历史研究所硕士学位论文，2005 年

颜章炮：《晚唐至宋福建地区的造神高潮》，《世界宗教研究》1998 年第 3 期，第 135—144 页

杨建宏：《略论宋代淫祀政策》，《贵州社会科学》2005 年第 3 期，第 149—152 页

杨联陞：《报——中国社会关系的一个基础》，收入段昌国等译《中国思想与制度论集》，台北：联经出版公司，1985 年，第 349—372 页

余欣：《神道人心：唐宋之际民生宗教社会史研究》，北京：中华书局，2006 年

余英时：《朱熹的历史世界》，北京：三联书店，2004 年，全二册

郁贤浩：《唐刺史考》，香港：中华书局，1987 年，全五册

张广达：《内藤湖南的唐宋变革说及其影响》，《唐研究》第十一卷，北京：北京大学出

版社,2005 年,第 5—71 页

张文昌:《唐宋礼书研究——从公礼到家礼》,台湾大学历史学研究所博士学位论文,2006 年

赵世瑜:《20 世纪中国社会史研究的回顾与思考》,收入赵世瑜《小历史与大历史:区域社会史的理念、方法与实践》,北京:三联书店,2006 年,第 3—37 页

郑丞良:《南宋明州先贤祠研究》,中国文化大学史学研究所博士学位论文,2008 年

郑士有、王贤淼:《中国城隍信仰》,上海:三联书店,1994 年

郑学檬:《中国古代经济重心南移和唐宋江南经济研究》,长沙:岳麓书社,1996 年

中村治兵卫:《中国のシャーマニズムの研究》,东京:刀水书房,1992 年

周藤吉之:《宋代官僚制と大土地所有》,东京:日本评论社,1950 年

朱金城:《白居易年谱》,上海:上海古籍出版社,1982 年

朱溢:《论唐代的山川封爵现象》,《新史学》2007 年第 18 卷 4 期,第 71—124 页

庄明兴:《中国中古的地藏信仰》,台北:"国立"台湾大学出版委员会,1999 年

邹劲风:《南唐国史》,南京:南京大学出版社,2003 年

左鹏:《汉唐时期的瘴与瘴意象》,《唐研究》第八卷,北京:北京大学出版社,2002 年,第 257—275 页

佐竹靖彦:《王蜀政权小史》,收入刘俊文主编《日本中青年学者论中国史》(宋元明清卷),上海:上海古籍出版社,1995 年,第 1—53 页

后　记

　　本书的出版，距离个人完成博士论文已逾十年，在此期间，得益于许多师友的提点。本书有若干章节陆续发表为单篇文章。这段时期，因家母身体不适，也是促成我完成博论的重要动力。

　　这次专书的出版，有赖诸多学友鼓励。2016 年夏，因皮庆生、仇鹿鸣学友的鼓励，遂有出版专书的考虑。在此书的出版上，雷闻兄与余欣兄鼓励甚大。这些年，唐宋民间信仰的研究领域有些进展，但个人因为研究领域的转移，未对此一领域持续着墨，此书基本上仍保有博论的论述架构，但核心论旨略有所调整。对本书核心的论旨，葛兆光老师提点的"国家与南方祀神之风"的方向，有重要的参考价值。值此之际，这本旧作的出版希望能引起唐宋祠祀信仰研究的讨论。

　　这本书出版过程中，父母一年内相继离世，幸有静新陪伴，得以完成。

图书在版编目(CIP)数据

唐宋之间的国家与祠祀——以国家和南方祀神之风互
动为焦点 / 杨俊峰著. —上海：上海古籍出版社，2019.5(2021.3重印)
(中古中国知识·信仰·制度研究书系)
ISBN 978-7-5325-9209-8

Ⅰ.①唐…　Ⅱ.①杨…　Ⅲ.①祭礼-研究-中国-唐
宋时期　Ⅳ.①K892.98

中国版本图书馆 CIP 数据核字(2019)第 069863 号

中古中国知识·信仰·制度研究书系
唐宋之间的国家与祠祀
——以国家和南方祀神之风互动为焦点
杨俊峰　著
上海古籍出版社出版发行
(上海瑞金二路 272 号　邮政编码 200020)
(1) 网址：www.guji.com.cn
(2) E-mail：guji1@guji.com.cn
(3) 易文网网址：www.ewen.co
上海商务联西印刷有限公司印刷
开本 635×965　1/16　印张 19.25　插页 3　字数 277,000
2019 年 5 月第 1 版　2021 年 3 月第 2 次印刷
ISBN 978-7-5325-9209-8
K·2645　定价：68.00 元
如有质量问题,请与承印公司联系